果齋全集

劉爾炘 撰
戴恩來 整理

上

上海古籍出版社

謹以此書紀念劉爾炘先生誕辰 155 週年

本書由
甘肅中醫藥大學"甘肅中醫藥文化傳承發展中心"
資助出版

劉爾炘（1865—1931）

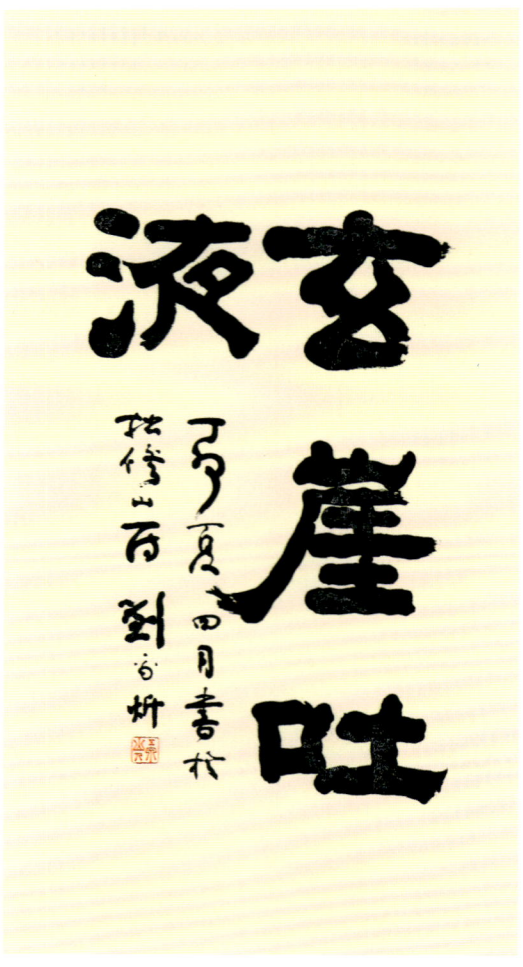

劉爾炘隸書

劉爾炘楷書《大護善知》對聯

劉爾炘草書

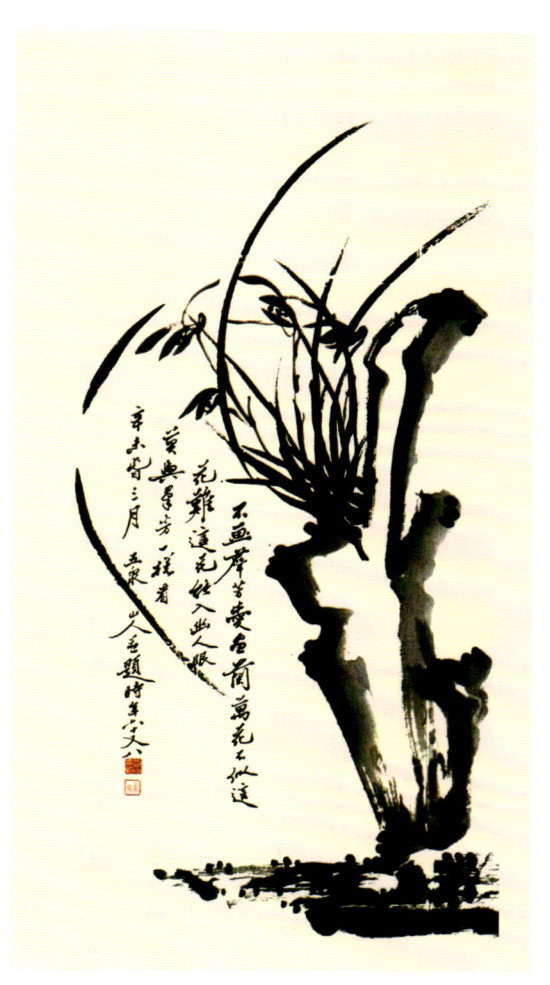

劉爾炘《蘭石圖》

劉爾炘淺絳山水

《果齋全集》整理工作委員會

顧　　　問	劉寶厚（劉爾炘之子，全國名中醫，甘肅中醫藥大學終身教授）
主任委員	李金田（甘肅中醫藥大學校長、教授）
委　　　員	汪永鋒（甘肅中醫藥大學副校長、教授）
	金　華（甘肅中醫藥大學科技處處長、教授）
	張志明（甘肅中醫藥大學甘肅中醫藥文化傳承發展中心主任、主任醫師）
	戴恩來（甘肅中醫藥大學首席專家、教授）

整理説明

果齋先生其人

　　劉爾炘(1865—1931)，字曉嵐，號果齋、五泉山人。甘肅蘭州人。祖籍陝西三原，清康熙年間其高祖始遷蘭州。清光緒十一年(1885)中舉，十五年(1889)進士及第，授翰林院編修。在京供職三年，1897年辭官返里，開啓了他求學悟道、教育興學、扶危濟困、維護地方安定的人生旅程。先後擔任過五泉書院山長、甘肅高等學堂總教習、清末諮議局副議長、民國臨時議會副議長等職。創辦兩等小學堂、國文講習所及以"蘭州八社"爲代表的社會公益團體，1919、1925年曾先後重建蘭州名勝五泉山、小西湖等。果齋先生是甘肅近現代史上的一位儒學學者，集思想家、哲學家、理學家、教育家、公益慈善事業家、書法家于一身。他不僅精通《五經》《四書》，而且能反諸心身，見諸事業，做到了"人書合一"，終身踐行"不求人知"和"無所爲而爲"之盟心要語和任事宗旨。在人人競相膜拜西學之時，他獨察西學之短，闡明西學從於欲、根於氣的理學依據，最終找到平衡中西學術的理學方案，"别創'以理馭氣'之方法，使理常勝氣，則東西學術水乳交融，世界人類之太平自此而開"。他與時偕行的認識飛躍，也就是理學思想的不斷昇華，從"修身""齊家"到"治國""平天下"無一不賅。他的公益之爲、慈行善舉便是道德、仁心見諸事業，而"詩以言志""文以載道""聯以勸世""書爲心跡"等正是他精彩詩文、精美書法、大白大雅楹聯的精神內核。因此,他是具有孔子所謂"志於道,據於德,依於仁,遊於藝"規模的、"知行合一"的大儒,他的深邃思想、高尚人格、輝煌事業、感人事跡至今仍在地方廣爲流傳,而他的煌煌著述就是這些思想和事跡的載體。

果齋先生的著述

先生一生勤勉,既勇於做事,又筆耕不輟,著書立説。只可惜早年的作品已散失殆盡,現存者多爲四十歲以後的作品。結集刊行者有二十餘種:《欽命四書詩題》是官方刊行的劉先生考中光緒己丑科進士時的會試(第一場)朱卷及檔案,包括應試者的履歷及所作詩文。此份珍貴史料得知偶然,恐失之交臂,亟以善價購入。《果齋一隙集》四卷,是先生在中進士不久丁憂期間讀"四子書"的劄記,宣統二年(1910)才得以刊行。《嘤經日記》包括四種:《〈尚書〉嘤經日記》《〈周易〉嘤經日記》《〈詩〉嘤經日記》《〈春秋〉嘤經日記》(另有《〈春秋〉大旨提綱》,是果齋先生做清代學者顧棟高的《春秋大事表》而作,且有其創意),爲先生1903年之後在甘肅高等學堂講經的心得,均由高等學堂排印。《勸學邇言》的初版時間是1904年,次年,先生的好友、時任安徽太和知縣的王樹中先生在太和重印,目前所據者概爲此本,是先生依《朱子學的》而著成的全面反映修身進德的儒學文章。《果齋前集》《果齋續集》《果齋別集》三集,包括詩、聯、碑、傳、壽序、墓誌、墓表、序、書、記、説、雜文等文體,均由隴右樂善書局刊印。《果齋日記》八卷,起於1897年,終於1926年,完整地記載了三十年間先生求道、悟道的心印歷程。《隴右軼餘記》是先生爲了傳承地域文化而收集整理的先賢文集。《社章匯編》則是先生確保自己所創建的公益社團健康運行所制訂的規章制度。《蘭州五泉山修建記》《重修小西湖記》是先生主持完成蘭州名勝五泉山和小西湖兩座園林後的説明文章；《辛壬賑災記》《創設"豐黎社倉"記》是先生主持1920年甘肅海固大地震賑災後記述之文及"豐黎社倉"的創設和運行狀況的記載。《甘肅人物事略》《皋蘭鄉賢事略》爲先生主持編寫的專輯。《小兒語摘抄説意》是先生從明代理學家吕坤《小兒語》中選擇的三十條原文的白話解釋。《拙修子太平書》是先生的標志性學術成就，窮一生之精力於晚年著成，全面闡述了"以理馭氣"的學術思想。《拙修子太平書》的著成，能讓先生自己無虚生之憾，當是研究劉先生哲學思想最重要的文獻。《果齋遺言》分兩篇，前一篇是先生對自己後事的安排，以及家族後人的告誡等；後一篇是向世人的内心獨白，總結自己的一生。

此外，散見於先生後人家藏及民間的手稿尚有：1916年六月至十月間，劉先生先後組織十八位詩人行"閏歡雅集"，分韻挑箋，吟詩對聯，在金城詩壇留下一段佳話，留下二百餘首詩作，僅劉先生就有近四十首。詩稿集成《閏歡雅集詩鈔》，劉先生爲其署端，現存於甘肅省圖書館。1922年爲了重建大佛殿，劉先生向省垣各界發出募捐倡議，响應者如潮，《重修蘭州五泉山大佛殿募啓》便作於此時。1926年劉先生爲其好友楊巨川先生作《〈四遊吟草〉序》。《畫論》（整理者所加）手稿，是先生五十余歲的作品，係對中國傳統畫道的心得體會。《〈甘肅人物志〉序》載於《甘肅人物志》，未見單行本。序文中首次公開發表了"以理馭氣"的學術觀點;《山東沂州知府前翰林院庶吉士武威李叔堅傳》録自《李于鍇遺稿輯存》(李鼎文點校,蘭州大學出版社 1987 年第一版)。

如今,雖然當年刊行的劉先生的各類著作在甘肅省圖書館均有館藏,但畢竟距今已有近百年之遥,加之當時在製版、印刷、紙張、裝幀諸方面的局限,已經不起衆多讀者的翻閲,況且有些本子已是孤本,至於那些束之高閣的珍貴善本和藏於民間的稿本,就更無緣於廣大讀者了。因此,搶救性地整理劉先生的文獻,以廣其傳,確已迫在眉睫、勢在必行。

《果齋全集》的文獻收録

本書所載,除卻《隴右軼餘記》而外,基本上囊括了目前所能見到的劉爾炘先生的所有文字資料。因先生生前所刊的詩文作品及其《日記》《遺言》等,皆冠以"果齋"之名,故本書仍以"果齋"爲名,曰《果齋全集》(簡稱《集》),一則是沿用先生遺習,二來是出於懷念之情。各類文獻均基本按刊行或著成時間順序編排,如此讀者可以體會其學術思想的形成與發展脈絡。縱觀先生之著述,其内容有重復亦有缺漏。譬如《果齋日記》中的一些内容在《勸學邇言》《嚶經日記》及《果齋一隙記》裏重複出現;《果齋日記》中 1911 年至 1915 年的内容缺如,果齋先生亦未作交待,不知何故;《前集》《續集》《别集》中的"序",皆在《嚶經日記》《果齋一隙記》具體文章中重複出現,有些"記"也更見於《社章匯編》中,"楹聯"中有些則與《蘭州五泉山修建記》重叠。爲了保持各類文獻書目框架的完整性,均未做任何删改,以便讀者作對比研究。

先生在《闈歡雅集詩鈔》的詩作，刊於《果齋續集》者少而遺漏者頗多，故作《闈歡雅集詩補遺》一篇以彌其缺，且與《畫論》《重修蘭州五泉山大佛殿募啓》《〈四遊吟草〉序》《〈甘肅人物志〉序》《山東沂州知府前翰林院庶吉士武威李叔堅傳》等稿本或未見單行刊印本一併編入《果齋詩文拾遺》之中。雖然《集》的編排次序基本以刊行時間爲序，但考慮到《劉爾炘會試朱卷》之詩文雖係先生的作品，但畢竟是應試之作，故置於附錄之中，讀者可以一覽科舉八股文章的風貌。《〈春秋〉大旨提綱》是先生研究《春秋》的標志性成果，因内容較長，亦附錄在後，以便嗜好者慢慢細心體會。

整理方法

《集》的整理，重點是對原版文獻的校正和標點。在盡最大努力保證原文録入正確的前提下，用現行的《中華人民共和國國家標準標點符號用法》（國家技術監督局 2011 年 12 月 30 日發布）進行標點。爲了更全面地體現果齋先生的著作風貌，也便於讀者閲讀，本《集》選擇了繁體橫排的版式。繁體字有一個長期複雜的演化過程，《集》中所輯文獻在原版書中已繁、簡互見，也有許多異體字、通假字、俗體字，所以對一些簡化字的繁體轉化均以《詞源》（商務印書館 1999 年版）爲准，而於許多通假字、異體字則做了最大限度的保留，保持了原版書稿的面目。對原文中個别疑有錯誤的字，均在該字之後作了說明，亦據文意補入了個别缺漏之字。至於刊刻中的訛誤如"己""巳"混淆者均依文意作了修改。涉及古文獻最多的當屬《〈春秋〉大旨提綱》,校對中發現個別與宋人注本相左者,便依宋本做了修改。

鑒於該《集》的讀者群必備有一定的國學修養和文字功底,且注釋的範圍與深淺實難把握,因此免去了注釋,以其原汁原味呈現給讀者,相信讀者自會有"見仁見智"之解。

自古有言,文字校勘猶如掃落葉一般,一徧有一徧的問題。雖然我和我的十多位研究生們(趙波、陳威辛、李佳秀、石艷霞、杜騰飛、朱曉榮、楊燕、秦秀華、程嬌、王菲、王子宜、馬敏)一徧又一徧地校對,但因我們在歷史學、文字學等諸多方面知識的不足,謬誤依然在所難免。在《集》即將出版之際,心中越發惴惴不安,生怕因自己的疏漏與無知而以訛傳訛,既有愧於先賢,又誤導了後人。幸好有蘭州大學楊玲教授、蘭州城市學院陳尚敏教授、西北師範大學裴文鋒老師不吝賜教,多次給予點校建議,又有上海古籍出版社碩學編輯的把關訂正,給了我們信心和勇氣。

促進文化繁榮,人人有責,而政府的引領與支持則至爲關鍵。甘肅中醫藥大學從高校對地方歷史文化特別是與中醫藥相關聯的歷史文化傳承責任的高度出發,對該《集》的出版,提供了有力的資金保障,我們衷心致以謝忱!

甘肅中醫藥大學戴恩來記於仰聖齋
2020 年 3 月

目　　錄

上　　冊

整理説明 …………………………………… 戴恩來
勸學邇言 ……………………………………………… 1
《小兒語》摘抄説意 ………………………………… 41
噯經日記 ……………………………………………… 49
　《詩》 ……………………………………………… 51
　《尚書》 …………………………………………… 64
　《周易》 …………………………………………… 77
　《繫辭傳》 ………………………………………… 115
　《説卦傳》 ………………………………………… 120
　《雜卦傳》《序卦傳》 …………………………… 122
　《春秋》 …………………………………………… 123
果齋一隙記 …………………………………………… 151
　《大學》 …………………………………………… 154
　《中庸》 …………………………………………… 161
　《論語》 …………………………………………… 166
　　《學而篇》 ……………………………………… 166
　　《爲政篇》 ……………………………………… 170
　　《八佾篇》 ……………………………………… 175

《里仁篇》……178
《公冶長篇》……180
《雍也篇》……182
《述而篇》……186
《泰伯篇》……189
《子罕篇》……190
《鄉黨篇》……193
《先進篇》……194
《顏淵篇》……197
《子路篇》……198
《憲問篇》……200
《衛靈公篇》……202
《季氏篇》……204
《陽貨篇》……205
《微子篇》……206
《子張篇》……207
《堯曰篇》……208

《孟子》……211
《梁惠王篇》……211
《公孫丑篇》……213
《滕文公篇》……216
《離婁篇》……217
《萬章篇》……218
《告子篇》……220

《盡心篇》 …………………………………… 222

果齋前集 …………………………………… 227

 詩五言 …………………………………… 231

  秋懷（庚戌） …………………………… 231

  哭胡席卿秀才 …………………………… 232

  春愁（辛亥） …………………………… 233

  排悶 ……………………………………… 235

  除夕用白香山韻 ………………………… 236

 詩七言 …………………………………… 237

  丁未秋爲兩等小學堂植花數株，今春皆活，題此誌幸
  ………………………………………………… 237

  詠馨庵梅（有序） ……………………… 237

  戊申九月十日，王可亭學博召飲金山寺，補醉重九，
   酒酣賦此 ………………………………… 238

  庚戌三月念二日與乙酉同年小聚五泉山，何小葵廣
   文得詩四首，依韻答之 ………………… 239

  無題 ……………………………………… 240

  用王松巖學博自嘲詩韻，作感懷四首 …… 240

  雜感（有序） …………………………… 241

 記 ………………………………………… 247

  隴右樂善書局記 ………………………… 247

  皋蘭興文社公立兩等小學堂記 ………… 248

  皋蘭興文社記 …………………………… 250

  皋蘭縣文廟記 …………………………… 251

3

蘭州府文廟記 ⋯⋯⋯⋯⋯⋯⋯⋯⋯⋯⋯ 251
　　蘭州修學社記 ⋯⋯⋯⋯⋯⋯⋯⋯⋯⋯⋯ 252
　　皋蘭修學社記 ⋯⋯⋯⋯⋯⋯⋯⋯⋯⋯⋯ 253
　　卧虹橋記 ⋯⋯⋯⋯⋯⋯⋯⋯⋯⋯⋯⋯⋯ 253
　　凝熙觀記 ⋯⋯⋯⋯⋯⋯⋯⋯⋯⋯⋯⋯⋯ 254
　　聽篁隝記 ⋯⋯⋯⋯⋯⋯⋯⋯⋯⋯⋯⋯⋯ 255
　　蕉雪山房記 ⋯⋯⋯⋯⋯⋯⋯⋯⋯⋯⋯⋯ 256
　　晴雪山房記 ⋯⋯⋯⋯⋯⋯⋯⋯⋯⋯⋯⋯ 256
説 ⋯⋯⋯⋯⋯⋯⋯⋯⋯⋯⋯⋯⋯⋯⋯⋯⋯ 258
　　無逸説 ⋯⋯⋯⋯⋯⋯⋯⋯⋯⋯⋯⋯⋯⋯ 258
　　花好月圓人壽説 ⋯⋯⋯⋯⋯⋯⋯⋯⋯⋯ 258
序 ⋯⋯⋯⋯⋯⋯⋯⋯⋯⋯⋯⋯⋯⋯⋯⋯⋯ 260
　　《還讀我書圖》序 ⋯⋯⋯⋯⋯⋯⋯⋯⋯⋯ 260
　　《皋蘭廖氏家譜》序 ⋯⋯⋯⋯⋯⋯⋯⋯⋯ 260
　　《唐介亭先生遺墨》序 ⋯⋯⋯⋯⋯⋯⋯⋯ 261
　　《勸學邇言》序 ⋯⋯⋯⋯⋯⋯⋯⋯⋯⋯⋯ 261
　　《隨方一得草》序 ⋯⋯⋯⋯⋯⋯⋯⋯⋯⋯ 262
　　《隴右軼餘集》序 ⋯⋯⋯⋯⋯⋯⋯⋯⋯⋯ 263
　　《甘肅高等學堂經學日記摘鈔》序 ⋯⋯⋯ 264
　　《嚶經日記》序 ⋯⋯⋯⋯⋯⋯⋯⋯⋯⋯⋯ 267
　　《〈春秋〉大旨提綱表》序 ⋯⋯⋯⋯⋯⋯⋯ 268
　　《果齋一隙記》序 ⋯⋯⋯⋯⋯⋯⋯⋯⋯⋯ 269
　　《〈四書〉講義》序 ⋯⋯⋯⋯⋯⋯⋯⋯⋯⋯ 269
書 ⋯⋯⋯⋯⋯⋯⋯⋯⋯⋯⋯⋯⋯⋯⋯⋯⋯ 270
　　答王鏡潭書 ⋯⋯⋯⋯⋯⋯⋯⋯⋯⋯⋯⋯ 270

答友人論學書 ……………………………………… 270
　　致王建侯書 ………………………………………… 272
　　答王鏡潭書 ………………………………………… 274
　　答王鏡潭書 ………………………………………… 276
傳 ……………………………………………………………… 278
　　徐鐵海先生家傳 …………………………………… 278
　　談贈翁家傳 ………………………………………… 280
墓表 …………………………………………………………… 282
　　孫封翁墓表 ………………………………………… 282
　　周贈翁墓表 ………………………………………… 283
　　王太封翁墓表 ……………………………………… 284
碑 ……………………………………………………………… 286
　　蘭州府文廟禮器碑 ………………………………… 286
　　皋蘭興文社公立兩等小學堂校長高君遺念碑 ……… 286
壽序 …………………………………………………………… 288
　　蘇母李太宜人壽序（代） …………………………… 288
　　王母魏太孺人壽序 ………………………………… 289
啓 ……………………………………………………………… 291
　　募建隴右公社啓 …………………………………… 291
　　延攬人才啓 ………………………………………… 292
祭文 …………………………………………………………… 293
　　祭皋蘭興文兩等小學堂校長高符五孝廉文 ……… 293
果齋續集 ………………………………………………… 295
　詩五言 ……………………………………………………… 298
　　清明郊行（癸丑） …………………………………… 298

詩七言 ··· 299
　　感事（壬子） ··· 299
　　詠春 ··· 299
　　治法 ··· 302
　　謁墓（癸丑） ··· 302
　　觀劇 ··· 303
　　題岳鄂王《書諸葛武侯〈出師表〉後》（有序） ··· 303
　　水洞樓看河（乙卯） ······································ 304
　　五泉山雅集偶成 ··· 304
　　雨中郊行（丙辰） ··· 305
　　中秋玩月 ··· 305
　　雷 ··· 305
　　四十九初度（壬子） ······································ 305
　　落花 ··· 306
　　五十初度書懷（癸丑） ··································· 308
　　廣自廣詩（有序，甲寅） ································ 309
　　立秋前一日，雅集五泉山，醉後步石頭主人韻（乙卯） ····· 309
　　立秋日登鏡泉樓賞雨 ······································ 310
　　戲作一首（丙辰） ··· 310
　　朝暾 ··· 310
　　説佛示夢梅生即候病狀 ··································· 311
　　有所悟 ·· 311
　　積雨新晴登五泉山武侯祠 ································· 311
　　消寒雅集分韻得"東""文""庚" ························ 312
　　苦節行——題江節母坊（己未） ······················· 313

議 314
祀天配孔議（代張祥麟都督） 314

記 318
善長孟翁祈雨記 318
祝柟別墅記 319
隴右實業待行社記 320
蘭州興學社記 321
皋蘭新文社記 322
全隴希社記 323
全隴希社立國文講習所記 324

序 326
《重修皋蘭縣志》序 326
《社章匯編》序 327
重刊《小學絃歌節抄》序 327

書 330
覆甘肅共和實進會書 330
覆趙芝珊都督書 332
致張季直先生書 332
覆姚石荃先生書 333
致趙芝珊都督、何見石司長書 334
設立尊孔社陳請立案書 335

傳 337
王子清封翁家傳 337
安貢生家傳 338

墓表 339

陝西循吏育生張公墓表 ················· 339
　碑 ····························· 341
　　皋蘭劉氏先德碑 ··················· 341
　　原任甘肅提督閻桓肅公神道碑銘 ········ 342
　墓志 ··························· 345
　　清武庠生安卿王太翁墓志銘 ············ 345
　　清誥封宜人牛母丁太宜人墓志銘 ········ 346
　行狀 ··························· 348
　　清記名道安徽太和縣知縣王君行狀 ······ 348
　壽序 ··························· 354
　　劉遠峰先生壽序 ··················· 354

果齋別集 ······················· 357
　楹聯 ··························· 360
　　大成節 ························· 360
　　圖書館 ························· 361
　　兩等小學堂講堂 ··················· 362
　　兩等小學堂 ······················ 362
　　存古學堂 ······················· 363
　　高等學堂 ······················· 363
　　隴右公社 ······················· 365
　　隴右實業待行社 ··················· 365
　　義倉 ·························· 366
　　潛園 ·························· 366
　　拳石山房 ······················· 367
　　湘陰祠 ························ 367

五泉山太昊宫	368
五泉小蓬萊	369
皇閣	370
文昌閣	370
伏羲殿	371
聖門三子祠	371
武侯祠	371
關帝廟	371
觀音院	371
呂祖廟	372
岳忠武王殿	372
楊忠湣公祠	372
段容思先生祠	373
段容思先生祠門	373
左文襄公祠	373
五泉金華仙姑祠	374
陝西省城甘肅會館戲樓	374
五泉山戲樓	374
城隍廟戲樓	375
己亥度歲	375
挽劉子嘉先生	376
挽馬相丞	376
挽王建侯	378
挽高符五	379
挽李鑑亭	380

果齋全集

　　時時挽人因而自挽 ……………………………………… 380
　詩 …………………………………………………………… 381
　　徐姬亡百日，詩以哭之(有序) ………………………… 381
　雜文 ………………………………………………………… 383
　　力求實學條約並序 ……………………………………… 383
　　答投帖生書(光緒三十一年) …………………………… 386
　　教育總會開會演說(宣統三年) ………………………… 390
　　甘肅臨時省議會開會規言(民國元年，壬子) ………… 395
　　答覆蘭州地方審判庭推事朱恩昭陳請提議開辦審判廳文
　　　(代省議會) …………………………………………… 396
　　電上徐總統書 …………………………………………… 401
　　致回教各鎮守使書 ……………………………………… 403
　　全隴希社立國文講習所第一班學生畢業訓話 ………… 404
　　蘭州五泉山太昊宮記 …………………………………… 409

詩文拾遺 ……………………………………………………… 411
　閨歡雅集 …………………………………………………… 413
　　重開雅集憶石頭主人 …………………………………… 414
　　戲作一首，錄請同人致和 ……………………………… 414
　　山花 ……………………………………………………… 415
　　遊人 ……………………………………………………… 415
　　朝暾(用問芳老人韻) …………………………………… 415
　　六月十二日即景口占 …………………………………… 415
　　催妝詩(有序) …………………………………………… 415
　　松風 ……………………………………………………… 416
　　松月 ……………………………………………………… 416

閏六六雅集，第十一峰道人來最遲，作此調之 ……… 416
孔少軒觀察巡河狄歸，見示遊泄湖峽、謁楊忠湣公祠
　二首，依韻奉和錄請雅集同人郢政 ……………… 417
代牛郎贈織女 ………………………………………… 418
代織女答牛郎 ………………………………………… 418
遊鴻泥園即事口占（戲仿鄒繼蘇體）………………… 418
王安卿太翁六秩晉七雙壽，哲嗣任之徵詩，作此祝之
　……………………………………………………… 418
麵糊盒賄變 …………………………………………… 419
說佛示夢梅生即候病狀 ……………………………… 419
雨中郊行 ……………………………………………… 419
有所悟 ………………………………………………… 420
積雨轉晴登五泉山武侯祠 …………………………… 420
中秋玩月 ……………………………………………… 420
蘭州懷古 ……………………………………………… 421
雷 ……………………………………………………… 421
孟冬雅感懷（錄示月岩、子衡兩觀察暨同歡諸君子即
　希正和）…………………………………………… 421
鹿鳴私宴詩（有序）（鄧隆《鹿鳴私宴集》）……………… 423
畫論 …………………………………………………… 424
《甘肅人物志》序 ……………………………………… 436
重修蘭州五泉山大佛殿募啓 ………………………… 442
重印《靖遠縣志》序 …………………………………… 443
《夢遊吟草》序 ………………………………………… 444
山東沂州知府前翰林院庶吉士武威李叔堅傳 ……… 445

社章匯編 ········· 451
皋蘭興文社記 ········· 454
皋蘭興文社新章 ········· 455
皋蘭興文社立高等小學校兼國民學校章程 ········· 458
皋蘭興文社分立國民學校章程 ········· 459
祝栴別墅記 ········· 460
皋蘭新文社記 ········· 462
皋蘭新文社章程 ········· 463
皋蘭修學社記 ········· 464
皋蘭修學社章程 ········· 464
蘭州修學社記 ········· 466
蘭州修學社章程 ········· 466
蘭州興學社記 ········· 468
蘭州興學社章程 ········· 469
蘭州興學社資送省外留學生規程 ········· 469
隴右樂善書局記 ········· 471
隴右樂善書局新章 ········· 472
隴右實業待行社記 ········· 475
隴右實業待行社章程 ········· 475
全隴希社記 ········· 479
全隴希社章程 ········· 480
全隴希社立國文講習所記 ········· 483
全隴希社立國文講習所簡章 ········· 484
各社通用章程 ········· 486
募建隴右公社啓 ········· 491

蘭州五泉山修建記 …………………………… 493
重修小西湖記 …………………………………… 537
辛壬賑災記 ……………………………………… 547
創設"豐黎社倉"記 ……………………………… 555
主編專輯 ………………………………………… 561
  甘肅人物事略 ………………………………… 563
  皋蘭鄉賢事略 ………………………………… 585

下　　冊

果齋日記 ………………………………………… 605
  光緒丁酉（1897 年） ………………………… 608
  光緒戊戌（1898 年） ………………………… 610
  光緒己亥（1899 年） ………………………… 617
  光緒庚子（1900 年） ………………………… 627
  光緒辛丑（1901 年） ………………………… 640
  光緒壬寅（1902 年） ………………………… 647
  光緒癸卯（1903 年） ………………………… 651
  光緒甲辰（1904 年） ………………………… 653
  光緒乙巳（1905 年） ………………………… 655
  光緒丙午（1906 年） ………………………… 656
  光緒丁未（1907 年） ………………………… 659
  光緒戊申—宣統庚戌（1908—1910 年） …… 662
  民國五年（1916 年） ………………………… 683
  民國六年（1917 年） ………………………… 692

民國七年（1918年） ……………………………… 705
　　民國八年（1919年） ……………………………… 721
　　民國九年（1920年） ……………………………… 731
　　民國十年（1921年） ……………………………… 738
　　民國十一年（1922年） …………………………… 745
　　民國十二年（1923年） …………………………… 749
　　民國十三年（1924年） …………………………… 753
　　民國十四年—十五年（1925—1926年） ………… 759
拙修子太平書 ……………………………………… 779
　　弁言 ………………………………………………… 781
　　太平書 ……………………………………………… 783
　　重印《拙修子太平書》跋 …………………………… 796
果齋遺言 …………………………………………… 799
附錄 ………………………………………………… 809
　　《〈春秋〉大旨提綱表》（光緒戊申） ……………… 811
　　　隱公 ……………………………………………… 812
　　　桓公 ……………………………………………… 824
　　　莊公 ……………………………………………… 836
　　　閔公 ……………………………………………… 855
　　　僖公 ……………………………………………… 857
　　　文公 ……………………………………………… 892
　　　宣公 ……………………………………………… 909
　　　成公 ……………………………………………… 926
　　　襄公 ……………………………………………… 953
　　　昭公 ……………………………………………… 989

定公 …………………………………………………… 1015
　　哀公 …………………………………………………… 1025
欽命四書詩題（朱卷）………………………………………… 1031
　　子曰："行夏之時，乘殷之輅，服周之冕，樂則韶舞。"…… 1035
　　取人以身，修身以道 …………………………………… 1037
　　曰："子不通功易事，以羨補不足，則農有餘粟、女有餘布。
　　　子如通之，則梓匠輪輿皆得食於子。"………………… 1039
　　賦得馬飲春泉踏淺沙（得泉字，五言八韻）…………… 1041
劉果齋先生年譜 ……………………………………………… 1042

勸學邇言

序

言有遠近乎哉？余謂無近之非遠，苟非其人，言不足信。吾鄉劉曉嵐太史辛勤績學，真實勵行，志士也，亦達人也。年少掇巍科、入館選，供職既久，旋退居里閈，以講學讀書爲樂，不苟於著說，立言爲炫世沽名之計，亦非於世道人心所繫漠然相忘。蓋存乎己者，仍有待於人；付於人者，必先問諸己；己之刻勵者愈深，其期許者愈遠，而其自信亦愈難，是即漆雕子開不輕言仕之意也。其殷殷求慊之念，詎有已時耶？至於講學所宗，一本程朱之正，有潔己來者，未嘗無誨。近以體驗所得，著爲《勸學邇言》。余得而讀之，竊見言言篤實，悉當於理，有前人所已發者，並有前人所未發者，救時與？衛道與？誠哉仁人君子具有不得已之衷，非好辨也。愚以學殖荒蕪之身，忝膺教養兼司之責，敏皇竭蹶，內疚良多，爰重刊是編，布告同志。竊謂天人維繫之端、本末一貫之旨，六經備矣！欲求六經之蘊，於此可問津焉！是豈自阿所好以標榜樹虛聲？或且引以爲重與？抑以鄙人無太史之學，亦猶太史之心屬望於學道君子也久矣！讀是編者，其亦近而驗諸身心，推而見之行事，明體達用，皆在是也。《邇言》云乎哉？光緒乙巳仲春月，太和縣知縣皋蘭王樹中謹述。

自　　序

　　天下之患莫大乎無人，人之患莫大乎無學，學之患莫大乎無用。學之有用者，學之實者也。雖然，以道器而言，器實而道虛；以理數而言，數實而理虛。實者有用，虛者將遂無用耶？夫山川草木，實者也，無陰陽五行之運於虛者而有用乎？手足耳目，實者也，無聰明知覺之運於虛者而有用乎？典章法度，實者也，無禮俗風化之運於虛者而有用乎？蓋器數以形用，而道理以神用。以形用者，效在於開智慧而益才能；以神用者，道主乎裕智慧之體而擴才能之用。

　　吾黨後進，儻濟濟焉爭就其虛者以致其實功，浮偽之習變，巧捷之風移，敦厖樸拙，相鼓舞以忠誠，則其從事於所謂器數之實者亦可無蹈虛之弊。而智慧以專一精純而大，才能以堅忍困苦而增，人庶幾有實學，學庶幾有實用，而國家亦庶幾收得人之實效歟！

　　余自癸卯秋承學堂講席之乏，星霜倏易，陶淑無功。日夜謀所以裨益諸生者，自愧不克以身教也，不能不以言教。爰擇年來日記中語，本《朱子學的》之旨，略爲編纂，願與諸生課虛而責實焉！噫！捫籥之談，知無當於造詣，聊以爲昇高行遠之卑近云爾！光緒甲辰夏五月，皋蘭劉爾炘識。

一

一物也,所處之地不同,所稱之名遂異,道之謂歟！以道之渾於天人者言,則曰"理",以天之授於人者言,則曰"命",以人之得於天者言,則曰"性",以性命之行於萬事萬物者言,則曰"道"。父之道曰慈,子之道曰孝,兄之道曰友,弟之道曰恭。事有萬類,物有萬品,道即有萬名也,然其原則一而已。學不知原,猶終日策馬驅車而不知其何所往也,安能有至當之歸乎？——纂《道原》篇第一。

斯道之原,一而已矣！繼善之後,萬變紛紜,不可窮測,人物於此而分,人事亦因之而起。

蟠天際地,磅礴彌綸,無間隔也,無停頓也。含育絪緼,一生道也。《易》曰"天地之大德曰生",太極者,生生者也。

無極以形言也,太極以理言也,朱子所謂"無形而有理"者,盡之矣！劉念臺曰:"無善而至善,心之體也。"蓋人心之靜而未發也,謂之爲有善;固無善之可名,謂之爲無善,而善之理固在。無善而至善,即此心之無極而太極乎？

太極不可見也,可見者動靜陰陽,胡然而能動靜,胡然而能陰陽,則非有太極不可;性不可見也,可見者喜怒哀樂,胡然而能喜怒,胡然而能哀樂,則非有性不可。

二五不能生萬物也，生萬物者，理之具於二五者也。

造化發育之理無跡可見，而日月星辰、風霜雨露忽然而來、忽然而往，是氣之可見而發育之理之乘於跡者也。

鬼神者，氣也；造化者，理也。理無形，氣有象，氣載理而行，理因氣而見，故氣爲理之跡。

人性之殊，殊於氣質。上焉者，安焉者也，由仁義行者也；次焉者，勉焉者也，行仁義者也；又其次，則畏威寡罪，文中子所謂"不激不厲，不見利不勸"者也；下此，則至愚、不肖矣！至愚、不肖之人，其偶爾之萌本心之發，亦有與堯舜同者。此性之所以皆善也。

氣質之累，即爲天理之累。澄也、治也，所以變化氣質也，若天理則潔净精微，何煩澄治？

渾融和緩、生生不已者，天地之性情也。暴風迅雷，則陰陽五行之錯雜而出者，是天地亦不能外此氣質。既有氣質，即不能無乖謬差忒之失，故學者求性情之正，不如化氣質之偏，偏者化、正者葆矣！

天地乖戾之氣，固陰陽五行中變化錯綜而出者。然出之者天地，而感之者人，人不感，天地不應。不見夫人之喜怒乎？喜者心之用，怒者肝之用，是喜出於心而怒出於肝也。然未有略無觸而喜、略無犯而怒者，人之於天地可不慎於感乎？

夭壽窮通之別、聖凡之等，命爲之，實氣爲之，故氣質即天命也。氣質之清濁厚薄，萬有不齊，人之爲修、爲短、爲貴、爲賤、爲貧、爲富、爲賢智、爲愚不肖，亦萬有不齊，性則一而已矣！一者，命也，萬有不齊者，亦命也。一者，命之出於理者也，萬有不齊者，命之成於氣者也。出於理者有主，則成於氣者無權，故君子造命、立命而不委命。

天地之化,理與氣而已。氣之力常處於強,理之力每處於弱,故其運也,治日少而亂日多,其生材也,賢智少而愚不肖多。是天地亦有理不勝氣之憾,而況人乎？聖賢者,兢兢焉以理敵氣者也。

氣有始終,理無始終,此又氣之所以必屈,理之所以常伸者也。

理乘於氣者也,而不可以氣為理,猶性具於心者也,而不可以心為性。以心為性,斯不免以氣為理矣！荀子之言曰"人之性惡",揚子之言曰"人之性善惡混",是皆就氣言之,而未究夫氣中之理耳！孔子亦何嘗不就氣言而獨曰"相近",正以見理之至善也。苟非理之至善,則氣之雜然不一者,何以能"相近"乎？此孟子"性善"之說所以專指夫理歟？程子曰："論性不論氣不備,論氣不論性不明。"理氣明而性可識矣！

上知之不移,得氣之清而理能勝之也；下愚之不移,得氣之濁而理不能勝之也,非上知之性善而下愚之性惡也。

孔不得位,顏不得壽,豈得謂大德必得乎？然《中庸》所言者,理之常,孔、顏所值者,數之變。數者,氣之謂也。造物亦有不能自主者,而況聖人乎？李二曲謂"孔子窮於一時而不窮於萬世,顏子雖亡而有不亡者,存天之酬德,或酬於生前,或酬於身後",是猶淺之乎言德,亦淺之乎言天矣！天人之際,有感應之理,無報應之說。《易》曰"降祥降殃",不過借人事以言天耳！豈天果絲絲計較、日謀所以報之者哉？朱子或問駁侯氏、楊氏之說,義自精粹。

人性、物性之分,不分於繼善之初,而分於成性而後。繼善之初，朱子所謂"萬物一原"者也；成性而後，則各視其氣質之清濁、厚薄，以差其仁義禮智之多寡粹駁。聖人者，得其氣之清且厚，而仁義禮智之理多且粹；其次則清者不厚，厚者不清，偏濁焉，偏薄焉，賢愚貴賤之等亦於此而定焉。禽獸則偏之也甚，故其去人也遠，若其知覺運動之見於四體形骸者，或亦與人無殊，此又朱子所謂"氣猶相近而理絶不同"者也。告子曰"生之謂性"，蓋混人、物而一之矣！其亦思天地之性，人爲貴者，果何貴乎？黃勉齋曰："以氣而言，則所禀雖殊而其所以爲知覺運動者反無甚異；以理而言，則其本雖同而人之有是四端，所以爲至靈至貴者，非庶物之可擬矣！"然則，告子者，亦昧於理氣之説也乎！

甘食、悦色動於氣者也，所以能甘食、悦色發於理者也，動於氣者，情也，發於理者，性也。告子以"食色爲性"，是認已發爲未發，而於已發亦無中節、不中節之分。然則，酒池肉林、荒淫無度，亦指爲性之本然者乎？

揚子之言性曰"善惡混"，是"可以爲善，可以爲不善"之旨；韓子之言性曰有"三品"，是"有性善，有性不善"之旨，是皆即其雜於氣質者而言，而未究夫天命之本然也。自程子"天命氣質"之説興，前之紛紜於善惡者，其喙息，後之從事於問學者，其途清。葆其固有之良，以克夫氣禀物欲之雜駁昏擾於五官百骸者，是以理勝氣、以天勝人者也。

氣可以形見，理不可以象求。老子曰"有生於無"，猶言氣生於理，是第以形象言耳！理豈真無哉？《大易》所以不言有、無。

天地者，人之大者也，人者，天地之小者也。滿天地是生生之意，故滿腔子是惻隱之心，天德王道之本原，其在斯乎？

天地之化，無一息不運，故無一息不生。

天地之道，無間隔也、無虧缺也，渾淪圓滿，人與物皆在其中，無出入也。

天，陽也，地，陰也，天動而動者也，地靜而運者也，天地皆流行也；神明陽也，形骸陰也，神明動而動者也，形骸靜而運者也，神明形骸皆活潑也。天地相含而爲一者，生化之本也；神明形骸相含而爲一者，神聖之基也。

原其始而知自無而有，則反其終而知自有而無，如循環然，始終一也。釋氏輪回之說似亦窺見髣髴。然造化陰陽之理，無方無體，以爲無定而實有定，以爲有定而實無定。如雲之上於天也，醞釀而爲雨，雨之降於地也，蒸鬱而爲雲，固循環矣。若謂今日之雲必是昨日之雨，昨日之雨必爲今日之雲，則造化之理有窮而天地亦呆而不活。

性至實也，心至虛也。虛則善惡皆能入，實則後起者不得而雜矣！

性者，惻隱、羞惡、辭讓、是非之所從出也，無是性之仁何以惻隱？無是性之義何以羞惡？無是性之禮何以辭讓？無是性之智何以是非？惻隱、羞惡、辭讓、是非感於外而後動，觸於內而後發。有感而動者，情也，有觸斯發者，性也。斯感斯觸，斯動斯發，性情之相去無間也。

人物之性之出於天也，若天有以命之矣！然天果諄諄然有心於其間乎？夫魚之生生化化於江海中者，得江海之水也，然江海何嘗有意於與之哉？天者，人物之江海，而太極者，人物之水也，各因其所能受而受。人物之於太極，一魚之於水也。

道者，性之因事物而見者也，性不可見，可見者道耳！然事有時而不接，物有時而不交，性既無所附麗，道又何從而見？道無從見，性體豈因而遂息乎？君子敬以存之，涵養於未發之先，此不息之功，天命之所以流行者也。及其將發，喜怒哀樂之幾萌芽於方寸，人不及知，己獨知之，所謂獨也。於此不慎，則潛滋暗長，有火然泉達之勢，潰防燎原，何一不由一隙之不謹、一爐之偶疏哉？故隱微之動，即省察之端，非第用心於言行之顯見者也。然非存養有素、戒懼之心無間寤寐，何以極深研幾而不失私意之萌動乎？敬貫動靜，不信然歟？

儒者之學，亟亟於言心、言性者，以心者應事接物之本源，而性又心之本體也。不明乎此，何以立天下之大本、盡天下之大道哉？《中庸》推中和之極致，至於天地位萬物育，其用可謂廣大矣！若終日言心、言性而應事接物不能各得其宜，又何貴此心性乎？

春生之氣貫乎四時，故萬物生生之意，雖隆冬而不息；仁厚之德貫乎五常，故人之動靜云爲有渾融和緩之意者，爲生道不息。

人事無毫髮遺憾者，方可言命；人事不修，其凶咎皆自取也，烏得謂之命？

爲學之道，愈歛愈真，愈闇愈真，愈淡愈真，愈平愈真，無聲無臭，至矣！

二

《大學》之垂教也，知止之後，繼以定靜。安定者，志之立，靜安者，心之存。志之不立，悠忽者難與爲功；心之不存，浮蕩者難言入道。而好名心、競利心、欲速見小心及一切世俗凡鄙心，皆足以淆吾靈明之養而奪吾精神念慮之所注也。滌蕩廓清，道在乎持之以敬、赴之以勇、貞之以恒。——纂《立基》篇第二。

師曠之音不能悦充耳之人,公輸之巧不能悦幛目之人,易牙之味不能悦捫舌之人,孔子之化不能成無志之人。撥根之木,拔本之禾,雖翔風膏雨,造物且不能施其化也,而況人力乎?

學者之立志也,猶農夫之播種。世未有種豆得瓜者,又安有志小而成就大者乎?夫子七十從心之境,即根於十五之志學。伊川曰:"言學便以道爲志,言人便以聖爲志。"蓋道者學之的,聖者人之的;離道言學,學無的矣;離聖言人,人無的矣!

學以道爲的,而遠求夫道者,不能得道;人以聖爲的,而高視夫聖者,不能希聖。性命固道之極致,而學者不可空談性命;神化固聖之極致,而學者不可妄語神化。喜也、怒也、哀也、樂也、進退也、出處也、辭受也、取與也、言語動作也、飲食男女也,是近在身心而由之以達性命之源者也;憤也、樂也、信古也、好古也、敏求也、下學也、爲不厭、誨不倦也,是顯有跡象而由之以窺神化之妙者也。道豈遠乎哉?聖豈高乎哉?昔者象山陸氏之學有"仰視霄漢"之譏,學者當知所戒矣!

志雖超乎温飽之外,心常累於温飽之中,志不勝氣,學不貞境,可恥也哉!

志不勝氣,志雖大,難有成矣!

張子言:"進道在勇。"勇豈血氣之謂乎?世之悠悠不自立者,大抵無志者也,無志,即無勇也。匹夫不可奪志,可與共學矣!

天下之靈動變幻而不可測者,莫妙於心求靈動變幻之主宰而不失靈動變幻之本體者,存心之學也。

静之時無動之理,頑然而不活,釋氏之心也;動之時無静之體,雜然而不一,常人之心也。

心不可放,亦不可執,存之爲妙。存之之法,涵養爲妙。涵養云者，如寸魚之得水，機甚樂而無躍意；如初花之得雨，神甚活而無放意。

心弗治弗養，一生無樂事；心能治能養，天下無難事。治心養心，其事之最難者乎？心治心養，其事之最樂者乎？

心體之虛靈活潑，不可執捉也。不用力者，蕩其機；過於用力者，楛其機。敬而勿失，在勿忘勿助之間。

讀書不患日力不足也，患心力不足。神昏氣弱，多讀何益？故學者工夫首在養心。

讀書固所以養心，而非養心又烏能讀書？朱子論爲學之道，由窮理讀書循序致精，以推本於居敬持志，其義精矣！

不遜志者，心不虛，不時敏者，力不果。心不虛者，不能受道，力不果者，不能進道。故學者之於心也，貴寬平，又貴剛健。

因學而致心疾者，必非爲己之學。爲己之學，勿忘勿助，所以完養此心者也。雜以爲人之念，則必急於求知。忙迫强探，心境因而勞耗矣！

利欲之念輕一分，心境大一分；人己之見化一分，心境大一分。役志於溫飽，溺情於己私，烏足與語堯舜之道哉？

不謀利、不計功，學問經濟之本源也。培其本者，枝自茂，塞其源者，流不暢。

爲己、爲人之辨，學者人鬼關也。不剖析於立志存心之始，是伊川所謂"大本已失，更學何事"者，可不於癙寐隱微之地自問而自課之乎？

一事未作，先計己之利不利，則其事必不能作，即作矣而亦不能盡善；一書未讀，先計人之知不知，則其書必不能讀，即讀矣而亦不能有得。

不求自得，而求人知，爲學之大患也。有爲人之念者，無自得之趣。

饑則當食也，渴則當飲也，人則當學也。

以盡人，猶食以免饑、飲以解渴也。中以爲人之念，是欲以食飲夸人矣，淺何如乎？

願望心、勝負心、得失心、爾我心，煩腦（"腦"應爲"惱"之誤。點校者注）之根也。坦蕩寬平，心境如光風霽月，何樂如之？

争勝心、護短心、掩藏心、表暴心，害道之蠱也，慎防而浄剔之，勿伏其根。

務外之念不去，内修之志必荒。

役志於外者，必疏於内修，用心於人者，必略於自治。

讀書之道非静不入，因求静而欲離俗遠囂，過矣！不求之心而求之境，末矣！

敬貫動静，成始成終者也，故無止境、無歇時者，涵養之功也，致知則隨在用力耳！

諸葛武侯曰"才須學，學須静"，周子曰"主静立人極"，古之知道者，未有不言静者也。至程朱而以敬教人，貫動静、合體用，愈無所偏矣！然敬者，戒懼之心之存乎己，非嚴厲之貌之施於人。主敬而使人畏憚，威而猛，恭而不安，殆又誤於爲人之念乎？心體坦然舒適而不放縱者，敬之得於心者也。

時時如在雷霆震怒之下，刻刻如有見賓、承祭之事，求明之道也，自强之功也，一息不可忘也。

無一刻忘，無一息閒，一日如此，終身如此，是爲大勇。

學無所待，亦無所誘。誘且待，學者之通患也。

志趣不超，胸襟不闊，魄力不大，器識不宏，雖有才藝，不足以成大業也。故人才以志趣、胸襟、魄力、器識爲要,而學問者,所以藥之使超,拓之使闊,養之使大,鍊之使宏者也。

聖人於中行而外,每思狂狷。孟子以狷爲又次,則狂之近道可知矣!擬之四時,狷者,秉秋冬嚴肅之氣,狂者,則氣之秉夫春夏者,發育蓬勃,不可限量。范文正作秀才時便以天下爲己任,狂之謂歟!故學者莫要於胸襟識量寬闊活潑,覺宇宙內事皆分內事,庶志不以身家囿、學不以溫飽拘而可造爲有用之才乎?若諸事退托,貌爲恭謹,但知此身之便利,不問斯世之安危,鄉黨自好,何與經綸?孟子所以引聖人之言而又發鄉愿害道之旨。

中人以下之資,其賦質不能無偏。然當孩提時,其偏於狂也,則狂即其所長;其偏於狷也,則狷即其所長。嗜欲日開,漸染日甚,偏於狂者,雜世故於狂之中;偏於狷者,雜事故於狷之中。向之所長者,至是而竟成所短。生才不易,成才尤難,可畏也哉!

動護己短,護短乃大短也;動炫己長,炫長乃無長也。

利欲之念,憂悶之源也,日在憂悶中,是日在利欲中也。

資可樂之人而樂,資可樂之境而樂,皆非真樂也。真樂者,樂之得於心者也。

非不執德,特執而不宏;非不信道,特信而不篤。此士之所以與草木同朽者歟!

三

基本既立,而學問思辨之力弗容緩矣!朱子曰"或考之事爲之著,或察之念慮之微,或求之文字之中,或索之講論之際",是皆格物致知之標準。學者所當循習者,而大端則在於讀書。——纂《窮理》篇第三。

《書》曰："非知之艱，行之維艱。"是就已知者而勉以力行，非偏重行而知可廢也。世之責人者，動云力行，豈知知之不真，行之必不力。盲於目者，必不好五色，不知五色也；聾於耳者，必不好五聲，不知五聲也。況不格致而求誠意，誠意亦差矣；不明善而求誠身，誠身亦誤矣！異學旁門之謬，非謬於知乎？

孩提之於親，非不孝也，而具孝之真，不足以盡孝之道；愚戇之於君，非不忠也，而存忠之心，不足以盡忠之道。欲盡其道，非學不可，故《大學》之要，"格致"在"誠正"之先；七篇之要，"知言"在"養氣"之先，安得捨《詩》《書》而徒事頓悟哉？

見解既透而躬行不力者，患猶小，躬行甚力而見解不超者，患甚大。

識解有差，不但出言多錯，即設心亦非。

浩然之氣，即孔子所謂"內省不疚，何憂何懼"者也，其所以能不疚者，事事物物皆求當理而能集義耳！然集義而不精義，自以爲是者，未必真是，自以爲非者，未必真非。此養氣之所以必先知言也，知言則精義矣！《大學》所云"格致"者，其精義之先知言之要歟！

聖人之處萬事、應萬物也，洞明乎當然之理。事至物來，如見薑、桂而知其辣，遇芩、連而知其苦，何待於思？何待於慮？如窮格之功夫未盡而遽言，何思何慮？恐因物、付物之學流而爲遺物、絕物之心，貌周、孔而實莊、列矣！

梨園之演劇也，有演鬼物者矣，有演虎豹惡獸者矣。孩提見之而懼，成童以往則不懼者，知之真與不真也。學者之觀理，苟如成童以往之觀劇，又烏能搖奪於鬼怪異説哉？

物之輕重無定也，而權有定；事之常變無定也，而理有定。學者必先知有定，而後可以識無定。

義理、辭章、考據三者，爲學之大凡也。姚姬傳氏之言曰："必以義理爲宗，而後辭章有所附，考據有所歸。"可謂知要矣！學者日力不同，心力各異，苟不能合三者而兼之，則伊川程子所云"儒者之學固當以義理爲宗也"。世之一無所得者，貪多務得者也，可不慎哉？

學者之觀聖言也，當於深遠中求淺近，不當於淺近中求深遠。不明其淺者、近者，難得其深者、遠者。

讀書之法，不以書爲聖賢之空談，而以書爲聖賢之實事；不以書爲詞章、考據之資，而以書爲立身、行事之準則。思之也必近，疑之也必切，悟之也必真。

看書如看山，一字一句猶一丘一壑也。不身入其中，不能盡其曲折，是人與書貴乎合；大綱要領，猶來龍去脈也，不遠眺俯視，不能得其會歸，是人與書貴乎離。

李文貞公論窮經之要，謂"精而不切，如浚水九仞而未得其源也；切而不精，如理絲見端而未窮其緒也"。竊以爲，有明末造之學者，其持躬非不矜重，而流弊則蔑訓詁、滯章句，是理絲見端而未窮其緒者也，切而不精者也；國朝乾嘉以來之學者，其考古非不淵博，而流弊則遺義理、忘身心，是浚水九仞而不得其源者也，精而不切者也。有志經術之士，其亦鑒此而知所擇乎？

李文貞公有言："陶靖節之'不求甚解'，諸葛武侯之'略觀大意'，非疏略之謂也，蓋求其精要耳！"伊川告尹和靖曰"書不必多，要知其約"，亦是此旨。學者須知"約"與寡陋不同，考之貴博，守之貴約，不瑣瑣於一字一句，而汲汲於聖人立言之本旨，可以知要矣！

泛覽百家，不如求之"六經"，求之"六經"，不如約之"四書"，約之"四書"而反之身心，是爲有本之學。

不得聖賢之心，不能讀聖賢之書。

孔子集群聖之大成，朱子集群賢之大成。孔子善著書，朱子善讀書。不通朱子之書，不能通孔子之書。

讀書之患，莫大於求速效。日積月累，漸有悅心之趣，則不求有益而自益，不求有恒而自恒。然其初也，必由苦志研求而入。

書理之透徹與不透徹，視乎體驗之眞切與不眞切，正不在文字講解間也。

小學、訓詁，讀書之門徑也，堂奧不在是焉！捨門徑而不由，則其路也必迂，入其門而不求堂奧，又泥於門下矣！

書有可以訓詁解者，有不可以訓詁解者。箋（"箋"疑爲"蔑"之誤。點校者注）訓詁者，無入路，泥訓詁者，無出路。箋（同上注）則陋，泥則滯；不陋則雅，不滯則通。

其始也，一字一句，零星看去；其既也，通章通部，囫圇得來，可以謂善讀書矣！

讀書熟後，天地萬物之理，觸處皆作書讀，反覺聖賢所言終拘於跡象文字，而不若理之寓於天地萬物之渾全。然其初不冥心探索於書策之中，徒求之於天地萬物，亦渺遠恍惚而不得其實際。故學者之於書，其始也，貴與之合，其既也，貴與之離。

反諸身心，見諸事業，讀經之上者也，發明經旨者，次之。

匠氏之爲屋也，雖一梁一棟，一柱一椽必一一分理始能成屋，然不統會全局，識其尺寸，亦烏能冒冒焉分理其梁、棟、椽、柱而使之皆不失乎規矩耶？學者之爲學也，雖爲孝、爲弟、爲忠、爲信必一一各盡始能入德，然不講求斯理，得其會通，縱殷殷焉勉求之孝、悌、忠、信，亦未必即合乎聖賢之道而無毫髮遺憾也。世之責人者，動曰"不能讀一句行一句"，豈知讀書不能貫通，即"讀一句行一句"，又何異匠氏之見一椽而爲一椽、見一棟而爲一棟乎？故讀書之道，必能貫通於心，方能致用於事。

貫通之說，蓋爲學者推其究竟耳！若初學用力，又須從一言一動求日積之功，未聞大匠誨人，即使之經營廈屋而不從一椽一柱授之矩度也。

讀書之法，其於古人之言理也，須反身以求之；其於古人之言事也，須設身以處之。如《大學》言"明德"、"親民"，"明德"屬理，"親民"屬事。反其身而試，爲修德之士，日用行習間果能明乎？抑果如何而後能明乎？設其身而試，爲臨民之官，條教號令間果能親乎？抑果如何而後能親乎？體之既久，察之既熟，則古人之言，無在不示我以修己之道、治人之方矣！

不反身以求，不知此理之真，則其窮理也難透；不設身以處，不知此事之難，則其應事也易差。

誦讀也，講解也，功貴乎勇猛；思索也，玩味也，道在乎從容。誦讀之既熟，講解之既透，平吾心、斂吾氣，徐以思之，優遊以玩味之，不必強信，亦不可強疑。讀書之法如此。

化去己見，日有新得，學問之所以無止境也。故智自封，實自畫耳！

胸中有悅心之趣，不可以言喻者，自得之候也。

義理栽培，所以固吾之得也。讀聖賢之書，時時有悅心之趣，可以據德矣！不然雖有所得，終不免離而二之。

解經之難，莫難於《易》。朱子言"伊川之解《易》三百八十四爻，不免作三百八十四事"。然逐爻求理，證以實事，似亦不能不就一端以明之。學者玩《程傳》之實，而後參《本義》之空，《易》之道，思過半矣！

千谿萬壑，而必以海爲宗者，水之有歸宿者也；千支萬派，而必以嶽爲主者，山之有來歷者也；千言萬語，而必以道爲的者，學之有淵源者也。"六經"之旨無二道，實千聖之學。只一心博觀泛覽，不能窺聖人之心，是猶終日操舟而不達於海，終身選勝而不通於嶽也，烏能融會貫通、心源冥合而不滯於章句哉？

今使語人曰饑不須食，別有可以解饑者；渴不須飲，別有可以解渴者，雖愚夫愚婦亦不之信者，知之真也。聖人之知道，猶常人之知食飲，故聖人之行道，猶常人之饑而食、渴而飲也。

"學貴日新"之說，非第謂聞見日廣、知解日富也。玩索之意趣不同，振作之精神各異。如服藥然，疾病日消而元氣日復者，是能取益於藥者也。參、苓日進，故我依然雖口談《靈》、《素》，手握刀圭，又何異庸醫之抱病呻吟而詡青囊中多秘術哉？

四

即知即行，無先後也，雖曰知之真，行之自力，而課諸躬修、証諸實踐者，又烏可無體驗之功、擴充之力乎？名教綱常之大，日用酬酢之繁，其彰明昭著於人耳目者，固君子之所懍懍而念慮之萌、幾微之動，存養省察，尤防表之權輿、百行之端兆也，顧可忽諸？——篹《勵行》篇第四。

學者之進德也，省察其心者日密，防檢其身者日嚴，朱子所謂"毫髮不可放過"者也。人之不進德者,只善於自宥耳!

性命者,萬事之源,即斯道之源也。學不窺源,雖躬行孝弟而不著不察,無由造道窺其源矣。而日用行習無切近之實功,渺冥恍惚,亦不足以進道。由而不知,氣之偏於厚者也;知而不由,氣之偏於清者也。清且厚,苟道之躬乎?

天下之言命也,孰不曰患難不必避?而臨患難則必避;孰不曰得喪不必動?而臨得喪則必動。譏之者曰"是知之而不克行之也",非也,知之不真也。世未有言水火不可蹈而竟蹈者,知水火也真矣!

君子事天之學,課之此心而已,癏瘝獨知之地,未必真能無愧。不此之務,而徒文飾於言行之間,仍是好名之念不化、爲己之心不真。

君子之學,不受權於氣數,無窮通,無顯晦,無一息停,無毫髮間。

人所不見、己所獨知之地,萬事之本原也,師友不能助也,父兄不能勉也。自奮也,自勵也,勿自欺也。

口之所言者,心不知也,足之所行者,心不知也,是動靜一任夫血氣,而心不爲之主也。心之所不欲言者,口偏言也,心之所不欲行者,足偏行也,是神明不敵夫血氣,而心不能爲之主也。學者必先知心之何以不爲主,而後求心之何以能爲主。

伊川程子論邢恕謂"義理不勝利欲之心"。斯言也,蓋萬世小人之定評。人性皆善,豈其初即樂於爲惡?惟生質之純駁不齊,而學力又微,無以自克。其始也,或不能勝一事之私,或不能勝一念之私;其繼也,不善之跡著於外,羞惡之良鑿於中,大奸大惡皆由此而充之矣!故學者之自立,莫要於慎之於初,防之於微。千聖之功,基於蒙養。萬里之隄,潰於蟻穴,危乎哉!

以志勝氣之學,存於靜時者易,持於動時者難。動則氣勝,而志之力有不克敵者矣!故喜怒哀樂之際,最足驗人學力。

義理之性,存於神明者多;氣質之性,動於形骸者多。以神明馭形骸,則氣質聽命於義理。

君子讀《易》之乾、坤,見陽必統陰,陰必從陽,而知爲學之道矣!夫縱耳目百體所欲,任形骸所爲,而不克受制於心者,譬之家,則牝雞司晨,夫不倡也;譬之國,則權奸竊柄,君不令也。若夫倡矣而婦不隨,君令矣而臣不供,又何異心不欲言而口偏言之,心不欲行而足偏行之哉?惟存諸心者,效夫乾之健焉!故能以心役形;存諸體者,法夫坤之健而順焉!故能以形而受役於心。

性也,命也,仁也,誠也,聖人之道不外是。學者將欲居仁存誠,以躋於盡性立命,必自言忠信、行篤敬始。

朱子言:"《鄉黨》一篇,自天命之謂性,至道不可須臾離。許多道理,皆由聖人身上迸出來。"今觀其首尾所記,大抵不外張南軒所謂言語、容貌、衣服、飲食之際,何嘗有一字之及於性道哉?可知性道所在,不外此言語、容貌、衣服、飲食之近。伊川程子注"頤"之《大象》曰:"事之至近,而所繫至大者,莫過於言語飲食。"士之志道,而欲盡性者,當亦知所從事矣!

不靜參其理,默會其通,口耳之學,聞見之知,烏能有得?

靜參於書册之中,默會於書策之外,徧觀於天下之物,體驗於一己之身。

得之於心者,有怡然自適之樂,則見之於事者,有自然中道之機。

理欲交戰之際，心雖苦，志不可回，稍一遊移，入泥塗矣！堅！堅！堅！忍！忍！忍！

喜怒哀樂發於理則和，動於氣則偏。

無事之時，貴乎凝靜而苦其寂寥；有事之時，貴乎鎮定而苦其紛擾，皆心放也。

時時點檢，不使心放，是爲存養。

形骸所爲，心皆察之，存心之學也。

靜時之養易，動時之養難。靜時易昏，動時易忘。

斂吾氣以觀書，平吾心以觀理，則此身血脈亦溫潤而不浮躁，故養心即以養氣。

拭垢汙之鏡者，不必增光，但求去垢，去垢即增光也；爲自治之學者，不必復初，但求明善，明善即復初也。

察其理於天地萬物，嚴其功於癏寐隱微，省其機於喜怒哀樂，證其得失於飲食起居、出入動作。

不以形骸之憂爲憂，則憂者寡矣！不以形骸之樂爲樂，則樂者真矣！

知易行難，不獨大節然也，即一話一言、一靜一動、喜怒哀樂不得其正，謂之能行乎？

應事接物之不能稱心而出也，過後雖悔，當境每不自由，亦存養未熟、內力淺薄之驗。

喜時之言，易流於輕；怒時之言，易流於狠。喜者陽也，陽動則氣輕；怒者陰也，陰勝則心狠。斂陽之輕，化陰之狠，莫要於思。

事必思而後行，言必思而後發，寡過之要也。

氣體之靜易，神明之靜難。其始也，斂氣體以養神明，其既也，凝神明以役氣體。

有事之靜易，無事之靜難。有事則心主於事，無事則心無所主。無主而有主，可以言心矣！

紛紜於人事者，心固不靜；厭棄人事者，亦心之不靜也。百感在前，處之而咸宜，應之而不亂，平日之養可知矣！

遇事不苟，事過不留，主敬之方也。人大抵事來時心不能一，事過時心不能忘。

因人之短顯己之長，因人之危顯己之義，小人心術也。

迂拘者，心術可取，而識解每流於不宏；通脫者，識解可取，而心術或流於不正。故學者之操心也貴乎正，而擴識也貴乎宏。如不能然，與其通脫，不如迂拘。

人品愈奇異愈卑，愈平淡愈高。

驗之於身者，寤寐隱微、言語動作；徵之於世者，出處進退、辭受取與。是學者課心之要地、用力之大端也。於此有差，萬事瓦裂。

無剛斷果決之意，不足以成大事；無慈祥和厚之心，不足以體天德。仁也，義也，如車之有兩輪，鳥之有兩翼，不可偏廢也。

凡人之易怒者，莫易於毀其所短；凡人之易懼者，莫易於怵之以死。不問己之有短與無短，而惟短之是怒，則怒不可治矣！不問理之當死與不當死，而惟死之是懼，則懼不可治矣！明道程子曰："克己可以治怒，明理可以治懼。"至言哉！

敦篤其體，虛靜其心，求仁之方也。敦篤之功自寡言始，虛靜之功自寡欲始。

居靜窮理，是學者用力之要也。身心之有寄托，酬應之能合宜，是學者得力之漸也。

懲忿窒欲、遷善改過,是學者用力之端也。忿懲欲窒、善遷過改,是學者得力之候也。用力貴切,得力貴真。

甚矣,改過之難也。必此心本源之地有真悔、有毅力,則言語動作不張皇圖改而自改矣！矜持於外,而不拔本塞源,周子所謂"一旦萌動,復如其初"者,其能免乎？

有過而惟恐人知者,動於羞惡之良也；有過而不能自訟者,蔽於苟且之私也。

必能知過,方能改過。改過在乎有勇,知過本於無私。

人之不能改過者,大抵瘡痲隱微之地有回護掩藏之心,而不能充其愧,是以不能深其悔。又於顔色辭氣間故作一不愧不悔之貌,以期假飾於外,始則自欺也,繼則欺人也,終則人不可欺而適成爲自欺也。

既過矣,既悔過矣,不求改過之方,暗伏文過之念,小人哉！心術也！

於反躬自責之中,隱雜以是己非人之念,理欲之途不清,人禽之界終混。自欺欺天,莫斯爲甚！

見人之善,即知即動。知者是非之心也,動者惻隱之心也。即是非,即惻隱,無先後也。於此以辭讓之心繼之,則必服人之善,以羞惡之心繼之,則必懲己之惡。往往辭讓之心不繼,繼以勝負之心,羞惡之心不繼,繼以嫉妒之心,將是非、惻隱之良之如泉源一滴、薪火一星者,泥汩之、灰滅之矣！故君子之於念慮也,貴慎於其繼。

簞食不屑而萬鍾則受。《集注》曰:"能決死生於危迫之際,而不免計豐約於宴安之時。"豈人之重死生,反不如重豐約哉？蓋羞惡之良之不克續者多矣！危迫之際暫也,宴安之時常也。

暫則羞惡之動於內者，不暇間之以人欲，而本心難昧；常則人欲之參於外者，每搖奪乎天良，而本心易失。故學者用力，君子觀人，宜貞之以可久察之於所安。世有矜勵矯飾於一飲一啄、一話一言，而君子不之許者，內力不真，張皇於小節，皆自欺也。

言不妄發，明理者能然也，明道者能然也；行不妄動，明理者能然也，明道者能然也。然苟不學，則又何以明理、明道而臻於言行之不妄哉？故古之言理、言道者，必濟以學。曰理學，曰道學，欲人盡力於庸言庸行也，理豈遠乎哉？道豈高乎哉？

不思求當於理，而思見稱於人，立言行事，必有所偏。

君子之處事也，但求是非於理，不問毀譽於人，雜一名心，處之不能盡當矣！

其事爲平日未嘗致思之事，則其處之也每易差，言之也每不當。

事後方知其失，言出方覺其非，未行之先何以不致察乎？未發之際何以不致思乎？析義之未精也，用心之未熟也。

悔過愈真者，其人愈高，反己愈切者，其人愈大。以言飾非，其人斯卑矣！以咎歸人，其人斯小矣！

世未有無所得而自矜者，一得自矜，得之淺者也。所得日深，矜心自化。

凡人之有不樂者，皆己也，克己則樂。

苦處挨不過，此志搖矣！難處忍不過，此心違矣！危乎哉！危乎哉！

人世拂逆之境，足以害道，亦足以鍊心。

真知命者，不以饑餓爲憂，能耐苦者，不以貧困爲憂。既不耐苦，又不知命，品之立也難矣！

人之生也耐勞、耐苦、耐挫折,必成大器。經霜冒雪,松柏不凋,求梁棟者,故在松柏。

少有拂意,憂形於色矣;少有稱心,喜動於顏矣;學無所養,器小氣輕,可與任艱鉅乎?

君子有立己之功三:曰"鍊骨",曰"鍊心",曰"鍊識"。

遇窮困而語多牢騷者,志無專向,心無真得者也。

能任大事者,於小事必不苟;能立大節者,於小節必不踰。

處富貴之境而曰不怕窮,處安樂之時而曰不怕死,不惟人不之信,即己亦且休自信。躬遇困苦,身逢患難,有一分堅忍心,方可爲一分骨力。

能自柔者,天下之至剛也,能自小者,天下之至大也。自剛者不剛,自大者不大。

乾之《大象》曰"君子以自強不息",坤之《大象》曰"君子以厚德載物",其示人以崇效卑法之方乎?人之一身,心神陽也,氣體陰也,陽主乎動,其不息也,宜效乾;陰主乎靜,其凝厚也,宜法坤。故學者精神志趣之間斷者,不足與有爲,言語動作之輕浮者,不可與有成。

欲化膠執之弊,每流於圓融;欲救圓融之弊,每入於膠執。此亦《中庸》"難能"之一證。

自一身以至於家、國、天下,皆有理、皆有學,自一言一動以至於出處進退、辭受取與,皆有道、皆有學。不以此身及家、國、天下之理爲學,則其學也隘而不宏;不以言動及出處進退、辭受取與之道爲學,則其學也泛而不切。去其隘而求其宏,去其泛而求其切,則爲有用之學。

折群花而供之瓶,非不美觀,一轉瞬而蔫萎矣,無本故也。

汲汲於富貴而不講求品學，皇皇於功名而不講求經濟，皆供瓶花者也。

少言所以寡過也，少惱怒所以葆身也，少遊思妄念所以存養此心也。守此三少，切己之實修也。

讀書而不養氣，以聖賢繩人，以知解矜己，何其陋也！切己功夫從養氣始，養氣功夫從懲忿始。

魯通甫有言：「三代而下，有無欲之君子，無無意之君子。」噫！意之不化，氣之用事也。君子養氣之功，貴以理勝。

集義所生，是浩氣之生於內者；義襲而取，是客氣之襲於外者。學者不於隱微獨知之地求無愧於衾影，而徒藉夫忠孝節廉——人所共見之端襲取於外，其氣亦有時而不可遏。究之血氣用事，非發於義理之純，色厲內荏，烏足塞天地配道義乎？告子蓋見夫當世之服儒服、冠儒冠者往往如此。故力矯其弊而有專求之心之學，所見不可謂不高，而矯枉過正，其弊又有不可勝言者，且並孟子亦疑爲「義襲而取」，其不識孟子之學，可知矣！故孟子別而白之曰：「是集義所生，非義襲而取。」

雜念不除，夜眠更甚，客氣未化，應物則知。宵以養心，晝以養氣，庶幾有瘳乎？

以聖賢之道繩人，以庸流之跡自處，何其惑也！君子取人之片善，而責己當求全。

聞人之惡則信，聞人之善則疑，可謂公乎？聞己之惡則慍，聞己之善則喜，可謂明乎？

立身行事，不可有愧於心。一有愧於心，人雖諒之，己之氣已餒矣！此《孟子》「浩然之氣」所以生於「集義」也。

論人論事，必求其極，格物之方也；處人處事，必得其平，應物之要也。

人以誠來，我以誠往，是兩君子也；人以詐來，我以詐往，是兩小人也。不責人之必以誠來，惟防我之或以詐往，反己之道也。

不察己之誠未至，而欺人之不能感，何其惑也！

不見信於人，是己之所以信人者，尚淺於人，勿責也。

賓朋酬酢之地，日夕云爲之間，皆足驗吾所學之淺深。

事事物物之來，見道之地也；應事接物之際，爲學之時也。致力於書策而心不存於酬應者，詞章之俗學，非求道之實功也。

理不明、義不精，而言從權，自便其私而已，烏能反經合道哉？

天下得失之途，委之於命者，無憑，權之以義者，有據。義之所可得當得而終不得，義之所可失當失而終不失，命之謂也。故言命不如精義，精義方能安命。

禍之招也，招以機心。《大易》所謂"習坎"、"入坎"者也。君子不計夫事之利不利，惟視乎義之可不可，而无妄之往，無所不利。无妄者，機心之净盡者也。

人之惑於利欲也，猶鳥之惑於媒，魚之惑於餌也。小則毀行，大則喪生。

不動心於富貴者，必不薄富貴；不動心於利禄者，必不鄙利禄。薄之者，不可信也，鄙之者，不可信也。吾信其忘之者。

事不切於身心，學不關於政教，君子不以爲當務之急也。

不因遇之可樂而樂，方爲真樂；不因人之見重而重，方爲自重。

學不可以無實效也。必也，氣體素浮者，學則不浮；心境素放者,學則不放;器量素小者,學則不小;志趣素卑者,學則不卑;素狂者,學則不狂;素暗者,學則不暗;言行素不謹者,學則能謹;家庭素不和者,學則能和。如此之類,不可枚舉,學者其精省而嚴課之。

五

宇宙内事皆分内事,先賢豈故爲是高論哉?誠以孔孟之立教也,言修己必言安人,言獨善必言兼善。古之爲學者,道德其本根也,事業其果實也,果實之不茂,本根之栽培亦歉矣!文章者,達而在上,資之以立功,窮而在下,藉之以立言,是猶華之發於本根而由之以成果實者也——纂《達用》篇第五。

爲古文辭之道,品學其本也,義理其幹也,字摹句擬則末矣!

世有第一等人或不能爲第一等文者矣,未有第一等文而不出於第一等人者也。

三代之文,何其渾也!世愈降愈分明矣!分明之極薄,斯甚矣!

神、韻、機、趣四者,爲文之所必講者也,然無實理、實事、真情、真景,則四者亦易蹈於虛而不能言之有味,故理、事、情、景所以蘊味者也,神、韻、機、趣所以發味者也,發味者可虛,而蘊味者必實,發味者可幻,而蘊味者必真。

辭章,末事也,大而係國運之盛衰,小而係人品之高下。班、馬而降,爲韓,爲柳,爲歐、曾,爲蘇、王,曠世一遇,不可多得。大抵用心於内、根心而出者,爲正派,神光發越;外有餘而内不足,是後世欺人之詒,豈君子立言之道而若是乎?故八家亦不能無遺憾也，何其難也！姚姬傳氏之學，雖自歉才弱，而識則純，海内知言君子嘗推爲文章正宗。尋其軌途，以窺其用心，偽體旁門庶不致淆。吾向往矣！

伊川程子之狀太中及侯夫人事也，皆人倫日用中極平極淡者，而太中之事尤減於侯夫人。學者之修辭，首貴立誠。李文貞公之言曰："聖賢雖於父母亦不虛加一語，加以虛譽，人必指而笑之，是貽父母羞辱也。"知此可以識伊川之旨矣！梅伯言書《吳南屏先考行狀》後曰："不虛美，不繁稱。"能信其親於人者也。然則世之虛美繁稱者，其不能信於人也可知。

讀書不能得聖賢之本意，而徒托聖賢之言以爲名高，經術之誤人家國，更甚於庸妄矣！

一本有定也，而發於用者無定；萬殊無定也，而歸於體者有定。知無定之有定，而後可以識體；知有定之無定，而後可以達用。

聖門之學，爲己之學也；而天下歸仁，邦家無怨，又必推其效於人者。蓋其始也，課功之密不因人而或分；其既也，爲用之大乃因人而益顯。徵諸庶民，所以見理之同也，況仁者人也，人所共具之理也。使體之於人者，或不無疑而不信之處，則其功夫之在己者，必有人欲之私而不盡天理之公也。毫髮不可假借，誠不可掩理，真奇哉！

學術者，治術之本根；治術者，學術之枝葉。本根弗深，枝葉胡茂？治不識體者，學不明理者也。故記問之學不足以從政。

洗滌其功利之見，消融其人我之私。

有知人之明、用人之才、造就人之度，可與有爲矣！

閱歷愈深而愈能任事者，明於是非也；閱歷愈深而愈不敢任事者，熟於利害也。明於是非者，可與有爲；熟於利害者，不可與有爲。

任事者，每喜事而不解事；解事者，每畏事而不任事。

無英氣者，不足與有爲也，無拙氣者，不足與有爲也。

名心太重，難與共事。古之竭誠爲國者，不恤世俗之毀譽也。徇俗者，易於得名，徇名者，易於僨事。故君子不求千萬流俗之是，惟恐一二有道之非。

其爲人也，盡如流俗人之意，必是鄉愿；其作事也，苟動流俗人之心，必近雜霸。

利害得失之場，無計較之心，其過人遠矣！

維持世教，正人尚已，撥亂反正，必也通人。

於極困觀人之骨，於驟貴觀人之器，於遇變觀人之才，於盛怒觀人之量，於酒醉觀人之性情，於群遊觀人之志趣，於談忠孝、論時事觀人之胸襟，於共利害、同患難觀人之心術，可以得其真矣！

不知人，學者之大患也。處則親師取友，一生之德業係焉！出則位愈顯、責愈重，知人愈急。古之良相名臣，知人善任而已。欲浚知人之明，莫急於明理去私。

風俗之誘人，甚於教化，故維持教化，莫先於挽回風俗。

不以人事之修廢爲準，不以此理之是非爲憑，動輒諉之於命曰氣數，是無聊之托詞，亦卸過之遯語。聖人惟恐天下萬世之托而遯者之多也，故言理不言數。

巧於就逸而不耐勞，巧於作僞而不存誠，巧於求近功而不謀遠略，巧於爲身家而不急國計，是人心風俗之大患也。欲圖自強莫如崇拙。

君相之心思、念慮、言語、動作，天下風化之的也。

天下治亂之機，其端甚微，非知道者不能識也。人之所見者，已然之跡耳！因其跡而補救之，蓋已晚矣！況補救之不得其術乎？噫！上工治未病。

虛文日盛，世道日衰。崇實黜華，今日急務。

曉天下之事易，爲天下之事難。

經世之學，不難於知天下之弊，而難於革天下之弊。紀綱法度，頭緒紛繁，欲除一弊，必動全局。如人之受病日深，臟腑相爲傳染，非若新病之可以頭疼治頭、足疼治足也。諱疾忌醫，因循不治者，固爲誤事；信古太過，浪言攻伐，亦未必即能奏效。靜養元神而博訪良醫，察其輕重，與時消息，庶幾其有瘳乎？

內政不修，外患不息。

守先王之法而不識時宜者，迂儒之泥古也；識時宜之變而竟悖先王者，俗儒之忘本也。通時宜達變之權，而不悖先王立法之意，通儒之學乎？

古之治天下也，立法疏，故不重法而重人，得人則治其弊也，法因人壞；後世之治天下也，立法密，故不重人而重法，守法則治其弊也，人爲法困。

任人任法，治亂之機也。任人者勞，勞則治；任法者逸，逸則亂。任人者有法，任法者無人。避勞就逸，奉法而行，必致人爲法拘，法因人壞，賢才束手，胥吏弄權矣！

聖人非有取於狂也，取狂者之有志；非有取於狷也，取狷者之有守。因其質而造就之，皆可爲有用之才。故國家之於人才，不獨貴能用之也，尤貴能造就之。如狂狷之士而不施以激勵裁抑之方，一旦出而用世，狂者不免大言虛夸之誚，狷者每遺拘泥鮮通之譏。流俗容容之輩,反以畏葸冒謹慎之名,以通脫開方便之路,依阿苟且,誤國殃民,其患中於無形,舉世習焉!不察迨機動禍,至上下群慨無人,豈真無人乎?狂者囿於狂矣,狷者囿於狷矣!生才易,成才難,古今之通患哉!

人才難,用人之才更難。以喜怒爲進退,則諂曲逢迎之士進,其弊也私而不公;其力矯其私者,又往往取性情才識之類己者而用之,不類己者,不識也,公矣而又不免於隘。君子用人,不拘一格,弗私弗隘,相臣之器也夫!

官之品不一,而大要有三:格君、心立、政本。人心風俗,變之於不覺,化之於不知,奠天下於磐石之安,而天下相忘於誰之力者,上也;艱貞自勵,汲汲於國計民生,而不顧成敗,不計身家者,次也;顧成敗、計身家,簿書文告,懍懍焉惟考成是慎者,又其次也;下此則視爲榮身之階、肥家之藉而已。爲國者,必得上焉者一二人,以默運於其間,則次焉、下焉者皆有用矣。若第降格以求一節寸長,誰無可取?究何補於宇宙之大、事變之多乎?

貴德尊士,賢在位、能在職,國家閒暇,修其政刑。李文貞公謂:"秦漢以下,惟諸葛之治蜀近之,故當日以區區中國什一之蜀,而魏人憚之,所謂大國畏之者也。"可知爲國者不患強鄰之逼,特患不能行先王之政耳!

"否"之四、五皆能濟否,然四曰"有命"。項平菴所謂"當天命之變,修人事以承之"者,其義精矣!若不順乎天命,而以人力爭,庸有濟乎?五之"休否",曰"其亡其亡"。朱子曰:"有戒懼危亡之心,便有苞桑繫固之象。"此聖人"恐懼"、"立命"之旨之不可易者也。

自入仕之途寬,農工商賈人人有儌倖之心,風俗偷薄,群焉相趨於樂逸而不耐躬親操作之勞，民志不定，實爲世道之憂。《易》曰"君子以辨上下定民志"，上下之分不辨，飲食、衣服、冠婚喪祭漫無品制，惟視其財之多寡以爲豐約，此舉世所以重財而日夜孳孳於利也。

生衆食寡，理財者不易之常經。公卿大夫以及學校之士，食之者也；農工商賈，生之者也。必使操農工商賈之業者日精而日衆，而學校之士日以少，公卿大夫入仕之途日以嚴，不惟有益於理財，其關乎世運之昇降者不細矣！

不寡其食之者而寡其食之者之禄，使人人有患貧之心而營營於財利，此人心風俗之不古，而政治之不舉也。張楊園曰："官冗禄薄而廉恥喪，兵多餉少而精鋭減，生徒衆，教養失而學政弊。"陸桴亭曰："欲兵之精，不如省兵而增粮；欲官之廉，不如省官而增俸。"宋太祖曰："吏員猥雜，難以求治；俸禄鮮薄，難以責廉。與其冗員而重費，不若省官而益俸。"明哲所見，何若是之同與？

張南軒對孝宗曰："比年諸道水旱民貧，而國家兵弱財匱，大小之臣又皆誕謾，不足倚仗。正使彼中可圖，臣懼我之未足以圖彼也。"不量人而量己，可謂知本之言，浪言戰者，其三復之。又曰："必勝之形，當在於早正素定之時，而不在乎兩陳（"陳""陣"通用。點校者注）決機之日。爲今之計，但當修德立政、用賢養民，選將帥、練甲兵，通內修外攘、進戰退守爲一事；又且必治其實而不爲虛文，使必勝之形隱然在目前，則雖三尺童子，亦且奮躍而爭先矣！"不圖人而圖己，字字切中機宜，專恃和者，其三復之。

取士之法密，教士之法疏，是略於耕種而勤於收穫也。登之場者,薄矣!

官多則事廢,士多則學荒。

科名易得則士無實學,禄俸不豐則官無真品。

必使上之人求下,勿使下之人求上,則真才出矣!

求取士之法,不如求造士之法。責應試之人,不如責典試之人。

甚矣,以言取人之無善策也。懸以詩賦之的,天下之聰明材力皆孳孳焉貌詩賦矣!懸以經策之的,天下之聰明材力皆孳孳焉貌經策矣!經策固有用於詩賦,然有用者,經策之實,而非經策之貌也。使天下爲學者不求之貌而求之實,莫如緩於取士、急於造士。造士也貴乎多,取士也貴乎少。利禄之途,不使無實學者倖焉,則聰明材力有不日趨於實學者乎?

天下有明明爲患而患不能已,明明爲害而害在必興者,雖聖人亦莫如之何也。儀狄作酒,酒禍且流於後世,禹知之,禹惡之,而禹未嘗禁之、絶之者,何哉?禹蓋知吾飲而甘,則天下萬世之甘之也有同情矣!情之所順者,在天下之大、萬世之遥,而欲禁之、絶之,勢有所不能行,理有所不能勝,故惟以惡之者示人以防情之道焉!是以君子之於民也,順乎情之所安,而寓以防之之道,品節之裁制之,法度以立,經綸以成,此患之所以不息而息,害之所以不除而除者也。若沾沾焉以古律今而使之必合於古焉則擾矣!

方遜志《〈周禮〉考次目録·序》云:"吏將侮法而爲奸,必藏其法,俾民不得見。使家有其法,人通其意,吏安得而侮之?"蔡虚齋引之以證"諸侯之去籍"。夫籍之所存者,先王所以公之天下之法也。以先王所欲公之天下者,竟爲吏之所私有,此周之所以衰歟！後世法令繁密，而士大夫之習帖括登甲科者又鄙棄之，以爲不足學，勢不得不責之家世相傳之吏。顧亭林有言："法可知而例不可知，吏胥得操其兩可之權以市於下。"然則，古之弊在於去籍，今之弊在於援例，而皆不外乎人之不能盡曉也。"家有其法，人通其意"，遂志之言可昧也哉？

班禄之制，古先王所以別貴賤而成風俗也。自禄不足以代耕，公卿大夫士以及庶人之在官，不仰給於公家之禄，而取給於不可告人之規費。風俗之患，不可勝言，而大要有四：一曰開賄賂之端，一曰啓瞻徇之竇，一曰導貪鄙之習，一曰成奢靡之風。卿貳宰衡文學侍從，位則重矣，職則清矣！此古之君子所以絶私交、禁外援而守"四知"之戒者也。乃車馬衣服之費，每出於故舊門人之餽遺，苞苴由此而入，請托即由此而來，謂非開賄賂之端乎？不受人之私情者，方能以公法責人，不計人之私圖者，方能以公法理事。經文緯武，豈無幹濟之才？第或人當黜退而無以對平日事我之勤，事必更張而無以爲百司所藉之便，徘徊顧慮，苟且姑容，謂非啓瞻徇之竇乎？古之貪者，求有餘，今之貪者，不盡求有餘也；故古之貪者，皆小人，今之貪者，不必皆小人也。天下之財賦莫大於監茶之課、關津之税、地丁之錢粮，使風清弊絶，涓滴歸公，不惟事上接下之資無從出，即辦公之費亦無從而籌。是雖上知其賢，不能徵收一分，報解一分也，則鄙夫之藉端而恣一飽者，即嚴法懲之，亦不能免矣！臺皂之口食不足以贍身家，胥吏之工資不足以免凍餒，而需索之弊，舞文之弊，雖有善者不能使之無也，此又導之貪鄙者也。人之情，富者思保其富，貧者不安於貧，故愈富則愈儉，愈貧則愈奢。以酬酢之豐盛，冀遭遇之優隆，飲食歌舞之歡、貨賄餽遺之節，此以百勝，彼以千争，借情好之往來,行夤緣之私曲,擾擾焉不遂其欲而不已。向使一行作吏,不復以私計謀生,而饔飧自給,則守禮安分,人又孰不自愛乎?此又成奢靡之風者也。顧亭林曰:"昔楊綰爲相,承元載汰侈之後,欲變之以節儉,而先益百官之俸;皇甫鎛以宰相判度支請減內外官俸禄,給事中崔植封還詔書,可謂達化理之源者矣!"

出處、進退之際亦難言矣!古之君子所以難進易退、處而不出者,志之所存者,大而不屑苟就也。出之所濟者小,處之所成者大,則不屑以小易大也。若夫時值承平,爭取通顯,國家多事,皆欲退休,是畏難也,是好逸也,是遠害全身之計也。趨避也,非高蹈也。

"否"之初六以"貞而吉",夫子曰"志在君也",王輔嗣謂"志在於君,故不苟進"。然則,二之"包承",三之"包羞",其"苟進"也,皆志不在君而爲身家計也,可知自古隱居獨善之士,大抵皆有兼善之志而不克遂者也。苟無其志,第以富貴爲寵榮,又何暇計時之否泰哉?

隱居求志也易,行義達道也難。不獨時運所關,遇合難必,即推己及人,亦未必盡充其量。古君子有群居樂道而人惜其不出者,及其出而又不能如乎人之所望以愜吾之素志,修己安人。堯舜猶病,所以衡門之下動盜虛聲,軒冕之中每多缺憾。

文中子詣闕上書,後之論者,每有微辭。蓋儒者,固無忘世之學,然其果於自信而急於治人,正其學力之浮而疏於自治者也。古之人,如伊之莘野、吕之渭濱、諸葛之南陽,皆有終焉之意,惟其不輕於出,故其出也非常人所可及。

行軍之難,難在得人。主帥難矣,將領亦不易。無堅固不搖之節,無志誠自矢之心,不感之以真誠,不濟之以法律,將領不和，同室而敵國矣，是主帥之難也。將領則有勇者易驕、易妒、易於無謀；多謀者易怯、易葸、易旁皇、易搖惑、易於無勇。各取所長已不多得，況兼之乎？

必先求我之所以不敗，而後可以勝人，用兵之道也。

行軍之道患不勇，尤患徒勇，無補於國計，無裨於民生，冒冒焉濟之以死，或且遺後人以不可補救之憾。君子哀其志，未嘗不惜其愚。李文貞說"行軍"章引邵子之言曰："死天下之事易，成天下之事難。"篤論哉！

終日欽欽如對大敵，及其臨陣，意思安閒，若不欲戰。古來名將，未有不得此意者。庸將反是。

自古撥亂之才必學道有得，不然即天資近道，未有徒以血性濟大事者。諸葛之事功，其根柢在"澹泊寧靜"。邵子詩曰："隱幾工夫大，揮戈事業卑。"無隱幾工夫，烏足成揮戈事業？善乎朱子之言曰："戰戰兢兢，方可爲赳赳武夫、公侯干城之事。"

宏天下之識，遠天下之志，堅苦其天下之心，強忍其天下之力，時務之要者乎？識志心力之不變而欲自強，難矣！崇正學以轉移風俗，所以變識志心力者歟！

學也者，古先聖王所以範天下之知愚、賢否而皆歸於有用者也。然而有千萬人之學，有一二人之學。所謂千萬人之學者，農也，工也，商也，賈也，兵刑錢穀也，各精其藝，各極其能，分之不過一技之短長，合之即關世運之隆替。所謂一二人之學者，不以農名，不以工名，不以商賈名，不以兵刑錢穀名，而能合農工商賈、兵刑錢穀之精，其藝極其能者，皆使之效其用而得其所也。是一二人之學，役人之學也；千萬人之學，役於人之學也。役於人者，以藝能勝；役人者，以道德勝。嬴秦以來，人主之大有爲於時者,往往稱得人鼎盛,而其鼓舞群倫、馳驅豪俊,使天下雲合響應以效其尺寸之力,大抵皆一二人之轉移默化於其間也。漢之昭烈得諸葛亮一人而鼎足之勢成,唐之宣宗得陸贄一人而中興之業建。蓋器識之不宏,胸襟之不闊,精神氣量之不足以包宇宙,而拔凡庸,雖有才藝,烏足與任艱鉅哉？故國家不患無役於人之才,而患無役人之才。

跋

嗚乎！學界之壞，未有甚於此時者矣！異端興，曲學鳴，所造之思與所設之教莫不爲吾學之蠹。若無人焉起而淘汰之，則道統之傳寖消、寖滅。舉所謂開吾民之智者，不將蕩吾民之志乎？皋蘭劉曉嵐太史，篤行人也。出入承明，蜚聲翰苑，懼人心之日漓也，退而與鄉之士大夫講明正學，舉平日所心得者，作《勸學邇言》一編，本孔孟程朱之理，爲布帛菽粟之言，純粹精深，一空理障行見。是編一出，泥西學者，不致捨本而逐末，闢西學者，自當益奉爲準繩。世道人心，其所維繫者大矣！梓譾陋無文，學問之道未窺門徑，何敢妄贊一詞？然反覆卒讀，覺與吾心所固有者默契焉！謹綴數語，以志景仰。後學中州李樹梓潤琴甫敬跋。

《小兒語》摘抄說意

序

　　《小兒語》一書，只數頁耳！苟幼而習之，即將來成人或爲農、或爲工、或爲商，而胸中亦有一作人之規模在焉。嘗見有田夫牧豎，聞人道格言一二語，即終身誦之不忘且能實踐者。所守約而用心專正，不在撐腸萬卷也；所患者，讀而不講，即講而又往往以文話出之，童蒙烏能識哉？夫聖賢道理雖曰精深，然苟能以道家常者道之，則即三尺童子亦未有不瞭然者。蓋自然之知識、固有之秉彝，無貴無賤、無大無小，此心同，故此理同焉！兹因取呂氏書而擇其尤顯明、尤切近、爲人人所能勉者，得三十條，以俗言説其大意，書爲小楷，復附書寸楷於後。凡小學堂習字功課，即以此反覆影寫，並讀其韻語，解其説意，令兒童日日有此書之語，往來於眼中、手中、口中、耳中，因而即醖釀於心中。爲之師者，於講説之際，兼指示其韻語者略雜文話，説意者純是俗言，使以俗言編爲文話，以文話編爲俗言，如此日漸月化，不獨習字，而作文之法亦可漸通；不獨作文，而先儒所以教人之旨亦不知不覺習與性成矣！則功令所謂修身科、文字科者，安知不於此而立其基哉？一舉而三善備焉！慎勿視爲淺近而忽之。光緒三十有一年乙巳冬十二月中澣，皋蘭劉爾炘識。

一切言動，都要安詳。十差九錯，只爲慌張。

　　慌慌張張的人，話也說差了，事也幹錯了。學生們說一句話，幹一件事，都要安安閒閒，詳詳細細，那就是個好材料。

沉靜立身，從容說話。不要輕薄，惹人笑罵。

　　身子不穩重，說話沒斟酌，惹人笑，惹人罵，這還是小事，輕薄人都沒福氣。學生們要學厚重。

先學耐煩，快休使氣。性躁心粗，一生不濟。

　　耐煩是作事的第一妙法。有些人終日安閒，遇著一點兒難事，他就發煩，這些人到老不濟事。學生們要心平氣和，比如有一堆米，教你數他有多少顆，你也能漫漫的數了，不着急那就是大本事。

自家過失，不消遮掩。遮掩不得，又添一短。

　　人誰沒有錯？有了錯就認錯，那是好漢子；你不認錯，偏要嘴巧舌辯護你的短哩！比如就寫字說，寫錯了改了他就是了，他偏不改，要挖補哩，挖補的不好，越難看了，這不是又添一短麼？

要成好人，須尋好友。引酵若酸，那得甜酒？

　　酵音教，是俗語所說發麪的酵頭子。作酒的酵頭子若酸，作出酒來也就酸了。我們的朋友若壞，我們也就壞了。學生們交結朋友要找好人。

當面證人，惹禍最大。是與不是，儘他說罷。

　　比如有人在你面前說旁人作過賊，作過不作過我們不得知，由他説去。你若接着説那人作賊是實,我見來,那你就是個干證了,那人聽着必不饒你。

世上手藝,要會一件。有時貧窮,救你患難。

世上餓死的都是遊手好閒、百無一能的。你若有些長處,到窮的時節也餓不死。

飽食足衣,亂説閒耍,終日昏昏,不如牛馬。

牛有牛作的事,馬有馬作的事,人卻吃飽了、穿煖了,終日糊糊塗塗,亂説閒耍,那就不如牛馬了。

擔頭車尾,窮漢營生。日求生活,休與相爭。

大處不儉省,把錢胡花,卻與賣蔥、賣蒜的争競一兩個錢。試問他一個窮人,作個小生意,能賺幾個錢?君子不與這些人争競。

心要慈悲,事要方便。殘忍刻薄,惹人恨怨。

厚道人不但人不怨恨,天也喜歡賜他的福。

手下無能,從容調理。他若有才,不服事你。

用手下人也是個極難事,有才的伺候得你喜歡,你卻要上他的當;無才的不會哄人,又作不了事。能駕馭有才的不教他哄人,能指教無才的也教他漸漸能作事,這才是為人上的本領。

僕隸縱横,誰向你説。惡名你受,暗利他得。

前一條是説寬待手下人的法子,這一條又是要嚴的意思。學生們須要思想明白,你若作了官,把手下人不管束,那些人借你的勢要在外邊招摇騙人,你落惡名,他弄好錢。世上多有這樣的官,吃虧不小,這些地方總要嚴哩!

遇事逢人,豁綽舒展。要看男兒,須先看膽。

作事待人須要光明磊落、大大方方。遇着當幹的事不要害怕，一直幹去。自古作成大事的都是有膽的，故男子漢須要有膽。但這個有膽與荒唐不一樣，荒唐人不管事的是不是，一味的膽大。君子是按着道理作，理若是了又怕甚麼？古人説過"膽欲大而心欲小"，學生們要思想這句話。

要知親恩，看你兒郎。要求子順，先孝爺娘。

自己養兒子作了多少難，才知道爺娘養我們的苦處了。我們把爺娘孝順，孩兒們看了樣子也就孝順我們哩！

都見面前，誰知腦後。笑着不覺，説着不受。

世上的大人物，身份越大，越愛聽人的指教；不懂事的人，人一説他，他就不受，卻教人背地裏笑他，他還揚揚得意，不知羞恥。學生們要教人當面説，不要教人背地裏説。

從小作人，休壞一點。覆水難收，悔恨已晚。

如有一盆水翻在地下，還能收到盆裏麼？人若學壞了，將良心喪去，與這盆水翻了的一樣。學生們要自小兒學個端人，比如樹木一班，從小長端了，大來也就是好材料。

怪人休深，望人休過。省你悶煩，免你暗禍。

人有不是，説開罷了。你只管怪他，他就恨你，你就要受他的害；望人不可太過，比如你借人錢，人借與你一百，你還想二百，人待你本好，你還心裏不足，這就是小人了。

正人君子，邪人不喜。你又惡他，他肯饒你？

邪人見了正人顯得他自己不好，他就不喜歡；你又憎惡他，他必想害你。所以正人君子要能容小人，若能慢慢的化小人，那個本事更大了。

好衣肥馬，喜氣揚揚。醉生夢死，誰家兒郎？

人生在世要明白些道理，作幾件有益於人的事。若糊糊塗塗,終日講究吃、講究穿,那就像當了一世的醉漢,作了幾十年睡夢,有甚麼趣味?

無可奈何,須得安命。怨歎躁急,又增一病。

升官發財的事都有個命,自家沒錢使,就恨人有錢,自家沒官作,就恨人作官,終日怨天怨地,這些人永不發達。又有些人終日求人,於事無濟,徒惹人笑。學生們要知道,到沒法兒想的時節那就是命。我們把好人學,把好事作,勤勤苦苦,他自有交運的日子,萬不可病上加病。

今日用度,前日積下。今日用盡,來日乞化。

儉省是惜福的法子。人生用度萬不可奢,過分了就折你的福。況且有錢的時節你不愛惜,一旦受窮,後悔遲了。

要甜先苦,要逸先勞。須屈得下,才跳得高。

能吃苦,能耐勞,甚麼事作不得?少年們更要學吃苦、學耐勞,忍辱受氣自然有發達的時候。比如向高處跳,先要蹲下,你不蹲下就跳不高。

白日所爲,夜來省己。是惡當驚,是善當喜。

白天作的事,到夜裏睡下,從頭思想一番,若作的是好事,自然心裏歡喜,若是不好的事,須要自己愧悔,以後再不可作。

怒多橫語,喜多狂言。一時偏急,過後羞慚。

世上的人,惱怒的時節多說那不合乎理的話,高興的時節多說那沒斟酌的話。過了那一陣,自家思想起來也覺可愧。故君子惱怒的時節、高興的時節,都要做工夫,不說錯話。

慕貴恥貧,志趣落群。驚奇駭異,見識不濟。

學生們志氣要大,見識要高。志氣大的人,把世上榮華富貴看不在眼裏,所以不嫉妒人的富貴,不眼饞人的富貴,就是自家窮了也不以窮爲恥。識見高的人，他覺世上的事都要從平平正正、實實在在處作，見了那奇特別致的，他不動心。

才説聰明，便有幛蔽。不著學識，到底不濟。

世上的事都是聰明人作的，但你專靠聰明也不濟事，須要讀書明理，學問大、見識高，那個聰明才算真聰明。

讀聖賢書，字字體驗。口耳之學，夢中吃飯。

念聖人的書，要把聖人説的當實話聽、當實事幹。句句向自家心上思想，事事向自家身上考察，這才是真工夫。若不向心上思想、身上考察，專靠口中説的、耳中聽的當學問，那比如睡夢中吃飯，是個假的。

越嬌越脆，越潑越壯。舟子河邊，健兒馬上。

自古作成大事的，那個不是有精神的？少年們不可把身子傷損了，也不可太嬌養了，潑皮膽大，振作起個男子漢的樣兒，馬上也來得，船上也去得，何事不可爲？

理可理度，事有事體。只要留心，切莫任己。

凡遇一件事，都有個應該的道理。你留個心，按着那道理作，自然作不錯。你若不管道理，由你的性兒作，那就作錯了。

知是都知，能是誰能？休騰口説，只要躬行。

天下的道理哪個人不曉得？比如就這孝順父母説，哪一個不説父母應該孝順的？你看他到底能盡孝不能盡孝？所以學生們把書上念的、先生講的要實實在在能行哩！嘴裏會説不算本事。

噯經日記

《詩》

序

甚矣，學《詩》門徑之繁也！漢儒傳受，既非一家，齊、魯、韓、毛，各守師說。即《鄭箋》問世，《毛傳》孤行，而後人申毛難鄭，申鄭難王，趨向不同，旨歸亦異。趙宋閎儒崛起，廬陵、潁濱、伊川、橫渠之儔，以意逆志，不襲師承；《朱傳》之作，抱此微尚，義理自優，然先民古訓亦未盡弁髦置之。國朝諸儒，或聲音一派，或訓詁一門，或四家分治，或三家合參，微言精詣，復乎不可幾已。士生今日，欲博綜精研，獨標心得，雖畢此生亦未必即有止境。學堂功課，門目滋多，並騖兼營，促促焉日無暇晷，又烏能策學子以前之說乎？講貫指陳，聊即孔子所謂"興觀群怨"、"事父事君"者，期勵諸實用而已。其源流所在，塗軌攸關，偶觸於懷，隨筆纂錄，諸說兼收，漫無體例。如酒餚羅列，珍錯雜陳，嗜酸嗜鹹，任人自擇。倘有下一箸而津津不已，遂欲專味此品、饜飫終身者乎？則是編所采，亦導饞吻之一臠也。光緒三十有一年乙巳冬十月，皋蘭劉爾炘識。

辭章有有韻、無韻之分。無韻者，宜於言事，有韻者，宜於陶情，此文與詩之所以別也。古人以詩入樂，以聲感人，其感之捷，不可言喻。崑山吳修齡喬之論詩曰："意喻之米，文則炊而爲飯，詩則釀而爲酒。飯不變米形，酒則盡變；噉飯則飽，飲酒則醉；醉則憂者以樂，喜者以悲，有不知其所以然者，如《凱風》《小弁》之意，斷不可以文章之道平直出之。"趙秋谷采之《談龍錄》，歎爲至言，洵不誤已。

《內則》注云："詩之言承也。"《春秋說題辭》云："詩之爲言志也。"《詩緯》云："詩者，持也。"唐孔氏曰："承君政、述己志而爲詩，所以持人之行，故一名而三訓。"是蓋即古訓詁以推作詩之旨，而其感於外、動於內、發而爲天籟者，尚未之及。善乎！宋儒黃質夫之言曰："雷之動，風之偃，萬物之鼓舞，皆有詩之理而未著也；嬰孩之嘻笑，童子之謳吟，皆有詩之情而未動也；桴以蕢，鼓以土，籥以葦，皆有詩之思而未文也；康衢順則之謠，元首股肱之歌，詩之義已備矣！"

孔子刪《詩》，以授子夏；子夏之後，傳者不一家，至鄭康成箋毛而《毛傳》獨行於世。陸氏德明曰："漢興，傳《詩》者四家：魯人申公受《詩》於浮丘伯，爲訓故以教，號曰《魯詩》；齊人轅固生作《詩》傳，號《齊詩》；燕人韓嬰推《詩》之意，作《內外傳》數萬言，號曰《韓詩》；《毛詩》出自毛公。"

《欽定四庫全書》目録本鄭康成、陸璣之説,以毛爲漢毛亨,即世所謂大毛公也。《隋書·經籍志》所云"毛萇"者,乃小毛公,蓋受《詩傳》於大毛公者。

史遷言:"古詩三千餘篇,孔子去其重,取可施於禮義者三百五篇。"今按三百五篇中,上采先世者,只《商頌》五篇,附於卷末耳,餘皆周室一代之製作也。孔子從周之志,蓋寄於此歟!且《風》之《關雎》,《小雅》之《鹿鳴》,《大雅》之《文王》,《頌》之《清廟》,皆文王詩,四始皆肇端文王,不獨見文王造周之盛德,而孔子之志亦百世如昨矣!

周太師樂歌次第,《豳》在《齊》後,歐陽公嘗舉之,似無義意。孔子移《豳》以殿變風之末,亂極思治,欲以周公之道復文王雎麟雅化耳!生平夢見之誠,殆寄於此歟!《康成詩譜》獨以《王風》終,又何説乎?

大、小序之説,辨者紛如。范蔚宗謂:"衛宏作《毛詩序》,得《風》《雅》之旨。"程氏大昌謂:"序之首語,古序也,首語以下,續而申之者,宏語也。"程子又因《大序》文筆多類《易·繫傳》,遂疑爲孔子作。夫果爲孔子作,則傳經之儒,當人人遵守,何以《韓詩序》如"《關雎》刺時也""《芣苢》傷夫之惡疾也"之類與毛不同?劉向《新序》《列女傳》所傳《魯詩序》如《二子乘舟》爲伋之傅母作、《芣苢》爲蔡人妻作之類,亦與毛不合乎?果爲衛宏作,則宏之時代後孟子遠甚,何以孟子説《北山》之詩曰"勞於王事而不得養父母",即用小序之説乎?陸氏釋文,引沈重云:"案鄭《詩譜》意,《大序》是子夏作,《小序》是子夏、毛公合作,子夏意有未盡,毛公更足成之。"近儒皆以此説爲近。

"子夏意有未盡,毛公足成之"者,如《東塾讀書記》所舉《載馳》序云："許穆夫人作也，閔其宗國顛覆，自傷不能救也。"此已説其事矣！又云："衛懿公爲狄人所滅，國人分散，露於漕邑，許穆夫人閔衛之亡，傷許之小，力不能救，思歸唁其兄，又義不得，故賦是詩也。"此以上文三句簡略，故復説其事。如此之類，不可枚舉。然所云"足成之"者，亦未嘗篇篇皆然。如《常棣》序云："燕兄弟也，閔管、蔡之失道，故作《常棣》焉。"孔《疏》引《鄭志答張逸》云"此序子夏所爲"，蓋三句皆子夏作。

漢儒傳箋，唐人疏義，一主《序》説。至朱子而不用《小序》，別爲《集傳》，以意逆志。王伯厚稱其"閎意眇指，卓然千載之上，一洗末師專己守殘之陋"。雖鄭、衛之説，近世儒者不無異議，而李文貞公謂"非是不足以見亂之所生。爲二《南》之左契，抑雖其流至此，猶有秉禮知義，無文王而興者，夫然後可以極無邪之變。"《東塾讀書記》曰："《毛傳》簡約，《鄭箋》多迂曲，《朱傳》解經，務使文從字順。"此經有《毛傳》《鄭箋》，必當有《朱傳》也。

自古音失傳而有叶韻之説。以崑山顧氏炎武《詩本音》讀之，粗識古音，則秦漢以上有韻之書，無不按腔合拍，正無所事於叶也。

乾嘉以來，諸儒治經多宗許、鄭，從訓詁入訓詁，明而後可以識古人用字之精。如《葛覃》"施於中谷"，《毛傳》云："施，移也。"《朱傳》從之。讀者多以"移"爲遷移之移，殊非經旨。《東塾讀書記》曰："《説文》：'施，旗皃'，'旖旗，旖施也'；移，禾相倚移也。此經'施'字乃旖施之'施'，《傳》'移'字乃倚移之'移'，皆柔曲猗那之貌。《傳》訓'施'爲移，葛藟之形狀，如繪也。"又如《召旻》篇"皋皋訿訿"，《朱傳》云："'皋皋'，頑慢之意。'訿訿'，務爲毀謗也。"段懋堂《説文注》曰："'訾'，毁字，古作呰，與'訿'別，後人混用。"《毛傳》:"'皐皐',頑不知道也。'訛訛',窳不供事也。"此等詁詰,皆有師承,非同虛造。《東塾讀書記》稱"其於衰世之人,形容盡致"。學者從此類悟入,可以識小學、訓詁之門徑,亦恍然於先秦古書之一字不苟,而漢儒之學固有專長。

　　古者學校教人之法,《詩》《書》《禮》《樂》四術而已。故孔子雅言以《詩》爲首,而《論語》中言《詩》者亦獨詳,學者皆當奉以爲讀《詩》之指南。其最要而能包諸說者,"興觀群怨",理性情也,"事父事君",致諸用也,"識鳥獸草木之名",博物即以體物也。本此例以讀《詩》,庶可收程子所謂"長人一格"之效乎?

　　《豳風·七月》之篇,《小序》言:"陳王業也。周公遭變,故陳后稷先公風化之所由,致王業之艱難也。"《序》意蓋以此詩爲周公遭變居東時作,先儒已辨其非,而其爲周公作則無疑。惟是公周人也,而詩中言夏正,何歟?蓋必明乎《七月》之不入於《雅》而入於《風》之例,則可以釋然於其故。《雅》之異於《風》者,獻自王朝公卿大夫而非里巷歌謠。《七月》之詩,雖非里巷歌謠,實寫邠人風俗,此其所以不爲《雅》而爲《風》歟!既謂之《風》,則固當日公劉居邠時之《風》,非周公在周時之《風》也明矣!邠固夏之屬邦,公劉亦夏之臣子,其奉夏之正朔也亦明矣!以異代之子孫,溯先朝之舊俗,夏時即舊俗也,得不言夏正乎?

　　邵陽魏默深氏本齊、魯詩說及趙岐《孟子注》,謂:"《七月》《鴟鴞》,皆豳國舊風,周公特陳之,以詔孺子王,亦猶召穆公作《常棣》,畢公作《關雎》之例,亦猶高叟爲詩之爲,皆述古而非造篇。名之曰《鴟鴞》者,舊有詩而公名之也。"以《七月》爲豳國舊風,其言夏正,自無疑義,然詩中所云"一之日"、"二之日"之類,孔氏《正義》謂"即一月之日,二月之日,是又居然周正矣"。故蘇子由亦謂"此詩言月者,夏正也,言日者,周正也"。據此則夏時之豳國,烏從知後世之周正而預詠之於詩哉?則此詩之作必爲周公追溯舊俗,故參用夏正。《小序》所謂"陳后稷先公風化之所由"者是已。雖然,猶不能無疑,夫苟必爲追溯始言夏正,則《小雅》之"正月繁霜"、"十月之交"、"四月維夏,六月徂暑",固周詩也,無所謂追溯也,胡亦明明夏正乎?大抵夏正、周正之相牽,混而不能辨者,不獨《詩》然也。周官乃周室之典章,而言祭祀則曰"冬日至圜丘,夏日至方丘",皆用夏時。《春秋》昭尊王之大義,周正建子,非春也,而曰"春王正月",亦用夏時。他如《泰誓》之春、《金縢》之秋,皆聚訟紛紜,迄不能决。朱子嘗有"夏、周正並行"之説,李文貞公本之謂:"行周者,以改正朔示革命,故書時事、頒列國則用之。行夏者,以殷天時存古制,故作禮樂、垂憲章則用之。"此亦不過於萬不能辨之中求一可通之理耳!學者識之,亦可以釋讀經之惑。

《鴟鴞》胡爲而入於《風》歟?據《金縢》説,"固明明周公貽成王之詩",其宜入於《周雅》也明矣,又胡爲而入於《豳風》歟?蓋古者諷諫之體不直陳,近事往往取古事之與近事相類者,寄諸吟詠,如《詩序》所謂"主文譎諫,言者無罪,聞者足戒"是也。周公遭殷頑之變,傷今思古,托爲鳥言,所述皆當日太王去邠景况。"覆巢取子",傷故國之淪夷也;"未雨綢繆",悔圖存之不預也;"捋荼蓄租",裹粮而出也;"手拮据"、"口卒瘏",顛沛流離之情狀也,而又回憶老弱之不能從行者。既遭喪亂,"羽譙譙矣"、"尾翛翛矣",雖有室而翹翹如爲風雨所漂摇矣!"瞻望舊君"、"重來安集","維音嘵嘵",如聞呼吁之聲矣!故鄭康成謂"周公遭變,追念公劉太王皆有事難之故,以比序己志;太師知其意,主於豳公之事,故別序爲豳國變風。"

《鴟鴞》之詩,果何時作乎?作詩遺王之意果安在乎?孔安國《書傳》謂:"居東,即東征;闢,即致闢,則是詩蓋作於致闢管蔡之後。"《朱傳》從之。鄭康成則以"闢"爲"避","東"爲"東都",謂是詩作於避居東都之時。蔡氏《書傳》又從之,亦朱子晚年説也。疑緒紛紜,迄無定解,而貽王之意,則以爲爲流言疑謗者,諸家皆然。邵陽魏氏源據《書·序》《作雒解》《書·大傳》《史記·周本紀》《魯世家》,謂"是詩作於東征事定之後,非作於東征以前,且並不爲武庚流言之事"。其大旨云善乎?《魯世家》述周公之謂二公曰:"我之所以弗避而攝行政者,恐天下畔周,無以告我太王、王季、文王。"斯言也,其知聖人之心乎?公羊子曰:"周公東征而西國怨,西征而東國怨,周公何以不之魯欲天下之一乎?"周也,聖人所在,朝覲、謳歌、訟獄皆往歸焉,矧周公以大聖叔父之尊,且當主少國疑,一旦先去,以爲民望公出而二叔入,二公不以疏間親,武庚反得以外應内,人心其尚歸冲人乎?天下不歸冲人則必歸周公,西周之治日敝,東魯之化日行,天下方習於殷人弟及之舊,而震於周人傳子之新,朝覲、謳歌、訟獄者,皆不之武王之子而之公,公雖欲使天下復宗成王而不得,其若以身告三王之初心,何故僴然以身任天下而不敢闢?曰"我之弗闢,我無以告我先王",弗闢而流言不行,三叔遂畔矣,畔而成王命公東征。二年,罪人斯得,天下復大定矣!不曰"東征"而曰"居東",不曰"管蔡武庚皆誅"而曰"罪人斯得"者,史臣緣周公心所不忍而渾其詞耳!然東土已集,周公歸,報成王,何以復貽《鴟鴞》之詩?《史》則曰:"成王亦未敢訓周公。"《尚書》凡今文作"順"者,古文皆作"訓","順之",爲言從也;"訓"則"順之"假借;"誚"則"訓"之形訑。成王亦未敢信從《鴟鴞》之詩者，三監已平，東土已集，區區淮奄，自可不勞師而定，何至有"下民侮予"之亟？何至有"拮据瘏痡"之苦、"翛翹"、"漂搖"、"嘵音"之戚？此其未敢信從者，一也；曰"子未有室家"，又曰"予室翹翹，風雨所漂搖"，其志則在於遷都作雒，安土重遷，震動萬民，此其未敢信從者，二也；"徹彼桑土，綢繆牖戶"，其志則在於制禮作樂，以爲億萬年宗社苞桑之固，不因襲文武創垂之統而急於變更，謙讓未遑，此其不敢信從者，三也。蓋成王生於深宮之中，未嘗知哀，未嘗知憂，未嘗知危，未嘗知懼。執《詩》不悟而執《書》始泣，天變懼其外，《金縢》告其內，始知二聖人之畏天命、憂天下，若是其岌岌也；始知太王以來，多難興邦，至今日其未艾也。予小子偃然不知，猶有童心，厝火積薪之下而曰天下已安、已治，何怪公之曉曉其音乎？自新以迎天意（鄭、孔：新、迎，如字），郊天以謝上帝，遷改速乎？風雷翻然東徂以親周公之誨，以躬踐奄平淮，遷蒲姑之勞營洛，遣伻獻圖告卜，明明穆穆，精白一心，以仰繼三后在天之志。《詩》頌之曰："成王不敢康，夙夜基命宥密。"《洛誥》曰："我二人共貞，公其以予億萬年敬天之休。"蓋至是而成王與周公咸有一德矣！人知征四國爲公之功，而不知使成王能化四國始爲公之德。故曰："周公誅四國之後，大化乃成。"（《漢書·王莽傳》）夫孰知其憂勞、拮据、綢繆壹至此乎？夫孰知其使成王自怨自艾、處仁遷義乃至此乎？知《鴟鴞》與《七月》同在《豳風》之志，則知《無逸》之志，並知《訪落》《敬之》《小毖》之志，並知文王望道未見、武王不遑假寐、周公坐以待旦之志，並知《多士》《多方》《梓材》《召誥》《洛誥》之志，故孔子讀是詩而歎之曰："爲此詩者，其知道乎？能治其國家，誰敢侮之？"苟第皇皇於一身之流言，而不皇皇於國家之治與未治，或小治而不求大治，曾若是爲知道者乎？《毛詩序》曰："《鴟鴞》，救亂也。若全詩皆爲周公自救，何與於救國家之亂乎？"季札聞歌《豳》曰："美哉！樂而不淫，其周公之東？"不知稼穡之艱難而或淫於觀、於佚、於遊、於田，斯樂而淫矣！樂以天下，憂以天下，又何淫之與？有讀《詩》者，如無《書》讀《七月》《鴟鴞》者，何必更讀《無逸》乎？《孟子》論是詩亦曰："今國家閒暇，及是時，明其政刑，般樂怠敖，是自求禍也。""豈非以意逆志？知詩深儆成王，毋恃陰雨之未至以流於般樂乎？"魏氏此說，合群經中凡關於成王、周公者，無不融會貫通，使學者解無限之疑，而增無窮之悟。嗚呼！偉矣！惟是以"下民侮予"云云，爲指淮奄；以"未有室家"云云，爲指遷都作雒；以"徹彼桑土"云云，爲指制禮作樂，得毋求之太深，反於情事有不能吻合者乎？蓋平淮奄也、遷都也、作雒也、制禮作樂也，事或關乎軍國，謀或係乎創垂，義或主乎典章制度。國家之安危，社稷之鞏固，皆在此舉，即周公一生相業亦未有大於此者。揆之老臣謀國之誼，連篇累牘剴切指陳，猶恐言之不詳、語之不盡耳！豈以周公大聖，反以此非常事業托諸寓言，如後世猜謎，使成王得詩而不知其意指所在乎？萬一天變不彰，風雷不儆，成王之心終不悟，將遂以此非常事業竟托諸《鴟鴞》之寓言而已乎？大抵周公當三監已平之後，慨然思爲國者不可不制治未亂。保邦未危，作詩貽王，欲王懲前毖後，勵精圖治，以免後來覆轍。《小序》所謂"救亂者"，以安不忘危之意救將來之亂耳！亦即所謂周公之志成王未知者也，此孔子所以歎爲"知道"，《孟子》所以引之以爲"國家閒暇，及是時明其政刑"之鑒歟！詩必托諸"刺邠君"者，今日殷頑之蠢動無異昔日狄禍之亂離，慨念先公低徊往事。故趙岐《孟子注》以爲"刺邠君"也。詞刺邠君,意諷成王,語在彼而旨在此矣!其他諸義,魏説自精。

據《書序》《史記·魯世家》諸説,成王、周公初無疑忌之事,亦無闢居東都之事,則《東山》以下諸詩,《小序》所謂"刺朝廷不知"者不可從矣。然其所云爲周公作、爲周大夫作者,誠如其説,則揆以《七月》《鴟鴞》二詩之所以爲《豳風》之例,又求其故而不得。即以《朱傳》所云"勞還卒留周公"之義,求之亦似與豳無涉,或謂"周公居東即居豳也",故以居東之詩爲《豳風》。是説也,邵陽魏氏駁之。而言詩所以爲豳之故,仍以魏説爲長。其説云:"自太王去豳,豳民從之者三千乘,止而成三千户之邑,一年成邑,二年成都,三年五倍其初。及武王分陝之後,並分岐周。東西以爲周公、召公采邑,是豳國遺民,久在專治之内。"故《説文》:"岐在美陽",又云:"美陽亭即豳。民俗有夜市,有豳山。"蓋豳遺民從至岐山下者所居,且地鄰戎翟,其民材武忠厚。自公劉作三單,太王立冢土,季歷用之,以四征西戎;文王伐崇、戰耆,無敵天下。故周公以方伯受命東征,所從皆豳、岐之人。《東山》《破斧》,豳人從公於東而作也;《伐柯》《九罭》,豳人美周公能化東人,因代爲東人之詞也;《狼跋》乃正美周公能成《鴟鴞》之志,革殷頑而致太平也,皆非所謂"刺朝廷不知也"。何則?東人者,殷頑民也,《多士》《多方》也。文王化行六州,三分天下,有其二。周公主陝以東,既陳其風爲二《南》,至東征,二年在妹邦,三年在淮奄,則皆青、兖、冀三州爲文王未化之地。久染商俗,無事酗酒,寇攘有事,反側蠢動,豳人以爲不難於勝殷,而難於使殷民革面革心,以從聖人之化而同六州之俗。故《伐柯》傳云:"柯喻禮義,爲治國之柄;媒以行禮,喻治國非禮不能安。"雖然"其則不遠"，以人治人，改而止"我覯之子，籩豆有踐"，自殷民得見周公而感化於禮樂矣！後世如樂毅攻齊而齊人賢之，諸葛攻魏而魏人安之，王猛入燕而燕人感之，皆行軍節制，秋毫不犯，尚得人心如是。況聖人王師，所至時雨，市不易肆，農不失耕，過師袵席之上，且誅其貪虐，禮其賢士，除其苛政，齊其禮俗，安得不所過者化乎？《九罭》作於三年，在淮奄已免喪之後，故有袞裳之服，公歸之詞。昔夫子相魯三月，魯人歌之曰："章甫袞衣，惠我無私。袞衣章甫，爰得我所。"夫子化魯於三月之後，周公化奄於期月之餘，故公羊子曰："周公東征而西國怨，西征而東國怨。""無以我公歸兮，無使我心悲兮！"此東國怨之謂也！《漢書·公孫宏傳》曰："臣聞周公旦治天下，期年而變，三年而化，五年而定。故曰，周公東征四國，是吪吪化也。"言周公所過者化也。蓋至明年營洛，而太保乃以庶殷攻位於洛汭，厥既命殷庶，庶殷丕作。周公曰："示之以力役猶至，況導之以禮樂乎？然後敢作禮樂。"《康誥》曰："四方民大和會。侯、甸、男邦、采、衛百工、播民，和。"至是而殷之讐民、百君子，皆與周公一心一德矣！召公之治西方，終於西旅貢獒，在武王世而其政已成。周公之治東方，終於息慎之命，至成王世而其化始就。故《白虎通》曰："西方被聖人化日久，東方被聖人化日少，故分陝東西，使聖人主其難者，賢人主其易者。"《孟子》曰："文王之德猶未洽於天下，武王、周公繼之，然後大行。"《詩》曰："鎬京辟雍，自西自東；自南自北，無思不服。"言二南之化，西始於豳，而東北終於商奄。故以東人之化入於《豳風》，明禮樂百年而後興。周公所以終太王、王季、文王之道者，在此而後，以豳公之孫係之周公而不疑。（劉氏敞《七經小傳》曰："公孫者，豳公之孫，謂周公也。管蔡流言，自取顛躋，歸美於公,身名俱泰。"今用是説,若如《毛傳》指成王則當稱曾孫,不當稱公孫,且當《序》云美成王,不當云美周公矣!亦以公爲周公,與《毛傳》異,殆用《韓詩》而未盡者歟?)夫物之難化者,莫如狼,故《易象》稱"虎變豹變而狼不與焉"。雖然跋疐徒勞,赤舄不改碩膚,所及德音何瑕?狼不革面,何害豚魚之孚?商奄不靖,何害殷頑之化?孔子曰:"於《狼跋》見周公之遠志,所以爲聖也。"苟不知《鴟鴞》憂亂之遠志,豈能見《狼跋》致太平之遠志乎?苟不知周公遭變之志同於公劉、太王處患難之志,豈能知公孫謂周公之義乎?故以《豳風》爲《周南》之變,可以《豳風》爲二《南》之終亦可。

世未有精神不周於事而能成事者。《魯頌·駉》篇言牧事耳,而反復於思之無疆、無期、無邪,亦可以見凡事之成敗,皆視乎主者之心思。心思之所及者,廣而遠,遠而久,則下之人未有不孳孳焉竭心力以濟其事者。然《荀子》有言:"明主好要,闇主好詳。"主好詳,百事荒。上之人固貴乎心思之能及,尤在乎信任之能專,中之以疑人之心,未有不好詳者。繼之曰"思無邪",所以戒其詳而使握其要也。

《東塾讀書記》引陳季立《讀詩拙言》曰:"詩三百篇,牢籠天地,囊括古今,原本物情,諷切治體,總統理性,闡揚道真,廓乎廣大,靡不備矣!美乎精微,靡不貫矣!"近也實遠,淺也實深,辭有盡而意無窮。故"誰適爲容",閨怨之貞志也;"與子偕作",塞曲之雄心也;"於女信宿",戀德之悃衷也;"投畀豺虎",疾惡之峻語也;"樂子無知",傷時之幽憂也;"攜手同行",招隱之姱節也;"斷壺剥棗",田家之真樂也;"魚鱉筍蒲",餞送之清致也;"示我周行",乞言之虛懷也;"周爰咨謀",遠遊之博采也;"實命不猶",自寬之善經也;"我思古人",拔俗之卓軌也。後世風流文雅之士,言之能若是之典乎?好樂無荒,恬淡而慮,長匪我思,存紛華而不亂,泌之洋洋,素位而止。足在水中沚,跡近而心遐。《振鷺》想君子之容也;《白駒》摯嘉客之馬也。後世清隱高邈之士,言之能若此之婉乎?"濟濟多士",美得人也;"有嚴有翼",修戎政也;"公孫碩膚",昭勞謙也;"萬邦作孚",廣身教也。此盛世之風、綦隆之泰也,變雅所詠,尤可繹思。"潝潝訿訿",百官邪矣;"宣侯多藏",寵賂彰矣;"婦有長舌",女謁盛矣;"莫肯夙夜",庶政隳矣;"爲鬼爲蜮",讒夫昌矣;"俾晝作夜",酒德酗矣;"自有肺腸",朋黨分矣;"民亦勞止",百姓困矣!此周之衰也,亦漢唐宋之所以亡也。後世經綸康濟之士,言之能若是之詳乎?"反是不思,亦已焉哉",謀始之箴也;"靡不有初,鮮克有終",合終之戒也;"孝子不匱,永錫爾類",行道之徵也;"夙夜匪解,以事一人",策名之則也。"白圭之玷,尚可磨也",何言之可輕?"民之失德,乾餱以愆",何微之可忽?"秉心塞淵,騋牝三千",何事之非心?"既作泮宫,淮夷攸服",何教之非政?"古之人無斁,譽髦斯士",何化之不可行?"盡瘁以仕,寧莫我有",何變之不可?"正及爾出,王及爾遊衍",何天之不爲人?"噂沓背憎,職競由人",何人之不爲天?是合內外,貫始終一,天人道德性命之奧也,後世講學談道之士,言之能若此之審乎?故《詩》也者,辭可歌,意可繹,可以平情,可以畜德。孔門所以言《詩》獨詳也。澧謂"陳季立可謂善讀《詩》者"。"凡説《詩》者,多解釋辯駁,然紬繹辭意之功不可無也。平情畜德,其爲益深矣,其爲用大矣。"竊欲以季立此論,爲治此經者勸焉!

《尚書》

序

自客歲九秋開講《尚書》，七閱月至今春而畢。講授之際，偶觸所懷，隨筆記之，與多士觀摩焉！噫！《尚書》爲二帝三王心法、治法之所寄，昔者橫渠張子亦歎爲難讀，謂"難得胸臆如此之大"，固不獨《二典》天文、《禹貢》地理，業屬專家事資考證者，未可以淺嘗得也。窺管之見，一隙之明，淺者見淺，自知無當於經義，願多士觀摩而討論，討論而問難。因余之淺，漸及於深，則余亦可獲知新之助，收相長之功，不交有裨益也哉？光緒甲辰仲夏，皋蘭劉爾炘識。

《尚書》有古、今文之別,雖無關於精義,然亦經書中一大案也,學者不可不知。朱子《書臨漳所刊四經後》曰:"世傳孔安國《尚書序》言:伏生口傳《書》二十八篇:《堯典》《皋陶謨》《禹貢》《甘誓》《湯誓》《盤庚》《高宗肜日》《西伯戡黎》《微子》《牧誓》《洪範》《金滕》《大誥》《康誥》《酒誥》《梓材》《召誥》《洛誥》《多士》《無逸》《君奭》《多方》《立政》《顧命》《吕刑》《文侯之命》《費誓》《秦誓》。孔氏壁中《書》增多二十五篇:《大禹謨》《五子之歌》《胤徵》《仲虺之誥》《湯誥》《伊訓》《太甲上》《太甲中》《太甲下》《咸有一德》《說命上》《說命中》《說命下》《泰誓上》《泰誓中》《泰誓下》《武成》《旅獒》《微子之命》《蔡仲之命》《周官》《君陳》《畢命》《君牙》《冏命》,分伏生《書》中四篇爲九篇。又增多五篇:《舜典》《益稷》《盤庚中》《盤庚下》《康王之誥》,並《序》一篇,合之凡五十九篇。及安國作《傳》,遂引《序》以冠其篇首,而定爲五十八篇。今世所行公私版本是也。"蓋伏生所傳者,漢儒以爲今文;孔壁所得,安國所傳者,漢儒謂之古文。觀此,則古、今文分合之故可瞭然矣!

後儒多疑古文爲漢儒僞作。

國朝黄梨洲、毛西河輩尤多異議,然李文貞公謂:"古文道理精確處,雖聖人不能易,即出之漢儒,亦謂之經可也。"

《孔傳》非安國所作,朱子即疑之;朱竹垞、閻百詩考證極精,更無疑義。

《欽定四庫全書總目》言之最詳。

自劉歆、班固、馬融、鄭康成、王肅諸儒皆以《書序》爲孔子作,金履祥則以爲齊魯諸儒所附會,至朱子而斷其爲非夫子之言。後之儒者,雖尚有異議,究當以朱子之説爲準。

三代以上,治術皆從學術而出。史臣贊堯於"放勳"之下接以"欽明文思安安,允恭克讓",以見堯之功業,皆德性之所發見者也。後世專言事功,有用無體。李文貞公言:"不從學問道理上來,終不濟事。"學者能識此意,則勳名事業方爲有本。

西山真氏以《堯典》爲《大學》之宗祖,而子思之贊仲尼,亦曰"祖術堯舜",可知夫子之學,上以接堯舜之心,傳其淵源,信不紊矣!其告子路曰"修己以敬",即克明俊德之旨也;曰"安人,安百姓",即親九族以下之旨也。曾子衍之以"修齊治平",而又先以"格致誠正",示人用力之方,不愈詳明切盡歟?秦漢以來,學術紛歧,門徑百出,苟不循《大學》之程途以窺千聖之正傳,未有不入於旁門者。

"宅嵎夷,宅南交,宅西,宅朔方。"四"宅"字,蔡《傳》訓曰"居"也。《朱子語類》則以"宅"爲"度"(入聲),謂"即量度日影",如句("句"爲"勾"之俗字。點校者注)股測量之法也。蓋測天之學,既得真度,即可推算,更無事久居其地,故御纂中亦以朱子之説爲然。考"宅"字、"度"字,古文皆作"厇",或皆作"庀",是以古書中往往兩字相混。

番禺陳氏(澧)《東塾(疑爲"塾"之誤。點校者注)讀書記》謂"以釐百工熙庶績歸於治歷之下"者,自古及今,上至朝廷,下至小吏,凡行一政,事必標記年月日,此即所謂"釐百工"也。若無歷日,則事皆紛亂矣!此條可補蔡《傳》所未詳。

"象恭滔天",自來講家究無的解,李文貞公謂"滔天"或作"慆心",言貌恭而心則侈肆。蓋"滔"、"慆"字相近,"天"與"心"古字亦相近,遂因下文有"滔"、"天"而誤之也。

"欽恤"者,憂刑之失其平,非求刑之一於輕也。自因果報應之說中於人心,世之治刑者,往往不恤死者之冤抑,而求生者之倖免。是朱子所謂"不忍於元惡大憝,而反忍於銜冤抱痛之良民也",烏能得其平哉?

"舜五載巡狩而不聞擾民"者,文中子以為"兵衛少而徵求寡"也。夫兵衛之少,不獨尚儉,亦以降尊,君臣上下之分,固不可不嚴然。體制太尊則上下之分隔,分隔則情不通。翠華所涖,無異處於深宮,又何以察小民之疾苦,知吏之臧否,識敵國之強弱哉?故自古大有為之君,大抵脫略於行跡之外,與天下之人如家人父子,情意相孚,是以其為治也若決壅塞,沛然莫之能禦也。

"敬敷五教在寬",似與後世"師嚴道尊"之說相反,學者多疑之。豈知為學之道,未有不優遊涵泳而能自得者。《易》於"學聚問辨"之下繼之曰"寬以居之",其旨深哉!故學者造詣,其始也,貴有急迫強探之功;其既也,貴有從容玩味之樂。若夫"嚴"之謂者,則指出入動作之規,進退趨蹌之節之類而言。朱子曰"緊著課程,寬著限期","寬"、"嚴"兩字,各有攸當矣!

"直溫寬栗剛,無虐簡無傲",皆相反而相成。凡人性質,每於所長之中即寓其所短。如性直者,短於溫,性寬者,短於栗之類。惟葆其所長而救其所短,可與入德矣!虞廷教胄之法,實萬世學者變化氣質之良方也!

樂之感人最神、最捷。虞廷以樂教之,故"詩言志,歌永言,聲依永，律和聲”，是言樂之始終也。古者以詩入樂，曼長其詩之言而歌之，即"歌永言"。而歌有宜於宮調者，有宜於商調者，有宜於角、徵、羽調者，清濁不同，高下各異。必依永而後宜宮者不致以羽出之；宜羽者不致以宮出之。又必以十二律和其聲，則人聲與樂聲相諧，如世俗所謂"按腔合拍"者而樂成矣！後世梨園之伎，亦何嘗非歌永言、聲依永、律和聲乎？惟不知本諸詩求其志，淫辭艷語，一意悅人，不能感人以正，而反蕩人之心，是周子所謂"導欲增悲"者也。有教人之責者，誠能祖"詩言志"之説，編爲詞曲，以達古人性情心術之正，使聽者有感而興起焉，亦維持風化之一端也。

"後克艱厥後，臣克艱厥臣"。蔡《傳》於"克"字之旨尚略。克，能也。凡人之償事者，大抵不能慎重其事者也。不能慎重其事者，自矜自是之心誤之也。聖人不自聖，故其處事也，懍懍然如不克勝，是爲能艱。如以極難措手之事而使矜才恃氣者處之，彼雖欲只懼，恐德不足以敵才，理不足以馭氣，有欲只懼而不能者也。

益言"四夷來王"，而推本於任賢去邪諸政，是欲息外患先修内政者也。而其源則又在於"儆戒無虞"數語。可知人君之正心修身，即屈服外夷之要道。若聖學不講，而第求之典章制度間，則末矣！

舜命禹以"終陟元後"而即以危、微、精、一之法授之，可知心法者，治法之本源也。自學術與治術分，世之圖治者，只知求之法度，不復課諸身心。刑名法術之學，雜霸縱橫之説，反視儒家爲有用。而儒生事業，亦徒托諸記誦詞章，有儒之名，無儒家之實，遂使天下談士，相目而嗤曰："儒家者流，非迂即腐，烏足與言經濟？"噫！儒術不真，以至於此！是則讀聖賢書者，所當自愧自勵而思爲儒家吐氣者也。

惟精、惟一，所以精，別夫人心、道心之分，而以道心爲主，不使人心或雜者也。然省察之功不密，則認賊作子，何以能精？存養之功偶疏，則以欲奪理，何以能一？孔子之贊《易》也，曰"義以方外"，是示人以省察之方；曰"敬以直內"，是示人以存養之要。故欲求"惟精"之學，莫如精義；欲致"惟一"之功，莫如持敬。子思之言"慎獨"，精義也，言"戒懼"，持敬也。周子曰"誠無爲"，是持敬之極功也，曰"幾善惡"，是精義之要道也。謹幾惟精也，存誠惟一也。程朱以來，爲學之旨，亦不外是，特語有詳略耳，是可以見千古聖賢淵源之不紊矣！

苗民逆命，唐虞之邊患也。益之贊禹不在修武備而在敷文德，千古讋服外夷之道不外於此。惟誕敷文德非徒端拱無爲而已，其一切用人行政，皆藉以敷文德之具，當時作用諒必多端，史臣特渾言之耳！世之禦外侮者，誠能以修德爲本，而用人行政尤必懍懍焉不使稍留缺憾，則風聲所被早已奪其氣而服其心。《孟子》曰："能治其國家，誰敢侮之？"理固不爽矣，若第求之富強之末，是何異不培本而欲枝之茂哉？

陸象山謂《皋陶謨》是傳道之書。今觀其一篇之中，其言"立體"則曰"迪德"，其言"致用"則曰"知人安民"。而安民之本在於知人，知人之本在於迪德，故既以九德爲觀人之法、用人之準，下即接以"無教逸，欲兢兢業業"，是又示以迪德之方也。世未有己德不修而能知人者，己爲豪傑，可以識天下之豪傑；己爲賢聖，可以識天下之賢聖。鑑藻之低昂，一本於身分之高下。然則傳道云者，豈後世空虛玄妙之謂乎？以九德衡人，即以九德自勵；可以入德，即可以承道。

朱子謂："德者，行道而有得於心也；道者，事物當然之理也。"可知柔之合於道者，固謂之德，剛之合於道者，亦何嘗不謂之德？德不在剛與柔，而在道不道。自世俗以脂韋相尚，專指圓融遜順爲有德，少存風骨，人必斥爲不能養德矣，似是而非，依阿苟且。曾文正嘗言："近來一種風氣，概事優容，自謂寬厚載福，而不知萬事墮壞於冥昧之中。"噫！何言之痛耶？《皋陶》"九德"共十八字，而爲栗、爲立、爲毅、爲直、爲廉、爲剛、爲塞、爲强、爲義，其屬乎陽剛者，蓋居太半，人之修德者，當知所從事矣！

寬必濟之以栗，柔必濟之以立，欲人之自強也；剛不濟之以柔而濟之以塞，强不濟之以弱而濟之以義，仍欲人之自強也。然則人之修德，與其偏於陰，不若偏於陽。千古易盛者陰，易衰者陽。聖人處處扶陽抑陰，惟恐陽之不敵陰也。學者苟能持敬以自強，則神明足以馭形骸，庶不遂氣質以頽唐，徇物欲以摇奪矣！

天算、輿地之學，愈後愈精。《東塾讀書記》曰："《禹貢》九州，自冀之外，八州皆先舉山川爲界，後又有導山導水諸條，爲地理之學者當奉以爲法。"《漢書·地理志》言："推表山川，正是此法。"段懋堂爲《戴東原年譜》云："國朝言地理者，於古爲盛，有顧景範、顧寧人、胡朏明、閻百詩、黃子鴻、趙東潛、錢曉徵，而先生乃皆出乎其上。蓋從來以郡國爲主而求其山川，先生則以山川爲主而求其郡縣。"澧謂："山水二者，又以水爲主。蓋二水之間即知爲山脊，明乎水道即明山勢矣！山水條理既明，然後考某水某山之東西南北爲某國某郡，則若網在綱矣！"是古法之極精者。然水道有時而變遷，黃河入海，今古不同，何況其他。以山水定郡國，不若用經緯綫之萬古不可移易也。且古之言地理者，大抵考證於書卷，而親歷其地往往不符，是以終歸無用。朱子所謂《禹貢》地理不須大段用心者，亦以此歟！經緯綫之法，不獨南北東西瞭如指掌，而山原之高低，水道之分合，省府之界址，村鎮林木之遠近、多寡，一一以比例入圖。閱其圖，如入其境，是誠有用之學矣！

"六卿"，《蔡傳》謂："六鄉之卿，平居無事，則各掌其鄉之政教禁令而屬於大司徒；有事出征，則各率其鄉之一萬二千五百人而屬之大司馬。"可知古者不惟兵農合一，而且文武同途。萬二千五百人，即素昔之與聞乎政教禁令者也。親上死長之義明，則敵愾（"愾"疑爲"愾"之誤。點校者注）同仇之誼切。況有事時之率之者，即無事時之教之者。平居有家人父子之親，臨事自可收手足腹心之效。世之將不與兵嫻，兵不與將習，事急逃潰，法令不行者，可以觀矣！

"羲和"爲唐虞之官，至夏時而一仍其舊。《胤徵》責以"昏迷天象"，可知羲和所掌不獨推步日月五星、敬授人時，亦使爲人上者知天變而有所儆懼也。是"救日"之典，堯舜時當已有之。今西人之說，謂日月之食，歷數之自然，無關於人事似矣！然堯舜精求歷象，豈不知日月之食爲數之自然而必懍懍然引以爲戒者？此其理又非西人所可知。大抵西人之說，長於形下之器，而聖人之言，精於形上之理。理不可以跡泥，泥於跡者，不可以知天。

日月所會之次謂之辰，一歲十二會，故分十二辰。每朔相會之時，經緯之度，月與日同，是以月掩日而有日食。日在地球之下，月在地球之上，日月相望，故謂之"望"。望時月行之度入於地影之中，不獲借日之光，是爲"月食"。此西人所以謂"爲數之自然"也。然歷觀前代，國家之盛也，日月之食恒少；其衰也，日月之食恒多,抑又何耶？噫！天地大矣,西人之測亦不爲不精矣！而西人之精,猶不足盡天地之大。故以數言之則可憑,以理推之則難信。

　　大禹征苗之誓,勉之以有勳而已。至《甘誓》而曰"賞",曰"戮",而且曰"孥戮"矣;至《湯誓》而且有"爾無不信,朕不食言"之語矣！人心愈降而愈薄,湯去禹未遠,而下之人已有疑上之心。甚矣！純漓樸散之易也。夫純漓樸散之愈甚,則天下愈亂。是以聖人之治天下,莫要於還純返樸。千古豐功偉烈,以至一藝之精,一伎之巧,大抵皆成於樸拙之人。蓋功烈非浮僞所能幾,精巧必困苦而始得。不培樸拙之本而求智慧之開,恐智慧未開而澆漓愈甚矣！故欲開斯民之智慧,必先勵天下以真誠。

　　於堯舜揖讓之後而開征伐之端,湯亦自知其爲萬世口實矣！然伐夏之舉究未嘗已者,聖人之作事,不必跡之是,但求心之安。不救民於水火,此心有所不安耳！秦漢以降之人,往往於行跡間多方掩飾,必使人無間言,而窨寐隱微之地反以爲人不及知而不加察。此則聖凡之等,誠僞之別也。

　　仲虺之言曰"惟天生民有欲",湯之言曰"惟皇上帝降衷於下民若有恒性",古之言治者,無不推本於心性。此治術之所以本於學術,君道之所以兼乎師道。自師道與君道分,學術與治術判,雜霸、刑名、功利、富强之說出,君道無本,治術無源矣！然歷觀前代,其世運昇降之等,大抵判於君若相天資近道之多寡,是無本而有自然之本,無源而有自然之源。故武昭之治不能强同於文景,文景之治不能强同於高惠。無他,其人之分量各殊,斯世之治亂自異。言治而必推本於心性者,蓋欲以學變氣質而使之高其分量也。

自古聖賢言學，大抵內外交修，是以體用兼備，以義制事，以禮制心，即孔子所謂"敬以直內，義以方外"者也。然皆指進德之事，非言入德之方。學者之入德集義之先，尚有精義之學。義之不精，其制事也或不免差之毫釐謬以千里。故《大學》之教，格致在誠意之先。《孟子》之功，知言在養氣之先。此則層次節目之不容或爽者，故仲虺於制事、制心之後，又以得師好問著爲學之基言。言各有當，語無滲漏，千聖淵源，昭然若揭。承其後者，如程子之涵養用"敬"，進學在"致知"。朱子之窮理、讀書而端本於"敬"，夫固密合而不紊矣！

"非知之艱，行之惟艱。"張南軒謂"是爲已知者言"，此義最精。若概謂"知易行難"而責學者以力行，即勉爲實踐，恐似是之非，似非之是，搖惑旁皇，未必所行之皆當。楊、墨學仁義而差，非差於知乎？況程子有言："行之不力，仍是知之不真。"又曰："明諸心，知所往，然後力行以求至。"此《大學》之教，所以首重"致知"也。

曰"惟聖時憲"，曰"動惟厥時"，曰"知行"，曰"學古"，曰"遜志，時敏"，孔子所以垂世立教者，不外乎此，皆自《說命》，發之傅說，其上承堯舜之心，傳而開萬世爲學之宗者乎？

"非天夭民，民中絕命"，是言其理之常者耳！若顔子之不壽，盜跖之考終，則氣數之駁雜而出於偶然者。

自古盡人事者，未有不畏天命者，惟其畏天命，是以盡人事。善委天命者，皆不盡人事者，紂曰"我生不有命在天"，是無聊之托詞，卸過之遯語，豈真知命乎？《孟子》曰："知命者，不立乎巖牆之下。"若紂之所云，則是"立乎巖牆之下"而曰"我自有命在也"。世之言命者，往往如是可慨也夫。

天下之患，莫大乎上下容隱，賞罰不明。紂之不善，自微子言之則曰"凡有辜罪，乃罔恒獲"，自箕子言之則曰"攘竊神祇之犧牷牲，用以容將食無災"。視《泰誓》《武成》中所數紂惡語，似平淡而實切要。顧亭林所謂"法制廢弛，上之令不能行於下，未有不亡者。"其言然乎？

　　《洪範》者，萬世人君之大法，而其要則在於建極；建極之要又在於"敬用五事"。此即孔子所謂修己以敬，以至安人、安百姓者也。其言似平易，似淺近，而工夫之純駁，校驗之遲速，有不可絲毫假借者。即推之一國之主，一家之主，齊治之大小，皆視乎德量之淺深，孰謂事功不本於性功哉？

　　《洛書》爲數學之祖，而聖人因之而悟理。理莫要於天人相關，以皇極爲本，則繼天立極，人君之要道，萬世之軌範也。

　　五行之説，始於《洪範》。後世史家所志，皆原於此，然不免傅會而近於鑿矣！五行者，質於地而氣行於天者也。人處乎天地之中，即不能出乎五行之外，故其具於性也，或爲仁，或爲義，或爲禮，或爲知，或爲信；其施於倫常也，或爲父子，或爲君臣，或爲朋友，或爲夫婦，或爲昆弟。其他推之，極近極小，如言、貌、視、聽、思之類，不可勝舉。其出於人者，無不吻合於天，要以見人本乎天，而合天之道，貴乎盡人。若沾沾焉以雨陽燠寒風之應必爲貌、言、視、聽、思之感，則蔡氏所謂"膠固不通，不足與語造化之妙"者，爲至諭也。

　　五福六極，在君則係於極之建不建，在民則係於訓之行不行。世之患貧患弱者，固宜求之富強矣，然富強豈竟無本哉？

　　秦漢以來，君相之事業半出於天資。有秦皇漢武之資則成爲秦皇漢武之事業，有漢祖唐宗之資則成爲漢祖唐宗之事業，是猶舉烏獲之重者，烏獲之力也；具師曠之聰者，師曠之耳也。其學焉以變化氣質而成明體達用之功者，蓋不數數睹人之視學，第以爲知古今之制作，博文廣見藉以損益取捨而已。其下焉者，尚不及此，烏能以學術爲治術之源乎？嘗觀唐虞三代，諸聖人之治天下，知世運之否泰、人才之昇降、朝野上下之治亂，無不本於一人所學之淺深。《洪範》一書，蓋立萬世以圖治之大法，而其壽夭、貧富、強弱之類之在人者，固係乎一人之所學，即雨暘寒燠之在天者，亦無不係乎一人之所學，此其學爲何如乎？此武王之所以重道講學而殷殷於訪箕子也。世之處時事艱難之際，慨然思振興之策而徒汲汲於事功，以爲聖人之學不足救衰弱之時局者，其亦可以恍然而悟矣！

"德盛不狎侮"，則知待人接物，狎侮之心多一分，即己之德少一分，可不謹哉？

"狎侮君子，罔以盡人心；狎侮小人，罔以盡其力。"讀此可以知用人之道矣！世之衰也，需才孔亟而每患無才，一旦聖君賢相出而持世，往往得人鼎盛。智者盡心，愚者盡力。是豈僅利祿之誘、功名之驅乎？上之人以待君子之道待人，則人之懍懍焉相勉於君子，而惟恐不克副上之待者，其效更捷於刑驅而勢迫。國士遇之，報以國士，所謂"士爲知己用"也。魁奇卓絶之才，豈人間富貴所能牢籠者哉？

《金滕》篇之最可疑者，其拒二公之卜，則曰"未可以戚我先王"，而自以爲功，則曰"乃告太王王季文王"，一也；"爾不許我，我乃屏壁與珪"，二也。《書》缺有間歟？抑後人僞托歟？譙周云："秦既燔《書》，時人欲言《金滕》之事，失其本末。"其信然歟？京山郝氏之説曰："讀《金滕》，但當思聖人忠孝誠敬迫切至情，而不必奇其事。"斯言諒哉！

王敬作所之《誥》，猶是唐虞心法。三代君臣殷殷責難，必本天德以爲王道，如合符契。嬴秦以還，茲風邈矣！兩漢數百年亦稱極盛，而帝廷奏對，其旨趣尚有三代遺意乎？僅江都一相爲後儒所推許。噫！景星慶雲，何若是之不易睹也！宜乎程朱言"敬"之説，繼往開來，爲萬世絶學之中興也。

收者，收其已放者也；閑者，閑其已收而防其復放也。人之於物也，收則必閑。羊有藩，豚有苙，虎兒有匣，是皆閑之之説也。然羊之不觸藩，豚之不突苙，虎兒之不出匣，閑之功少，養之功多。學者之有事於心，不致其養之之功而徒曰閑焉，是何異饑餓其羊、豚、虎兒而望其不藩觸、突苙而安於匣也，亦難矣哉！

夫子删《書》，於虞夏商周之後，以《秦誓》殿焉。先儒謂"天下之勢駸駸趨秦"，夫子蓋見其幾也。邵堯夫曰："穆公悔過之辭，非止霸者之事，幾於王道。聖人所以録於《書》末。"

《周易》

序

　　司馬遷之言曰："《易》本隱以之顯。"孔子謂："假年學《易》，可無大過。"是《易》之爲書，寄至微之理於至顯之象，使之體察觀玩，以自寡其過者也。前古聖賢固示人以讀《易》之方矣！今春開講以來，多士每奇視此經，往往索之於隱，而不知爲切己之求。爰本先儒之旨，衍繹解說，義必取其淺，思必主乎近，庶幾導以先路，不致徒騖高遠而無當於實用乎？光緒甲辰季春皋蘭劉爾炘識。

上　　卷

　　古今談《易》之家，不外義理、象數。秦漢以來，言象數者，往往附會支離，了無根着。言理之門，開於輔嗣，而又雜以黃老之說，讀者病之。有宋程子之《傳》，理則粹矣，而指示之語或流於隘，朱子所謂"三百八十四爻不免作三百八十四事者"是也。《本義》之作，即《程傳》之理而運之於卜筮之虛，空靈活潑，無所不包。學者取程朱之書而合參之，《易》之道，思過半矣！

　　周子太極之圖、邵子先天之說，是上探星宿而得理之本源者。朱子之作《啓蒙》，《本圖書》《原卦畫》二篇，取於周、邵者多矣，《明蓍策》《考變占》則又所以究《易》之用也。《啓蒙》固讀《易》之指南乎？

　　三易之名，畫卦、重卦、名卦以及繫彖、繫爻之人，先儒之論亦紛紜而難定。要之去古邃遠，莫可考證，即以朱子爲斷可也。若《經》《傳》離合之故，朱子《本義》序次，則學者所必當知者。《日知錄》曰："《周易》自伏羲畫卦，文王作彖辭，周公作爻辭，謂之《經》。《經》分上、下二篇。孔子作'十翼'，謂之《傳》。《傳》分十篇：《彖傳》上、下二篇，《象傳》上、下二篇，《繫辭傳》上、下二篇，《文言》《說卦傳》《序卦傳》《雜卦傳》各一篇。"

　　自漢以來，爲費直、鄭玄、王弼所亂。取孔子之言，逐條附於卦、爻之下，程正叔《傳》因之，及朱元晦《本義》始依古文，故於《周易・上經》條下云："中間頗爲諸儒所亂，近世晁氏始正其失，而未能盡合古文。呂氏又更定，著爲《經》二卷、《傳》十卷，乃復孔氏之舊云。"洪武初,頒"五經"(此處似缺一"於"字。點校者注)天下儒學,而《易》兼用程朱二氏,亦各自爲書。

永樂中修《大全》,乃取朱子卷次,割裂附之《程傳》之後,而朱子所定之古文仍復殽亂。彖即文王所繫之辭,傳者孔子所以釋經之辭也,後凡言傳倣此。此乃《彖·上傳》條下義。今乃削"彖上傳"三字,而附於"大哉乾元"之下。象者卦之上下兩象及兩象之六爻,周公所係之辭也。乃《象·上傳》條下義。今乃削"象上傳"三字,而附於"天行健"之下。此篇申《彖傳》《象傳》之意以盡乾、坤二卦之蘊,而餘卦之說因可以例推云。乃《文言》條下義。今乃削"文言"二字,而附於"元者,善之長也"之下。其"彖曰""象曰""文言曰"字皆朱子本所無,復依《程傳》添入。後來士子厭《程傳》之多,棄去不讀,專用《本義》。而《大全》之本乃朝廷所頒,不敢輒改,遂即監版《傳》《義》之本,刊去《程傳》,而以程之次序爲朱之次序,相傳且二百年矣!

按國朝欽定之《周易折中》,則一依朱子之舊,而《經》《傳》分明,學者取而校學堂通行之本,當恍然於顧氏之說,而於此經亦不復迷惑云。

犧、文、周三聖人之經,蓋托之卜筮以教人者,渾淪活潑,不可以一端泥,若學者切己之求,則"十翼"爲要也。

乾元者,周子所謂"太極"者也,子思所謂"天命之性"者也,朱子所謂"無物不有、無時不然"者也,故曰萬物資始。

有"乾元"之體,而後有"乾元"之用。在人則有"關雎"、"麟趾"之心,而後可以行周官之法度者也。故曰:有天德而後有王道。

乾之元、亨、利、貞,以四時言之,爲春、夏、秋、冬;以四德言之，爲仁、禮、義、智。君子體乾之"元"，則葆吾性之仁，而合乎時之春矣！體乾之"亨"，則葆吾性之禮，而合乎時之夏矣！體乾之"利"，則葆吾性之義，而合乎時之秋矣！體乾之"貞"，則葆吾性之智，而合乎時之冬矣！

春者，統萬物絪緼含育之氣，而爲之長者也，猶四德之仁也，故曰"善之長"也；夏者，合萬物參差繁變之美，而與之會者也，猶四德之禮也，故曰"嘉之會"也；秋者，萬物皆成，群陰退聽而有各得其所之宜也，猶四德之義也，故曰"義之和"也；冬者，萬物收藏，真陽内歛，如蓄來歲發生之幹也，猶四德之智也，故曰"事之幹"也。

葆吾性之仁，以合乎乾之"元"，則此心亦具絪緼含育之氣，而仁天下之民矣，故曰"足以長人"；葆吾性之禮，以合乎乾之"亨"，則此心能融參差繁變之美，而制天下之禮矣，故曰"足以合禮"；葆吾性之義，以合乎乾之"利"，則此心斷制有常，而有裁成天下之道矣，故曰"足以和義"；葆吾性之智，以合乎乾之"貞"，則此心靈明内蘊，而立經綸天下之本矣，故曰"足以幹事"。

君子體"乾"之德，固貴乎剛。而其用剛也，又當審所處之位而與之消息焉！以天德之純，居側陋之地，惟聖人能無悶，故惟聖人能不拔。龍之能潛，即龍之所以爲剛也。三居下之上，四居上之下，皆危地也，而乾惕者反求諸己，不敢自寬。或躍者外觀諸時，不敢自信，非私欲净盡、天理流行而無一毫務外徇人之念者能之乎？剛何如耶？若上九之與時偕極，是自寬也、自信也，未有不自折者也，雖謂之"不剛"可也。

二與五，或許爲君德，或稱爲大人。聖人獨無戒辭者，以其居上下體之中，而皆合乎中德也。以中德而用剛，在下者有修身見世之懿,在上者有承運奉天之望。聖人之貴中道,良有以也。見群龍無首,"吉"亦以合乎中道歟?

君子體"乾"之學,聖人示之以"自強不息",而九二爻《傳》所謂"學聚問辨,寬居仁行",以至"庸言信,庸行謹。閑邪存誠,善世不伐,德博而化",是則自強之實際,由修己以成人者也,豈徒逞血氣之剛而遂謂之"自強"哉?此聖人所以有"未見剛者"之歎歟!

君子希天之學,乾惕而已。乾惕,即中庸之戒懼也。惟其能戒懼,所以能剛健。

《易》之爻位,"三"爲多凶,故"乾"之三有"乾乾夕惕"之象,然其所以能進德修業者,即由此"乾乾夕惕"而多懼也。

爲學之要,其進道也固貴乎勇,而入道之後又須從容涵養,以期義理之悅心。若江河之浸、膏澤之潤,渙然冰釋,怡然理順,然後爲得。程子所以有取於杜元凱之語也!聖人於"學聚問辨"後繼之曰"寬以居之",有以也夫!

道家言陰陽,每以龍、虎爲喻。《易》之"乾"取象於龍,而坤則取象牝馬。蓋虎雖陰類,聖人猶慮其或不順也,牝馬健行,而又順從於牡。聖人之懍懍於陰之從陽者,於此已可見矣!

西南者,後天圖所謂"致役乎坤"之地,是陰之本位也。東南者,後天圖所謂"成言乎艮,帝出乎震"之地,是陰歸功於帝,受命於帝之位也。"致役",則如臣之役於君,子之役於父,妻之役於夫,呼群引類,以期事之有濟,故"利於得朋"。"受命""歸功",則如臣之事君,子之事父,妻之事夫。始也,必禀命而行,不得自專;既也,必告成於上,不得自私。植黨樹援,則近於自專自私矣!故"利於喪朋"。《折中》以"利"字屬下句讀,蓋因夫子《象傳》而得之,義精於程、朱矣!

坤之六二,柔順中正,能盡坤之蘊,猶乾之九五,陽剛中正,能盡乾之蘊,故乾五以天德言,坤二以地道言。地道承天者也,必能效天,方能合天,則疑於習矣!然地道承天而順天者也,不待效天即能合天,故曰不習。

坤之六五,有柔中之德,猶乾之九二,有剛中之美。居下位而有剛中之美,是處泉石山林而負道德文章之望者也,故有大人之象。居上位而有柔中之德,是處廊廟朝廷而有謙抑恭順之心者也,故有"元吉"之占,是皆《大易》教人之旨。

乾之三四,處危懼之地,而善用陽剛者也;坤之三四,處危懼之地,而善體陰柔者也。善用陽剛者,不以剛施人,而以剛勵己,故曰"乾惕",故曰"或躍";善體陰柔者,不以柔持躬,而以柔處世,故曰"含章",故曰"括囊"。

上六之"龍戰",基於初六之"履霜"。聖人之爲治也,謹小人於始,進防敵國於未來。君子之爲學也,慎喜怒於未發,遏人欲於將萌,是則夫子所謂"早辨"者。若小人之勢已成,敵國之患已迫,喜怒無節,人欲橫流,"其血玄黃",理所必至,又烏能挽回於萬一哉?

"嫌於無陽",故稱龍,聖人扶陽之意也;"未離其類",故稱血,聖人責陽之辭也。陽剛不振,陰乃恣肆。君子、小人之不分,天理、人欲之不辨,故曰"天地之雜"。然陽自爲陽,陰自爲陰,小人雖極猖狂,而君子之名分自存。人欲雖極滋長,而天理之幾微不泯。究之曰"天玄地黃",所以分陽陰之定位而不使混淆也。其旨微哉!

"敬以直内",虞廷之"惟一",《大學》之誠意,《中庸》之戒懼也。"義以方外",虞廷之"惟精",《大學》之格致,《中庸》之慎獨也。千聖傳心之要,夫子蓋觀於坤道之直方而得之矣!

乾之《大象》曰:"君子以自強不息",坤之《大象》曰:"君子以厚德載物"。夫子於乾、坤兩卦,已示人以崇效卑法,與天地合德之學。凡人之心神,陽也,氣體,陰也。心神宜法乾之不息,氣體宜效坤之凝厚。故學者精神志趣之間斷者,不足與有為;言語動作之輕浮者,不可與有成。

君子觀於乾、坤兩卦,而知陽必統陰,陰必從陽,而得為學之旨矣!凡人之縱耳目口體之欲,任形骸所為而不能受制於心者,譬之家,則牝雞司晨,夫不能倡也;譬之國,則權奸竊柄,君不能令也。然夫即能倡,而婦或不隨,君即能令,而臣或不供,又何異心不欲食而口偏食之,心不欲行而足偏行之哉?

君子之學,存諸心者,體夫乾之健焉;存諸體者,體夫坤之健而順焉!惟其健也,故能以心役形;惟其健而順也,故能以形而受役於心。張子曰:"德不勝氣,性命於氣;德勝其氣,性命於德。"窮理盡性,則性天德、命天理,即此旨也。

元、亨、利、貞,皆吉辭也。屯之為卦,在一人則困苦備嘗之候,在天下則國家多事之秋,似反乎四者之義矣,而《易》之道,泰則必防其否,否則必至於泰。君子當屯之時動忍拂亂,因磨礪而成大器。敵國外患,因憂懼而造中興。《易》為君子謀,故亦曰:元、亨、利、貞。

"勿用有往",似戒其有為也;"利建侯",似又勉其有為也。觀上六處屯之極,而至"泣血"。夫子歎曰:"何可長非,仍望其動乎?"險中因艱難而自振拔歟!況《彖傳》《大象傳》專重雷雨經綸之義,則"勿用有往"之說,不幾疑其矛盾乎?豈知古君子之生逢草昧,其出而宏濟時艱者,皆其始之不輕出者也。

渭濱之釣,莘野之耕,南陽之高卧,非所謂"居貞"者乎!非所謂貞不字者乎?幣帛之聘、後車之載、三顧之許以馳驅,非所謂"建侯"乎?非所謂"乃"字乎?非所謂"求而往"乎?若利禄薰心,功名捷足,干戈擾攘,逐鹿風塵,其不入於林中者亦鮮矣!夫子曰"從禽",蓋不許其有爲,而深責其多欲也。其旨微哉!

水之險阻,不止君子,以之而果行;山之敦厚,不遷君子,以之而育德。自治以此,教人亦以此。

蒙,不獨以"童蒙"言,凡世之昏昧不明,待人啓發者,皆蒙也;凡有啓發人昏昧不明之責者,皆發蒙也。初六居發蒙之始,上九居發蒙之終。居乎始者,曰"利",用刑是約束必嚴,使就乎範圍之内也。居乎終者,曰"利禦寇",是勸懲互用,以防其怠惰之心也。刑固不能盡廢,法又不可過嚴。暴風疾雨未必滋養萬物也,滋養萬物者,和風之嘘拂,微雨之連綿,故又曰"不利爲寇"。

二之"包蒙",五之"童蒙"。一則居下位,而德備於身,有教無類,是善於施教者也;一則居上位,而樂道忘勢,屈己下賢,是善於受教者也。若三之"見金夫不有躬",是猶慕勢利而拜門牆者,在不屑教誨之列也。四之"困蒙",則爲離群索居而孤陋寡聞者,處無從受益之地也。學者明乎爻義,其亦可以悟教育人才之法,就正有道之方矣!

天地生物之心,視天下無棄物;聖人成物之心,視天下無棄材。堯之出治也,不惟能容四嶽,而且能容四凶;夫子之設教也,不惟能進七十子,而且能進互鄉。故一命之士,有長人之位,任教人之責者,必先有包蒙納婦之量,而後可以盡克家之道。

《左氏傳》云:"需者,事之賊。"是以"需"爲苟且因循之謂。

而豈知文王所謂"有孚,光亨、貞吉"者乎?堯舜之出治也,欽明文思,溫恭允塞,是其所謂"有孚"也。而時雍於變地平天,成事業之光大亨通者,又有必至之勢,故優遊暇豫,端拱無爲,以期久道之化成,所以"吉"也。反乎是而徒飲食晏樂以需,是何異國家閒暇般樂怠傲乎?孔孟之爲學也,好古、敏求、知言、養氣,是其所謂"有孚"也。而祖述憲章,守先待後,道德之光大亨通者,又有必至之理,故藏修息遊,從容涵養,以期義理之浹洽,所以吉也。反乎此而徒飲食宴樂以需,是何異飽食終日無所用心乎?

凡事之急就者,多遺憾,凡物之速成者,非大器,故孔子之論爲政曰"無欲速",孟子之論爲學曰"勿助長",是"需"之義所包甚廣。諸爻獨以遇險而待言之者,以人之處險難也,有忍耐順受之心,可以免患;逞急躁不安之氣,動必召尤。此又因卦象之一端而借以垂教也。

九五當"聽訟"之位,有"元吉"之占,非吉於位之尊崇,實吉於德之中正。不中不正,而以偏私臨民,吉且不能,何有於元?

九五"聽訟"之外,餘爻皆"訟"者也。不問理之直不直,但剛而進者,皆有戒辭,柔而退者,皆有吉意。上九以陽居訟極,是逞强之徒,終訟之象也。周公曰"三褫",夫子曰"不足敬"。"以訟受服"者,可以思已。

君子觀於"師"之卦義,而知行軍用兵之道矣!三與五皆陰爻也,故皆有"輿尸"之象。三則居下位,而有將帥之責,優柔寡斷,事權不一者也。五則居上位,而握黜陟之柄,乾剛不振,任人不專者也。二之"錫命",得君專矣,故能盡丈人之職。四之"左次",臨事懼矣,故亦有"元吉"之占。若夫王者之師,節制爲本。初六曰"以律",發號施令,慎其始也。治亂之機,人才所係。上六曰"小人勿用",懲前毖後,謹其終也。

《御纂周易述義》謂"開國承家,小人勿用",即大君之命辭,是蓋就《折中》之義而推衍愈精矣！古者封建之天下,人臣有功,或開國而立爲諸侯,或承家而使爲大夫。國之佐,諸侯自置之；家之臣,大夫自闢之。故於師終凱旋論功行賞之際,殷勤告誡,使慎於用人,勿爲他日之禍胎。後世之失,不在於師成之日,謹小人之防者,不能守勿用之占,每在於行。師之始,分丈人之權者,或竟犯"輿尸"之戒。既"輿尸"於前,而使之倖有功,謂勿用於後,而不與之共爵禄,則鳥盡弓藏,兔死狗烹,大君能免詬病乎？顧亭林曰："孟德既有冀州,崇獎跅馳之士,觀其下令再三,至於求負汙辱之名、見笑之行、不仁不孝,而有治國用兵之術者,於是權詐迭進,奸逆萌生。"嗟乎！三代以上之行師所以靖亂,三代以下之行師往往階亂者,其以此也夫！

"比"與"同人",皆與人相親之意。而"比"之意取於上下之相親,"同人"之意取於同類之相親。同類相親,不可有門户之見,故以"於野爲亨"。上下相親,在上者,貴乎公而無私,盡其親下之道,而不責下之必我親,故於九五特著"顯比"之象；在下者,貴乎誠而能正,一其親上之心,而不失下之所當守,故初六以"有孚"而吉,是初出應世而以誠感者也。

六二以上應九五而吉,六四以上承九五而吉,是順從於上而又能以道合者也。反乎此者,一則爲三之"匪人"在,己無中正之德而徒冒冒焉求附於人,安得正人者與之附乎？一則爲上之"無首",比人之道,始難合者,終亦難離。始之不慎,終之所以必凶也。

天陽也,地陰也。地之氣蒸而爲雲,又地之陽也；天之氣降而爲雨,又天之陰也。陰陽和而後雨,理固如是。"密雲不雨",《朱子語類》謂:"乾陽上進,一陰不能蓄止,所以《象傳》云'尚往'也。"以"尚往"爲陽氣,意蓋指雲,而言至本義,又以密雲爲陰物,意蓋指地而言。語雖不同,其意則一。然言地亦言地之氣矣,而不及天,則興雲降雨之理未備,卦義亦不能顯。即《程傳》所謂"陰先陽倡,不順不和,不能成雨"者,陽似指天而言,但詞意仍責陰而未及陽之應,故《折中》取張魏公"陽氣未應"之説,以爲極合卦義。蓋"小畜"之義,以人事言之,如以微小之臣畜,止人君之欲,苟君心不下應,何以有交孚之感乎?猶地之氣雖上昇而爲雲,而天之氣不下交,亦不能降而爲雨。

民志之不定,實由上下之分不辨,故曰"以辨上下,定民志"。陸清獻有言:"民之所以不敢厭縱其耳目者,有上之法制爲之防耳!苟法制所不及,則何憚而不爲。"今民間冠、婚、喪、祭之禮,宫室、衣服、飲食之節,初未嘗有定制也,惟其力之能爲,則無所不可。富者炫燿,貧者效尤,物力既絀,則繼之以貪詐,故靡麗日益,廉恥日消,此語可與《程傳》相備而深味之,亦可以知民志不定之非細故也。

夫子《彖傳》以君子、小人之道之消長爲否、泰之所由分,可知世運之昇降,人爲之,非天爲之也。

"裁成",如有錦於此,不命工以裁剪成就之,不能爲物;"輔相",如有水於此,不資火以輔佐相助之,不能烹物。皆贊天地之不足者也。

泰之初九,賢人在下而遇泰之時者也;九二,君子在上而治泰之世者也。所謂泰者,非天下承平、八方無事之謂。亂極當治,運會初開,如漢高之起,光武之興,上下之消息驟通,宇宙之人心自奮遇其時者,連茹而進。治其世者,遐遠不遺,皆《大易》尚賢之旨也。三、四、五,保泰者也。三曰"艱貞",程子謂"艱危其思慮,正固其施爲",此則君子立命之要道,無時無處而不宜者;四、五皆有"居尊下賢,降以相從"之意。

漢高帝《求賢詔》曰:"患在人主不交故也,士奚由進?"可謂識上下交之意矣!萬一往復之理難爭,平治之久必變,而有上六"復隍"之象,則君子亦惟儉德避難,爲其力之所能爲者而已。若猶如向者,泰運初來時,以人力與造物爭焉,則吝矣!

泰之初九曰:"拔茅茹,以其彙,徵吉。"否之初六曰:"拔茅茹,以其彙,貞、吉、亨。"取象雖同,占辭則異。泰則君子連類而進之象也,故曰"徵";否則君子連類而退之象也,故曰"貞"。徵則得志行道亨通不待言矣!故只曰"吉";貞則隱居守道疑於不亨通矣!豈知守先待後如孔孟之垂教萬世,亨何如乎?故既曰"吉",又曰"亨"。

夫子之《傳》,泰則曰"志在外",否則曰"志在君"。"外"與"光大"之"大"協,"君"與"亂群"之"群"諧,爲入韻耳,非有異義也。蓋泰時之連類而進者,志固在於兼善天下;否時之連類而退者,志豈僅在於獨善其身乎?自古山林泉石中獨善其身之士,大抵皆有兼善天下之志而不克遂者也。苟無其志,而第以富貴爲寵榮,則如二之"包承",三之"包羞",苟進戀位,志在身家,又何計時之否泰哉?

否之初六,以"貞"而"吉",是貴乎"貞",固自守而不干進也。姚石甫嘗言:"士大夫及世太平,爭取通顯,一旦有事,即思爲潔身之計,何其薄也!"然則,泰之初,及世太平者也;否之初,一旦有事者也。周公爻義,泰則吉以"徵",否則吉以"貞",不適如石甫所譏者乎？豈知同一有事之時，而有可爲、不可爲之分。可爲者，屯之時，是雖艱難險阻而有締造之機；不可爲者，否之時，是蓋閉塞晦盲而無轉移之理。故夫子於屯則曰"君子經綸"，於否則曰"儉德避難"，夫固有微意矣！是以君子進退，必視乎時。且石甫之論，已仕者之藥石也；《大易》之旨，未仕者之指南也，亦各有當矣！

否之四、五，皆能濟否，然四曰"有命"，項平庵所謂"當天命之變，修人事以承之"者，其義精矣！若不順乎天命而以人力爭，庸有濟乎？五之"休否"，曰"其亡其亡"，朱子曰："有戒懼危亡之心，便有苞桑繫固之象。"此聖人恐懼立命之旨之不可易者也。

泰之變否也易，故泰至三爻而即設"平陂"之戒；否之變泰也難，故否至四爻而始有"離祉"之占。

泰之三，保泰者也，而曰"艱貞"；否之五，變否者也，而曰"其亡"。可知保泰變否皆不外恐懼之一心。世之處泰而不能保泰者，以泰之時人易忘恐懼之心也；世之處否而多能變否者，以否之時人易生恐懼之心也。

惟其有儉德而能安澹泊，故不可榮以祿而能避難。士大夫有仕無止、有進無退者，大抵一行作吏，安富尊榮，飲食衣服之奉，車馬僕從之奢，視爲固然，與之俱化。一旦廊廟笙歌變而爲山林風雨，妻孥短氣，妾婦低頭，脫粟何甘，布衣難傲，此古之人所以有"仕宦如泥淖，一入其中不能拔足"之歎也。先儒以歛訓儉，謂"收歛其德以避小人之難"。夫自古君子、小人相接，以才召忌者多，以德召尤者少。訓儉爲歛，又不免以德爲才矣！似不如以奢儉訓儉之較爲直捷歟！

同人之意，最重於野，六爻無有能當之者，雖上九之於郊，夫子以爲志未得則必於野，而後爲得志。可知蓋於野則合乎天德之無私，而爲聖人之無我。然觀夫子《大象》之辭曰"君子以類族辨物"，則無私無我者，亦非混同無別，如墨氏"兼愛"之説也。親親而仁民，仁民而愛物，各有等差，初無成見。堯舜之不徧愛，正堯舜之大同。

大有之《象傳》曰："君子以遏惡揚善，順天休命。"似與卦義不甚切合。豈知天下之至大者，莫大於天之休命。天之休命，善而已矣！有其善，即所以有其大，如人之於身心也，惡行必防，惡念必絶，思慮動作一惟天命之至善是崇，則身心之所有者，不皆爲君子之至大者乎？馮厚齋曰："凡《大象》皆別立一意，使人知用《易》之理。"誠篤論哉！

謙卦六爻之義，夫子之《象傳》精矣！二與上，皆"鳴謙"者也。於二則曰"中"，心得以見，二之居下位，而有令聞廣譽者，非從沽釣而來，皆由謙遜之德之根於心也。於上則曰"志"，未得以見上之居上位而行師征邑國者，非有驕兵之意，正其自謙之心。蓋夙昔所治之邑國，猶未敢自以爲盡善也。

謙何如也？初曰"卑以自牧"，明乎其所謂君子者，是在下位而能守分者也。三曰"萬民服"，明乎其所謂"勞謙"者，是在上位而不矜功者也。四處人臣之極，而施布其謙，或不免牢籠要結之嫌，而疑非正道，故曰"不違"，則所以明其爲正道也。五處天位之尊，而利用侵伐，或不免是己非人之意而近於自滿，故曰"征不服"，所以明其非滿也。

"虧盈益謙"，天道之"哀多益寡，稱物平施"也；"變盈流謙"，地道之"哀多益寡，稱物平施"也；"害盈福謙"，鬼神之"哀多益寡，稱物平施"也。君子以"哀多益寡，稱物平施"，夫子蓋欲人體天地、鬼神之道也。

豫之九四，卦之所由以爲豫者也，故曰"由豫"。《彖辭》"建侯行師"，即指四而言，其在人如乘時得位，或建侯以贊治，或行師以濟難，拔斯民於水火而登之衽席，使困苦之遭變而爲豫樂之境。上則得君，下則得民，故曰"大有得"。然國家之治非一人所能贊也，天下之難非一人所能濟也。自古經綸草昧之名臣，必以得人爲要務，故又曰"朋盍簪"。夫曰"朋盍簪"，而必先之以勿疑者。項羽，一范增而開於讒忌，又何怪人心思去乎？

必闊達大度如漢高，而後賢才可聚，其明證歟！此全卦之精蘊，皆於九四一爻發之，餘爻則示人以處豫之道也。初以陰柔而上，與四應，猶小人之依附權貴而得意矜誇者，故曰"鳴"，夫子曰"志窮"，鄙其志之易盈也。三以陰柔而上，與四近，猶卑官之希慕寵榮而昂首歆羡者，故曰"盱"。周公曰"遲有悔"，言其悔之貴速也。五之疾上之冥，一則淫於逸樂，精力衰耗，終身無"勿藥"之占。一則溺於宴安，神智昏荒，平旦無清明之氣，然因其疾而能知戒，亦可不死。

《孟子》"生於憂患"之旨也，悔其冥而能知變，亦曰"无咎"。聖人望人改過之心也，若當豫之時，而不動於豫，聲華落寞，澹泊自甘，如二之"中正"自守，明於見幾，不與四近，亦不與四應，是則君子所當取法者矣！

隨之義與比、與同人不類，觀於《彖傳》所謂"剛來下柔"者而知之矣！比與同人，皆與人相親，而隨則捨己從人。以位而言，是降尊屈貴，折節下賢之意也；以德而言，是以能問不能、以多問寡之道也。夫剛來下柔，陽從陰也。陰之從陽，乃理之常；陽之從陰，爲事之變。故於初九發其旨曰"官有渝"，言理之主乎陰從陽者,今則變而爲陽從陰。然卦既以"隨"爲義,苟能自得。師,如孔子所謂"擇善而從",是隨善者而有功也;"其不善者而改",是隨不善者而有功也,故曰"出門交有功"。初既善交,二遂爲初所係,猶五既能孚,上遂爲五所拘。二爲初所係,而有"小子"之戒者,以二與五爲正應,不可因人之要結而失所從之正也。上爲五所拘,而又有從維之象者,以上非五則遠邇。曰"王用享於西山",美五之居尊善下,能以格鬼神者感賢人,即以感賢人者格鬼神。六三隨四者也,九四爲三所隨者也。陰之隨陽,如以愚蒙而就正高明,故曰"有求得",陽之爲陰所隨,如以君子而藉資輔助,故曰"隨有獲"。但陰居下位,而隨陽易啓攀援之弊,故又曰"利居貞"。陽居上位而爲陰所隨,易成勢利之交,故又曰"有孚在道以明"。

　　人之寐也,陽氣蟄藏於腎水之中,猶澤中之有雷,向晦入宴息。夫子之取象精矣!

　　向晦則曰"入於地",是天之陽隨陰也;宴息則魂藏於魄,是人之陽隨陰也。

　　蠱之爲卦,陽上陰下,有陰陽不交、上下隔絶之象,此萬事敝壞之所由也。以人事之大者而言,閭閻之利病不達於朝廷,朝廷之德意不孚於閭閻。君與臣隔,臣與民隔,虛文故事,浮僞相將,而無誠意貫注於其間,紀綱廢弛,法度陵夷之候也。治之之道,不辭艱險困苦畢嘗,庶乎有濟,故曰"利涉大川"。圖新棄舊,謹始慎終,庶乎有成,故曰"先甲三日,後甲三日"。此《彖》之大旨而夫子發之者。周公爻象或爲父,或爲母,或爲幹,或爲裕,或吉,或吝,或咎,或譽,蓋借爻德之剛柔、爻位之承應,而示爲人子者以"幹蠱"之道焉!

世之承先嗣緒不幸而有蓋愆之責者，當亦知所從事矣！至上九則仍以治天下之蠱者，終之不曰"高尚其志"而曰"高尚其事"，明乎清風亮節，使天下之人"則吾之志"，即所以"振起民俗、養育民德"者也。不事王侯者之事，不尤大於事王侯者乎？士何事？《孟子》曰"尚志"。尚志，即士之事也。

揚子雲之言曰："炎炎者滅；隆隆者絕。高明之家，鬼瞰其室。"殆有合於"臨"卦之旨乎？"炎炎""隆隆""剛浸而長"之時，《彖》之所謂"元、亨、利、貞"者也。"滅絕""鬼瞰""消不久"之說，《彖》之所謂"八月有凶"者也。周公六三爻義，甘則無利，憂則无咎，蓋即陰陽消長之際、天地循環之處而示人以憂盛危明之道。庶炎炎者，不至於滅，隆隆者，不至於絕乎？《傳》曰："志不可滿，樂不可極。"其此意也夫！

澤之潛滋浸潤，君子以之而教人；坤之含宏光大，長養萬物，君子以之而容保民。教思無窮，容保民無疆，臨人之極軌歟？世之臨人者，無不高據夫勢位，以勢位為樂者，六三已設"甘臨"之戒矣，若徒據勢位之榮，而不盡教養之職，師不與弟親，官不與民接，上下睽隔，情意不孚。六四曰"至臨，无咎"，蓋不問其能教能養與否，而先許其能親能近也。必如五之"知臨"，有聰明睿智之德，上之"敦臨"有至誠惻怛之心，則教思容保德澤之可大可久者，深入乎人人之心，而不愧為初二之"咸臨"矣！

觀者，以下觀上之謂。五、上、二，陽為群陰所仰，卦之所以為觀者也。居上而為人所觀，不必責人之瞻仰，但求盡己之儀型，故五、上爻義皆曰"觀生"，言必反觀内省，在己有盥而不薦之誠，則下觀而化，何患無"有孚"之感乎？九五，觀之主也，主貴自責，故曰"觀我""生我"者，反己之辭也。上九，爻之終也。謹終如始,仍欲自責,故曰"觀其生"。"其"者,指示之語也,此皆觀於人之道,餘爻則觀人者。四近君位,依日月覲天顏矣! 初之"童觀"所見者近,異於君子之遠識;二之"窺觀"所見者小,異於丈夫之大觀;三則漸能遠識,漸能大觀,如士之將出草茅而登魏闕者,必也反躬自度以居恒之學,行爲出處之權衡,故曰"觀我生,進退"。

四時行,百物生,美利利天下而不言所利者,天之神道也。動則變,變則化,民日遷善而不知爲之者,聖人之神道也。世俗以神爲鬼神,指釋氏之輪回果報爲聖人之神道設教,亦汙經甚矣!

噬嗑卦象,如口中有物,必噬而後合。聖人因悟頑梗不化之徒阻塞政教,非用刑以去之,不能使上下和通,故曰"利用獄"。六爻則初上無位,故取受刑之象。中四爻有位,故取用刑之象。用刑而取,譬於"膚腊胏肉"者,因噬之義而類及之耳! 二、三居下位,曰"噬膚",曰"噬腊肉",皆肉之生者,喻治未成之獄也。

四、五居上位,曰"噬乾胏",曰"噬乾肉",皆肉之熟者,喻受已成之獄也。胏難而肉易,喻臣勞而君逸也。二"滅鼻",三"遇毒",因治人而傷己也,皆曰"无咎",言雖傷己而能盡治人之責也。世之畏難避害,養癰成患者之"有咎",可知也。

四曰"得金矢",欲大臣之守法,如金之剛,如矢之直也。

五曰"得黃金",欲大君之行法,如黃之中正,如金之堅確也。"艱貞""貞厲",欽恤之意,哀矜之旨也。"屨校""何校",刑似無分軒輊也,而初曰"无咎",上曰"凶",聖人之寬初犯而惡怙終也。初之"滅趾",夫子曰"不行也",喜惡之禁於初萌也。上之"滅耳",夫子曰"聰不明也",欲上之有以明民也。

明罰勅法,先王所以體上天雷電之意。是雷電者,即天之明罰勅法也,惟聖人知之,故迅雷、風烈必變。

陰陽交錯,剛柔相濟,天道之常,文固不能偏廢,而夫子曰"文明以止"。蓋於踵事增華之際,示人以返本尚質之心。大抵淳樸之極,文明生焉！文明之極,喪敗繼焉！故文明愈盛,淳樸欲漓;淳樸愈漓,喪敗欲甚。試即人事之大者而言,天下之風土各殊,開化之遲早各異。

開化早者,淳樸之漓散也亦早;開化遲者,淳樸之漓散也亦遲。以淳未漓、樸未散之人而尚文明,是猶草木之由根而幹而華者也,是順乎氣之自然者也,則有亨通之象,有"小利有攸往"之占。然苟一於文明而不知以止之戒,是"大有攸往"矣！獲利愈大,胎禍愈深,其喪敗有不可勝言者,況已漓已散之時,養淳返樸之不暇而亦競文明之利,是本實先撥而強欲著花,陽氣之發洩殆盡,文明亦空幻而無根。此六爻所以反復乎返本尚質之意,而夫子亦以"白賁"為得志者歟！

剝以人事言,是小人剝君子之時。《易》不責小人之無道,而戒君子之輕進。此所謂"為君子謀,不為小人謀也"。然只曰"不利有攸往",而處"剝"之道,猶渾而未顯。《程傳》曰:"當巽言晦跡,隨時消息。"得聖人未言之旨矣！

《彖傳》曰:"柔變剛。"是卦之所以取於剝者。其在人心,義理屬陽者也,剛也;利欲屬陰者也,柔也。義理不敵夫利欲,則義理受剝矣！其在天下,君子屬陽者也,剛也;小人屬陰者也,柔也。君子不敵夫小人,則君子受剝矣！然義理之心有微而無滅,君子之道有晦而無亡,上九曰"碩果不食",以見人欲雖極其恣肆,世運雖極其晦冥,而天命之流行者究未嘗息也。求義理者,可以自奮;爲君子者,可以自堅。

《朱子語類》:"老陽位一便含九,少陰位二便含八,少陽位三便含七,老陰位四便含六,數不過十。"是八者,少陰也,月屬陰,故"臨"曰"八月",言陽極而少陰生也;七者,少陽也,日屬陽,故"復"曰"七日",言陰極而少陽生也。

天地生物之心,陽也,孔子所謂"仁",周子所謂"太極"是也。無一時之或停,無頃刻之或息。當嚴冬閉藏,萬物彫謝,人或疑天地之心於是而停息,而不知非停息也,特人不見耳!偶一發露,天地之心斯見矣!故曰:復,其見天地之心。

朱子詩云:"木落水盡千崖枯,迥然吾亦見真吾。"又曰:"讀書之樂何處尋,數點梅花天地心。"倘謂此心有停息,何以於冰天雪地中而見梅花數點乎?其在人也,溺情縱欲之極,本心有時而呈露,是亦猶數點梅花之見於冰天雪地中者,是微陽之動也。《大象傳》曰:"先王以至日閉關。"至日,微陽初動之候也;閉關,靜以養陽之法也。蓋示學者以復初之幾,用力之方也。

程子曰:"无妄,至誠也。"朱子曰:"无妄,實理自然之謂。"夫至誠即聖人,聖人之"可仕則仕,可止則止,可久則久,可速則速",一本乎實理之自然,而未嘗容心於其間。雜以計較之心,則不得爲"无妄",即不得爲聖人。"无妄"者,在天爲生物不已之心,在人爲最初固有之性。《大象傳》曰:"天下雷行,物與,无妄。"言天以生物之心畀諸萬物,而萬物無不得之以爲性。故對時育物,即《中庸》所謂"盡人性、盡物性"者也。

无妄之爻,惟初稱"吉"。蓋凡物之初,皆无妄。故凡物之初,皆無凶咎。人之初生也,爲孩提;木之初生也,爲萌芽。天下有孩提而爲惡,萌芽而不正者乎?吉莫吉於是矣!是以君子之爲人也，貴復其初；君子之存心也，貴不負其初。

初念多天理，轉念多人欲。故人事之凶咎，每誤於轉念。計利避害之心生，利不可得，害反隨之。惟無所爲而爲者，無願望心，無計較心，但憑吾真誠以往，則金石能開，豚魚可格，焉往而不利哉？故曰："不耕獲，不菑畬，則利有攸往。"

六三曰"无妄之災"而不示人以避災之道，九五曰"无妄之疾"而且禁人以治疾之藥。无妄之疾不可治，无妄之災之不可避，可知矣！疾既无妄而施治，治疾反以益疾；災既无妄而欲避，避災不反以招災乎？二爻之義，蓋相備也。

《大畜·彖傳》，夫子蓋即"修德凝道"之事，示人以爲學之方也。"剛健"者，自强不息，體"乾"之德也，在學者則立志居敬之事；"篤實"者，敦厚不遷，體"艮"之德也，在學者則躬行實踐之事。朝乾夕惕，闇然自修，蘊畜既深，輝光發越，尚賢之禮，當之而無愧，則自有"不家食"之占矣！險阻之遭，處之而有道，則自有"涉大川"之利矣！此學之由體以達用者也。然立志居敬之際，躬行實踐之先，苟無格致之功、窮理之事，則釋氏之發大願力亦立志之説也，反觀坐照，亦居敬之似也，何嘗不近於剛健乎？五蘊皆空，一塵不染，亦躬行實踐之意也，何嘗不近於篤實乎？而知解不真，遂入異端之路。故於《大象傳》又曰"多識前言往行"，蓋所以補其闕而救其偏也。

以剛健之志，進篤實之功，輝光乃其自然之效。朱子曰："篤實便有輝光，艮止便能篤實。"然則學者首務在於艮止，而艮止之功當從靜入，故明道程子見人靜坐，便稱爲善學。

"所畜至大，不可家食"，卦之義主於用世，而"説輹""閑輿"爻，又每以不可輕進者示人，則知君子之學，原以期乎兼善。

存諸心者,固不可有潔身高蹈之意,而問之世者,又豈可有干時冒進之羞？"何天"之衢,其得大畜之時者乎？先儒謂"畜"有兩義：一曰"蘊畜",一曰"畜止"。卦之義取乎"蘊畜",爻之義取乎"畜止"。然天下惟能"畜止"者,乃能有"蘊畜",亦惟不能"蘊畜"者,亦必不能"畜止"也。是又當會通觀之。

《日知錄》引張湛《列子注》曰："地之上,皆天也。故曰'天在山中'。"夫以形言之,天在地之上；以氣言之,天且在地之中。天在山中者,言天之氣運乎地之中也。使天之氣不運乎地之中,則地塊然而不活,何以生生不息而大畜此山中之物乎？猶人之神明不運乎形骸之中,則形骸亦頑然而無用,何以勤勤弗懈,而大畜此一身之德乎？

天下養人之物,皆出於天地；天下資養之人,則盡於萬民。聖人居中,建極輔相。天地養育萬民,不得賢人以承流宣化,一人之力烏能及於人人乎？夫子曰："天地養萬物,聖人養賢以及萬民。"則聖人者,上以事天,下以求賢者也。而事天之學,尤急於求賢。苟陰陽差忒,風雨不時,人之所資以養者不能具焉,雖有賢人,無如之何矣！故天地位,則萬物自育。

夫子《大象傳》多即卦德而示人以用《易》之理。如蒙之卦,下坎上艮。坎爲水,人之果行如之,故曰"果行",是取於水之德也；艮爲山,人之育德如之,故曰"育德",是取於山之德也。此類甚多,不可勝舉。頤之慎言語、節飲食,似專即卦象言之。卦象如"口",故舉其口之重者,程子所謂"事之至近而所係至大"者,莫過於言語、飲食是也。先儒有因頤卦震下艮上,謂"雷收其聲,如慎言語,山閉其氣,如節飲食。"夫艮,山之氣,有翕有闢,不僅閉氣也。震雷之聲,有發有歛,不僅收聲也。義固親切,理似滲漏矣！

夫子《彖傳》之釋辭，或推究其義，或補足其旨，大抵本於卦位卦德以立，言未嘗泛設也。如"大過"《彖辭》："利有攸往，亨。"於"亨"之上足之曰"乃"，於"利有攸往"之上推廣之曰"剛過而中，巽而説行"。蓋欲世之有大過人之才，爲大過人之事者，其感於人當如風之巽入，其施於人當如澤之兑説，則剛而得中，不致與時偕極，乃能合"亨通"之占也。其示人可謂詳矣！其取義可謂備矣！而"剛中"即二五之卦位也，巽説即上下之卦德也。《彖傳》之例往往如此。

獨立不懼，遯世無悶，亦非中庸之行。夫子之意，以爲處大過之時者，當有此大過之行。夫行雖大過，而適當其時，大過即中庸也。《彖傳》所謂"剛過而中"者，即此意乎？

君子處大過之時而欲有爲，豈可徒以陽剛僨事乎？故初六曰"藉用白茅"，以見柔者剛之基，而謹慎者有爲之本也。至上六而曰"過涉滅頂"，是赴湯蹈火，不避艱險之義。周公曰"无咎"，夫子曰"不可咎"，似又專許其剛矣！

《朱子語類》曰："東漢諸人，不量深淺，至於殺身亡家，固凶。然其心何罪，故不可咎。"可謂得聖人之微意矣！要之，處大過之時，如《彖傳》所謂"剛過而中，巽而説行"者，固聖人之極軌。其次，則與其過於柔不若過於剛。是以上六爻義，諸儒之説有以"履險蹈禍之小人無可歸咎"解者，有以"柔順處大過之時則可免咎"解者，皆不若朱子之長。

六十四卦多以時言，八純卦則人心之德也。必有八純卦之德，而後可以處餘卦之時，如乾德之健也，坤德之順也，離德之明也，震德之動也，巽德之入也，艮德之止也，兑德之説也。惟坎不可謂"德之險",故曰"習坎"。"習坎"則險阻備,嘗動心忍性,仍以增益其心之德也。

天下惟至誠能處險,此"習坎"之所以首貴"有孚"也。夫時勢值艱危之際,少用機謀,未有不敗。所謂"習坎""入坎",理固如是。先儒謂"郭汾陽之在唐,拋置生死存亡於度外,而身名反俱泰",當時若欲萬全,久無汾陽矣!諒哉!"習坎"而曰"惟心亨"者,艱難之境、拂逆之遭,外以苦其身,即内以鍊其心,於此而坦然自得,則其自得也真矣!

坎之六爻,示人以處險之道者,備矣!夫艱苦之遭險也,逸豫之亡身,何莫非險乎?處艱苦者,貴乎有得於心,心無所得,境斯累心矣!而學者之心得,從銖積寸纍而來者,猶泉源雖細,涓滴不已,是得之真者也。九二處下位,下位之人,遇多艱苦,故曰"求小得"。處逸豫者,貴不自滿,滿則不平,不平則溢,溢則肆,肆則危矣!猶水之橫決衝潰而不得安瀾也。九五居上位,上位之人,遇多逸豫,故曰"坎不盈,只既平"。三居下卦之上,而與上卦近,曰"險且枕",言上卦之險在前,下卦之險未脫,進退皆險,在人則所如不合,動輒得咎者也。

君子順天聽命,養晦待時,占曰"勿用其旨",微哉!四以陰爻而近九五之陽,如以柔才而事剛德之主,位高責重,岌岌可危,曰"樽"、曰"簋"、曰"用缶",持之以儉樸之道也;"納約自牖",感之以至誠之心也。占曰"終无咎",位極人臣、英君在上者,尚其玩之哉!初、上居事外之地,為無位之人,初曰"習坎""入坎",言小人之詭變譎詐,以窨穿誤人,而適以自誤也。上曰"繫徽墨,置叢棘",則已入窨穿矣!不直曰"凶",而曰"三歲不得,凶"。聖人之心,猶望其於三歲之中得遷善改過之道而免凶也。

明無形也，麗於心以爲用，猶火無形也，麗於物以爲用。以淺近易知者言，麗於油則爲燈、爲燭，麗於煤、麗於炭則爲鑪、爲冶，是皆麗乎正者；若非所麗而麗，麗於阿房則宮室爲墟矣！麗於赤壁則山林灰燼矣！是猶商紂以明辨之才，麗於恣情縱欲之心，此身且不能保，何有於化成天下乎？故必麗乎正，而後重明乃有用。

《彖傳》曰"重明"，《大象傳》曰"繼明"。明者，人人所固有之德也。氣質蔽之，物欲害之，雖本心之明，有時亦發而不克繼者多矣！君子之爲學，必先有"繼明"之功，而後造"重明"之境。詩人之詠文王曰"緝熙敬止"，曰"明明在下"。明明者，重明之謂；緝熙者，繼明之說。惟其緝熙之功日新不已，故顯於西土，以明明之在下，感赫赫之在上，而能以照四方者，化成天下也。

初九曰"敬之"，六、五曰"沱若""嗟若"，皆示人以繼明之方也。敬者，不敢肆之謂，用以葆其固有之明於未喪之初也。"沱若""嗟若"者，戒慎恐懼之謂，用以復其固有之明於已喪之後也。凡人肆則昏，昏則老而衰，非及時行樂，即遲暮增悲。九三所謂"不鼓缶而歌"，則"大耋之嗟"者是也，皆昏象也。聖人示之以持敬之功，則血氣雖衰，神明不惑，庶幾無"日昃"之傷，而有"黃離"之占乎？"黃離"者，明之麗於正中者也。

凡人無忌憚，則縱欲，縱欲則亡方（"方"疑爲"身"之誤。點校者注）。溺聲色而不知返，納陷穽而不知闢，如蛾赴焰，九四所謂"突如其來如，焚如，死如，棄如"者是也，皆縱欲之象也。聖人示之以戒懼之道，則悔悟既深，邪慝漸息，己私既克，天理漸萌，庶幾無焚、死、棄之凶而有出征折首之吉乎？出征折首者，王者之殲渠魁而除昏暴，猶學者之遏物欲而返清明也。

下　卷

　　盡其我之所以感，而不計人之所以應，聖人之爲治，君子之設教，胥是道也。先儒謂咸者，"無心之感"。惟其感之者無心，是以應之者能徧，故曰"咸"。六爻以身取象，而九四當心之位，全卦之精蘊賅焉！往者，感也；來者，應也，理之自然者也。"憧憧"則計較於感應之間而有心矣！有心則拘牽於己私之偏而不能徧矣！故曰"朋從爾思"。堯舜之出治，天下歸仁；尼山之垂教，無思不服。所謂"過化存神"，豈以形跡求以口舌動乎？動以口舌者，則爲上六之"輔頰舌"，淺可知矣！求之形跡者，則爲初之"拇"，二之"腓"，三之"股"，五之"脢"，不能無我可知矣！學者觀於此，其亦可以悟感人之道歟！

　　"乾"者，天德之純也，故《彖傳》言"性"；"咸"者，人情之正也，故《彖傳》言"情"。必"乾健"而後能盡性，必"咸感"而後能用情。

　　感人心而天下和平，是聖人治天下之妙用也。不以刑驅，不以勢迫，不以法令督，不以條教勸，而天下翕然從風，有莫知其然而然者，感之謂也。故自古治亂、興衰之機，無不視乎一人之性情趨向以爲歸。性情趨向之源，聖學培之，培其體而妙用行矣！不此之求，而朝下一令曰"振興庶務"，而庶務依然；暮更一章曰"激發士民"，而士民如故，遂謂叔季之天下不可以情感，聖人之神化徒托諸空談。噫！豈其然哉？

　　日月之久照，以得天也；四時之久成，以變化也。得天故有常，變化故不窮。有常而不窮，恒之道歟？聖人之爲治，仁義其常也,仁不可用,濟之以義,義不可用,濟之以仁。惟其用之不窮,是以久於其道,即吾儒爲學亦何莫不然?不誘於曲説,不奪於旁門,日新月異而歲不同,是有常者德業而不窮者進境,則精神志趣欲罷不能,不期恒而自恒矣!否則,或胸無主宰,見異思遷,或學昧日新,一成不變,又烏足以言恒哉?《大易》取風雷之變而不失其常者謂之"恒",其旨微哉!

遯之卦,二陰在下,浸長之象也。長而成三陰,則爲否矣!否之時,君子不足以制小人,故曰"不利貞",戒君子之歛德也。遯之時,小人尚未敵君子,故曰"小利貞",欲君子之扶陽也。

於陰未敵陽之時,即示人以遯之道。聖人知陰之易長而陽之易消也,然遯亦未易言矣!處遯之時,遠引高蹈,大抵無嗜欲者能之,而貪戀者不能;有剛德者能之,而陰柔者不能;在事外者能之,而任職者不能。九四無嗜欲,而三則貪戀。九五有剛德,而初則陰柔。上九在事外,而二則任職。故四曰"好遯",以去陰遠而不牽於私暱也。三曰"係遯",以與陰近而不忍於情好也。五曰"嘉遯",以其有陽剛之德,中正之行,而可止則止,可速則速也。初曰"遯尾",以其爲陰柔之質,懦弱之才,昧於幾先、落於人後也。上曰"肥遯",進退出處,無不自得,《孟子》所謂"綽綽然有餘裕"者也。

二不曰"遯",而曰"執之",用黃牛之革,中順堅固,内力不搖,箕子所謂"我不顧行遯"者也。不牽於私暱者,是豪傑之知勇,非流俗所能强,故曰"君子吉,小人否"。不忍於情好者,是婦人之常態,處女子而咸宜,故曰"畜臣妾,吉"。可止則止、可速則速者,是聖人之極軌,而爲君子之致命遂志也,故周公曰"貞吉",夫子曰"正志"。昧於幾先、落於人後者,即退避而不遑,則不妨養晦,以免患也。故周公曰"勿往",夫子曰"何災"。"綽然餘裕"者,道德之高,不異於窮達;利禄之念,不擾其胸襟,故周公曰"無不利",而夫子曰"無所疑,不顧行"。遯者,義不當去,乃爲國而留連,心之所存,豈因時而變易? 故周公曰"莫之勝説",而夫子曰"固志"。

同一陽盛之卦,而大過以處事言,故夫子曰"獨立不懼,遯世無悶"。大壯以作人言,故夫子曰"非禮弗履"。"非禮弗履",即《孟子》所謂"集義"者也。集義所生者,爲浩然之氣。浩然之氣,豈血氣之勇乎? 血氣之勇不足恃,是以六爻之"過剛不中"者,皆無吉占。而九三且曰"小人用壯,君子用罔",明乎逞血氣者,小人之行,非君子之道。君子之用剛,不求勝人,而求勝己。形骸之累,勝之以神明;人欲之私,勝之以天理,非天下之至剛而能如是乎? 此夫子所以嘗有"未見剛者"之歎也。

晉之《彖傳》曰"柔進",卦之宗旨也,蓋示人以不可躁進也。"晝日三接",其進鋭矣! 然必"康侯"而始當之者,有平治天下之德,而後有"王三錫命"之榮,仍是"柔進"之旨,故《大象傳》不言進爵之事,而言進德之方。學者能自新其德,則自無躁進之心。

君子觀晉之爻義,其亦可以悟出處之道歟! 初無位而上則位極。無位者,往往欲進而不能進,故曰"摧如";位極者,往往能進而不能退,故曰"晉角"。欲進而不能進者,安居俟命,"貞吉"之謂也;終不見信於人,而坦蕩寬平,"裕无咎"之説也;能進而不能退者,躬自貶損,高而不危,"伐邑""厲吉"之謂也;視榮寵爲固然,而冒進不已,銜愧蒙羞,"貞吝"之説也。二曰"愁如",是初出任事而能"先天下之憂而憂"者,受福之占有自來矣! 五曰"失得勿恤",是以宇宙之安危爲事,而不以一己之功利爲心者,如斯以往,無不利矣! 古之仕進者,必德行道藝見信於族黨州閭,而後天子求之，公卿薦之。三居二陰之上，爲衆所推服之，《象》曰"衆允"，所以明鄉舉里選之意也。世之貪高位者，以爵祿功名爲一己之身家性命，是以得之則喜，失之則悲。四以陽剛而處不中正，有瞻前顧後，首鼠無定之象，曰"鼫鼠"，所以戒患得患失之夫也。

明，入地中晦象也。《大象傳》即以用晦之道示人莅衆之方，其旨微哉！程子之言學也，禁用智；成王之言治也，戒作聰明。智者，聰明之内蘊；聰明者，智之外光。根於性體，發於自然，用之則智，反鑿矣！作之則聰明，反蔽矣！用晦而明，即《孟子》所謂"行所無事"，而合乎《中庸》所謂"聰明睿知"者歟？况居高臨下，萬衆紛紜，善惡不齊，賢愚雜糅。

古之成大業者，其治之也，有包荒之量，其教之也，因高下之才。必察察焉謥淵魚之見，矜燭照之神，不惟規模狹隘，且恐人己兩傷。史稱"東吳張温被罪而死，武侯聞之，疑訝不得其故，久之曰：'我得之矣！'"清濁太明如武侯者，可謂識"明夷"之旨也夫！

家人卦義，皆責男子以治家之道。六爻惟二、四爲陰，故以女子言。然二之"無攸遂，在中饋"，即初九"閑之"之效也。《語》云"教婦初來"，苟正始之際，禮法蕩然，其不致"牝雞司晨"者，亦鮮矣！四之"富家，大吉"，即九五"假之"之效也。《詩》云"刑於寡妻"，苟琴瑟之間，感格無本，而望其勤儉持家也，亦難矣！"閑之"之法，九三詳之，與其過於寬而嘻嘻，不若過於嚴而嗃嗃也。假之之法，上九盡之，必情意相感。"有孚"者，藹若春風，則妻子道行；"威如"者，嚴若朝廷也。《彖辭》專重女貞，於女子駁型家之效也。《小象傳》終曰"反身"，責男子以型家之本也。《大象傳》特舉言行，示型家者以修身之要也。

時事當睽隔之際,朝廷之號令,草野以爲具文;官吏之謨猷,百姓以爲欺我。上下懸絶,真意罔孚於此,而欲恢大業、圖大功,情既不通,勢必難合,渙離乖異,人各自私,烏能同德同心、衆擎易舉乎?君子之處睽也,一話一言必示人以不妄,匹夫匹婦必相與以至誠,於薄物細故之中寓默化潛移之道,使爾詐我虞變而爲此通彼感。如治痞然癥瘕去而四體始爲我用矣,如導川然壅塞行而萬流始有會歸矣!睽曰"小事吉",有以也夫!

家人之後,受之以睽,聖人殆傷家庭骨肉之易於睽乖歟!一家之中,父子也,兄弟也,夫婦也,妯娌也,無相愛之情,而忽有相猜之意,大抵由報施不爽,恩怨分明,分明之甚,淳樸斯漓。《彖傳》曰"説而麗乎明",蓋使之以兑説爲主,而以離明附麗焉,則不致以察察之明傷天性之和矣!

甚矣!夫子之善用《易》也。坎,險也,險似不能用,而夫子曰:"天險,不可升;地險,山川丘陵。王公設險,以守其國。"險之用大矣!睽,隔也,隔似不可用,而夫子曰:"天地睽而其事同,男女睽而其志通,萬物睽而其事類。"隔之用大矣!故皆曰"時用大矣哉"!

待人接物,情不相通之謂睽,睽固惡德歟?而夫子曰"同而異",是情雖相通,而志不苟合也,道不苟同也,俗不苟諧也,"純儉從衆,拜上違衆"之類也,和而不流也,群而不黨也。甚矣!夫子之善用《易》也。

冒險進取之道,蹇卦備矣!德不中正,位又不當,血氣逞強,思以匹夫之勇,拔艱阻之遭,庸有濟乎?故初六、九三、六四皆曰"往蹇",皆曰"來",戒其輕進也。六二處人臣之位,有"蹇蹇"之象,義不當去,鞠躬盡瘁,固其所也。九五居至尊之地,曰"大蹇",曰"朋來",匡濟時艱,貴乎得勢,尤貴乎得人也。若以無位之人而丁困阨之運,雖道德如孔孟,亦必棲棲焉、皇皇焉!徧遊列國,歷聘諸邦,蘄藉世之所謂權勢者,以行吾之所學而救民於塗炭,此磻谿逸老必奮鷹揚於車載之後,莘野耕夫必覺斯民於三顧之餘。"利見大人",特於上六著之,蓋欲世之英雄豪傑崛起草茅,抱"痌瘝""胞與"之心者,不可以無憑藉之身、無斧柯之手。馮河暴虎,終無補於天下也!

屯之動乎險,處險之中也;解之動乎險,出險之外也。處乎險中者,如大亂方殷,宜俟事機之徐轉,以觀天心,故曰"勿用,有攸往"。出乎險外者,如大病初起,宜求飲食之徐調,以養元氣,故曰"無所往,其來復,吉"。然人事或疏,則天心豈能自轉,繼之曰"利建侯",言撥亂之終賴人事也。根株不拔,元氣未必能調,繼之曰"有攸往,夙吉",猶治病之貴拔根株也。

損之卦,因損下益上而成。程子壘土之譬,所謂"取於下以增上之高,則危墜至焉"者是也。是"損"非吉辭也,而《彖辭》一再言"用",《彖傳》再三言"時",以見時有當損,在乎人之善用而已。天子固保民命者,而民有時以致身者事其君;朝廷固阜民財者,而民有時以毀家者紓國難。用之者得其時,"損"之道亦盡善,此所以有"有孚"之象、"元吉,无咎,可貞,利有攸往"之占。

人身之偏駁乖戾,皆氣爲之。氣日長則理日消,故學者之御氣,道貴乎損。"懲忿窒欲",示之以"損之"之方也。

上九"無家之臣",即六三之"一人"。一人云者,猶坤之"喪朋",不牽繫於私家黨與之謂也。上與三應,三爲上,得仍是損下益上之旨。爲上者得此"國尔忘家之臣",如霍去病所謂"匈奴不滅,無以家爲"者,則其益於國也大矣!昭烈之得孔明是也,孔明之言曰:"臣死之日,不使內有餘帛,外有餘財。"無家之證乎?

以一身而言,益莫益於進德;以天下而言,益莫益於濟人。《象傳》曰"遷善"、曰"改過",進德之方也。《爻辭》曰"遷國"、曰"惠心",濟人之事也。然無精心,無果力,無動忍拂亂之功,無慷慨澄清之志,何以進德?何以濟人?故《彖》曰"利有攸往,利涉大川",欲人體風雷之奮發而無前也。

天下之理,陰之於陽,每患其相勝;陽之於陰,時虞其不敵。此聖人所以扶陽抑陰也。其在圖治,君子陽而小人陰,扶抑之道即寓黜陟之中;其在爲學,義理陽而情欲陰,扶抑之功視乎克復之力。既黜矣,既陟矣,方倖君子長、小人消矣,而小人之伺隙以逞者,安知不因吾之一倖而伏暗長之機?力克矣,力復矣,方倖義理伸、情欲歛矣,而情欲之得閒而來者,安知不因吾之一倖而有將萌之勢?"無號,終有凶。"可畏也哉!

聖人之於陰,謹之於微也。姤之初六繫之不足,而又戒之曰"攸往,見凶";戒之不足,而又申之曰"羸,豕孚蹢躅"。再三反復,懍懍焉若竭全力以制一陰之進,豈好爲是過慮哉?燎原之火,肇於遺燼;萬里之隄,潰於蟻穴。聖人之處事,往往於一燼、一穴之始,嚴若燎、若潰之防,而人每疑其太過。噫!上工治未病,非知道者烏足識之?

萃者,群聚之謂。以一家言,父子兄弟之情意不聚,不足以成大業;以一國言,君臣上下之心思不聚,不足以成郅治。然《彖》必先之曰"利見大人",而後曰"利有攸往"者,《程傳》謂"天下之聚必得大人以治之"。人聚則亂,物聚則争,事聚則紊,非大人治之,則萃所以啓争亂也。然則《大易》以"二陽得位,四陰從之"者爲萃,有微意哉!否則陳勝大澤之群萃而秦失鹿矣,張角黃巾之群萃而漢喪師矣!王仙芝、黃巢、朱溫之群萃而唐室亂矣！劉整、呂文煥、范文虎之群萃而宋社屋矣！方國珍、徐壽輝之群萃而元祚移矣！李自成、張獻忠之群萃而明鼎革矣！夫子曰"除戎器，戒不虞"，有以也夫！

自昭明德，是以天德之剛克物欲之昏也。非陽勝不能制陰，故大壯而後繼之以晉。積小高大，是合百行之偏端，成君子之全德也。非息深不能達霣，故萃而後繼之以昇。

困而不失其所。亨所享者，即剛中也。惟其存諸中者有剛德，是以貞其境者皆亨道也。歷山號泣，困境也，而"瞽瞍厎豫"，舜之孝爲萬世法矣！首陽薇蕨，困境也，而夷齊餓死，君臣之大義昭如日月矣！

深寧王氏曰："君子無斯須不學也。"黃霸之受《尚書》，趙岐之注《孟子》，皆在患難顛沛中，況優遊暇豫之時乎？《易》曰："困而不失其所，亨。"

困，不獨指遇之窮者而言。居公卿之位不得盡公卿之責，則困於公卿；居大夫之位不得盡大夫之責，則困於大夫。凡一命之士與有責而不得盡者皆然。故困莫困於困其志，而身困次之。小人之困，身困也；君子之困，志困也。初、三、上皆陰爻，曰"株木"，曰"幽谷"，曰"石"，曰"蒺藜"，曰"葛藟"，曰"臲卼"，困其身之象也。二、四、五皆陽爻，而爲陰揜，曰"酒食"，曰"金車"，曰"赤紱"，榮其身，正所以困其志也。

井水不自上，猶賢才之不自薦。井無人汲則井無用，猶賢才無人引則賢才無用。故《大易》於井卦以"上之能否下汲，下之能否上行"取義。下三爻喻賢才之窮而在下也。窮而在下，時爲之，遇爲之，於賢者無責，故無吉、凶、悔、吝之占。初曰"泥"，混跡風塵者也。二曰"谷"，學有本源者也。三曰"渫"，修身見於世矣！上三爻喻賢才之達而在上也。達而在上者，以治己爲本。治己無功，則治人有咎，故四必先之曰"甃"，而後曰"无咎"。五曰"寒泉食"，食德飲和也。上曰"收勿幕"，恩膏洋溢矣！

革之《彖》曰："巳日乃孚。"六爻之中，三言"有孚"，大抵變更之際，未有上下之情不孚而能有成者。聖君賢相之中興，其德意深入乎人人之心，而其才識又爲天下所折服，一旦舉已弛之法、已偷之俗，掃除而變易之，草野皆額手慶幸，以爲成效可立致，世運可重新，群情奮發相鼓舞而行新政者，如川赴壑，沛然莫禦，此則夫子所謂"文明以説，大亨以正。革而當，其悔乃亡"者也。否則上以實求，下以虛應，觀望徘徊，且興謗讟，治絲而棼，庸有濟乎？

耳、目、手、足之位正，則視、聽、言、動之非禮者希。視、聽、言、動之非禮者希，則"三月不違仁"。三月不違仁，顔子之"凝命"也。

"震來虩虩"，非震之來而始虩虩也。君子安不忘危，存不忘亡，恐懼之心，操於寤寐，修省之念，懍於幾微，此其所以言笑之間坦。然自適暇豫，從容發於外者，人見其爲"啞啞"也。蔡虛齋曰："震來以心言。"

周子曰："定之以中正仁義而主靜。"即"艮其背"之旨。"不獲其身"，心不爲形役也。"不見其人"，理不爲欲奪也。《大學》所謂"知止有定"者也。

咸之四曰"憧憧往來"，是膠擾紛紜，心之偏於動者也。艮之三曰"厲薰心"，是抑塞埋鬱，心之偏於靜者也。偏於動者，失靜之體，故夫子曰"何思何慮"，示之以主靜之方也。偏於靜者，失動之機，故夫子曰"動靜不失其時，其道光明"，示之以交養之道也。

天下事之當用漸者廣矣!《彖》曰"女歸",特借一端以示例耳!蓋謂用漸之道之當如"女歸"也。六爻之旨,先儒多以臣道言。初居下而無應於上,猶草茅新進,獨立無援,不免孤危之慮、讒謗之傷,故曰"小子厲,有言"。持之以漸,可以徐得人心,潛消物議,此"于干"之所以義无咎也。二居中而上應於五,猶君臣相遇,如魚得水,不免適館授餐,尊德樂道,故曰"飲食衎衎,吉"。持之以漸,可以緩圖報稱,不負恩施,此"于磐"之所以不素飽也。四之位漸高,故曰"于木",而以柔承剛,如以庸才而事英主,有憂危不安之象。持之以漸,亦可轉危爲安,此"得桷"之所以"順以巽"也。五之位尤高,故曰"于陵",而與六二之正應相遠,如勞於王事,室家相怨,有隔絕不通之象。持之以漸,可以由塞而通,此終吉之所以得所願也。三與上,處兩體之極,有超然遠去、離其本位之象,故皆曰"于陸"。三"凶"而上"吉"者,三爲有位之人,"夫征不復"喻君心之不下交也,"婦孕不育"喻職事之鮮成效也。以禦寇之道堅固而自守,亦持之以漸之微意也。上處事外之地,雲漢冥冥,弋人何篡也,進退綽綽,高致可風也。其出處有序,爲儀而不亂,持之以漸之極則也。

自媒、自薦者,士女之醜行。"歸妹""征凶,無攸利"。士君子之進身,不可慎乎?

豐於欲者,其德昏;豐於利者,其志昏;豐於養者,其氣昏。故豐之爻義多取昏象。

丈夫之生也,不負笈從師則學問不成,不仗策從君則勳猷不茂。故學者進德修業,必旅而後始"大亨"。而《彖》曰"小亨"者,蓋即六二所謂"即次,懷資,得童僕貞"者,是第就處旅之時而言也。若六五所謂"終以譽命",則旅之效而亨之大者也。

111

巽，入也。其在爲學，則極深研幾，能防物欲之潛滋；其在爲政，則發奸摘覆，能察陰邪之潛匿。然九三有"頻巽"之吝，上九有"喪斧"之凶者，是猶知物欲之潛滋而不能克也，見陰邪之潛匿而不能除也。必也如二之"史巫紛若"，如五之"先庚""後庚"，庶幾入而能斷合乎？"利武人"之貞矣，斷而有功，符乎"獲三品"之效矣！此《虞書》"九德"所以柔而貴立，《洪範》"九疇"所以沈潛而貴剛克。

剛中柔外，悦之所以貞者歟！故君子存於中者，德必剛健；施於外者，貌必和柔。

君子觀兑之爻義，而知我之悦於物、物之悦於我，皆當衡以理，不可從於欲也。天下之理屬陽，欲屬陰。三、上皆陰爻也。三曰"來兑"，是巧令便辟、只知悦人者。上曰"引兑"，是心思耳目皆爲物誘者。二與三近，則不免比匪之傷。五與上近，則不免左右近習之惑。惟其皆剛中也，故一則有孚誠之效，一則有惕厲之心。九四下乘三，而上比五。所乘者陰，如利欲之足以惑我；所比者陽，如義理之足以悦心。何去何從，天人交戰，故曰"商兑未寧"。嗟乎！學者之涉世紛華靡麗之場，謟曲脂韋之習，其奪吾之守，喪吾之真者，無日而不吾接，無日而不吾嘗。必也去邪從正，天定勝人，庶幾葆吾初心而得吾性情之正，以協和兑之占乎？

自士大夫不以公誼從心，而天下之人心斯涣矣！涣之三曰"涣其躬"，示爲人臣者以忘身家之道也。四曰"涣其群"，示爲卿相者以無朋黨之道也。然則處乖離判散之秋，而欲使之同心同德、合衆力以成大業，其必由上之自涣其私始。

節之六三有"不節"之嗟。人之身世，烏可無能守之節哉？

所患者不中不正耳！當春秋時而不改簞瓢之樂，是初之"不出戶庭"也，故夫子曰"知通塞"也。當堯舜世而獨高巢許之風，是二之"不出門庭"也，故夫子曰"失時極"也。當盡力溝洫，而竟忘宮室之卑，是四之近君者所難得之節也，故能安而即曰"亨"也。當恥食周粟，而不恤西山之餓，是上之處世外者，所最苦之節也，故雖凶而究"无咎"也。若夫居九五之位，抱中正之德，是即《大象傳》所謂"制數度，議德行"者也。範天下以準繩，而得從容之樂；納人才於限制，而遊暢適之天節，曰"甘"、"往"，曰"有尚"，宜哉！

无妄，誠也；中孚，誠之通也。李文貞公之說曰："孚之爲字，從爪從子。鳥之覆卵，氣自外入，形從中化，内外之感。"中孚之義，其說精矣！在天地則無心而成化，在聖人則不怒不賞而威勸。《中庸》曰："君子之道闇然而日章，小人之道的然而日亡。"此九二所以有"子和"、"爾靡"之應，而不言吉者，行所無事也；上九有"翰音登天"之象，而曰"凶"者，徒務虛聲也。

大過者，如任天下之重，而獨爲苟難者也；小過者，如處鄉黨之中，而拘於自好者也。大過過於剛，小過過於柔。過於剛者，近乎狂；過於柔者，近乎狷。狂者，勇於爲；狷者，一於守。勇於爲者，不患進取之無心，而患擔當之不力，故惕之曰"棟橈"，勉之曰"利有攸往"。一於守者，不患細行之不矜，而患艱鉅之難任，故許之曰"可小事"，戒之曰"不可大事"。

因人之不及於恭，而我之恭乃形其過；因人之不及於哀，而我之哀乃形其過；因人之不及於儉，而我之儉乃形其過。以我之過救人之不及，仍是用中之道，此《象傳》所以貴"與時行"；而六爻之"弗過"者，所以不善也。

在天運則夬之極而姤之陰生，剝之窮而復之陽動，陰陽無懸絕之時也。在人事則衰之時而盛之理已萌,盛之時而衰之基已兆,盛衰有倚伏之機也。既濟曰"初吉終亂",聖人蓋觀天運之自然,知人事之必至,而欲學《易》者之人定勝天也。

因"濡尾"而"曳輪",試諸艱而能持重也;因"喪茀"而"勿逐",不當得而能堅忍也。有持重之德,堅忍之力,而尤必盤錯之以"鬼方",困苦之以"三年",而後始曰"克之"。克之則既濟矣!雖然,何若是之難歟?乃前之難方歇,而後之懼已生,繼之曰"小人勿用",申之曰"終日戒",示之曰"東鄰殺牛,不如西鄰之禴祭"。蓋極盛之時即兆亂之時,聖人所以憂盛也。

保治者以誠,持盈者以約,聖人所以祈天永命也。否則治不能保,盈不能持,盛極必衰,烏能免"濡首"之"厲"乎?嗚呼!既濟,事之既成也,在國家則閒暇之時,在人生則安享之日,而六爻皆危辭,讀《易》者,可以悟矣!

既濟者,向衰之候,未濟者,向盛之時。在天運,則既濟如歲功之已成,未濟如東作之方始;在人生,則既濟如德成名立,光陰當遲暮之秋,未濟如奮發振興,血氣在方剛之日。《易》之道不可窮也,故不以既濟終而以未濟殿焉!

花曰未開,則有必開之時;月曰未圓,則有必圓之夜。未開、未圓者,固天道之自然;必開、必圓者,豈人事所能強?然《易》之爲書,窮天道以推人事者也。國雖必治,人事闕則未治者或不治矣!家雖必齊,人事闕則未齊者或不齊矣!曰"小狐汔濟,濡其尾",言小狐以別於老狐之能畏慎也。未濟之由於不能畏慎,是聖人重人事之意也。

《繫辭傳》

讀《繫辭傳》須知夫子之言指。羲、文、周之《易》，即指天地萬物之《易》。不求之羲、文、周之《易》，則語無歸宿，其弊也蕩；不求之天地萬物之《易》，則理難會通，其弊也滯。

至哉！"易簡"之説乎？天下萬世，言性之祖也。六子之鼓潤運行，乾坤爲之，所以能使六子之鼓潤運行者，易簡爲之。易簡者，乾坤之性也。惟其性之不雜，而廓然大公，故曰"易"；惟其性之不二，而物來順應，故曰"簡"。乾坤之易簡，即堯舜之精一。

凡人之存心也，主乎理者，皆坦白而易知；從於欲者，斯艱險而難識。凡人之處事也，順乎理者，皆無爲而易成；役於欲者，每紛紜而難就。學者欲體易簡之旨，其必自寡欲窮理始乎？

"乾以易知，坤以簡能"。天地之易簡也，易則易知，簡則易從。人之易簡也，以人而效天地之易簡，其體則有親，其用則有功，推而至於可久可大，爲賢人之德業。此則吾夫子示人以"明體達用"之學，本天德以爲王道者也。

對待而後有體，流行而後有用。體之所以立，用之所以行，無思也，無爲也。止乎其所，不得不止也；行乎其所，不得不行也，故曰易簡也。

德業者，資乎氣質以有成者也；易簡者，反乎性命而無雜者也。以易簡爲德業之本，是以性命爲氣質之帥也。故德不爲氣累，業不爲質拘。累於氣者，不能崇德；拘於質者，不能廣業。

作《易》者，因天道以明人事者也；學《易》者，即人事以體天道者也。人事之吉、凶、悔、吝，即天道之消、息、盈、虛。居則觀象，動則觀變，可以知天，可以事天。

夫子之言學也必近，而示人也必切。《易》之爲書，統天地之道、幽明之故、死生之説、鬼神之情狀而該焉者而指示之。《語》曰"无咎者，善補過"，是學《易》之功莫切於"无咎"也；曰"震无咎者，存乎悔"，是學《易》之法莫近於"悔"也。

惟其繼之者善，故人皆可以爲堯舜；惟其成之者性，故犬之性異於牛之性，牛之性異於人之性。然成性者，雖有氣質之殊，而繼善者，究無人物之别，此《孟子》"性善"之説所以非諸儒可及，而《中庸》所以由盡己性而推至於盡人性、盡物性也。

明道程子之説，曰"天地之常，以其心普萬物而無心；聖人之常，以其情順萬事而無情。"雖然，天地之無心，是並道心而亦不容也。聖人之無情，豈並中節之情而亦不用乎？夫子曰："鼓萬物而不與聖人同憂。"是聖人有憂，而天地無憂也；是天地無心，而聖人有情也；是天地超乎形氣之外，而聖人不能出乎形氣之中也。

《易》之爲書，精矣！微矣！性命天道之極致盡於是矣！而夫子之言，其效也，在天地則曰"盛德大業"，在聖人則曰"崇德廣業"，可知德業者，爲學之歸宿，學者豈可高語神化而不思進德修業乎？

世之人雖賢愚異質，貴賤殊途，固無人而無德，無人而無業，惟視乎能崇不能崇、能廣不能廣耳！識解愈高者，德愈崇，踐履愈實者，業愈廣。繼"崇德"而曰"知崇"，可知識解高明者，崇德之本也；繼"廣業"而曰"禮卑"，可知踐履篤實者，廣業之基也。欲進德者可以思矣！欲廣業者可以悟矣！

一、三、五、七、九，奇數也，屬陽，故曰天；二、四、六、八、十，偶數也，屬陰，故曰地。天地一陰陽也，以四時言之，自冬至陽生，春而長，夏而盛，秋而極矣！自夏至陰生，秋而長，冬而盛，春而極矣！故《河圖》之數，一居北，三居東，而皆在内象，陽之自冬至而漸長於内也；七居南，九居西，而皆在外象，陽之盛於夏、極於秋，而漸消於外也。二居南，四居西，而皆在内象，陰之自夏至而漸長於内也；六居北，八居東，而皆在外象，陰之盛於冬，極於春而漸消於外也。五、十居中者，陰陽之統會，象天地之太極也。

《河圖》四方之數，無不會於中宮，猶天地四時之運，無不原於太極。北之一與中五相合而爲六，故一、六居北；東之三與中五相合而爲八，故三、八居東；南之二與中五相合而爲七，故二、七居南；西之四與中五相合而爲九，故四、九居西。所謂各有合者也，其數皆寓中宮之五，是四時定位之中皆有太極也。西之九繼以北之一，東之八繼以南之二，南之七承以東之三，北之六承以西之四。所謂五位相得者也，而其數皆符中宮之十，是四時流行之際，亦不離乎太極也。

惟其相得，則陰必資乎陽，陽必資乎陰，而生生化化之理不可窮，故曰"成變化"。變化者，無窮之謂也。惟其各有合，則陰之中有陽，陽之中有陰，而無方無體之妙不能測，故曰"行鬼神"。鬼神者，不測之謂也。

揲蓍之法：每得一爻，其爲老陽也，則第三次過揲之策爲三十六，其爲老陰也，則第三次過揲之策爲二十四。乾之純乎老陽者，得三十六者六，故曰"二百一十有六"。坤之純乎老陰者，得二十四者六，故曰"百四十有四"。

惟其至精也，故不雜；惟其至變也，故不拘；惟其至神也，故不知其然而然。至精至變之中，有至神者存焉！《易》如此，天地如此，聖人之心如此。

惟聖人之心之至精也，故能極深以通天下之志；惟聖人之心之至變也，故能研幾以成天下之務；惟聖人之心之至神也，故能不疾而速，不行而至。心境之雜者，不能極此理之深，何以通天下之情偽？心境之滯者，不能研先見之幾，何以成天下之事業，通天下之情偽？成天下之事業，而感之者不自知，化之者不自覺，是則聖人之神之不可以言語形容者。嗚呼！至已！

兩儀者，爻之一陰一陽也。一陰一陽之上，各生一陰一陽，是謂四象，四象之上，各生一陰一陽，是謂八卦。兩儀、四象、八卦，有象可指，而太極則運於無形。讀《易》者，觀伏羲卦畫，幾疑《易》始於陰陽，而不知有太極，故夫子特鄭重分明之，曰："《易》有太極。"一以見陰陽之有自來也，一以見太極之不可以形求也。

於天地、四時、日月之下，繼之以富貴，似與上下文不貫。朱子曰："富貴，謂有天下履帝位。"蓋即繼天立極之聖人，有德而又有位，方能如下文所謂"備物致用，立成器以爲天下利也"。

《易》者，太極之用，理之謂也；乾坤者，陰陽之體氣之謂也。有陰陽而後太極流行，故曰"乾坤成列，而《易》立乎其中"。理乘氣而行，苟無其氣，則理亦無從而求，故曰"乾坤毀，則無以見《易》"；氣由理而運，苟無其理，則氣亦不能自行，故曰"易不可見，則乾坤或幾乎息"。

動以天者多吉，動以人則凶悔吝生焉！君子之動，可不慎乎？

黃帝、堯舜者，變樸野之俗、開文明之風者也。故極言窮變通久之道。

極言窮變通久而結之以垂裳而治，是黃帝、堯舜之通變而能神化也。通變而不能神化，民斯擾矣！

通變可爲也，神化不可爲也。王荆公之法，明道程子行之則無弊。明道其近於宜民而幾於神化者歟！

陰陽者，不可相無者也，而人性之由善而惡，人心之由正而邪，人事之由得而失、由治而亂，皆陰爲之。此聖人作《易》所以貴陽之統陰，而惡陰之役陽也。一君二民，是主者之權一，而陽能統陰；二君一民，是主者之權分，而陰反役陽。故君子之爲學，必使血氣役於神明，而不使神明役於血氣。家國天下，胥是道也。此其義蓋備於"坤"之一卦矣！

化淳化生，皆曰"萬物是生"。生者，固紛紜繁變致不一矣！而當其絪緼交感之時，無思也，無爲也，無絲毫安排造作於其間也，故曰"致一"也。

二多譽，四多懼，三多凶，五多功，中四爻之例如是。蓋卦之六爻，初上無位，在人則初如未仕，而上則已退；在事則初如未來，而上則已往。惟中四爻，先儒所謂當位任事者。以君臣之道言其義尤著：二遠臣也，四近臣也。遠者，貴乎剛正自持，振興庶務；近者，貴乎委蛇將順，稟命而行。夫子曰"柔之爲道，不利遠者"，指二也。則四之"近而利於柔"者，於言外見矣！故六十四卦中，二之應五，九二爲尤美；四之比五，六四多免凶。然二雖貴剛，而柔者亦未必凶，以其德之中也，故又曰"其要无咎，其用柔中"。三位高，而非近臣也；五位尊，而當君道也。位高而不近權勢所在，讒謗易行。位尊而當陽，郅治太平，一人有慶。夫子曰"其柔危，其剛勝"，是三雖多危，持之以剛正之操，可以守位；五雖多功，誤之以優柔之見，不免召尤。故六十四卦中，六三或不如九三，九五更吉於六五。

《説卦傳》

《河圖》《洛書》之中宮皆五，是參、兩之合天地之心也。參者，三之謂，兩者，二之謂。夫天一地二，乃陰陽奇耦之端，何以必言參天乎？蓋以一包二，是陰必從陽，陽必統陰之理。故天數始於三，地數始於二。而奇耦之用，乃行先儒所謂乘除之數，起於三與二者是也。有三與二，而天下之數皆倚以生，故曰："參天兩地而倚數。"

伏羲卦位，乾一，兑二，離三，震四，巽五，坎六，艮七，坤八。夫子曰"天地定位"，是指乾南、坤北，一與八合而爲九者也；"山澤通氣"，是指艮西北、兑東南，七與二合而爲九者也；"雷風相薄"，是指震東北、巽西南，四與五合而爲九者也；"水火不相射"，是指坎西、離東，六與三合而爲九者也。四正四維之位，所謂不易者也；一八、二七、三六、四五之合，所謂變易者也。相交而皆得九者，流行變化不外乾之一陽也。

"帝出乎震節"，言文王卦位是《周易》本圖也。先天圖，邵子所傳，朱子表彰者，雖先儒多異議，然與夫子所謂"天地定位，山澤通氣"云云無不吻合，豈可謂爲非作《易》本旨乎？

文王卦位，離南坎北，火旺於夏，水旺於冬也。震東兑西，木盛於春，金盛於秋也。巽陰木，故次震陽，而居東南；乾陽金，故次兑陰，而居西北。東北，陽方也，故以艮陽。土居水木之交，水之生木，不離乎土也。西南，陰方也，故以坤陰。土居火金之間，火之生（"生"，疑爲"克"之誤。點校者注）金亦資乎土也。

以爲學之道言，戒慎恐懼，奮發振興，是吾身之"帝出乎震"也；沈潛反復，思慮純一，是吾身之"齊乎巽"也；由是而集義，窮理明睿生焉，則"相見乎離"之義也；由是而應事接物，泛應曲當，則"致役乎坤"之時也；由是而功成，而身退，而拱手安居，則"悦言乎兑"之候也。夫人當事之既已，往往不能心休，成敗之見、得失之心紛至遝來，群陰競起，繼之曰"戰"乎？乾貴乎以天德之剛克物欲之私也，物欲既克，天理流行，存心息慮，"勞乎坎也"，所謂安靜以養之者也。靜養者，息前事之勞，即以培後事之根。息之愈深者，達之愈疊。是貞下起元之理，故曰"成言乎艮"，所以成終而成始也。

《雜卦傳》《序卦傳》

《易》之道,流行也,對待也。《序卦》以流行言,《雜卦》以對待言。見天地間觸處皆消息盈虛之理,存亡得喪之機。推之而不能窮,言之而不能盡,夫子不過即一端以示例耳!其言卦也,或本文、周已闡之精,或揭文、周未宣之秘,則不惟夫子之意。就一端以示例,即文、周當日亦何嘗非就卦爻之已形、已見者示人以天道、人事之一端哉?然則,《易》之書渾淪含蓄,一天地之無盡藏也,讀者烏可執泥以求之乎?此程子所以貴"默識心通"也。

《易》以明天道,而其歸則重人事。人事之得失,莫要於君子、小人之消長。《雜卦傳》終於夬之"剛決柔",而曰"君子道長,小人道憂"。夫子之情,見乎辭矣!

《春秋》

序

治《春秋》當治三《傳》，三《傳》互有得失，而《左氏》詳於事實，事實明而聖人之經旨自顯，故三《傳》中又當先通《左氏》。余既排比全《經》，節錄左氏之言事實者爲《大旨提綱表》；間有所見，復隨記之，另爲一册，聊爲學堂諸生導以先路，示之徑途耳！世之君子尚糾正之。光緒三十有四年戊申孟春月皋蘭劉爾炘識。

居今日而讀《春秋》,當先其所急,後其所緩。如三《傳》之異同,諸家之純駁,先儒皆有定論,略知梗概可也。其有關於天下之故,如何國與周爲同姓,何國爲異姓,何國爲華,何國爲夷,華何以弱,夷何以強;或由於人才之盛衰,或係乎政治之得失,或兵謀戰略之不同,或交涉往來之各異,皆當悉心參究,儲爲有用之學。

周衰,王室頹綱,天下無主。父子兄弟之間往往逞人欲而滅天理,人倫多變,爭奪相尋。環顧列邦,不惟不能尊周,而亦不能自振,強凌弱,衆暴寡,我虞爾詐,逆理亂常。各國情形,其見之於《經》而爲聖人所許可者,蓋無幾矣!人事變於下,天道應於上,內患不息,外侮斯乘。其間差強人意者,齊桓、晉文出而中原文物、萬古河山不致遽淪於夷狄,此《論語》所以推管仲之仁,而《春秋》一書亦亟重霸統歟!

於諸侯無王之時,而鄭重書之曰"春,王正月",一以見正朔之空存,一以見名分之猶在也。

《春秋》,因魯史而修者也。魯自伯禽以來,傳十三世而至隱公,隱公以前獨無史乎?而孔子乃一切刪除,托始於隱,豈無故哉?隱元年爲周平王四十九年,是時周德日衰,王綱不振,自此以降,天下蓋寖寖乎由合而分,不能統一。今即就元年所書之事觀之,當日之情形畢揭,聖人之用意亦彰。書天王使宰咺來歸惠公、仲子之賵,書祭伯來王朝失禮,卿大夫有私交,天王之不能威服諸侯可知矣；書鄭伯克段於鄢，變起人倫，文武周公之紀綱掃地可知矣；書公及邾儀父盟於蔑，書及宋人盟於宿，私盟競起，諸侯之無王可知矣！孔子居定哀之際，追溯天下無王之始，蓋披讀伯禽以來之魯史，而以隱公元年爲二百四十二年之履霜也。

孔子於夷夏之防、種族之辨，蓋懍懍焉。觀《論語》言"微管仲，吾其被髮左衽"，情見乎詞矣！故隱二年即書"公會戎於潛"，書"公及戎盟於唐"，亦二百四十二年"蠻夷猾夏"之見端也，能不謹哉？

無王命而興師動衆，天下之亂蓋基於此。書"莒人入向"，書"無駭帥師入極"，此又二百四十二年"禮樂征伐自諸侯出"之見端也。

先儒趙伯循論《春秋》書法，謂"凡即位、崩薨、卒葬、朝聘、會盟，此常典所當載也，故悉書之，隨其邪正而加褒貶；祭祀、婚姻、賦稅、軍旅、蒐狩皆國之大事，亦所當載也"。其合禮者，夫子修《經》之時悉皆不取，故《公》《穀》云"常事不書"。其非者，及合於變之正者，乃取書之而增損其文，以寄褒貶之意。如隱二年書"紀履緰來逆女"，書"伯姬歸於紀"，書"夫人子氏薨"之類，即趙氏所謂常典也、大事也。《經》中此類，皆可作一例觀。

春秋諸大國兵端始於鄭、衛，隱二年，書"鄭人伐衛"是也。考之《左氏傳》，鄭衛之釁，開於公孫滑。公孫滑者，公叔段之子也。鄭莊兄弟争國，而公孫滑出奔衛，衛人爲之伐鄭，鄭人於是討亂。然則春秋兵端實始於鄭莊，實始於鄭莊兄弟之争國，人倫之變之關乎世運者大矣哉！

隱三年三月，書"天王崩"。自春至秋歷時甚久，而魯人未嘗歸賻，必待武氏子來求，連類誌之"當歸而不歸"與"不當求而求"，昭然若揭矣！

前於惠公、仲子之賵，書曰"天王使宰咺來歸，上之待下也"

如彼；兹於天王之賵，書曰"武氏子來求，下之事上也"如此。凡若此類皆當比而觀之。

周自東遷而後，平王既崩，遂陵夷而不可問。觀《左氏》稱鄭祭足帥師取溫之麥，秋又取成周之禾，是率天下而爲無父無君之舉者，亦始於鄭莊，鄭莊真春秋之首惡乎？

平王未崩以前，王者之天下也；平王既崩而後，霸者之天下也。隱三年三月，書"天王崩"，而冬十有二月，遂有齊侯、鄭伯盟於石門之舉。齊、鄭之黨合而天下之門户漸分，競相雄長，日事會盟，不復統一於宗周矣！

三代聖王之出治、刑賞所及，無非爲天下謀衆人之利益耳！世衰道微，人各自私，以臨民之主而只知利己，此争奪、相尋、干戈之所以不已也。隱四年書"莒人伐杞，取牟婁"，覺莒人强矣！伐弱者之國，取弱者之地，施攘奪之力，成唾手之功。書其强，正所以著其暴也。從此争城争地，各國皆欲屬其一己之私，生靈塗炭，國本斯虧。故兵者，聖王所以安天下者也，以之爲公則治，以之爲私則亂。

其在人也，天理亡而人欲肆，則五官百骸皆失其正而其人將死矣；其在國也，天理亡而人欲肆，則庶政百度皆失其正而其國將亡矣！春秋之愈趨愈下變而爲戰國者，固由於紛争，而紛争之禍實兆於列侯之滅天理而逞人欲。隱公以來，鄭莊因克段而與衛生釁，衛州吁弑桓自立，將修怨於鄭以自固其位。知宋殤忌公子馮之在鄭，故約宋公伐鄭，而宋與鄭之兵禍遂自此開。東門之役本出於衛，而聖人書曰"宋公、陳侯、蔡人、衛人伐鄭。"以宋公爲首，繼以陳蔡者，惡宋公之挾私，誅陳蔡之黨亂也。

自宋殤以殺馮爲事，黨衛伐鄭，數年以來，中原兵事不出宋、鄭兩國之互相報復。直至長葛之役，鄭人輸平於魯，齊人亦平宋，衛於鄭瓦屋既盟而後兵禍始暫息。

自隱四年，東諸侯分黨，宋、衛、陳、蔡合而謀鄭，而魯亦助之。其間助鄭伐宋者，僅一邾人，鄭之勢亦孤矣！《經》於隱六年宋人圍長葛之後取長葛之先書曰"鄭人來輸平比事"，以觀鄭莊懼宋之暴而求和於魯，以敵宋之隱情昭然若揭。所不可解者，宋與魯邦交甚固，隱公以來，書"盟於宿"矣，書"遇於清"矣，似未可遽施其離間，何以自輸平後魯遂以前之黨宋者，變而爲後之黨鄭？九年、十年之間助鄭伐宋，直至十有一年鄭伯入許，皆借魯之力以成大功。魯隱非愚，何竟爲鄭莊用哉？觀八年書"歸祊入祊"，十年書"取郜取防"，桓元年書"鄭伯以璧假許田"。狡哉！鄭莊蓋始終以利誘，而魯人殆利令智昏歟！

入春秋以來，書於《經》者，未嘗見諸侯之朝周，而天王之聘魯則屢見。以天王之使遠聘諸侯，戎竟敢邀於途而伐之，而諸侯乃若罔聞知？連類而書曰"天王使凡伯來聘，戎伐凡伯於楚丘以歸"。王室之陵夷，戎狄之強盛皆見於言外，而諸侯之不能舉方伯連帥之職以扶植綱常、保全華夏者，亦在不言中矣！

春秋初年，兵爭之息，息於"瓦屋之盟"。然《經》只書宋公、齊侯、衛侯，而鄭不與焉，則左氏所謂"齊人卒平宋、衛於鄭者"未可信也。過此以往，至隱十年而宋衛復舉兵伐鄭，可知鄭固未嘗受平於齊，即宋衛亦何嘗釋憾於鄭哉？蓋自宋殤結衛伐鄭以圖公子馮，公子馮一日在鄭，宋殤之心一日不能忘。瓦屋未盟之先，書曰"宋公、衛侯遇於垂"，緣是時齊侯將平宋衛於鄭，而宋殤陽欲從齊，陰欲圖鄭，垂之遇仍結衛之故智也。

於宋衛雠鄭、兵連禍結時，齊僖獨出，而平宋、衛於鄭，雖假以求諸侯，亦未始不可息民力。齊僖此舉，霸者之先聲歟？

隱九年，書"公會齊侯於防"，左氏曰："鄭人以王命來告伐宋，冬會於防，謀伐宋也。"宋儒家氏鉉翁謂"《左氏》雜記所聞而後儒多議其誣"，此類是也。魯啗歸防之利，齊背瓦屋之盟，運兵而伐，與國內揣有愧，故相與假王命，非王意也。其後霸主挾天子以令諸侯實始於此。

九年書"會於防"，十年書"會於中丘"，皆齊魯合謀助鄭以伐宋耳！齊僖"瓦屋之盟"曾幾何時，而鄭莊於魯隱誘之以利，假之以王命，遂使隱公約齊讎宋，狡謀詭計，玩齊魯兩大國於掌股之上以為己用，而齊魯竟墮其術中，鄭莊亦一世之雄哉！

助鄭伐宋之舉，雖齊魯合謀，而鄭實主兵。乃隱十年連書曰"夏，翬帥師會齊人、鄭人伐宋。六月壬戌，公敗宋師於菅。辛未，取郜。辛巳，取防。"若與鄭人無涉，而魯人專主其事者，所以著魯人之貪也。

桓弒立而欲結好於諸侯以自固，鄭莊早窺其隱，遂乘間而施其謀許田之計，書曰"公會鄭伯於垂，鄭伯以璧假許田。夏四月丁未，公及鄭伯盟於越。"鄭莊之巧於要求魯桓之甘心結納，皆流露於紙上矣！

孔子處亂世作《春秋》，以匹夫而定七十二君之是非予奪，故其書法多直陳其事，不下斷語，亦"危行言孫"之意也。桓二年書曰"公會齊侯、陳侯、鄭伯於稷，以成宋亂"。"成宋亂"三字竟是斷語，毋亦有不能忍者乎？當華督弒君，各國諸侯會而討賊，乃竟相與受賂立華氏以相新君。天理滅亡至此已極，聖人所以特書以示貶歟！

《春秋》大抵皆聖人據事直書，其是非善惡自在言外，並未嘗容心於褒貶，其有意論斷者，如"成宋亂"及"宋災故"之類數條而已。

於"成宋亂"之後，即繼之曰"取郜大鼎於宋。戊申，納於太廟"，"郜大鼎"者，"成宋亂"所受之賂也，説得愈珍重愈覺得醜。

宋督弑君，諸侯成亂，三綱之淪，九法之斁，至桓二年亦云極矣，而外患之來亦於是乎始。秋八月書曰"蔡侯、鄭伯會於鄧"，左氏曰"始懼楚也"，從此荊楚日强，列國皆受其陵侮。嗚呼！豈偶然哉？

自隱元至桓二十餘年之間，列國情狀大抵不外因篡奪而開爭戰。當時兵事樞紐往往在宋、鄭兩國。迨桓二年以後，宋殤被弑，鄭莊梟雄亦漸老矣，中夏大勢又復改觀。歷考《經》《傳》所書，惟逆理亂倫之事依然如昨，而干戈少息，列侯意氣漸就平夷，並前此結黨摟伐之聲勢亦不可幾，而"蔡侯、鄭伯會鄧""懼楚"之事亦即見於桓之二年。直至莊十年，蔡侯獻舞，遂被荊人執之以歸。我不自立，人遂日强，理固然歟！

嗚呼！自桓二年，"蔡侯、鄭伯會鄧"、"懼楚"之後，至莊十年"荊敗蔡師於莘"，以"蔡侯獻舞歸"，其間歷二十七年之久。此二十七年中，《左氏》所記"楚武侵隨"、"會沈鹿""圍鄾敗鄧""盟貳軫敗鄖""師伐絞""伐羅"之役，不一而足。憑陵江漢，其勢日張，而中原諸侯若罔聞知。歷觀《經》《傳》所書列邦之事，朝聘軍旅，蒐狩婚喪，諸常典而外並不見有慮楚之會、防楚之盟，晏然無事，不惟不知有外患，而亦不知有內政，日惟自私自利，報小嫌逞小忿，視同姓如寇讎，以同盟爲魚肉。如齊之謀紀，魯之伐邾、伐郕，即之戰宋之戰曲池、穀丘。武父之盟，夫鍾、闞虛龜之會，初何嘗扶持公義，化彼此之見，消人我之私，相與爲天下蒼生圖安樂哉！

當中原無主、楚勢日張之際，忽得一管仲扶翼齊桓，倡爲霸業，於蔡侯被執之後，間二年而有"北杏之會"。北杏，齊霸之始基也，春秋局勢至是而又一變矣！

會北杏之前年，宋有弒君之亂，齊桓以平宋亂爲名，號令諸侯，所謂"五霸假之"者也。然在春秋人各自私之時，忽出而首倡大義爲海內謀共享之太平，固已爲景星慶雲，不可多得之數矣！想見當日機勢之順、聲焰之赫，故諸侯漸次景從而奏一匡之效，此《孟子》"乘勢待時"之說爲自古成大業者不可易之理也。

齊桓方修北杏之會，而先滅譚，繼滅遂。陳氏際泰謂"一以詟諸侯，一以倍兵力"，此則齊桓圖霸之機略也。

齊桓歸國之時，魯納子糾，乾時之戰、長勺之敗，兩國久已不和。故北杏之會，魯與遂皆不至，而齊示威於小國，結好於大邦。書"齊滅遂"之後繼之曰"公會齊侯盟於柯"，此亦可以見齊桓圖霸之機略也。

齊與魯壤地相接，而魯又爲望國、爲宗邦，齊欲圖霸，必先結魯桓公，捐棄舊怨，爲柯之盟，以與魯親。故次年與陳曹伐宋，魯亦使單伯助之，不久而有"鄄之會"，則中原諸侯不惟陳、蔡、曹、邾諸小邦久已歸齊，而魯、宋、衛、鄭亦翕然從霸王矣！

莊十五年書"荆入蔡"，次年書"荆伐鄭"。蓋當日陳、蔡、鄭、許諸邦爲楚北入中原之門戶，而鄭尤爲南北要害，是以鄭人之向背，實關中外之盛衰。故自此以往，齊楚爭鄭者二十餘年，至召陵之後，楚人方暫歛北向之翼，而鄭乃歸齊。

自莊十六年盟幽之後，齊桓之用兵，惟十九年伐魯，二十年伐戎，皆小有舉動而已。此外，並小舉動而亦不見於《經》者七八年，豈霸業甫成遂晏安無所事事歟？非也。春秋初年，宋、鄭諸國輕於用兵，民不堪命，管仲相齊，專以休養生息爲主，故自創霸以來有不得已而經營布置爲根本計者,如滅譚、滅遂之類是也。根本既固,遂一意培養民力,雖是時王室有"亂殺子頹納天王"之舉,皆大義所在,亦以鞭長莫及而不敢問,此謀國之所以貴有序而圖大業之不可以凌雜施也。

自莊十六年盟幽服鄭之後,楚武爭鄭之心未嘗一日忘,然無釁隙可乘,又不知中原虛實,故只憑陵江漢,作近攻之計,如《左氏》所記"克權"之類是也。至二十二年"來聘魯",是又遠交宗國,藉以逞窺覦之謀耳!自古外侮之來,每入之以漸,而吾之受外侮也,恒中於所忽,此聖人所以鄭重而書之曰"荆人來聘",人之也者,進之也。進外邦,即所以憂中國也。

莊二十七年同盟於幽。《穀梁傳》謂"同尊周也,於是而後授之諸侯也。其授之諸侯何也?齊侯得衆也!"觀此則齊桓霸業之始盛在於是年矣!夫自十六年盟幽至此十年之中,齊事之見於《經》《傳》者,寥寥無幾,忽於是年"諸侯景從天王授命",過此以往,遂伐衛救鄭、救邢,連年征討,召陵之役,楚亦來盟,豈前此十年之中晏然坐享而竟儌倖收一旦之效乎?竊意管子一生學術經綸,其見於諸子百家中者,如制國以爲二十一鄉作内政寄軍令諸法,皆於此十年中經營諦造,默運潛滋,國脈既培,聲光頓異,是以天下信從,同盟威服,一匡九合,有由來矣!世之欲立功名於萬世,垂大業於無窮者,豈可不先立其本哉?

自莊二十七年盟幽之後,齊桓之事幾無歲不見於《經》,而其自闢土地兼幷人國者,只"降漳""遷陽"兩事耳!其他伐衛救鄭、遷夷儀城、楚丘盟黃、會陽穀,十年之中獨扶大義以救患恤災爲己任。試觀入春秋以來各國之舉動有能如是之正大者乎?宜其主盟中原,創爲霸統,雖召陵之役,《穀梁》謂"得志爲僅",而仗義執言，出而攘楚，未始不可爲救時之偉烈也。

僖三年，書"徐人取舒"。舒，楚之與國也，楚與徐又皆南方之國也，取舒生釁，是同類相殘也，於此見齊桓圖霸之謀之運用者曲而遠也。蓋自齊、楚爭鄭以來，齊固知楚爲外患矣，而南北隔絕，虛實難窺。管仲老謀深算，何敢輕試其鋒，以挫己之威張人之燄？故捨難就易，不謀楚而先謀徐。前此莊之二十六年，曾有伐徐之舉，蓋欲服徐以奪楚援，而且借徐以殺楚勢耳！取舒之役，徐人殆爲齊用乎？

管仲一生相業在善於取勝，伐楚之謀蓄之已久，至會於陽穀則勢在必爲，而又必先加兵於蔡，披其力小而易勝者，以先聲奪楚，迨蔡潰之後，似宜一鼓作氣，直逼楚人。而又次於陘，以觀敵之動靜，迨楚子問故，似宜責以僭王猾夏之罪，而又取包茅不入之瑣細者，使楚人易於受過。蓋當日南北甫通，彼此不相諳習，而楚氛日熾，聲燄赫人，苟兵連禍結，勝負難知，萬一我軍少挫，則霸主之聲光頓減，强敵之氣勢日張，中原之禍更不可支，故遲回審慎而作葆威養望之宗旨也。

召陵之役，楚子不至屈完來盟，方城漢水之言辭亦崛强。齊桓借服楚之名班師振旅，又恐諸侯之笑其懦而楚人之窺其隱也，於是因轅濤塗以加兵於陳，此則借小國以示威耳！所謂霸者之權謀歟！

召陵之後，齊桓霸業可云盛矣！首止之盟，寧母之盟，洮之盟，皆懍懍然倡大義於天下，覺自宗周以至列邦，主持大事、表率中原非異人任。雖楚人滅絃圍許，桀驁如故，而不敢遽逞其觀兵問鼎之謀，則其心目中未嘗無齊桓也。迨葵丘受胙修好，尋盟於謀王室安天下之餘，又以五禁示諸侯之大法，東方景運，赫如日中，宜《孟子》稱之曰"盛"，而孔子亦許其"民之受賜"歟！

董江都言："仲尼之門，五尺之童羞稱五霸，而孔子作《春秋》，於霸者之事大書特書不一書。"比而觀之，若深倖其有此霸功者。何也？蓋是時王室陵夷，諸侯亦不能自振，試觀齊桓創霸以來，自天子以至列侯，會盟征伐大抵隨霸主之運用，此外求一能自樹立勤修内政者，數十年中不見於《經》。向非霸者，恐文物衣冠早已淪於夷狄矣！救民水火，功在人間，孔子能不許之歟？若論學術，則本天德以為王道，乃孔門之宗旨，三代而下不復可觀。此《論語》一書所以鄙管仲之器小而又亟稱之曰"如其仁，如其仁"，言各有當也。

葵丘之後，間四年而管仲卒。管仲卒於楚人伐徐之歲，而諸侯遂救徐不力，楚人乃敗徐於婁林。曹、宋同盟之國亦自相侵伐。次年會淮之役，役人、城鄫互相搖動，竟不果城而還。是管仲卒，而齊桓外不能制諸侯，内不能靖社稷。國家安危治亂之係於人才者，大矣哉！

葵丘之後，牡丘之前，齊桓霸業固已衰矣！楚伐黃、滅黃而若不知，狄侵衛、侵鄭而不能救，戎犯京師而與之平王，子帶作亂而為之請復。齊桓固志得意滿，坐享太平，而管仲殆亦晚景婆娑，無復壯年之意氣乎？《易》曰："日中則昃，月盈則食。"故自歉者，日進之幾，自足者，日退之象也。

桓公卒而群公子爭立，齊國内亂，宋襄因之而圖霸，狄人乃出而救齊。同氣相殘，他人且以殺我者恩我矣；同盟相競，異族將以恩我者殺我矣！物必自腐也而後蟲生之，國必自侮也而後人侮之。嗚呼！又何言哉？

邢、衛皆姬姓，兄弟之國也。僖十八年，邢人聯狄伐衛，從此邢衛仇隙日深。至二十五年，衛侯燬，遂滅邢，而狄之伐衛屢見於《經》。噫！引虎狼以殘手足，手足殘而虎狼之勢益張矣！

僖十九年書"會陳人、蔡人、楚人、鄭人盟於齊"，去齊桓卒僅隔一年而楚人遂來，"盟於齊"豈真修好哉？蓋藉以觀諸侯之內政，抑以探繼桓而起者爲何如人耳！及見齊孝庸愚，宋襄妄謬，於是伐陳圍陳，伐宋圍宋，北向之勢已不可遏。使晉文不出中原，大事尚可問乎？故國家之受外患，猶人身之受外邪，元氣傷一分，則外邪入一分。齊桓老去，管仲云亡，又春秋元氣之一傷也。

宋襄伐齊之喪，執滕子、用鄫子圖霸以來，所行皆不仁不義，而於用兵之際，每借仁義之名以掩其敗北之跡。僖二十二年，書"宋公及楚人戰於泓"，宋師敗績，蓋傷霸統之衰，而歎楚氛之惡也，豈襃宋襄哉？

宋人爲"鹿上之盟"，以求諸侯於楚，是猶一家之中父子兄弟不和，而欲借外人之力以服之也。況是時楚勢方張，得諸侯之心甚熾。宋人之求，真吳草廬所謂"求肉於虎"者也。襄公之愚如此，又何怪其執於盂、傷於泓而身命之不保哉？

宋襄之霸業不成，荊楚之鯨吞日甚，自僖二十五年以後，書"伐陳"，書"納頓"，書"滅夔"，書"圍緡"，書"取穀"，不一而足。而二十七年又大書曰"楚人、陳侯、蔡侯、鄭伯、許男圍宋"，居然摟諸侯以伐諸侯，寖寖乎有主持中原之勢，試觀自齊桓卒後，書"梁亡矣"、書"鄭人入滑矣"、書"公伐邾矣"，邢衛生釁，而邢竟借助於狄矣；齊魯生釁，而魯竟乞師於楚矣。兄弟之國，婚姻之邦，彼此乖離，勢分力散，不知自保，罔識外防，又何怪子玉、子西輩長駕遠馭如入無人之地哉？

自僖二十七年楚人帥諸侯圍宋，宋公孫固如晉告急，次年晉文即敗楚師於城濮,而楚燄少息,中原之氣爲之一伸,春秋時之霸功又烏可少哉?

《左氏》曾記"王子帶召楊拒、泉皋、伊雒之戎伐京師矣"。至僖二十四年,頹叔桃子又奉太叔以狄師伐周襄王,又以狄師伐鄭,是皆引異族以殘同氣。世道之變至此而極,紀綱掃地,不復知有尊卑上下之分。而晉文乃首倡勤王,假以圖霸於晦盲否塞之中,獨伸大義於天下,宜乎!聞者驚心,見者色喜,功業之成,易如反掌,時爲之也!

晉霸成而王室之陵夷亦極矣!陽樊溫原,攢茅之田,王室之屏藩也。晉得之而渡河而南,疆域日廓,故曰"始啓南陽"。是晉以得地盛,周能不以失地衰乎?顧氏棟高曰:"周自平王東遷,尚有太華外方之間方六百里之地。其時西有虢,據桃林之險,通西京之道;南有申吕,扼天下之膂,屏東南之固;而南陽肩背澤潞,富甲天下,輾轅伊闕,披山帶河,地方雖小,亦足王也。故桓王之世猶能興師以號召諸侯。虎牢屬鄭,仍復收之,至惠王始與鄭。以武公之略張弛自如,皇綱未盡絕於天下也。而孱弱不振,日朘月削,楚滅申而東南之蔽失,晉滅虢而西歸之道斷。至襄王以溫原畀晉,而東都之事去矣!然論者謂襄王之失計,此又非也。在桓王時,已嘗以十二邑易鄔邘之田於鄭,鄭不能有而復歸於周,周復不能有而強以與晉。如豪奴悍僕,主人微弱不能制,而擇鉅室之能者使治之。至襄王時,已視爲棄地,固不甚愛惜也。晉得之而日以強,周日以削,至祭入於鄭,晉遷陸渾之戎於伊川,楚伐陸渾而遂觀兵周疆矣!"嗚呼!觀於此,言有國家者,可不以守土爲要務哉!

僖二十八年,書晉文霸業可云盛矣!侵曹伐衛,戰城濮,盟践土，會温圍許，中原諸侯如陳、蔡、鄭、衛諸邦向之歸服於楚者，至是而回心向晉，挽狂瀾於既倒，砥柱中流，爲天下望，方之齊桓有過之無不及也。所可議者，請隧召王，罔知大義，其規模正大，遠遜齊桓。《論語》"譎正"之分，蓋論其心術人品耳！非有疑於功烈也。

晉侯召王以諸侯見，孔子書曰"天王狩於河陽"，爲晉侯諱乎？爲天王諱乎？爲天下萬世存紀綱、留名分也。

晉文之歸國也，藉秦伯之力。雖勤王之役，辭秦師而下，陰有忌秦之心，而究欲結秦之好。況是時中外大防以楚人爲最，霸功所在亦以楚爲先，非西向結秦不可，以南向敵楚。故城濮之戰，温之會，秦人始得與於中原會盟征伐者，爲晉用也。晉文之知略爲何如哉！

僖二十九年，兩書"介葛盧來"，次年即書"介人侵蕭"。夫介，東夷之國也，久不與中原通。張氏洽謂"再來魯而次年遂侵蕭，求援而後舉兵也"。顧氏棟高曰："介在山東膠州，而蕭爲江南徐州府之蕭縣，相去千有餘里，越魯而侵蕭，則其來雖未必求援，而其窺探情事、熟覽徑道可知矣！"然則外人之越吾疆而歷吾國者，其心又烏可測？而吾方且以爲是來朝也，是通好也，否則曰是過客也。嗚呼！噫嘻！

僖三十年，晉人、秦人圍鄭，鄭燭之武退秦師。顧氏棟高謂："兆鄭二百年晉楚之禍者，燭武爲之也。"顧氏之意以爲當日鄭之大患在楚，惟秦與晉合，則力足以抗楚，庇鄭而無患。今因燭武一言，秦人聯晉之心不固，則晉人敵楚之力不强，晉人敵楚之力不强，則楚人爭鄭之鋒益厲，故以鄭國之禍歸罪燭武。噫！過矣！夫鄭之所處，爲圖中原者所必爭之地，秦之窺伺中原久矣，而謀鄭之心不過因燭武數言如大夢之始覺。是以聞言如響,即時班師。而三人之戍,且以今日之保鄭爲後日謀鄭之端。向使即無燭武,能保秦之永遠輔晉、終春秋世爲抗楚庇鄭之舉哉?況晉文歸國之後,勤王則辭秦師,伐楚則役秦師,陽用之而陰忌之,秦晉之嫌隙,早已中於隱微之中,不過因晉文初霸聲勢赫然,而秦又僻處西戎,與東諸侯隔絕不通,情事未能了了,隨晉伐鄭,亦陽爲晉用,陰實忌晉耳!燭武固留心當世之務者,"亡鄭倍鄰"之辨,"捨鄭爲東道主"之謀,字字與秦伯心事相合,則其說之行亦異於《戰國策》士之徒逞巧辯於口舌間者。

秦以非子之後崛起戎狄,因西周之變得岐豐故地。其形勢之雄,早已爲後來兼併六國、統一海內之始皇立其基也。而穆公亦創業賢君,竟拘守一隅,不能逞東向之志者,南制於楚,北制於晉耳!故僖公三十二年冬,晉文卒後次年春,秦人即有潛師襲鄭之舉,秦穆之於中原固如是之汲汲哉!

衛自閔公二年"見逼於狄",借齊桓之力遷於楚丘。數十年中,賴文公勤修內政,諦造新邦。至成公,被晉文之伐,出奔於楚,創鉅痛深之際,宜如何劌目怵心、臥薪嘗膽以圖自振,乃徒以爭國爲心,信讒殺弟,滅絕天倫,君臣之間又復釀成奇變,邦本不固,外患乘之。僖三十有一年,書"狄圍衛",衛遷於帝丘,有由來矣!烏能專責霸主之不救哉?

嘗怪秦穆賢君潛師襲鄭之舉,何竟與生平行事大相刺謬哉?及考秦晉當日所處形勢,然後知穆公此舉蓋與晉爭霸之心所迫而出,是以冒不韙之名,而思僥倖於萬一也。自晉獻滅虞、滅虢,桃林之險,已爲晉有,秦人門戶在晉掌握中矣!晉文圖霸以來,陽與秦好,陰實忌秦。秦人雖據豐鎬故都,而與東方隔絕,不能出崤函一步，又日見晉之兵力漸渡河而南。晉霸愈盛，則秦愈孤懸，閉處於函關而外，永爲西域之人，鬱鬱久居，憤極思逞。忽聞晉文新喪，有間可乘，故皇皇焉欲冒奇險以成大功。不然，蹇叔之言，豈穆公之才、之識所不能察者哉？

嗚呼！潛師襲鄭之舉，其關乎中外大局者，亦非細矣！向使秦之三帥深識多謀，免輕而無禮之譏，弦高之策不行，爲所欲爲，一舉得鄭，東諸侯之大勢，將不免折而歸秦，則晉文能敵楚於生前，而不能拒秦於生後，中原霸統與重耳俱亡矣！所倖晉襄繼志，群臣多先朝遺老，能斷大謀，絕秦覬覦之念而不敢復萌爭鄭之心者，殽之一戰也。故《匯纂》謂："敗楚者，文之功，制秦者，襄之力。"殽師之烈亞於城濮，諒哉！

戰殽之次年，晉侯有伐衛之舉，既外制强敵，又内服諸侯，晉襄誠善繼先業哉！

城濮之後，楚人不興北向之師者四年。僖三十二年，重耳既卒，次年即有令尹子上侵陳、蔡之事，雖陽處父興師討伐，尚不失爲盟主之國，而夾泜之軍飾辭反旆，已足張楚人之膽。所倖商臣内亂，篡國殺君。文元、文二兩年，《經》《傳》寂寂不見楚氛者，楚穆新立，國是未定耳！文三年而楚人圍江矣，四年而楚人滅江矣，五年而楚人滅六、滅蓼矣！并吞弱小，一任猖狂。蓋晉自襄公嗣霸專力敵秦，西師未遏，不能兼顧南邦，霸業寖微有由然矣！

晉襄卒而晉霸愈衰。襄公卒於文之六年，而陽處父、狐射姑、先都、士縠、箕鄭父之變，相繼見於《經》。强臣專横，國勢阽危，加以置君不定，忽此忽彼。令狐之役爲千古笑談，而趙盾輔相幼君，盟扈、盟衡雍，徒以得諸侯之虛名，即爲紹先君之遺業。宜乎！范山言："北方可圖而鄭人亦變計事楚也。"

自文九年楚人伐鄭，鄭及楚平，而楚之勢又不可遏。使椒來聘，與魯相通矣，厥貉之次，宋亦聽命矣！縱橫華夏何難，執牛耳於中原。乃十四年忽大書特書曰"公會宋公、陳侯、衛侯、鄭伯、許男、曹伯、晉趙盾，癸酉同盟於新城"，似與葵丘、召陵之盟同一欣倖。《左氏》亦鄭重筆之曰"從於楚者服"，豈晉之趙盾果能以大夫而得諸侯如是之盛乎？觀十三年書曰"公如晉，衛侯會公於沓，公還自晉，鄭伯會公於棐"，則知中原諸侯蓋有意於尊霸主焉。是時楚穆日強，列侯震懼，華夷之感不能不耿耿於中，而欲合群力以抵抗，又不能不藉霸主以統一之。晉自襄公卒後，內政雖衰，餘威尚在，故群相附合，志在自存。穀梁氏曰"同外楚也"，《胡傳》曰"志諸侯同欲"。非強之也，如見肺肝矣！

天下之患莫大於人才消乏，晉趙盾以大夫盟諸侯，而晉霸竟綿延於無已者，列國無人，誰又出而作中原盟主之想哉？回視齊桓卒後宋襄競起，又不免江河日下矣！

文十三年，《左氏傳》曰"晉侯使詹嘉處瑕，以守桃林之塞"是防秦也。秦自殽師敗後，與晉相讎敵者十餘年矣。兩國爭雄，互有勝負，而晉之兵力終能敵秦，今桃林天險又復加意隄防，秦人東向之志無計可逞，於是南向而與楚合。十六年書曰"楚人秦人巴人滅庸"，是秦人服役於楚之端也。

千古有表率群倫之責者，其律己之嚴當更甚於律人。宣元年，《左氏傳》稱："鄭穆以宋人弒君，晉受賂而不討，爲不足與，遂背晉事楚。"嗚呼！晉霸中衰有由來矣！當是時，楚莊繼穆已歷六年，圖霸之心久而必發。鄭處兩大之間易於搖奪，晉爲盟主，宜如何扶持大義樹我德威？乃竟貪賂縱賊，予人口實。從此南北交爭，晉常不競。二年，越椒次鄭以待晉師，趙盾心知不敵，托辭反斾，晉人強弱盡入楚人心目之中。觀兵問鼎，楚之來，晉人召之也。

自秦楚合而楚人之勢益強，晉既南向禦楚，不能不西向結秦。宣元年，《左氏傳》曰"晉欲求成於秦"，此固當日外交之上策也，乃一任趙穿侵崇致怨，秦人宿怒愈不可平，故圍焦之役即在次年，而趙盾弒君又相繼而起。當晉國內亂岌岌可危之際，十月乙亥，天王亦崩，此楚子所以乘間而伐陸渾之戎，觀兵問鼎，大肆猖狂也。

晉自靈公被弒，成公即位，國君之趨向既殊，諸侯之從違自異。宣元年，《左氏傳》稱"晉侯伐鄭，鄭及晉平"。家氏鉉翁曰："晉靈惟貨是徇，是以失鄭。"成公繼世，雖未有大過人，而鄭遽棄異即同。蓋人心義理之同，然非威驅勢迫所能得也。

當楚子問鼎觀兵之後，中原大勢岌岌可危，凡我姬宗之國，婚姻兄弟之邦，宜如何誼感同舟，臥薪嘗膽？況晉為盟主，尤當審時度勢以挫敵鋒，乃列國既安常習故，而晉之執政又不識機宜。宣八年，書曰"晉師白狄伐秦"，下即接以"楚人滅舒蓼"，《彙纂》謂"秦晉爭伐不已而荊楚強盛之勢成"。嗚呼！此謀國之貴有遠略也。

自鄭背楚即晉，而鄭之被楚侵伐者遂連年而不已。宣三年至十一年，八年之中五見於《經》，而鄭未嘗服楚。雖辰陵之役，楚為盟主，陳、鄭皆服。固由於晉霸之不足恃，而終春秋之世亦未嘗一意南向也，亦可見人心天理之同然，豈甘遽捨諸夏而歸僭竊之偽邦乎？使當日列國人才相續不已，桓文事業繼述不衰，何致令南服之邦入而執中原牛耳哉？

辰陵之後，奉天討罪之事，天子不能作，諸侯不能作，而楚人遂假此公義以便私圖。宣十一年書"殺夏徵舒矣",書"入陳矣",書"納公孫寧儀行父矣",是猶一家之中,僕隸廝妾之作亂,而父兄既不敢知,子弟又不敢問,鄰之人乃操刀而起,排闥而入,以隱逞其自私自利之心,方且詡詡然有德色於主人曰"凡吾之所以來爲君除患耳"!嗚呼!爲主人者,吾不知將何辭以謝哉?

辰陵之後,鄭之於晉、楚,懷首鼠之心,無專向之志。是以宣十二年楚復圍鄭,皇門之入,鄭之社稷幾乎不保,晉人不得已而與之爭。邲之一戰,爭鄭也,即爭霸也。晉、楚之勝負,即中外之盛衰,其所關固綦重矣!乃晉之諸將帥節制不嚴、計謀不一,以乖離畔散之師,遇鋒銳莫當之敵,一敗塗地。晉之國勢愈不可張,而楚人包舉宇内、囊括四海之心愈不能已,滅蕭伐宋繼見於《經》。倘楚莊不死,其禍之速又烏能預測哉?

朱子嘗論《左傳》分謗事曰:"近來士大夫多是如此,只要徇人情,如荀林父邲之役,先縠違命而濟,乃謂與其專罪六人同之,是何等見識!當時爲林父者,只合按兵不動,召先縠而誅之。"朱子此言,世之以圓融爲養福,以姑息爲愛人者,必以爲過矣!豈知邲戰既敗,先縠亦誅,然誅先縠於喪師誤國之後,所失滋多,何若誅先縠於恃強專制之時所全甚大乎?嗚呼!謀人家國者,往往因一人之情、一己之私而遷就因循,遂置國是於潰敗決裂、不可收拾之地。嗚呼!可勝慨哉!

邲戰之後,楚勢大張。宣十三年伐宋,十四年圍宋。晉人新敗,不敢與爭,只興師伐鄭,亦聊以解嘲耳!此外,列國諸侯皆銷聲匿影,未聞有敢出而蹈虎尾者。齊魯以東方大國,僅十四年書"公孫歸父會齊侯於穀",說者謂爲"謀楚",乃次年即書"公孫歸父會楚子於宋",則其震於楚威而皆甘心歸向也,亦可知矣!

宋受楚兵，乃霸主所當救，而晉乃曰"鞭長莫及"。以前後事實比而觀之，非晉人之不急宋也，蓋尤有急於宋者。宣十五年書"滅赤狄潞氏"，十六年書"滅赤狄甲氏及留吁"，十七年遂爲"斷道之會"。"斷道之會"，爭霸也，必爭於滅狄之後者，蓋晉之封疆多雜，夷狄種類甚繁，忽順忽逆，意必是時赤狄有可滅之機。內威既立，然後敢事外攘，亦先後緩急之序也。

斷道之盟，本外楚而變爲謀齊者也。當宋楚既平，南風方競，晉有霸主之名，能不動求諸侯之念，乃卻克徵會於齊，而齊以婦人帷觀激怒卻子，故始也欲聯與國以爭盟，今也乃思合友邦以報怨。成二年，鞌之役，晉平私忿，齊失國威。追原起釁之由，不能不爲之浩歎也！

楚既得宋，北方諸侯皆岌岌可危矣！乃晉人徵會而齊帷觀玩弄，致啓兵端，以中外之大計兒戲視之。齊頃真無心肝者，又安有拒楚之志哉？

當卻克忿怒一意報齊之際，倘楚人乘間大肆猖狂，魯、衛、曹、邾何難折而南向？中原大事不將蓋歸外人乎？是卻克之徵會，本以維持中夏，而反以斷送中夏。謀人家國者，又烏可以一己之喜怒爲喜怒哉？

卻克報怨之謀，得以專向於齊，而楚人未出者，是時楚莊甫卒，不暇稱兵。迨成二年，鞌戰既捷，袁婁既盟，晉人霸業如灰燼復燃，於是楚人乃有伐衛之舉。盟蜀之役，雖從楚者十有一國，而《左氏傳》謂"畏晉而竊與楚盟"，則諸侯之心未必專在於楚，楚莊餘燄亦少熄矣！然則晉霸之藉以綿延不已者，天爲之也？

晉自鞌戰立威。成五年，蟲牢之盟，鄭復歸晉。雖自此以往，晉楚爭鄭者未嘗息，而晉漸強、楚漸弱矣！蓋是時，楚共、晉景才智雖不相上下，而晉之人才較楚爲盛，況欒、卻之徒比之子重、子反輩，固有賢否之分耶？

成七年，馬陵之會，吳入州來，左氏敍蠻夷屬楚者吳盡取之，是又春秋局勢之一變也。蓋自通吳上國，而晉人遂結吳以制楚也。

成十一年，《左氏傳》敍"宋華元如楚"，遂如晉，合晉、楚之成。次年敍"晉卻至如楚，聘楚公子罷"，如晉聘，是夷夏混同、中外合一之端也。

異哉！晉厲之繼霸也。自即位至被弒，僅七年耳，而此七年中，敗狄於交剛，敗秦於麻隧，會吳於鍾離，敗楚於鄢陵，赫赫大邦皆爲詟服，豈真有長駕遠馭之術哉？歷觀左氏所紀，吳固始通者也。遠交維晉，近攻在楚，當時局勢不得不然。其他秦楚各國，大抵當事人才遠不如晉。晉自靈成以來，上多失德，莫振乾綱，端賴世臣大族繼起有人，欒氏、卻氏、中行氏、士匄、韓厥之儔，雖有強鄉之目，而晉之霸業實賴以維持。觀鄢陵之役，當兩軍對壘、欲定大計時，楚之子反竟醉不能見，擁重權者如此，其他可知，能不受挫而歸，讓晉厲以成僥倖之功哉？

世多艷稱晉悼之"三駕"，而鄢陵一戰，以厲公無道，輕其人遂並輕其功。其實鄢陵勝楚，乃三駕之先聲，關乎中外之得失者甚鉅，非僅係晉人一國之強弱也。入春秋來，諸侯未有助楚內伐者，鄢陵之役，鄭助楚矣，此而不勝，幾何不胥而爲楚乎？左氏所稱"范文子釋楚以爲內懼"之説，蓋拘拘焉爲晉之一國計，而非爲春秋之全局計。如文子者，又烏足語霸者之規模哉？

自成十六年，鄭貪汝陰之田，叛晉從楚，助楚北伐晉人，雖於十七年兩次爭鄭，而首止汝上之師出，諸侯皆還，是陽爭之而陰實憚之也。十八年，鄭復助楚伐宋，宋魚石復入於彭城，於是吳晉交通之路塞，南北河山劃然兩界，故晉悼繼霸之要圖，莫先於彭城之救宋，莫急於虎牢之逼鄭。

圍彭城而爲宋討逆，城虎牢而鄭人乃成晉悼霸業，此其端也。

襄二年，城虎牢逼鄭之後，次年雞澤之盟，不惟鄭服，陳亦入會，是冬荀罃又帥師伐許，霸國兵威寖寖南向矣！楚人内怯，亟起與争，甚至殺公子壬夫，晉悼聲勢赫然動搖於蠻服之中，故楚公子貞伐陳、圍陳，迭見於五年、七年。諸侯亦會城棣、會鄔，相率救陳，只以陳地近楚，去晉甚遠，被楚之患易，受晉之賜難，是以二慶設策，陳侯逃歸叛晉即楚，而晉亦漠然不復與争者，蓋是時晉悼聯吳掎楚，有成算在胸，故不屑斤斤於陳之得失也。

陳既歸楚，楚又争鄭。成九年，戲之盟，鄭服晉也；中分之盟，鄭服楚也。鄭既服楚，楚又争宋。十年公子貞公孫輒之師，十一年秦右大夫詹從楚之師，皆集矢於宋。楚之抵晉亦可謂不遺餘力矣！乃晉悼三駕，鄭卒歸晉而楚不能争。其所恃以勝楚者，果遵何道歟？觀左氏於盟戲之後，特補晉侯歸謀所以息民一段，然後知攘外之本在於内政，有國家者盍鑒諸？

左氏敘晉悼之霸，殊略戰功，而内政之修一再詳備，左氏亦知爲政之本者哉！

自古成大業者，大抵有操縱人之智略、鼓舞人之精神、震詟人之魄力，其規模氣象迥乎不同。晉自靈厲以來，國事顛危幾不可測，而悼公即位，頓覺改觀，中興事業，豈偶然哉？

自成七年巫臣請使於吳，通吳於晉，南服大國復增一吳。悼公即位，用以敵制敵之法，聯吳掎楚，吳亦藉晉之强以與楚争。襄十年，會相之後，吳晉聲勢遥遥相通，楚人不敢北向争鄭者，恐吴之議其後也。噫！當列國紛爭之日，聯與國以制與國，亦情事之所不能無，然必己之力能勝人，而後用人而不爲人用。否則，卻虎進狼，千古有同慨矣！

晉悼之再霸也，遠交之策，固得力於聯吴，而內政修明，具有條理，皆由於和戎狄以息民。是以蕭魚之後，左氏記晉侯賜魏絳之言曰："子教寡人和諸戎狄以正諸華。八年之中九合諸侯，如樂之和無所不諧。"又曰："微子，寡人無以待戎，不能濟河觀。"於此而知，自强之道夫固有次第矣！

蕭魚之後不久而悼公卒，而鄭之歸晉，閱二十餘年不復南向，楚人亦不能與爭者，是時吴漸强，楚漸弱，吴楚之爭戰興，而中原之干戈息矣！

蕭魚之後，政逮大夫。自襄十四年大書特書"季孫宿叔老會晉士匄"。齊人、宋人、衛人、鄭公孫蠆、曹人、莒人、邾人、滕人、薛人、杞人、小邾人會吴於向。自此以往，禮樂征伐自大夫出，江河日下，春秋之局勢又一變矣！

春秋二百四十年之間，北向之外患頻仍而霸功之南下者，只齊桓召陵一役作虛聲之恫喝而已，其餘大戰皆致楚於戰地，北人足跡未嘗一歷漢陽。蓋不惟情形隔絕，習尚不同，乘馬壯士難語乘舟，亦中原宗旨不外閉關自守，爭鄭宋以保全華夏。霸主精神，只能及此。犂庭掃穴，不復敢知。故蕭魚之後，襄十四年會吴於向。左氏稱"范宣子數吴之不德以退吴人"，安知非畏難苟安，聊借吴之伐喪以大義謝之乎？

蕭魚之後，晉悼、楚共兩雄皆卒，中外情事頓改舊觀。而吴以國勢方興，志在勝楚，楚備吴患，不暇與晉爭衡，晉遂坐享先業，不復存阽危恐懼之心，霸統亦漸就陵夷矣！

晉悼衰而春秋之天下遂變而爲大夫專政之天下。人才則愈降愈非，世運則愈趨愈下。當晉平之時，吳楚構釁，中夏晏然，正《孟子》所謂"國家閒暇之時也，合同盟以備外侮"。中原霸統何致陵夷？乃襄十二年溴梁之盟，齊人不與。自此以往，齊人伐魯，迭見於《經》，霸主之德威固不足以鎮服。而齊之於晉，忽順忽逆，同盟相嫉，楚燄復張。直至二十七年，向戌爲"弭兵"之説，晉楚遂分主夏盟，南北混一，不復有中外之防矣！

自襄二十七年，宋向戌爲"弭兵"之説，驅列國之諸侯交見於楚廷，是數十年來楚人所覬覦觀望，擲千萬人之性命以求而不可得者，一旦不勞一卒、不遺一矢，安坐而成主持中原之勢，此亦時會之來氣極之推嬗，有不能自已者。蓋是時齊晉之相争久矣，其内政皆在大夫、權臣、強族，跋扈縱横，齊既弑君，晉霸亦未可深恃。而楚自屈建以來，既滅舒鳩，又值吳遭新喪，楚人國勢日進於強，宋處兩大之間，欲免楚患必與楚成，欲與楚成恐遭晉忌，於是以和合南北之計作保全社稷之謀，而天下大勢遂不可復問矣！

自盟宋之役，楚人先揮，令晉楚之從交相見，於是中原霸統與楚人分而爲二。襄二十八年書"公如楚"，是又春秋以來之大變也。案：僖十八年，鄭文公始朝於楚，二十四年，宋成公亦如楚，其他若陳若許皆不免朝楚之舉。然此數國者，處南北之衝，爲楚人所必争，犧牲玉帛，待強者以庇民，亦未始非權宜之計，若兹之所謂"公如楚"者，《左氏傳》稱爲"宋之盟"。故公及宋公、陳侯、鄭伯、許男如楚，是旅見之禮也。旅見之禮，所以事天子者也。以事天子者事楚，世變之烈竟至是乎？回憶桓二年，蔡侯鄭伯會鄧，懼楚之始，不禁有履霜堅冰之慨矣！

自二霸分峙而後，晉勢日衰，楚威日振，《春秋》詳書諸侯之事楚，殆將奪晉之霸統而歸之楚乎？嗚呼！豈其然哉？豈其然哉？晉霸陵夷，謂之爲中原無霸，則可遽許荆楚爲中原之霸主，則不可詳書諸侯之事楚，語似羡人，意實傷我也。

自晉楚分霸後，晉人之合諸侯者，一則爲襄二十九年之"城杞"，一則爲三十年之"會澶淵"。過此以往，十年之中晉人未嘗獨出而舉盟會諸侯之事。陳氏傳良曰："合十一國諸侯之大夫而書'城杞'，爲悼夫人也；合十二國諸侯之大夫於澶淵而書'宋災'，故爲共姬也。"衛寧喜弑其君，孫林父以邑叛，蔡世子般弑其父，吳楚之大夫交聘於列國，天下亦多故矣！晉爲盟主而區區於宋杞，是晉之已細也。晉之已細，而後有執齊慶封、放陳招、殺蔡侯般，假討賊之義以盟諸侯，如楚靈王者矣！嗚呼！我之弱，人之所以强也，豈獨晉楚爲然哉？

襄十四年，吳告敗於晉，范宣子數吳之不德以退吳人。自是以來，吳人蹤跡不見於列國者十餘年。二十九年大書"吳子使札來聘"，胡爲而來聘哉？蓋自巫臣教吳乘車，教之戰陣，教之叛楚，數十年來吳人心志專在謀楚，楚亦患吳爲之梗而不能壹意圖鄭，故自戰庸浦以還，互相争伐，竟爲世讎，吳楚旌旗不見於中原諸侯境上者，先其所急，後其所緩也。忽向戌倡"弭兵"之說，奉中原霸業拱手而讓之於楚，楚人聲勢遂覺赫然。而吳適舒鳩新敗，牛臣内亂，自揣不能敵楚，於是特假玉帛歷聘北方，將窺虛實、察强弱以定謀國之大計耳！豈真仰慕宗邦以禮修好哉？乃列國皆震於季子之賢，嘖嘖稱道，奉若神明。吾讀《左氏傳》，未嘗不掩卷歎息而動當日人才消乏之悲也。

甚矣，諸夏之衰也！當日列國人才如子産、晏平仲之流皆爲孔子所稱許，而左氏敘"季札歷聘中原"之事，於各國諸大夫往往面斥其短，預斷將來，若堂上人斷堂下人之曲直而不能逃其藻鑒者。對魯之叔孫穆子且曰"子其不得死乎"？以夙未謀面之人，一旦相遇於壇坫之上，遂唾口而斷其生死。古風雖樸，要非俯視一切，眼底無人，烏能如是之暢所欲言、毫無顧忌乎？當時受之者，方且震於吳之強，不惟不敢怒，而且相與稱道其能盡言，矜夸其有遠識。一時佳話，遂傳播於人人之口耳，左氏一一記之，正所以傷中夏之衰也。世之讀者，猶詡詡然盛稱季子之賢。嗚呼！何其夢夢哉！

然則，請觀周樂，一一品評，聞樂知德，亦非季子之賢乎？嗚呼！吾非謂季子之不賢也。表季子之賢，正以著華夏之醜。當是時，中原各國政在大夫，如齊之崔慶、晉之欒范輩，強宗鉅族，往往只逞私圖，罔知大體，古聖人禮樂之教，蕩然不習於士大夫之口也久矣！一旦有外人來，津津樂道，曲盡形容，禮失求野。左氏詳記之，此心得毋亦怦怦焉而滋戚乎？季子之賢不賢，非所計也。

春秋至列侯朝楚，中原風尚每隨楚爲轉移，是不惟喪其所守而且與之俱化矣！襄三十一年書"公薨於楚宮"，明明魯宮也而曰"楚宮"者，何氏休所謂"公朝楚，好其宮，歸而作之者也"，《左氏傳》曰"公作楚宮"，穆叔曰"君欲楚也，夫故作其宮。"欲楚者，欲變魯爲楚也，其言亦深切著明矣！嗚呼！

自宋之盟定"弭兵"之約，列國遂晏然無事，誰又敢出而爲戎首？昭元年，魯之季武子伐莒，取鄆，莒人告於會，楚即責其瀆亂齊盟，欲戮魯使，賴晉人固請而免之。從此中原諸侯不復敢言武備矣！而楚子伐吳，殺慶封、滅頓之事，旋見於四年，是豈不謂之"瀆亂齊盟"乎？列國既不敢聞又不敢問，楚人兇燄遂愈煽愈烈，不可向邇。滅陳、滅蔡、殺陳孔奐、殺蔡侯般，用蔡世子有，迭見於《經》。倘楚靈不死，仗大劍、歐刀縱橫北向，齊、魯、晉、衛、鄭、宋諸邦不將盡爲魚肉哉？然則，"弭兵"之舉，是縛弱者之手足而使之受强者之刀砧也。嗚呼，噫嘻！

宋之盟，晉楚分霸矣！昭四年夏，書"楚子、蔡侯、陳侯、鄭伯、許男、徐子、滕子、頓子、胡子、沈子、小邾子、宋世子佐淮夷會於申"，合十有二國服役於楚，春秋以來未之有也。桓文霸統將誰屬乎？甚矣！諸夏之衰也。

春秋二百四十年間，其始也，摟諸侯以伐諸侯，是自相殘也；其繼也，結夷狄以謀同類，是引虎狼以殘手足也。昭四年"會申"以後，中原各國從楚伐吳，是猶以天君而受役四肢也，是陽從陰也。嗚呼！胡爲而如是哉？其所由來者，不外乎其始之自相殘也。

諸侯之役於楚者，陳、蔡、許、頓、胡、沈，大抵皆小國耳！若魯、若宋、若衛、若鄭，雖交事晉、楚，尚未即服役於荊蠻。倘中原豪傑繼霸有人，安知不能抗楚自立哉？惜乎晉之不復能振，而列國亦屈指無人也，悲夫！

昭十一年，楚虔殺蔡侯般，使公子棄疾圍蔡，晉人合八國大夫於厥憖以謀救蔡。《左氏傳》曰"晉人請蔡於楚，弗許"，嗚呼！可哀也！夫荊楚之惡至於誘殺諸侯，春秋以來之奇變也。晉人乃卑辭遜謝爲蔡請命，楚人不惟不聽，而凶燄愈張，滅蔡之後，用蔡世子於岡山如刲羊豕，霸主之國更掩耳而不敢與聞，說者謂是守弭兵之約不敢犯耳，似不盡然。楚既背盟肆暴，而能獨責列國以守盟歟？晉之君臣如昭公韓起輩，其才識、智略、魄力、精神皆不足以敵楚，即無"弭兵"之約，又安能興師動衆以大義責楚虔乎？

物極則反，昭十三年而楚虔被弑於乾谿。冬十月，吳滅州來，自是楚又被制於吳，不復加兵於中原者二十餘年，定四年而吴入郢矣！

　　甚矣，晉霸之能傲天倖也！厥愁之後似不能振，乃楚虔被弒，晉復爲會於平丘。家氏鉉翁譏其"如病痱沈痼之人強自支拄"，人之見之者，知其無能有爲，然是時中外無人，而晉席先業擁空名，平丘以後猶會黃父、會扈、會成周、會召陵，雖故事虛循，霸統漸絕，而中原諸侯無有能出而代興者。甚矣，諸夏之衰也！

　　自昭二十六年鄟陵之會，齊景固出而爭霸業矣！然顧氏棟高之說曰："當平丘之會，晉已不能宗諸侯。楚新斃於吳，無復北方之志，而吳亦未遽爭衡於中國，齊得於此時收召列侯，得鄭、得衛、得魯，復得宋。夫以齊之強承桓公之餘烈，又當晉楚俱衰之後，因利乘便，使能正魯意如之罪，反昭公而君之，伸大義於天下，此如順風而呼，何據不能代晉主盟哉？乃鄟陵之盟，信子猶之讒卒佚天討，且於晉則助臣以叛君，於衛則助子以拒父，三綱既絕，猶欲軋晉而求諸侯，是卻行求前也。"故昭定以來之霸統不能奪晉歸齊。

　　自定四年吳入郢之後，十餘年中不見外侮，而中原亦不能自強者，大抵各國皆陪臣封殖，只逞私圖，誰復計中原之大事哉？是中外無人，夷夏並弱，猶久病之人，正氣消亡，邪氣亦退。迨哀六年以至十三年，吳人復出伐陳、伐魯、伐齊，爭長黃池，是又如正氣消亡之後，邪氣復聚，雖有盧、扁又何濟乎？宜夫子感麟絕筆而動明王不興之慨也。

　　因獲麟絕筆，夫子蓋悲明王之不復能興而絕平生之望也，與鳳鳥河圖同一傷感。

果齋一隙記

序

　　《一隙記》四卷,十年前讀四子書所劄記者也。久矣,弁髦置之。近來小學堂課程重讀孔孟書,而編纂講義往往爲教員所苦,因出而遺之,聊爲後生小子作先入之言,或者亦登高之階梯、入室之門徑乎?宣統元年孟春月果齋劉爾炘識。

《大學》

　　朱子教人先讀《大學》，以定其規模。蓋《大學》一書，從入德說到成德，從修己說到治人，全體大用，無一不該；層次節目，絲毫不亂。熟此以循之，不患學無門徑，故程子云"入德之門"。

　　陸桴亭曰："修己治人之道，莫備於《大學》。西山《衍義》，瓊山《〈衍義〉補》，則旁通而曲暢之者也。能讀《衍義》《〈衍義〉補》二書，則知天下無一書不可入《大學》，其不可入《大學》者，皆無用之書，皆無益於人己者也。"然則學者倘能精熟《大學》，以定其規模，此外所讀之書，一一以格致、誠正、修齊、治平之目分類而體會之，不患無實用矣！

　　《大學》之道，堯舜以來相傳之法，而孔門承之者也。三代而下知其意者蓋寡。朱子生平教人之旨，大抵不外"立志居敬，致知力行，修己治人"，其得於《大學》者，無二道也。

　　三代之治，所以不可及者，以其時教人之法不外乎《大學》之道。三代下之人才，開手即從"治平"講起，無復"格致、誠正、修齊"之本，此雜霸、刑名、功利、辭章之說日熾日昌，而大人之學愈降而愈晦。其本亂而末治者否矣！又何怪治日常少哉？

　　小學學其所當然，《大學》窮其所以然。

　　格致誠正，修明明德事也；齊治平，親民事也。止於至善，則格致誠正、修齊治平之各造其極而無遺憾也。如"爲人君止於仁，爲人臣止於敬，爲人子止於孝，爲人父止於慈，與國人交止於信",特指其一端耳!

綱領雖三,條目雖八,而皆不外乎"明明德"。明明德猶《中庸》之盡性。盡己之性,明明德也;盡人物之性,親民也。故自天子以至庶人,皆以修身爲本,修身,不外盡性也。

虛靈不昧者,心也。明德者,得於天之理,具於虛靈不昧之中而不爲氣昏者也。

蔡虛齋謂"明德即《中庸》天命之性",但"性"字兼人、物,而明德則專指人,故《中庸》及盡物性,《大學》只言親民。

朱子以寶珠喻明德。明德之在聖賢,如寶珠之在清冷水中;在愚不肖,如寶珠之在濁水中;在禽獸,如寶珠之在至汙處。聖賢、愚、不肖以至禽獸,氣各不同,猶清水、濁水、至汙之不可一也,然而寶珠則未嘗不一。明明德者,揩拭此寶珠耳!

朱子曰:"論萬物之一原,則理同而氣異。觀萬物之異體,則氣猶相近而理絕不同。"竊以爲理之不同,仍是氣之過也,猶寶珠明晦之不同,仍是水之過也。豈寶珠果有明晦之殊哉?

本體之明有未嘗息,天理無斷絕時也。無論極愚至不肖,皆有惻隱、羞惡、辭讓、是非四端之發,但不能體驗擴充而遂明之耳!

本體之明有未嘗息,即或間介然之頃一有覺焉,則即此空隙之中而本體已洞然者也。夫本體之覺於介然之頃者,於何驗之?《孟子》曰:"今人乍見孺子將入於井,皆有怵惕惻隱之心。"可謂善於名狀矣!乍見,即介然之頃。

有一事,必有一事之理,事之當然者,理所在,理之當然之極者,至善所在。不至於是,不可謂之"止"。至於是而不能守,亦不得謂之"止"。如聖人,人之至善也,不能知聖人之知,不能行聖人之行，不可謂止爲人之至善矣！至於聖人，亦非有餘於人，亦只盡得一個人耳！

知止者，知至善所在，而欲至之志，有專向之謂也。志有專向，則心不妄動；心不妄動，則所處而安；所處而安，則心地虛明靜一，自能格物之理，致吾之知，所謂"能慮"也；能慮，則誠正修齊治平之道可得矣。故曰"能得"。伊川《顏子好學論》云："學之道，必先明諸心之所往，然後力行以求至。"即此節之意，而《朱子學的》亦不外此。李文貞本程、朱之旨，以爲此節即立志、存心、端本之事，小學、大學承接之關要，不必於經文之外別以"敬"字補其闕，亦發前人所未發。

不曰治天下而曰明明德於天下，蓋古之治天下者，盡己之性以盡人物之性而已。治術即是學術，君道即是師道。

自天子以至庶人，皆以修身爲本，皆當學大人之學，而天子之學爲尤急。天子者，天下之本，不學大人之學，天下不可得而治矣！三代而下，達而在上者，專講治術，不復以學術爲本。而學術之中又獨以堯舜、孔孟之所傳者，別而白之曰"道學"，群疑衆謗，舉世不容。若必使人人不聞聖賢大學之道，而相與安於權謀、數術、雜霸、功利之途而後快，是誰之咎哉？是誰之咎哉？

大人之學，天子爲尤急者，以臣下雖有其學而或不能得位以行其學，天子則未有不能行者，況"雲從龍、風從虎，聖人作而萬物覩"。有是君，必有是臣，是天下學術之盛衰、人才之消長，皆係乎一人所學之淺深。三代以上之治，後世所以不能及者，以堯、舜、禹、湯、文、武數聖人者，皆有大人之學者也。是以皋、夔、稷、契之徒皆能各出其所學，以贊盛隆之治。使此數臣者，生於桀受之世，雖天德王道具於一心，亦不過龍逢、比干已耳！昔者程子之上殿，朱子之格君，皆慇慇焉不外誠意正心之旨，豈真迂闊也哉？豈真迂闊也哉？

無一時一刻不點檢自己身心，一言一動皆求當理，即是"顧諟天之明命"。

"顧諟天之明命"，其工夫不獨以靜言也。應事時有在事之明命，接物時有在物之明命。物格知致，則能知明命所在，而常目在之。常目在之，可與言誠意矣！

明命所在，即是至善所在。

"銘盤"之詞，是不息之意。銘之盤而觸目警心，是不息之功。聖賢之學，無一息之停，如天地之運，四時之行。有停頓、有間斷，便不是矣！

世之人皆有志向所在之處，大抵不外謀利。苟易此謀利之心爲明明德之心，即是知其所止。

從"切磋琢磨"説到盛德至善，可見盛德至善是從"切磋琢磨"中來者也。故人生質雖美，尤不可不學。朱子謂"聖人生而知之"者，是生來即知好學，非無所不知而不學也。

事事物物有當然而不容已者，有所以然而不容易者。當然者，道也；所以然者，性也。格物者，格其所當然以上達於所以然。

凡人是非顛倒，遇事多錯，皆不格物之故。物必有所以然之理，我之處物，必有所當然之則，格之則一一了然於胸中，其遇物也，如歸故里，如值故人門巷之曲折，性情嗜好之偏正無不周知，又何顛倒錯亂之虞乎？

或考之事爲之著，或察之念慮之微，或求之文字之中，或索之講論之際，格致之方，不外此言。

格致是《大學》始教,誠意是自修之首。玩"始"字、"首"字,可知初學入德之時便須知行並進。

《大學》之要,不外格物誠意,猶《中庸》之明善誠身也。物不格,則不知至善所在而止之;知止善所在而意不誠,則知之雖真,行之不力,終不足以入德。

即格致,即誠意,非格物幾年方能致知,致知幾年方去誠意。經文物格而後知至,知至而後意誠,行文語勢不得不然,非截然分先後也。

格致,即程子"進學在致知"之説。誠意,即程子"涵養須用敬"之旨。格物誠意,知行並進,以蘄於身修,齊家、治國、平天下皆由此而推之者耳!

齊、治、平雖由身修而推,然亦節節有工夫,非身修後竟無一事也。

今日不學而待明日,是自欺也。

以小善爲無益而不爲,以小惡爲無傷而爲之,是自欺也。

見義不爲,無勇也,是自欺也。

非不説子之道,力不足也,是自欺也。

因循苟且,皆是自欺。

欺人即是自欺,自欺即是欺天。

人之與草木同朽者,其初只是自欺而已。

人不自欺,鬼神亦欽。

獨者,人所不知而已獨知之地。"獨"字靠定,"知"字("字"後疑脱一"靠"字。點校者注)説。新安陳氏曰:"指心所獨知言,非指身所獨居言。"可謂精矣!如雖當大庭廣衆之間,吾心之所存者,他人不得而知非獨乎?

正心是誠意工夫之極處。

"忿懥"四層,有心之病也。"視不見"三句,無心之病也。人心不可有,道心不可無。朱子注此章一則曰"察",再則曰"察"。"察"之一字,示人以用力之方也。

矩,匠氏所用"└"形之尺,是四方之一隅也。君子因家之可通於國,而得一國可通天下之理,猶矩以一隅而得四方之形也。"上老老"三句是家之可通於國處。

"生衆食寡",理財者不易之經。公卿大夫以及學校之士,食之者也;農工商賈,生之者也。必使操農工商賈之業者,日精日衆而嚴其入仕之途、反其學校之濫,不惟有益於理財,其關乎人心風俗者不細矣!

韓子曰:"農之家一,而食粟之家六;工之家一,而用器之家六;賈之家一,而資焉之家六,奈之何民不窮且盜也?"然則,遊民固盛世所必禁,而僧、道、巫、尼又何所勞心而亦食於人哉?

自入仕之途日寬,而食之者日衆,生之者亦日寡。農、工、商、賈人人有徼倖入仕之心,風俗偷薄,群焉相趨於樂逸而不耐躬親操作之勞。民志不定,實爲世道之憂。欲定民志,固宜停捐納、慎保舉,以嚴入仕之途。而上下之分亦不可不辨,飲食衣服、冠昏喪祭,漫無品制,惟視其財之多寡以爲豐約,此舉世所以重財而日夜孳孳於利也。伊川程子傳"履"之大象曰:"自庶士至於公卿,日志於尊榮,農工商賈日志於富侈,億兆之心交騖於利,天下紛然如之,何其可一也?欲其不亂,難矣!此由上下無定志也。君子觀'履'之象而分辨上下,使各當其分,以定民之心志也。"旨哉言乎!

食之者寡,非第節財之流。張楊園曰:"官冗禄薄而廉恥喪,兵多餉少而精鋭減。"生徒衆、教養失而學政弊,是皆食之者衆之流弊。

不寡其食之者而寡其食之者之禄,使人人有患貧之心而營營於財利,此人心之所以日壞也。陸桴亭曰:"欲兵之精,不如省兵而增粮;欲官之廉,不如省官而增俸。"宋太祖亦曰:"吏員猥雜,難以求治;俸禄鮮薄,難以責廉。"與其冗員而重費,不若省官而益俸。明哲所見,何若是之同哉?

孔子言:"不患寡而患不均。""均無貧。"故理財之道最忌聚歛,不惟朝廷不可有聚歛之臣,閭閻亦不可有聚歛之民。以天下之財均之天下之人,人未有不足者。一人而歛數十人之財,私聚之以爲子孫坐享之資,則必有數十人不足者矣!數十人而歛千百人之財,私聚之以爲子孫坐享之資,則必有千百人不足者矣!張楊園曰:"富者田連阡陌,貧者無立錐,以至遊民日衆,强暴横行,雖有堯舜,無以使老有所終,壯有所養,幼有所長,則田制必當變。"此亦均之之説也,然行之必須乘時。

"平天下"章不及紀綱法度,惟斷斷於理財,末又歸重用人。《記》曰:"財用足則百志成。"《孟子》言"無政事則財用不足,而先之以仁賢禮義。"尹和靖曰:"三者,以仁賢爲本,無仁賢,則禮義政事處之皆不以其道矣!"自古聖賢謀國,大抵無二道也。

《中庸》

　　天命之"命",朱子以"命令"解,亦以人事況天也,豈天真諄諄然命之乎?天之性,囫圇一太極,人物之生不出此太極,猶擲萬瓢於江海之中,瓢瓢得水,江海未嘗有意於與之也,而瓢則無不各因其所能受而受之。人物之得於天者,何異是哉?

　　道者,性之因事物而見者也。性不可見,可見者道耳!然事有時而不接,物有時而不交,即所謂不覩不聞時也。不覩不聞,則道亦不可見。道不可見,豈性體亦因之而息乎?君子則敬以存之,涵養於未發之先,此萬事萬物之根,亦即生人立命之基。於此不慎,則天命有不流行者矣!若夫將發之頃,喜怒哀樂之機萌芽於方寸,人不及知,己獨知之,所謂獨也。於此不慎,則潛滋暗長,有火然泉達之勢。潰防燎原,何一不由一滴之不謹、一燼之偶疏哉?故隱微之動,君子以為省察之端。然非存養有素,戒懼之心無間瘡瘵,則又何以極深研幾,而不失私意之萌動乎?此敬之所以貫動靜也。

　　既發,則有中節、不中節之分,故有和、不和之辨。若未發以前,無論知、愚、賢、不肖,只是一中而已。君子之異於小人者,有戒懼之功夫也。周子曰:"君子修之吉,小人悖之凶。"

　　推其效於"天地位,萬物育",學問之功極矣!聖人之事畢矣!而其審端用力之處則又至近而至約也。程子曰:"涵養須用敬,進學則在致知。"敬者,戒懼之方,致知者,慎獨之要。慎獨則惟精也,戒懼則惟一也。古聖傳心之旨,豈有二致哉?

擇之易,守之難,爲學至能守已,庶幾矣!故下章以顏子之"服膺"證之。

"不能期月守"者,"日月至焉"者也。

"可均""可辭""可蹈"之事,皆可强而致,亦可激而成。《中庸》之能無著力處,惟求義之精、仁之熟而去夫人欲之私而已。非義之精,何以能擇?非仁之熟,何以能守?非無人欲之私,何以能無聲無臭、不見知而不悶耶?

夫婦非道之端,是君子造道之端也;天地非道之至,是君子造道之至也。

道不遠人,故爲道者必從身心作起。

凡天地間能變化運動處,皆是鬼神,亦理之附於氣而見者也。

釋氏之言鬼神也,誕而鄙;後世俗儒之不信鬼神也,愚而小。觀於聖人之言,其亦爽然自知其失乎?

孝者,德之一端;德者,孝之全體。惟大德,故稱大孝。

孔子不得位,顏子不得壽,豈得謂大德必得乎?然《中庸》所言者,理之常,孔顏所值者,數之變。數窮則變,造物亦有不能自主之處,而況聖人乎?李二曲謂:"孔子窮於一時,而不窮於萬世;顏子雖亡,而有不亡者存。天之酬德,或酬於生前,或酬於身後。"竊以爲天有感應之理,無報應之理。降祥、降殃亦以人事言天也,豈天果絲絲計較、日謀所以報之者哉?然則,言德而及於報,淺之乎言德,亦淺之乎視天矣!朱子或問駁楊氏、侯氏之説處,意自精粹。

昭常爲昭,穆常爲穆。自始祖以下,雙數爲昭,單數爲穆,雖百世可知也。故子孫亦以爲序。

宗廟之禮與下文"序爵"、"序事"等平看，昭穆統祖宗子姓言。

"明乎郊社之禮、禘嘗之義，治國如示諸掌。"蓋郊社、禘嘗，人君之所以事天地、祖宗、父母者也。嘗愛李文貞之說，曰："天地祖宗是自吾身推而上的，天下民物是自吾身推而廣的。"上頭高一層，則下面闊一層。如只推到父母處，則旁闊只是兄弟。父母，生兄弟者也。推到祖宗處，則旁闊便有許多族姓。祖宗，生族姓者也。如推到天地處，則旁闊便包得民物皆在其中。天地，生民物者也。人不孝於父母、祖宗者，安能愛兄弟族姓？不孝於天地者，又安能仁民愛物乎？若真能事天地、祖宗、父母，則必能以天地、祖宗、父母之心爲心，此治國所以如示諸掌。按此義，即張子《西銘》之旨。

爲政在人，千聖不易之道，而必推本於仁、義、禮、智，約之於知、仁、勇，精之於一誠，是學又得人之本，爲政之體也。自學術、治術分而政治皆苟道矣！

盡其性處，便是與天地參處。蓋人之性，即天地之性。

形著明，效之徵於己者也；動變化，效之驗於人者也。《孟子》"美大聖神"與此一脈。

前知之理物物有，前知之明人人具，惟至誠能然者，猶水然皆有照物之明而清濁不同。至誠，則水之至清者，故鬚眉畢照。

尊德性而不道問學，陸、王之徒是也。道問學而不尊德性，許、鄭之徒是也。朱子曰："非存心無以致知，而存心者，又不可以不致知。"即程子"涵養須用敬，進學則在致知"之意，此所以上承孔孟之傳也夫！

學者最忌心胸狹小、志趣卑污。狹小則不廣大，卑污則不高明。雖欲尊德性、道問學，而所成就必不能遠大。然心胸既不狹小，又易流於放曠而多疏，故必濟之以盡精微。志趣既不卑污，又易流於高遠而難行，故必濟之以道中庸。

李二曲謂揚雄、馮道錯認苟全爲保身，自是正論，至謂"比干、文天祥，正保其千古不磨之身，乃明哲之大者"，詞氣抑揚之間，不無失當。朱子曰："明哲保身，亦只是常法（謂是處常法）。"若到那捨生取義處，又不如此論，則比、文二丞相固捨生取義者也，豈能與揚、馮輩較明哲與不明哲哉？且論保身而計及於身後之得失，亦不若朱子所謂"明哲只是曉天下事理，順理而行，自然災害不及其身"之言，爲聖賢之因時，非世俗之趨避也。

求名愈切者，其入愈淺；反己愈切者，其學愈眞。的然者，爲人者也，闇然者，爲己者也，此學者之人鬼關。立心用力之初，於此不分別清楚，所向一差，萬事皆非。

大抵人品之高下、事業之大小皆係乎其人所學之內外。其學愈內者，其人品愈高，事業愈大；其學愈外者，其人品愈下，事業愈小。闇然而日章，是君子有闇然之學，而自有日章之理，非故以闇然者求日章，如老氏"將欲取之，必固與之"之術也。

有"不知不愠"、"不見知不悔"之量，方可以爲闇然之學。

學者第一要事是不求人知，第一難事是不求人知。

世俗之人，大抵皆求無惡於人者也，其上者，則求無惡於言行而已，若求無惡於志，則其不可及者在人所不見之地矣！非君子而能無所爲而爲也乎？

"篤恭"是帝德，"天下平"是王道，王道發於帝德也。自事功之說起，而人專講治術矣，治術於是無本矣！

人所不見，君子不以欺人；己所不見，君子不以欺己。學至不自欺，可謂不欺天矣！不欺天者，天亦不忍欺之。故動人以天者，人亦不忍欺之也。君子有不動而敬，不言而信之功，自有不賞而勸、不怒而威之效。

學問至無聲無臭，乃與性體相似，與性體相似，即是合天。

天之無聲無臭，猶人喜怒哀樂之未發也，若已發，則風霆雨露何嘗無聲臭哉？特普美利，利天下而不言，所利亦終無聲臭之可尋。韓魏公詩曰："須臾慰滿三農望，收斂神功寂若無。"其知此意也夫？

《論語》

《學而篇》

爲學之道貴成己,亦貴成物,而其本在於爲己而不求人。知《學而》一章,時習而説,成己事也;朋來而樂,成物志也;不知不愠,爲己而不求人。知意也,爲學之大致盡此矣!

程子"浃洽於中,所學在我"數語,皆鞭闢近裏之旨。不如此,何以幾於不知不愠之德?

《孟子》言:"義理之説我心,猶芻豢之悦我口。"夫苟不知味,則雖芻豢亦不能悦口。故爲學無悦心之趣,只是義理與此心不融洽而不知味耳,未有融洽而不悦者。學者能於堅苦中磨出滋味,則滋味必永,所得亦真。《集注》:"'熟'字是'悦'字之根。"

程子曰:"以善及人而信從者衆。""及"字中有工夫,"信從"字中有效驗。朱子曰:"吾之善未充而無以取信於彼,雖欲求而告之,彼亦且掉頭而不之顧矣!惟其有以充諸身而刑於外,則彼之聞風而覿德,自將敬信服從之不暇。"此語極精,知此可以知"朋來而樂"之爲真樂也。

"時習"之"習",程子只以義訓之曰"重習也",朱子則曰"鳥數飛也"。朱子之學無所不通,而注書處處精密。《説文》:"習,從羽,白聲。"案:"白"即古"自"字,是諧聲也。"數飛",乃其字之本詣,故從"羽"。段懋堂曰:"《月令》:'鷹'乃'學習'引伸之義,爲習孰（即古'熟'字）。"故學者必讀《說文》乃識字之的解，亦可以見古人用字之親切而不苟。

聖人言語，即改換一二字處，意各有當，非苟然也。《文言》曰"不見是而無悶"，此曰"人不知而不愠"，改"是"爲"知"，改"悶"爲"愠"，便彼此不能移易。蓋《文言》專就遯世者說，遯世之人，其跡每爲人所非而不以爲是，其不是雖亦由於不知，然不若言"不是"之切。若學者則最難渾化者求知之心耳，故以"不知"言之。遯世之人本不求知，即不見是亦不至於不平，特恐德有未至，或不免此心之不快，是"悶"之謂也。學者本期用世，人有才德而見用，我獨寂無聲聞也，所以易於不平也。朱子謂"心中略有不平，便是愠。"夫愠者，固不免於悶，然不若言"不愠"之切。《中庸》又有"遯世不見，知而不悔"語，亦聖人之言，與此兩處又別。大凡士之不得志於時者，或以遯世爲沽釣之捷徑，既遯世矣，名不來、譽不至，又不免悔山林之枯寂而移情於冠冕焉！非聖人之至德，孰能遯世而不悔哉？尤字字有着落。

人不知，非第謂不知其才德，而不畀之禄位也。在聖門，雖子貢之賢，不知夫子之爲下學，則七十二子之高視夫子者，皆不知夫子者也。梁惠王以孟子爲迂遠而闊於事情，不知孟子之王道可行，是不知孟子之所學爲何事也。

仁者，性也。性不可見，發於外而可見者，愛而已矣！故爲仁自愛始，愛莫大於愛親，故孝弟爲爲仁之始。

仁不可爲，爲斯見於用，（此處疑缺一"不"字。點校者注）見於用即不得謂之仁。仁施於親則曰孝，仁施於兄則曰弟。爲孝、弟，即爲仁也。

知剛毅木訥之近仁，則知巧令之鮮仁。

爲學之要，不外進德修業。子思作《中庸》，以"尊德性、道問學"爲修德凝道之大端。子思之學受之曾子，"三省"一章，忠信進德也，尊德性事也，傳習修業也，道問學事也，亦可以見淵源之不紊矣！

　　敬、信、節、愛數者，胡致堂謂"皆以'敬'爲主"。蓋敬、肆者，君子、小人之分，而萬事之成敗亦由此而判。是以古聖傳心之要莫要於此一字。

　　程子曰："主一之謂敬，無適之謂一。"朱子合之曰："敬者，主一，無適之謂。"程朱之上接古聖心傳者，於此已得其要領矣！蓋"敬"字工夫與《中庸》之"戒懼"相似，敬時境界與《虞書》之"惟一"相同。由"戒懼"之工夫臻"惟一"之境界，自能主一無適。學者不求之內而徒致力於容貌氣象之間，威而猛，恭而不安，應事接物之時，又未必方寸之果能主一無適也。然則欲爲程朱之學者，當先明程朱之言"敬"。

　　古者教人之法，小學習其事，大學明其理。弟子不能驟使之明理，故先使之習孝弟、謹信、愛衆、親仁之事，習其事矣而不學《詩》、《書》、六藝，以爲他日明理之基本，恐理有不明，雖力行亦未必盡當而不差。朱子所以謂"無以考聖賢之成法，識事理之當然，而所行或出於私意"。然則學文者由小學以入大學之關要也，可偏廢乎？

　　知賢賢而無賢賢之誠，如宋之仁宗極敬明道而終不能用是也；能竭力致身而不免於忠孝之愚，如郭鉅之埋兒、子路之死難是也。人貴有信，而尾生、白公見譏後世，是皆不學之故也，學豈可少也哉？子夏之言，蓋矯世之服儒服、冠儒冠而有虧於人倫之大者。

人之樂於不如己者交，一則護己之短，一則忌人之長。能去此心，可以求友取益。

君子進德之方，莫要於改過。人之於過，每恥其人之知，不恥其己之不知。既知矣而又彌縫掩飾，將欲欺人，適以自欺。

悔過之心真，則改過之心必勇。世之憚於改過者，皆淡於悔過者也。

聖門之學，至平易而至難。"過勿憚改"四字，平平說去，已非大勇不能。心中有幾微不任咎之意，即是文過之根，又安望其勇於改乎？

民德歸厚，爲政之極致，亦轉移世運之最捷者。自言利之風開，俗尚日薄，世運因之而日降。蓋在人之五常不順，在天之五行斯乖。水火旱蝗，兵刀疫癘，民德之涼有以致之也。上之人不以躬行身教爲事，而第求之條教號令之間。嗚呼！末矣！

以德化民，非誠不可。古之人亦第爲己之所當爲者而已，未嘗計人之化不化而人自化之。後世功利之念中於膏肓，一事未作，先計人之知不知。一念將起，先策己之利不利，甚至哭戚之哀亦邀譽於鄰里。孝愛之意，實有畏於人言。誠之不存，化於何有？

感人之深淺，視乎己德之深淺。遊説之士每欲動人以言，學者即"溫、良、恭、儉、讓"五字，以想像聖人之德容，亦可以知感人之不在言矣！

世道不古，人心多薄，竟有尸骨未寒，言猶在耳！規模氣象，頓令人有今昔之慨。世俗相安，憑誰喚醒。尹和靖"孝子之心有所不忍"一句，其清夜鐘乎？

使三年之中哀痛思慕之心不忘，則不暇計及於改矣！

魏敏果曰："道字是鐵案，父之道是心法，不敢改，亦不能改，三年則體認熟、擔當定矣！若非其道也，豈有不改前愆之孝子乎？"曹寅谷嘗取此説，余亦愛而錄之。

子溫而厲，知和而和，以禮節之也，威而不猛。禮之用，和爲貴也。言語動作，斯須不外禮樂。

篤志於學，心有所主，自然不求安飽。朱子曰："志有在而不暇及。"此語當玩。不然志無所向，心無所存，而徒用力於不求安飽，似亦非聖人教人意也。

未能忘己之無諂，是猶不免貧之見存，樂則忘其無諂矣！未能忘己之無驕，是猶不免富之見存，好禮則忘其無驕矣！

"如切如磋，如琢如磨"，不可切處貧富説。學問之道，歷一境更有一境，《大學》所以貴"格物致知，止於至善。"

不知人乃學者之大患，非細事也。處則親師取友，一身之德業係焉！出則位愈顯，責愈重，知人愈急。古之良相名臣，不過知人善用而已。欲浚知人之本，莫急於明理去私。

人不己知，己能知人，其學已過人遠矣！

所學爲世俗所不能知，可以因知己之多寡驗所造之高卑。曲彌高者，和彌寡。人之不知，又何患乎？

《爲政篇》

北辰非星也，邵子謂"天之無星處皆爲辰"，北辰乃極北之辰。故又曰北極。人所指爲極星者，是北極之旁一小星。朱子所謂"認此北極者也"。

天之有北辰，猶磨之有臍。天動而北辰不動，猶磨運而臍不運。極星如近臍之有一點，雖亦隨磨轉動，以其不離臍之左右，而又周回甚速，故人覺其不動也。

"思無邪"，古注以"無"字作"本"字讀，謂"作詩者，皆無邪思。"朱子之旨，"無"與"毋"通，謂"要讀《詩》者，思無邪耳"！自朱子之說出而《詩》教明。《集注》引程子之言，誠范淳夫之推至"毋不敬"。見聖賢著書立教，無非欲人向此心上用力耳！

德禮即在政刑上見，非不事政刑，空言德禮也，故前章"爲政以德"，李二曲謂"注中'無爲而治'須善看，豈高拱深宮民自化哉？"

德又禮之本，無躬行心得之實而欲感人，難矣！

自古聖賢豪傑，其幼志即與人不同。十五志學，朱子謂"便斷然以聖人爲志"，故學者以立志爲先。

"從心所欲不踰矩"，李文貞以爲"非隨心所欲悉合於道之謂，謂人見理既明心之所欲，如此到行事時，有幾微未能相應，便是未能從心所欲，而不免於踰矩"。此說甚有味，蓋人之心神每不能勝夫氣質，如少知向學者心之所存，何嘗不知非禮之不可視、聽、言、動？而目偏視、耳偏聽、口偏言、足偏動，是氣質之不聽命於心也，必五官百骸皆爲心役，而後可免於踰矩。非義精仁熟，烏足以語此？

"問孝"四章，孝之道畢舉矣！守身則善體親心，敬愛則善將己意。此三者，生有至性之人皆足以勉。若欲生事、喪祭之不遠禮，非讀書窮理不能。

"有事，弟子服其勞；有酒食，先生饌。"劉端臨之說曰："年幼者，爲弟子，年長者，爲先生，皆指人子言。饌，具也。有事，幼者服其勞；有酒食，長者共具之。是皆子職之常，何足爲孝？《內則》曰：'男女未冠笄者，昧爽而朝問何食飲矣。若已食則退，若未食則佐長者視具。'長者，即先生也，具即饌也。"此説解"先生"句甚确，而於"子職"之中，亦可以觀禮。

世風不古，巧偽日增。藉忠孝以沽名，貌節廉以釣譽，意之所存，不在忠孝，心之所樂，不在節廉。不觀所由、察所安，何以知人之真哉？

朱子嘗教人日讀《大學》一編，令其温故知新，謂"不是道理解新，但自家意思常新。"觀此則知"新"云者，是心之悟處，是心之得處，非矜創解之説也。

學必有裕於己，而後可以及人。如同一講論，自胸中了澈、毫無滯礙者出之，聽者便覺易曉；若不能温故知新，在己且未能確然知此説爲何理，以昏昏而使人昭昭，聽者亦覺藐藐矣！

大哉！孔子博學而無所成名，此正君子不器處，成名則器矣！

君子不在形跡上用功，而在心性上著力。"不器"云者，非無所不知、無所不能之謂。天地古今之變，不見爲大；日用飲食之常，不見爲小。大用之則大效，小用之則小效。

"周比""知同""驕泰"之屬，朱子謂"所分只公、私毫釐"耳！學者苟無知言窮理之功，不能觀人於隱微，念慮之間未有不淆亂於似是之非、似非之是，而以比爲周、以周爲比者。知人豈易易哉？

君子之與人也，因人之賢否、智愚而分親疏、厚薄；小人之與人也，因人之貧富、貴賤而分好惡、愛憎。此周、比之辨也。

"異端"不必皆顯遵彼教、悖棄儒宗，世有口談仁義，行近朱、楊，言本《詩》《書》，心尊釋老，貌似神離。其關於世道人心，尤非淺鮮。其初只由於無定識、無定力,觀理不透,認理不真,守理不固,學術有乖,心術難問,其流弊遂有不可勝言者。

學聖人之道,流於一偏者,皆異端也。

人之强不知以爲知者,一則自欺欺人,一則不自覺其己之不知。要之,皆不智也。

聖賢之學,求己而已,無所爲也。"禄在其中"云者,亦唤醒子張之辭。

"舉錯""合宜"之難,在於知人。夫子答樊遲之問"知"曰"知人",又申之曰"舉直錯諸枉,能使枉者直",可知"舉錯"之由於能知人,能知人,乃可謂之"知"也。《虞書》亦曰:"知人則哲,能官人,惟帝其難。"李敏達《論慎重保舉人才疏》曰:"凡大臣舉薦一官,縱不敢欺皇上,其如大臣之不能不受人欺何?臣細心閱歷各屬員,其庸碌無長、貪劣廢弛者,俱不足論。觀其頗有聲名、素有才能之員,一一考其實跡:有差委奔走之事,則長於辦理,而撫字催科無一可取者;有長於吏治,而疏於出納,以致錢粮虧空者;有利口捷給,論事多中,而於職守事務全無實濟者;又有巧於鑽營,專工窺探上司之性情嗜好,曲意迎合,甚而言動氣象無不體貼效法,以求酷肖,遂致彼此投機,一遇保舉,捨此而誰?更有風厲之官不近人情,循良之吏反滋弊竇。"嘗讀此而歎全才難得。巧僞日工,爲人上者苟無謝上蔡所謂"居敬窮理"之功以浚其識、以杜其私,未有不受人欺而誤人國者。

人之有直枉,猶天之有陰陽。雖堯舜之世,不能使天下皆君子而無"四凶"之族。失(失,疑爲"夫"之誤。點校者注)子嘗言"舜湯舉伊尹、皋陶,不仁者遠是,小人不敢爲非,被君子夾持得,皆革面作好人。"此即聖人扶陽抑陰之善道,所以處小人之極軌。

倘化之不能，則惟有如《易》所謂"小人無用而已，豈有異術乎"？陸桴亭曰："三代以上，開誠布公，主於用君子，雖或間容小人，然君子易於展布。三代以後，禁制束縛，主於防小人，小人終不可防，而君子之進退掣肘爲已極矣！"嗚呼！不能化，又不能錯，因枉以害直，豈聖人扶陽抑陰之道哉？

五常非信不行，猶五行非土不生。

大抵歷代相因，其勢亦自然而然，聖人不過調劑其間，補偏救弊耳！程子言："兩晉風流，皆東漢之名節所激而成。"蓋一代之偏，繼之者必因之而矯不得，聖人以調劑之，未有不矯枉過正者。如學術一端，明之末造，王學盛行，士大夫空言心性，鄙讀書窮理爲支離，國初諸先正力矯其失，崇尚淵博。

仁皇帝以天縱聖神補救其間，故其時學術不偏，人材輩出，此則因革損益之善者也。厥後鴻生碩彥因淵博之餘，習楊、許、鄭之餘波，曾文正所謂"考覈一字，累數千言不能休，別立幟志，名曰'漢學'，深擯有宋諸子義理之說，以爲不足復存者，蓋數十年於茲矣！"正學日乖，世風因之而降，乾、嘉以來之鉅公，有不得辭其責者，此又因革損益之不善者也。

千古必不可變者綱常名教，必不能不變者文章制度。夏尚忠，商尚質，周尚文。朱子曰："非聖人欲如此，亦不得不忠，不得不質，不得不文。"可知因革損益，時勢然也。

《禮》："大夫祭五祀，庶人祭其先"，又曰"庶人立一祀"，朱子謂"或立戶，或立竈，則庶人祭先之外，戶、竈所當祭也"。自孔教不修，造塔建寺之風開，以庶人而祭天地、祭山川、祭歷代帝王、祭附會妖妄，不知誰何之神，非僭即誕，敗俗傷財，無非諂之以求福耳！而於先祖之正祭，或怠廢而不修，此亦關乎風教之一端也。

"五祀"之名，當以《白虎通》門、井、户、竈、中霤爲主。

非所當祭而祭，義所當爲而不爲，皆知之不真也。誠知義之真可爲，則知鬼之不可謟矣！不知義之真可爲，故冀鬼之或可感。僧、道、巫、尼所以易惑流俗也。

《八佾篇》

每佾八人，服虔之説也，前人多是之。若如杜解，人如佾數，則士止四人，何以成樂？蓋舞所以節八音，故以八人成列，降殺以兩者減其二列爾！曹寅谷引吴斗南之説云然。

"禮云禮云，玉帛云乎哉？樂云樂云，鐘鼓云乎哉？"人而不仁而行禮樂，則玉帛而已矣！鐘鼓而已矣！

曰"與其"、曰"寧"，玩此抑揚語氣，則奢、儉、易、戚皆非中也。特林放所問者，禮之本非禮之中，故禮之本"儉"而已，喪之本"戚"而已。若求其所謂禮之中者，則以"儉"爲本，而簠、簋、籩、豆之飾以文之；以"戚"爲本，而衰、麻、哭、踊之數以節之。

《射禮》射時揖讓而昇降，飲射爵時亦揖讓而昇降，故古注以"揖讓而昇"下絶句。蔡虛齋曰："'揖讓'二字貫昇、下、飲三節。"《集注》雖析解而不脱"揖"字。

正其誼，不謀其利。明其道，不計其功。君子所以無争。

《周官·考工記》曰："畫繪之事後素功。"《記·禮器》云："甘受和，白受采。"古注於"繪事後素"只引《考工》，楊龜山始引《禮器》，而朱子兼之。全謝山謂："朱子因鄭宗顔解《考工》之誤，卻不誤解《論語》，若古注則誤解《論語》矣！蓋《考工》《禮器》義各不同。《禮器》所云'白'者，地之謂也，即《集注》'粉地爲質而後施五采'之説。《考工》所云'素'者，素即白采，五采之一也。同是五采，而白采後施，故曰'後素功'。"曹寅谷、毛西河皆如此分晰。然毛專主古注，而以"素"以爲"絢"，爲"素"即是"絢"，雖不誤解《考工》，又不免誤解《論語》，則謝山之説當矣！

知天地萬物同出一原，而後可以知禘之説，張子《西銘》最近。

祖考之精神，即己之精神。吾不與祭，如不祭。精神不屬，空有禮文而已。

聖人所以能事天饗帝者，知其理之一原，而精神與之通也。

顧亭林謂："《集注》以奥比君，以竈比權臣。"本一神也，析而二之，未合語意。案：《注》曰："凡祭五祀，皆先設主而祭於其所，然後迎尸而祭於奥。"亦未嘗以奥爲又一神也。以通章語氣會王孫賈引此二句之意，則朱子所云"喻自結於君，不如阿附權臣"者，似的确不可移易。若如顧氏所謂時人之語，謂"媚其君者，將順於朝廷之上，不若逢迎於燕退之時"。按之祀竈典禮固自吻合，而於通章語意又不免齟齬。嘗讀《日知録》，不能無疑，及得曹寅谷之説，謂"如顧意，則似導聖人以媚君之方，恐亦非賈意也"，與余所疑略同。夫時俗之言，大抵只道其意之所欲言而已，未必盡與典禮合也，似不必捨經旨而曲從之。

李二曲説："'媚奥'章有云'人生真實有命'，若附熱躁進，於定命無秋毫之益，於名節有泰山之損。"斯言也，學者銘心刻骨，庶能立定腳根。

"君使臣以禮，臣事君以忠。"自是兩平語。朱子既注曰："皆理之當然，各欲自盡而已。"又引尹和靖"君使臣以禮，則臣事君以忠"之説，"不可不求其故，蓋此章乃對定公之言"。定公，君也，故取尹説之側重於君者。若泛言君臣之義，則各欲自盡是千古正道，豈爲臣者必因君使之以禮而始盡忠哉？

不論人之於我何如，而只盡我所當盡之分。此非有得於聖賢之學者不能，若常人未有不計及於施報者，世之常人多矣！倘不問己之所施，只責人之所報，恐不足以得人之力也，而亦非馭下之道。故孟子告齊宣王亦有"君之視臣如何，則臣視君如何"之説，是亦勉君之詞，非論君臣之義也。讀者須善觀之。

《易》曰："以美利利天下而不言所利。"董子曰："正其誼，不謀其利。明其道，不計其功。"韓魏公曰："須臾慰滿三農望，收斂神功寂若無。"必知此意，方可免於器小。

"天將以夫子爲木鐸。"不專就得位言。李二曲曰："講學洙泗，木鐸一方也。周流迪人，木鐸列邦也。立言垂訓，木鐸萬世也。"必如此説，方見夫子之大封，人知夫子之真。饒雙峰曰："或得位，或周流四方，皆在其中。"合《集注》兩説而並用之，是能得朱子之意矣！或謂《集注》兩説與上文不甚相應，然士大夫窮而在下，亦有風教之責，豈必得位始可謂之木鐸乎？何患於喪？非必慰其將得位也。蓋謂失位之不足爲夫子患也，亦可通。

《周易折中》論"泰卦"九二爻義曰："此爻以夫子《象傳》觀之，須以'包荒'兩字爲主。"蓋聖賢之心無棄物，堯舜之道欲並生，非包荒則不足以體天地之心而盡君師之道矣！然包荒非混而無別之謂，故必斷以行之，明以周之，公以處之，然後用捨舉錯無不合於中道。《魯論》所謂寬、信、敏、公者，意蓋相似也。四者，以寬爲本，故曰"居上不寬，吾何以觀之哉？"讀此可知爲上之道必濟之以用，"馮河"之斷、"不遐遺"之明、"朋亡"之公，而寬特其本耳,非一於寬而流爲姑息之政也。《集注》"本"字最要。

《里仁篇》

《論語》不言心性,而言"仁"者甚多。《里仁》一篇以次而見,其他亦每每及之。然大抵只辨仁、不仁之分,歎仁道之當勉,而示學者以求仁之方,未嘗即仁之本體而究,極於渺遠空虛之處,俾聽者無所著力也,故後篇又謂"子罕言仁"。

君子、小人,皆不能無得失之心。然君子争得失於心,小人争得失於身。身之得失,富貴、福澤而已。富貴、福澤之不得,則便於形骸者,皆不能遂其欲。苟得矣,便於形骸矣,則又任形骸之便而縱其欲,所以久約必濫,久樂必淫。

世俗之處富貴也容或不淫,其處窮困則必濫,蓋人未有無所得而能守者。富貴者之不淫,以其得此富貴也,淫則富貴不可保,不淫,所以保其得也。若窮困則一無所得,將何所守而不濫乎?君子之不濫,由於君子之有得於心,必心有所得,而後可言不濫,則不濫尤難於不淫,處約尤難於處樂,故夫子亦曰:"貧而無怨難,富而無驕易。"

明道先生《定性書》曰:"聖人之喜,以物之當喜;聖人之怒,以物之當怒。聖人之喜怒不繫於心,而繫於物也。"此所謂"能好人,能惡人"。

朱子注《中庸》曰:"道者,天理之當然。"故注兩"不以其道得之"亦曰"謂不當得而得之",是仍以"當然"解"道"字矣!非道得富貴,自無可疑;非道得貧賤,前人多疑之者,然以朱子當然之意會之,亦自可通。如有人焉爲德業不修、言行不謹之小人,則其得貧賤也，固爲天理之當然。若其人爲德業能修、言行能謹之君子，則其得貧賤也，即非天理之當然矣！凡人之情，遇拂逆之事，於所當得而得者尚能甘心受之；若非所當得而得，每有不甘於心而思去之者。以君子而得貧賤，非樂道、樂饑甘心受命者，能不思去之乎？是以貴其不去也。李文貞謂："兩不以其道得，皆是言由貧賤而得富貴。"似此，恐文意不免迂曲。王若虛謂："夷齊求仁，雖至餓死不辭，非以其道得貧賤而不去乎？"故疑"貧"與"賤"下當云"以其道得之"，"不"字非衍即誤，又不免改經文矣！且索之似深，而以朱子之旨較之反覺其淺。

"君子無終食之間違仁。"一息有間，便與天地不相似。《易》曰："天行建（建，疑爲"健"之誤。點校者注），君子以自強不息。"

用力於仁，力無不足。以仁爲我所固有，不待求之於外也。冉求惟不知道之在我，而視爲夫子之道，故歎其力不足。《集注》"爲仁在己，欲之則是"，即"我欲仁，斯仁至矣"之旨，何力不足之有？

苟得聞道，雖死亦可，則不聞道之爲虛生可知。

志道不專，必爲外物所誘。若專心於道，則衣食之惡不暇計較矣！

己私不克而析義不精，何以能"無適無莫"？故意必固皆生於我。以至誠无妄之心推之而泛應曲當，是聖人之"忠恕"，即聖人之"一貫"。

"一貫"從"忠恕"學起，"忠恕"之極致即是"一貫"。

《中庸》言"生物不測"，由於"爲物不貳"，此天道之一貫也。聖人，合天者也，知天道則知聖人。

同一爲學，古之學者爲己，喻於義也，今之學者爲人，喻於利也。爲己爲人，喻義喻利，是學者人鬼關。朱子所以深服陸象山《白鹿洞書院講義》，以爲切中學者隱微深痼之病。

"幾諫"之"幾"，《集注》訓"微"，是曲諭婉諷，致其諫於不知不覺之中。蓋父子主恩非若君臣、朋友之可以直告顯爭也。李二曲謂："幾者，動之微，潛消默化其親之過於將萌之時，而無諫之名。"此意固高，但朱子曾謂"人做事亦自有驀地做出來，那裏去討幾微處"，則《集注》之説，自是平實可行。

"遊必有方"，聖人特爲爲人子者指示一萬不得已之法。苟可得已，則"不遠遊"之旨終不可一日忘。嗚呼！桑榆遲暮，愛日無多，徒以身外功名久疏定省，一朝遺恨，終古莫追，尚可悔哉！尚可悔哉！伊川先生曰："捨父母之養，忘骨肉之愛，往來道路，旅寓他土，人心日偷，士風日薄，故學校利誘之法是先生所亟欲變者也。"然則補選無期，累年覊候，不又當變而通之哉？

"凡事約則鮮失"，所包廣矣！學者切己之求，莫先於言動。凡過言過動，未有不由於侈然自放者，苟抑然自下，處處收歛，必能寡過。

《公冶長篇》

古人爲學，最重師友淵源，如紫陽之於延平，橫渠之於高平。趨向攸關，學術攸係，烏能忘其所自乎？李、范二先生亦有功吾道矣！李文貞謂"爲學之道，最怕地方派斷"。李中孚幼爲孝子，長爲高士，其所著論多未諦當，關中派斷故也。然則，"魯無君子者，斯焉取斯？"有以哉！

巧令則鮮仁，剛毅木訥則近仁。仲弓不佞，仲弓似已近仁。

夫子不輕許之者,仲弓之近仁,非或人意中之仁,或人蓋淺之乎？視仁而不知仁道,雖盡人可勉,究非全體不息者,不足以當之。

夫子每以仁教人,不輕以仁許人,蓋仁道之大體之非易,一毫與天地不相似,便不免物欲之私；一毫與日月不相似,便不無停頓之間。聖門如顏子且不能無違於三月之後,則由、求、赤諸賢,其餘之列也,故但稱其才,而仁則不知。

凡人事多則易於勤動,事少則易於怠廢,故人不可一日無事。然此亦只論氣體之勤動耳！君子以志帥氣,正當於閒居無事時着力。此時無力,則氣體雖強,心道或息,終不免於昏惰。惟莊敬則心道不息,氣體自強矣！莊敬日強,是以志帥氣之要語。

"富貴不淫,貧賤不移,威武不屈",可謂剛矣！然或有所爲而不淫,有所爲而不移,有所爲而不屈,則其外貌之堅強,皆人欲之私而非天德之純也,焉得剛？

灑掃應對,達之即天德王道。文章之可得聞者,乃所由以入性道之階基也。不於此用力,雖日聞性道又何益乎？

夫子《繫》《易》皆言性與天道矣！是夫子未嘗不言也不可得聞者。張子謂："聖門學者,以仁爲己任,不以苟知爲得,必以了悟爲聞,故有是說。"然則向道之士豈可徒以入於耳者遂爲之聞哉？

君子之窮理也貴思,而處事也貴斷。不思,則析義不精,研理不透,處事必不能盡當；析之既精,研之既透,其遇事也認定不可移易者一意爲之,別無曲折。可思之處,若再致思,則計利害、較得失之心起矣！所謂私意者也。

中行不可必得,鄉原難與入道。容容之子,志在溫飽,溫飽之外,一切皆甘心遜讓而不爲惟狂者,雖不免爲世俗所譏笑,而其一點進取向上之心,即有不可限量之勢,此聖人所以欲造就之也。先儒每言學者最怕無志，無志，則聖人亦莫如之何矣！

聖人作《易》，過無大小，能悔者必曰"无咎"。聖人不責人以無過，但望人以悔過，雖天地之心亦然。惡而曰"舊"，則其新者之非惡可知，此而尚念之不忘，是不予人以自新之路也，能免於怨乎？而己之量隘矣！

聖賢氣象因言以見，讀其言而想見其人，不啻親炙之矣！

察理之精而無私心，方能自見其過。學者必先能見過，然後可言訟過。能自訟，則能自治。

《雍也篇》

朱子謂"封建者，達君臣之義於天下者也"，故天子而外有南面之任者，公侯伯子男皆然。自秦置郡縣，南面之任遂屬諸天子一人，而"雍也可使南面"，不免滋後人以弟子可爲帝王之疑。夫古注以"使南面爲任諸侯治"，邢疏言"仲弓有德行，堪任爲諸侯，治理一國，初何嘗謂孔子使弟子爲帝王哉？"《論語偶記》謂"此南面與《衛靈篇》不同。彼據天子言，此據諸侯言。"而又引證左氏以明之，發揮古注，可謂當矣！

"不遷""不貳"，朱子謂"是成效處，其做工夫全在非禮勿、視、聽、言、動上"，而李文貞謂"若只作成效説，便不是答應好學正面，故以此兩句爲從事用力之處"。竊以爲"有顏回者，好學"一句，已是答應好學正面，此兩句乃贊其好學之效耳！且夫子嘗許顏子曰："有不善未嘗不知，知之未嘗復行。"與此語氣正同，皆有自然之意，似非著力勉強。

伊川論顏子之好學而推原於性命之始，是顏子之學盡性立命之學也。夫子只稱曰"不遷怒,不貳過",可知盡性立命其工夫不在高遠而在日用卑近之間。

"犁牛之子"一章,朱子以"仲弓父賤行惡"釋之,而嫌於對子毀父,故又曰:"此論仲弓云爾,非與仲弓言也。"然考《論語》書法,論其人者,每無"曰"字,如"子謂公冶長""子謂南容""子謂子賤""子謂子產"是也。與其人言者,每有"曰"字,如"子謂冉有曰""子謂顏淵曰""子謂子夏曰""子謂子貢曰""子謂伯魚曰"是也。此之謂仲弓,既與其人言者一例矣,所以"父賤行惡"之說,終不概於學者之心。寶應劉端臨引惠氏説曰:"犁,耕牛;子,其犢也;騂且角,天牲也。仲弓可使南面,故舉天牲以況之。《祭義》曰:'古者,天子諸侯必有養獸之官,犧牷祭牲必於是取之。'民間耕牛非所以待祭祀,故欲勿用。然有時公牛不足,則耕牛之犢亦在所取。《周禮》羊人職云:'若牧人無牲,則受布於司馬,使其賈買牲而共之。'遂人所謂'野牲',《曲禮》所謂'索牛'是也。《周禮》用騂牲者三事,祭天南郊一也,宗廟二也,望祀南方山川三也。郊廟大祀也,山川次祀也。耕牛之犢而有騂角之材,縱不用諸上帝,山川次祀亦豈得捨之? 不得已而思其次之辭也。三代以下,世及爲禮,未有起畎畝之中,膺天子之薦者。論匹夫之遭際,至於得國而止,五嶽視三公,四瀆視諸侯,故有山川之喻。"此説謂仲弓家世微賤而有南面之材,雖不能如古者舜禹之薦,亦可封爲諸侯,猶前篇"可使南面"意也。

《孟子》以仁爲人之安宅,不違則居於是而不去,心與仁一也。"日月至"者,時一來往耳,心與仁二也。

果、達、藝各取一長,聖人之於人,不求備而用人可知矣! 自古全才難得,偏才時有,然此偏才之能效用與否,則視乎用之者爲何如人耳。昔西蜀人才不必盡才德兼優之選，一經武侯用來，便覺人人得力。故天下不患無可用之人，而患無用人之人。

氣體之病，聖賢不免，猶天之有日月交蝕、五星陵犯也。程子言："聖賢必不害心病。"若學者而有心病，豈得謂之爲命？

斯人也而有斯疾，斯疾非斯人所當有，故謂之命。苟非其人，不得概言命矣！

"病者，居北牖下。"先儒多謂"牖"字是"墉"字之誤，蓋古人宮室之制，北有墉無牖。

伊川曰："以道爲樂則非顏子。"朱子曰："到底所樂只是道。"二先生之言，似相反而實相備。人必有獨得、獨喻之趣，然後外物不足以移。伊川之意，恐人不求之於己，而徒求之於道，道與人仍二物也。朱子之意，欲人知道不外乎人，樂不外乎道，道與人實一物也。

顏子之樂，程子謂"不因簞瓢、陋巷而改，非以簞瓢、陋巷爲樂。"周子曰："富貴，人所愛也，顏子不愛不求而樂乎貧者，獨何心哉？天地間有至貴至富，可愛可求而異乎彼者，見其大而忘其小爾！見其大則心泰，心泰則無不足。"此語摻出"樂"字之根，學者當知所從事矣！

力之足不足，爲之而後始見。若既未爲，何以知力不足乎？必中道而廢，方爲力不足。此亦因冉求之説而明之耳！其實人之於道，有委而不爲者，斷無爲而力不足者。故曰："有能一日用其力於仁矣乎？我未見力不足者。"又曰："蓋有之矣！我未之見。"言未見中道而廢之人，是終歎人之不爲，非真疑力或不足。

凡委於力不足而不求者，是尚未入道也。若入其中，自有欲罷不能之勢，不知其力之不足矣！

格致誠正，修齊治平，君子儒也。此外一切就功名之術皆小人儒。

"女得人焉爾乎？""爾"或作"耳"。《四書考異》曰："舊經文原爲'耳'字，至五季後乃始有別本作'爾'。"今《集解》《集注》二本已俱復舊爲"耳"，或者反以傳訛疑之。然段懋堂注《説文》"尒"字曰："'尒'之言'如此'也。亦有單訓此者，如《公羊》'焉爾之爲於此'、《孟子》'然而無乎爾，則亦有乎爾'是也。語助有用'耳'者，與'爾'絶殊。《三國志》云'生女耳'是也。'耳'之言'而已'也。近人'爾'、'耳'不分，如《論語》'女得人焉爾乎'，唐《石經》譌爲'焉耳'。"以此説分之，似又"爾"字爲是，"女得人焉爾乎"猶言"女得人於此乎"。"爾"即"尒"之今字也。

非胸中別有所得，獨見其大，未有不誇功者。學如顔子，乃曰"願無伐善，無施勞。"不伐，豈易言哉？夫子所以有取於《孟子》之反也。

行之必由道，猶出之必由户，是一定不可易者也。特户易見，而道難知，是以由户者，人人皆然；由道者，世不多睹。人欲由道，必先知道。知道，豈外於學乎？

爲學之道，知之而不好之，仍是知之不真。知之真，未有不好者。好之而不樂之，仍是好之不篤。好之篤，未有不樂者。胡雲峰曰："知之深，自能好；好之深，自能樂。"

好仁不好學，必流於從井救人之愚，好學則不可陷、不可罔矣！

博文而不約禮，則遊騎無歸。約禮而不本於博文，則淺陋寡識。

一落形跡便勢有所限，是以堯舜猶病，故下文"欲立"、"欲達",只就仁者之心言。

《述而篇》

　　天地萬物之理,只有此數。"六經"出而其藴畢宣,其未詳、未盡者,歷代大儒又講明而切究之,後之人惟有深信篤好、實踐躬行而已。若必於"六經"之外別求未經人道之語,非糟粕即誕妄矣!王荊公一生必欲駕前古聖人而上之,此新學之所以爲萬世詬病也。其始亦欲解《春秋》,因見孫莘老解者,知不能出其右,遂並《春秋》而斥爲斷爛朝報,以不肯下人之故,竟成心術之患,可不懼哉?故學者能信古,方能學古,能服人,即能勝人。

　　國朝毛西河輩,亦欲作而不欲述者也。以攻程朱之故,將不免於誤孔孟,後之學者,其慎之哉?

　　惟默識,方能有得於心;亦惟心有所得,愈能默識。無得於心,必道聽途説。

　　修德講學,徙義改過,一日如此,終身如此,聖人之心也。

　　晝有思,夜有夢,其理一也。莊子謂"聖人無夢",豈聖人無思乎?莊子之所謂聖人,非吾聖人。

　　夢寐之清濁,可以卜所學之淺深,夢亦學者所不當忽者。楊龜山曰:"夜考之夢寐,以卜其志之定與未也。"

　　伊川程子言:"人夢不惟聞見思慮,亦有五臟所感者。"蓋如肝病者夢木,腎病者夢水之類,此理醫家最明。

　　"用之則行,捨之則藏。"《孟子》所謂可以仕、止、久、速,則仕、止、久、速者,聖人何嘗容心於其間哉?金仁山曰:"伊尹聖之任,未免於必行。伯夷聖之清,未免於必藏。"然則,世之汲汲於求名求利、硜硜於避世避人者，又不足道。然中人以下之資，求勉於聖賢之道，硜硜自守，不爲世俗所奪，視汲汲名利者，自霄壤矣！遽學聖人，恐進退無據。

行軍之道患不勇，尤患徒勇，無補於國計，無裨於民生，冒冒焉濟之以死，或且貽後人以不可補救之恨。君子哀其志，未嘗不惜其愚。李文貞說此章引邵子之言曰："死天下之事易，成天下之事難。"噫！篤論哉！

終日欽欽，如對大敵，及其臨陣，意思安閒，若不欲戰。古來名將未有不得此意者，庸將反是。

自古撥亂之才，必學道有得，不然即天資近道，未有徒以血性濟大事者。諸葛忠武之事功，其根柢在"澹泊寧靜"四字。邵子詩曰："隱幾工夫大，揮戈事業卑。"竊嘗謂無隱幾工夫，不足成揮戈事業。善乎！朱子之言曰："戰戰兢兢，方可爲赳赳武夫、公侯干城之事。"

富之可求不可求，朱子謂"有命焉"。李文貞則曰："義之意多以命言，則'可'字作'能'字解；以義言，則'可'字作'當'字解。以'能'字解者，是喚醒人，語謂富貴在天，非能以人力爭也；以'當'字解者，是求至當之歸，語謂聖人不輕富貴、不恥卑賤，但決於義之可不可耳！"朱子之意盡人可勉，文貞之意非有析義之學者不能勉也。要之，求，便不可似無義、不義之分，仍以命說爲長。

許以賢人而又問曰"怨乎"，可知賢人亦或不免於怨。激情邀名而不合乎天理之正，其事則高，其心未必盡安。陶靖節人品高逸，視激情邀名者，固复乎遠矣！然猶托於酒以逃，雖不得目之爲怨，視聖人之坦然自得者，不又稍遠異乎？甚矣！心境之難渾化也。

孔子"曲肱"之樂，即顏子"陋巷"之樂，皆無入而不自得也。人惟有自得之樂，不以外物爲樂，則富貴、貧賤無所加損矣！不然未有不得之則喜、失之則悲者。

《易》之爲書，囫圇一天也。無物不有，無理不包。聖人學《易》，即所以法天。天之道，陰陽有時而乖忒，氣數有時而錯雜，是天亦不能無過，但大處不亂耳！故聖人曰"可以無大過"，不當作謙辭看。世之諱過、文過者，每欲自處於無過，何其不自量耶！日月之食，人皆見之；更也，人皆仰之。人能改過，即能法天。

聖人之心，時時恐有過，所以無過。常人之心，處處爲無過，所以有過。

禮獨言執者，以人所執守而言，非徒誦説而已。胡雲峰曰："誦説屬知，執守屬行。"蓋《詩》《書》之禮，可以口誦、心維而得，禮則如昇降拜跪之儀、應對進退之節，非躬行不能習熟。

擇其善、不善而從、改之。從、改固須用力，而擇亦宜有識。苟窮理有夙，析義有功，不惑於似是之非、似非之是，則人之一言一動皆可爲鑒。不然，必待善、不善之大者以爲從、改，其從、改亦鮮矣！

人必能察己之善、不善，則可以見人之善、不善。

"桓魋其如予何"？朱子謂"信之於理"，此言最精。若其所以脱難之由，雖聖人亦有不能豫料者。《易》曰："入於穴，有不速之客三人來，敬之終吉。"常人无妄之災，且有不速之救，況聖人道德之神化乎？此則理之可信者也。

古者重身教，所謂"無行不與"也。正不徒以文辭講解，畢師弟子之授受。伊川程子嘗言："凡從安定先生學者，其醇厚和易之氣一望可知。"想見當時從遊者之善學，而先生之神化尤有非他人所能及者。

聞見之知，知之次也。物來順應，聲入心通，其知之上者乎？然學者要必循聞見而入。

人即居近夷狄，行同盜蹠，天之所以賦予者，未嘗盡息。一旦篤志向學，未始不可與爲善。聖人心同造化，視天下無不可善之人。互鄉童子，況又年少而習染未深者乎？

欲仁仁至，仁與我無彼此也。聖人所以易言之者，使人無畏其難而欲之耳！學者須知至之雖易，守之甚難。

或日一至焉，日欲仁者也；或月一至焉，月欲仁者也。必也日日欲之，時時欲之，瞬有存，瞬欲仁也，息有養，息欲仁也，庶幾可以言守。

自氏姓不明，同姓不婚之禮亦難言矣！文中子曰："任、薛、王、劉、崔、盧之昏，非古也，何以視譜？"

惟其不滯於物而坦，是以不累於物而蕩。蕩，其工夫在於去私寡欲。若心無所得，徒事坦蕩，恐易流於老、莊之放曠，嵇、阮之猖狂。朱子謂"邵康節樂得太過"，亦是有意於放。

《泰伯篇》

朱子作《或問》，不取翦商之説，而《集注》又取之，年譜稱《集注》刪改日益精密，此豈無所見而然乎？薛文清曰："《詩》日至於太王，實始翦商。"朱子《集注》用舊説最是，惟如此，則與"三以天下讓"之言相合。文清之言，但就文勢而論，於翦商之云，天下之云，尚未言及。善乎！李文貞之説曰："'以天下讓'云者，事後追論之辭。"顧亭林之説曰："翦商之事，作《詩》之人特本其王跡所基,而侈言之耳!"得此二説,可以釋群疑矣!

"戰兢"、"臨履",入德之方,立命之要,不獨保身已也。

弘之反爲隘,毅之反爲弱。隘量弱力,當大任而期遠到,可乎?故學者最宜大其心胸、竪起脊骨。

非學《詩》既興矣方去學《禮》,學《禮》既立矣方去學《樂》。古人學《樂》、誦《詩》、習《禮》,自小學時而已然特知其文,未必盡得其意。及入大學,漸知義理。其有所感發興起者,是得於《詩》,其有所卓然自立者,是得於《禮》,其有所純粹完成者,是得於《樂》。此章次序,不在《詩》《禮》《樂》而在興、立、成。

興於《詩》,似聖人之志學;立於《禮》,似聖人之立;成於《樂》,似聖人不惑以後事。

有德者,自忘才美,未有不忘才美而不驕吝者。

惟其志穀,是以言學,世之人大抵然也。學不志穀,爲己可知,其趨向已不凡俗矣!

既有如不及之功,猶有恐失之之心,一説也;未得者,如不及,已得者,猶恐失之,一説也。前説緊而切,後説可以相備。

"有婦人焉",先儒多疑之者。《日知録》且引牝雞司晨之戒,曹寅谷曰:"漢石經作'有殷人焉,九人而已。'"("殷人"謂"膠鬲")則上接唐虞之際,下起以服事殷,皆順。朱子未見石經,故只從邢本,無怪乎討論之疑也。

《子罕篇》

達巷黨人高視夫子,故不知夫子。夫子之道,灑掃應對,達之即天德王道。"執御執射",非謙也,李文貞所謂教弟子"守約務近"之旨也。

意必固我之無，即無可無不可，而其要在於無我。且即出處一端驗之，夫子行道之心，未嘗一日忘，然"可以仕則仕，可以止則止，可以久則久，可以速則速"。初無我之見存，又何有意必固乎？朱子曰："意必固，只是成就得一個我。"

聖人之志，在道之行不行，不在己之遇不遇。即己不遇，而世有行道之人，亦聖人所大慰也。世之人大抵雖唐虞事業必須出之於己，苟非己出，心終不快。人我之見不化，何足入堯舜之道而成堯舜之事哉？故學者當以無我爲首務。

凡人於尊貴之人，或傲之而故不爲禮，或媚之而曲意奉承。傲者，根於心之忮也；媚者，根於心之求也。聖人只知尊貴之當敬，此心之中純是天理，所以見必作，過必趨。

凡人於憂戚、可憐之事，耳不忍聞、目不忍見者，其人必爲君子。若聞之而喜，見之而留戀不捨，故觀其憂戚、可憐之狀，則其去天理遠，違禽獸近矣！此亦觀人之一法。

"高、堅、前、後"四句，是用力於博文約禮之後，確然見聖道之妙而歎之也。仰、鑽、瞻、忽，即在博文約禮之時，豈離此博文約禮而懸空想像哉？故此章精要只在"博約"。學者不求之此而徒語夫"高、堅、前、後"之妙，則用力無方，施功無地，眇冥恍惚，烏能自得？

"如有所立卓爾"，日用行習之間，處處見得分明。欲從莫由，只是不能與之爲一耳！

以世俗之見尊人，尊之適以累之。聖門如子路猶不免無臣爲臣之事，則世之行詐、欺天者，又何怪乎？

天地之化無一息停，故學者課心當求無間。然君子之不息在乎强，聖人之不已由於純。程子曰："其要只在謹獨。"非謹獨則不能强，又烏能純？

語之不惰，知之真，故行之力。

"後生可畏"章，《集注》"積學有待，及時勉學"語，皆宜着眼。世俗不以賢人君子相責望，而以功名富貴相期許，儻不着眼"學"字，則四十、五十而不得一第者，將皆謂之"無聞"。置身廊廟者，豈盡可畏者乎？故欲得聖人之意，朱子之注，一字不可忽。

不可奪志，自立志以至遂志，是畢生事。

不以貧富動心，須是心之所重者，不在貧富，自然不動。若無得於心，而徒勉之於外，自以爲不忮矣，已不免於求，自以爲不求矣，已不免於忮。

曾文正有"不忮不求"詩，言言真切，令人警惕。能克此兩字，可與入德矣！文正之詩不求作、不貪解，是本《集注》前説。竊嘗謂此章引《詩》專爲子路之不恥而發，似宜以貧與富交爲主，則吕氏"强者必忮，弱者必求"之説，及《朱子語類》所謂"世人見人富貴，不是妒嫉便是羡慕"者，正可玩味。試即其意而引申之：忮者必求，求者必忮；或因忮而不求，或因求而不忮；或貌忮而心求，或貌求而心忮；或忮之不能而求，或求之不得而忮；或故爲不忮之貌，以曲爲求，或故爲不求之貌，以深其忮。貧者之於富，大抵不出此兩字，而幾微之發當自知而自省之，正不第在形跡間也。要之，非去私不能不忮，非知命不能不求。學者宜何如清其源乎？

"何用不臧？""何足以臧？"非先許之而後不許也。無忮求之心，正好進德。"何用不臧"指後此之進德而言。若自足於此而止焉，則忮求之無，非吾學之極致，又何足以爲盡善乎？故曰"何足以臧"。

見人富貴，有幾微不平之心，皆忮求之根。

《鄉黨篇》

讀《鄉黨》一篇，要設身處地想見其音容，彷彿其言貌，自然有得。

朱子言："《鄉黨》一篇，自'天命之謂性'至'道不可須臾離'，許多道理皆由聖人身上迸出來。"今觀其首尾所記，大抵不外張南軒所謂"言語、容貌、衣服、飲食之際，初何嘗有一字之及於性道哉？"是可知性道所在，不外此言語、容貌、衣服、飲食之近也。伊川程子注"頤"之"大象"曰："事之至近而所繫至大者，莫過於言語、飲食。"然則，士志於道，將欲盡性，其亦當知所從事之要，而無事遠求矣！

以文字狀人之儀容，雖極工肖，終不免落於跡像。《鄉黨》狀聖人處，若"踧踖、色勃、足躩"諸句，著語似重，與聖人恭而安之旨不合，蓋既爲文字，不得不然。善讀書者，當會之以神，豈可拘拘於字句？自世之人求書於字句之中，而不求書於字句之外，書之旨固多晦，人之用書者亦多誤。如一"敬"字，做得形狀可畏："頭容直、足容重"之類，處處不近人情，遂使流俗無識之徒並聖人而亦疑之。嗚呼！聖人豈真如是哉？然則，世之不善學聖人者，皆不善讀書者也。甚矣！書之難讀也。

程朱教人之旨，不外一"敬"。《鄉黨》形容聖人處，大抵"敬"之流露者也。此程朱所以得聖門之正傳歟？然學貴主敬，尤貴識時。學者不難於知聖人之敬，而難於知聖人之時。昔人說"昇車"一節,有云聖人心安於正之妙莫可形容,故特假不"內顧""疾言""親指"以形容之,若實說他"目容端,口容靜,手容恭";說聖人如泥塑相似而不得其神,非記者立言本指。夫不得其神,則徒知聖人之敬,不知聖人之時,敬亦呆而不活,故記者於通篇摹寫"敬"字之後終之以"時哉時哉"。一"時"字,猶畫龍之點睛也。學者必須識得"時"字,以會通篇之神,庶幾可以知聖人矣!

《先進篇》

《禮》《樂》所包甚廣,不專指行之郊廟、朝廷者言。如文、武、周公之世,非惟郊廟、朝廷之上文質得中,即一鄉一邑、一家一人,無不陶育於聖人風化之中,言動、趨蹌,自然有盛時氣象。迨後進踵事增華而淳離樸散矣,世風日降,世俗日薄,世運即因之而日壞。流俗不知,方且以文采之優劣為君子、小人之分,亦所見者淺耳!君子欲化世運之澆漓,必先變風俗於古處,而默化潛移之具莫捷於《禮》《樂》。此又有心世道者所當熟講而深思者也。

聖人於鬼神,未嘗言其無。後之尊程朱者,因闢釋氏輪回之說,遂並鬼神而亦無之,反遺忌程朱者之口實。豈知程朱亦何嘗無之哉?倘即遺書之全而會通觀之,則知知鬼神之情狀者又莫如程朱矣!

人死氣散之說,儒者之說也,而其中尤多至理,初未嘗第以氣散了之。伯有為厲,伊川亦未嘗斥為妄。紀文達五種筆記欲以因果報應為下愚說法,詞氣之間,不免袒釋氏而譏道學。噫!學道之人固有可譏者矣,道學可譏乎哉?

《書》曰："非知之艱,行之維艱。"行固重於知矣,若子路死孔悝之難,又不免行之力而知之不真。朱子曰："他不以出公爲非,故其事悝,蓋自以爲善,而不知其非義也。"然則,學者又可輕視夫知哉?是以《大學》之教以窮理致知爲先。

子路鼓瑟,瑟聲便肖其人,樂之不可僞爲也如此,故感人之捷者莫如樂,是亦誠能動物之驗。

"屢空"之義,朱子謂:"下文以子貢貨殖方之,尤見舊説之不可易。"舊説,即空匱之説。何晏"虛中受道"之説出自老莊,《反身録》乃主持之,蓋二曲之學崇尚虛無也。

"不踐跡,亦不入於室。"或謂二語答詞不貼"道"字,遂有疑上文"之道"二字爲衍文者。孔巽軒曰:"問善人之道,則非問何如而可以爲善人,乃問善人當何道以自處也。故子告以善人所行之道,當效前言往行,以成其德。譬諸入室,必踐陳除堂户之跡,而後可循循然至也。蓋有不踐跡而自入於室者,惟聖人能之,堯舜禪而禹繼,唐虞讓而殷周誅是也;亦有踐跡而終不入於室者,七十子之學孔子是也。若善人上不及聖,而又非中賢以下所及,故苟踐跡,斯必入於室;若其不踐跡,則亦不能入於室耳!"如此解,與上文"道"字貼合。

"子在,回何敢死?"既相失在後,焉知夫子之在不在乎?此章文意,前人多疑之者。曹寅谷曰:"匡人欲殺陽貨,因夫子貌類陽貨,故欲以殺貨者殺子。是子有萬不可死者,子知其不可死而不死,而惟恐回之不知而誤死之也,故一見回而即曰'以汝爲死',是喜其不死之辭也。回固知子之必不死而遂亦不死,而子果在也,則直應之曰'子在,回何敢死?'是'在'則回之所能料子者,'敢'則回之所能自定者。一聖一賢,兩下問答,俱有精義,豈若匹夫匹婦之自擲其軀者哉？"此段語意極醒，足破前人之疑。

王荆公有"皋、夔、稷、契，何書可讀"之語，李文貞謂"三墳、五典、八索、九丘，三古何嘗無書？"荆公之言亦猶是取辨於口以禦人耳，與子路"何必讀書"之說正自相同。夫後世治術之陋，正由學術之荒。使人人讀書有得，以出膺民社，安有能修己而不能治人者乎？自科舉之學興，讀書之人日多，讀書之人實日少。以《詩》《書》爲辭章之用、干祿之資，一旦出而應世，每貽世俗以《詩》《書》無用之誚，是《詩》《書》之奇冤也，亦世道之隱憂。

自來有大事業、大經濟者，必其讀書有得者也，即不然則天資有暗合處耳！反是，而欲以庸俗肺腸、市井見解立功名於天下，歷觀前策，未之見也。

即子路之言與曾點之言相較，則夫子之哂由於點者亦可見矣！師旅、饑饉之時，求所謂"浴、舞、詠、歸"也得乎？堯舜在上，萬物得所，即身老山林，亦有至樂。若干戈滿目，饑饉薦臻，必因此以顯吾經綸補救之才。君子有是事，君子不必有是志。由也不得其死，夫子之歎，其亦見夫心之殺機有以召之歟？故學者胸次所存，亦不可不慎。

行義達道，孔門不尚隱遯。言志而許曾點，何又若寄情世外乎？蓋悲天憫人，聖人之志，素位而行聖人之學。李孝臣曰："兵農禮樂，言志之正也。點之志卻是別調，夫子獨許之者，亦以見眼前真樂在己者可憑，事業功名在人者難必。"以隨遇而安，體貼聖賢之意，不無所見。至謂《集注》索之太深不免於夸，則過矣！程子曰："曾點、漆雕開已見大意。"《集注》所言，即其所見者耳！非許其即能如是也，何夸之有？

《顏淵篇》

克之工夫難，復之工夫易。以行軍譬之，克如盡力滅賊，不留餘孽；復如安集流亡，不使失所。世未有賊黨不殲而能安集百姓者。

己私既克，天理自還。聖人不言理而言禮者，理無形，禮有象。無形者難尋，有象者可據。《論語》教人之言，無一不即有象可據者示之也。後世惟張子以禮教人，是亦知聖人之意者矣！而學之者不知禮之出於天理，往往拘苦煩瑣，詳其末者遺其本，察其跡者忘其心，揆之天理，反覺不安，則朱子"禮者，天理之節文"一語，可謂探禮之源矣！學者能體聖人之意，則規矩可循；能體朱子之言，則矯揉可化。

"一日克己復禮，天下歸仁。"是信之於己也，非必驗之天下也，故朱子言"只是有此理"。學者特患在己無己克禮復之一日，誠有此一日，則蔡虛齋所謂"人同此心，心同此理"，天下聞之見之，莫不與其仁者，信不誤矣！自古毫無己私、渾是天理者，莫如夫子，是以周流所至，必聞其政，此亦"歸仁"之驗。若夫千百世而下，凡有血氣，莫不尊親，此又千百世克己復禮而天下歸仁者也。

視、聽、言、動，處處任天理之自然而不參以人欲，便是克己復禮。程子曰："順禮則裕，從欲惟危。"朱子謂"此兩言是動箴之要"，竊以為四箴之要，亦不外此兩言。

聖門之學，為己而不求人。知天下歸仁，邦家無怨，又必推其效於人者。蓋其始也，課功之密不因人而或分，其既也，為用之大乃因人而益顯。徵諸庶民所以見理之同也。況仁者人也，人人所共具之理也，使驗之於人者，或不無疑而不信之處，則其功夫之在己者，必有人欲之私，而不盡天理之公也。絲毫不可假借，誠不可掩，理真奇哉！

忍言工夫純熟，即顏子之"非禮勿言"。

君子之學，處處致察，刻刻致思。世未有不致察、不致思而能訒言者。致察、致思則心存矣！心存則近仁矣！

以成人之美惡分君子、小人，此亦觀人之一法。蓋君子喜人之善，小人喜人之惡。今試於廣衆中，稱一人曰其德何如，其才何如，其聞之而欽歎慕悅者，必爲君子；其聞之而無語於口、不悅於顔，或淡焉漠焉不以爲意，或譏焉誚焉，故索其疵，是則小人之歸矣！

既忠告矣，而又必善道。聖人之言，處處使曲盡其宜而不流於一偏也，如此，世之生性戇直者多矣！苟無學養，則其規過勸善之際，必有傷於直而反無益於友者。程子《易傳》論諫君之道曰："訐直强勁者，率多取忤，温厚明辨者，其說多行。"可知以善道濟忠告，交友之方何異於事君哉？

《子路篇》

聖門之學，獨善必曰"兼善"，求志必曰"達道"，未嘗專於爲己也。學稼學圃，即不必斥爲粗鄙近利而謂以躬耕樂道。與世長辭爲懷，亦硜硜小人之用心，豈大人民胞物與之量乎？聖人有不得爲之時，無不可爲之心。晨門、荷蕢、長沮、桀溺，視後世希榮干進之徒，不啻如雲泥、龍豕之別，而聖人不之許者，以其獨善而不兼善、求志而不達道也。

自希榮干進之風興，莘野、南陽反覺躬耕之可尚，然莘野、南陽安其遇也，非寄其志也。

方氏《〈論語〉偶記》曰："子謂子產不加'鄭'字，晏平仲不加'齊'字，《論語》中類如此。獨公子荆與公孫朝則冠以'衛'字，何也？蓋於時魯哀公之子亦爲公子荆。《左傳》'公子荆之母嬖'，是楚子西之子武城尹亦爲公孫朝。《左傳》'楚公孫朝帥師滅陳'，是記者欲別於此二人，故特顯之曰'衛公子荆''衛公孫朝'。"如此讀書，方見經書中用字一毫不苟。

近者之悦，被其澤也；遠者之來，聞其風也。然所以使之被澤、聞風者，大有事在，未可徒責效於民而不反求諸己。

"如有王者，必世而後仁。"李文貞謂："説作王道無近功便不是。如舜繼堯，禹繼舜，何俟必世。'如有'者，夫子爲當時言之也。'後'字、'必'字，緊關'如有'二字。言當今之時人心風俗極敝而不易變，如有王者作，亦必世而後乃可仁也。"解得數虚字醒，而此章之神味真切矣！

夫子答門弟子之問仁，未嘗言仁之體，多示以求仁之方，使之當下即有著力用功之處。真積力久，自與仁合，而仁見矣！如"居處恭，執事敬，與人忠"，尤親切明顯，盡人可學。誠體而行之，持而久之，純亦不已之功，即由此而可造也。

"中行"之士，處可以淑身，出可以淑世。在聖門其顔、閔之徒歟？此固不可多得也。狂者有志，狷者有守，而《孟子》以狷爲又次，則狂之近於中行，尤可見矣！擬之四時，狷者，秉秋冬嚴肅之氣；狂者，則氣之秉夫春夏者也。發育蓬勃，不可限量。故學者第一要胸襟識量寬闊活潑，見得天下無不可爲之事，無不可作之人，加之學養，庶可進道。不然諸事退托，貌爲恭謹，但計身之便不便，不問事之濟不濟。《孟子》所以引聖人之言，而又發鄉原害道之旨。

聖人非有取於狂也，取狂者之進取；非有取於狷也，取狷者之不爲。因其生質而造就之，皆可爲有用之才。故國家之於人才，不獨貴能用之也，而尤貴獨能造就之。如狂狷之士而不施以激厲裁抑之方，一旦出而用世，狂者不免大言虛夸之誚，狷者每遺拘泥鮮通之譏。流俗容容之輩，反以畏葸冒謹慎之名，以通脫開方便之路，依阿苟且，誤國殃民，其患中於無形，舉世習焉弗察，殆機動禍至，上下群慨無人。噫！豈真無人乎？狂者囿於狂矣！狷者囿於狷矣！生才易，成才難，古今之通患哉！

"和""同"，是外相似而内實相反。朱子有此說，蔡虛齋主之極是。儒者勵己觀人，第驗之此心而已。儻徒襲其跡，則以姑息爲涵養，以詭隨爲圓融，似是而非，有關於世道人心，正自不淺。

蔡覺軒曰："其不善者惡之，乃夫子答子貢鄉人皆惡之問耳！非謂必欲不善者惡之也。"故引明道先生"狡僞者，獻其誠，暴慢者，致其恭"謂"雖小人亦必以爲君子，則不善者何嘗惡之也？"按此意固佳，然似非當日師弟子問答之正旨。蓋人之不苟同於流俗者，每不諧於流俗，必上聖大賢方能合小人，而亦格其心，若責之人人，烏能然乎？子貢之問，夫子之答，似皆泛論人人，非語夫上聖大賢之有道者也。則蔡氏之說，亦推究其義耳！

泰而不驕，無世俗之累也；驕而不泰，皆人我之私也。

《憲問篇》

人必胸襟、志趣別有寄托，勉勉焉惟日不足，自不暇計及於形骸之便、血氣之安；士而懷居，其志道不誠，外奪於物，猶不免形骸血氣之累。

言可以僞爲,德不可以僞爲,故有言者不必有德。勇可以外襲,仁不可以外襲,故有勇者不必有仁。

羿奡之當死,禹稷之應有天下,南宮适非不知也,特故作此疑問之詞,以見天道之不爽耳！其意是矣,正不必答,故只於其出也而贊之。

"勿欺"與"犯",非兩事,本至誠无妄之真,以致其犯顏敢諫之道,則天心可格,臣志靡他矣！世之直言者,代不乏人,然窺其用心所在,非希寵於上,即邀譽於下,此不欺之所以難也。

爲己、爲人之分,義利之界,天人之甚。有志於學者,必先嚴辨此心於窹寐隱微之地。苟其爲己,則日用飲食無非是學；不然,雖道德仁義亦何有於學哉？

主一無適,則思不出位,故君子之學在於主敬。《大學》稱文王之敬止,而言爲人君止於仁,爲人臣止於敬,爲人子止於孝,爲人父止於慈,與國人交止於信。惟其能敬,是以能止,是文王之思不出位,亦本於敬也。

《論語》中迭見於篇者,惟"君子恥其言而過其行"與"不患人之不己知,患其不能也"兩章之意爲多,蓋學者切己之求,莫要於言行；務外之患,莫大於爲人,故聖人屢言之。

聖人與天合德處,即在庸言庸行。人之求聖人者,每求之於高,而不知聖人之上達,初不外乎下學。知聖人之下學,則知日用飲食無行不與矣！莫知之歎,亦發門人之問,而使之用力於下學也。

"形而上者謂之道,形而下者謂之器。"道器自不相離,下學人事,以上達天理,即器以明道也,不然則空言心性矣！《大學》

不曰"窮理"而曰"格物"者,亦物實而理虛也。朱子曰:"即物而窮理。"其即下學而上達乎?

修己安人安百姓,皆不外乎一"敬"。《堯典》《舜典》,處處言"欽",是"敬"之一字始於堯舜而承之者孔子。孔子之後,惟程朱特標"敬"字以教人。淵源不紊,洛閩之學所以爲正傳歟?

《衛靈公篇》

一入氣數之雜,君子、小人皆有窮通不齊之遇。子路之愠,便隱然有"其德如彼,其遇如此"之意,是怨尤之根也。自夫子說來,見得窮者君子之常,君子之所以異於小人者,不濫耳!

多學而識,即格物致知之事,然不到豁然貫通、一以貫之之境,亦猶廣積散錢不得繩索,太史公所謂"博而寡要"者也。故學必有所歸宿,而後見聞之廣,窮索之多,方爲吾有。由多識而求"一貫",非知性不可。

"無爲而治",與老氏之"清淨無爲"不同。清淨無爲未必盡治,所貴乎舜者,不在無爲,而在無爲而治也。

動人須至誠,動蠻貊尤須至誠。捨忠信篤敬,而與夷狄交,未有不敗者。況夷狄風俗每多質樸,人尚實,我尚虛,是以州里不行之道而欲行之蠻貊,可乎哉?

"參前""倚衡",即《孟子》"必有事焉心無忘"之意。天下無論何事,未有不致其至誠專一之心而能深造者。韓文公曰:"處若忘,行若遺。儼乎其若思,茫乎其若迷。"此昌黎之文所以不朽也,況乎學聖人之學乎?

知者,不失人,亦不失言,所謂知者,非僅生質然也。蔡虛齋推本於"居敬窮理",得其要矣!

程子言:"殺身成仁,只是成就一個是。"是者乃人心所共有,如是則安,不如是則不安。動於不自知,出於不自已之良也,特此心甫見而計較利害之心遂入之而相勝,此志士仁人所以不概見於天下。

"禮行遜出",所以救義之剛決。信則猶五行之土,寄於三者之中而成始成終者也。

子貢曾自言"不欲無加"矣,而夫子以爲非所及,此又以"不欲勿施"者告之,則知不許者正所以勉之也。同一推己及人,子貢著一"無"字,便覺看得易,夫子著一"無"字,便覺看得難。爲學之道,其言之易者,是尚未著實用力以窺其底蘊,而不知其難也。知其難,則學進矣!

末俗諛佞相尚,往往自解曰時非三代,人心不古,所以直道難行。豈知三代之民猶是今日之民,特患吾不行直道耳!李文貞講此章中間著數語感慨極醒!

衆人之好惡,《集注》謂"其或蔽於私"。夫好惡之不當,亦有拘於識者,特不若"蔽於私"者之多也。

世之學者以"憂貧"一念誤終身者,不可勝數。要之,只是志趣凡陋耳!嘗讀胡安定《傳》有曰"家貧無以自給",夫無以自給,在人人將謀食之不遑,而下乃接云"往泰山,與孫明復、石守道同學,攻苦食淡,終夜不寢,一坐,十年不歸。"此其胸中何嘗有貧哉?可謂"憂道不憂貧"者矣!宜其肩斯道之傳也。

朱漢上見謝上蔡,問爲學之要,朗誦"子見齊衰"與"師冕見"二章,曰:"一部《論語》盡說與賢矣!"熊勿軒曰:"此二章有何精妙而足以盡一部《論語》之大義?此在學者深思而自得之。"又曰："此是徹上徹下之道。"蓋道德性命不外乎日用行習。行著習察，觸處是學矣！

《季氏篇》

言者，君子所以觀人之端，亦所以自勵之要。"三愆"雖見於言，亦是心之所存者不可恃，故其口之所發者不自由。張南軒曰："言而當可，非養之有素者不能然也。"

常人役於血氣，君子則役血氣。

天命無物不有，無時不然，戒謹恐懼，所以畏也。以下文"不知不畏"觀之，則君子之畏天命，實由於知天命。學者而欲知天命也，非格物窮理，何由入哉？

張南軒説"九思"章謂"當養之於未發之前，而持之於方發之際"，探本窮源，動靜交養，可謂備矣！然南軒之言特爲知道者言耳！猶"三愆"章"養之有素"之説也。而聖人之言皆指已發之後、著於跡象者，若人人可以持守循行，此聖人之所以爲聖人歟？

隱居求志易，行義達道難。不獨時運所關，遇合難必。即推己及人，亦未必盡充其量。古之君子有窮理樂道而人患其不出者，及其出，而又不能如乎人人之所望，以愜吾之素志。修己安人，堯舜猶病，所以軒冕之中每多缺憾，衡門之下動盜虛聲。

不學《詩》無以言，不學《禮》無以立，須要確知其何故無以言？何故無以立？則可以學《詩》而言、學《禮》而立。不然世之學《詩》、學《禮》者多矣，豈盡能言、能立者哉？

疑其有異聞，又喜其遠其子，始終不知聖人。

《陽貨篇》

　　理乘於氣者也而氣非理,猶性具於心者也而心非性。認心爲性,斯不免認氣爲理。荀子之言曰"人之性惡",揚子之言曰"人之性善惡混",是皆就氣言之,而未觀乎氣中之理也。孔子亦就氣言之而曰"相近"。夫苟無理,則氣何以相近?由相近而上推之離氣言理,《孟子》所以有"性善"之説也。程子曰:"論性不論氣不備,論氣不論性不明。"理氣明而性可識矣!

　　上知之不移,禀氣之清,理能勝氣也;下愚之不移,禀氣之濁,理不勝氣也。非上知之性善而下愚之性惡也,此《集注》所以並引程子"無不可移"之説。韓昌黎曰:"上之性,就學而愈明;下之性,畏威而寡罪。"夫苟性惡,何以知畏威寡罪乎?故朱子謂"聖人之言但曰'不移'而已,非曰'不可移'也"。

　　"何必公山氏之之也?"子路之問,便有若將浼焉之意,而夫子只以爲"東周"告之。若有汲汲於行道而不暇擇者,似與子路之意相反。子路所以不安於心,復於佛肸之召舉,所謂"親爲不善,君子不入"者,以申明向者之旨也。乃夫子既以"不磷""不緇"釋之,而仍以"匏瓜""不食"寄慨於遇合之無期,是亦悲憫之懷,有觸斯動耳!豈真不擇地而往也哉?

　　匏有甘苦之分,非必盡不可食。《集注》之意謂"匏瓜自不能飲食,非人不食匏瓜也。"此蓋本之何晏。而古注星名之説於"繫而不食"四字似亦確切分明。曹寅谷曰:"星有匏瓜之名,繫於天而不可食,正與'維南有箕,不可簸揚;維北有斗,不可挹酒漿'同義。"要之,匏繫興嗟,感懷不遇。味聖人之言,則知人之無補於斯世者，亦天地之贅疣，人間之長物耳！山林高蹈，誠士君子之不幸也夫！

仁、知、信、直、勇、剛，皆美德也，不好學則各有所蔽，此程朱所以極重《大學》之格物致知，以爲爲學之要務也。徒曰尊德性，能免於蔽也乎？

自天子以至於庶人，壹是皆以修身爲本，齊治平皆自此而推之耳！故不學"二南"之所以齊家，則推之無具，正牆面而立矣！

天下風俗之患，莫大乎士大夫只知富貴。人人以仕宦爲榮身之階、肥家之藉，則天下危矣！故轉移風俗，莫要於黜利禄而崇道義。顧亭林曰："後世之於士人，許之以自媒，勸之以干禄，而責其有恥，難矣！"是誠探源之論哉！

《論語》一書，非聖人之自著，蓋其門人記夫子之語，略爲序次而使之有倫類耳，故名之曰《論語》。其間所論之語，有夫子屢言而門人屢記者，如"不患無位，患所以立"之意，迭見於篇，而小異其詞；其詞無少異，而詳略不同者，如"三年無改於父之道，可謂孝矣"之類；其前後一字不差者，如"巧言令色，鮮矣仁"之類，是皆見夫子之殷殷垂訓，至再至三，似不盡由於筆録者之重出也！

凡人進德修業，無一不本於精神血氣。古之聞人，大抵自少壯時即與人不同，若四十而猶見惡，則過此以往，精神日減，血氣日衰，雖欲進修，亦難自拔。且古人四十而仕，人事日煩，日力亦將不足。此有志之士所當屈指而驚心者也。

《微子篇》

"三仁"所爲，皆無世俗利害、得失之心而動以天者也。故惟聖人之無世俗利害、得失之心而動以天者，乃能識之。

《史記·宋世家》"武王克殷，微子肉袒面縛"云云，大有關係，先儒駁之詳矣！史遷蓋據《左氏·僖六年》楚逢伯之言而不加研究耳！蘇潁濱譏司馬子長淺陋不學，疏略輕信。朱子是之，其即此類歟？

《微子》一篇前後統觀之，大抵見賢人君子之出處，爲世運所關。

知夫子之"無可無不可"，則微、箕、比干之皆爲仁，可知矣！合微、箕、比干而一之者，夫子也。柳下惠以下，楚狂、沮溺以及逸民、太師輩，皆得其一偏者。

《子張篇》

非不執德，特執而不宏；非不信道，特信而不篤。士之與草木同腐朽者，大抵皆坐此病，可不懼哉？

《大學》之教，莫先於格致，莫重於誠意。惟其格致之功深，則知義理之無窮、心體之無限，而執德者必宏；惟其誠意之功深，則好善如好好色，惡惡如惡惡臭，而信道者必篤。不宏者，是所知未極其廣大，故其行也易於自足；不篤者，是所行未極其懇摯，故其知也易於自欺。此知行之所以必相須，而學者用力尤不可不汲汲於格致、誠意兩關也。

未得者如不及，日知其所亡也；已得者猶恐失，月無忘其所能也。

小道固不當以異端言，而農圃醫卜之屬，前人亦疑其非是。竊謂非聖賢《大學》之道，而不合於格致誠正、修齊治平之事者，皆小道也，百家衆技，皆是也。當渾言之，包者廣矣！

爲爲己之學者，但求己之無過，故有過必改；爲爲人之學者，但求人之不知己之過，故有過必文。夫子告子夏曰："女爲君子儒？無爲小人儒？"朱子謂："君子儒爲己，小人儒爲人。"子夏以文過爲小人，非必如《大學》所謂"閒居爲不善之小人"，蓋即向者聞諸夫子之小人儒也，凡爲人而不爲己者，皆是也。

過而曰"文"，則其智足以知過，其羞惡之良亦足以悔過。然能知能悔，而或動於情欲之私不能自克，或奪於學力之弱不能自持。是以彌縫掩飾，志在欺人，不知適以自欺也。故文過之病根在於不能改過。

小學習其事，大學窮其理。理即在事之中，有先後，無本末也。自古者教人之法不傳於世，後之學者或專重夫小學也，則灑掃應對徒尚繁文，其弊每流於瑣碎；或專重夫大學也，則身心性命徒騖高遠，其弊竟等於玄虛。觀於子遊之譏子夏，後世學術之流弊於此其微露端倪乎？是以《集注》引程子之言："既以明子夏之有序，又博采數條，以見小學、大學一貫之旨。"學聖人之學者可以不迷於趨向，而程朱以來言學之各標宗旨者，其是非亦因此而可識矣！

《堯曰篇》

同一"執中"，子墨之"執中"與堯舜不同。子墨執己之中也，堯舜執事事物物之中也。

湯曰"萬方有罪，罪在朕躬"，武曰"百姓有過，在予一人"，聖人非徒爲此罪己責躬之辭也，誠以自任者重，而視民也親切。意以爲小民何知，予固天所任以君師之位，而覺知小民者也。猶一家之中子弟之趨向,皆視乎父兄之默運;若沾沾焉責子弟之多違,怨家人之不率,則不惟局量淺隘、學識凡陋,不能以容人者化人,且不自知其己之所居者何位、所任者何事矣!此不獨人君然也,後世士大夫當亦讀之而猛省哉?

有"欲不貪、泰不驕、威不猛"之天德,便有"惠不費、勞不怨"之王道。張南軒謂:"上二(二,疑爲"三"之誤。點校者注)句施於人者也,下三(三,疑爲"二"之誤。點校者注)句存於己者也,故李文貞以下三(三,疑爲"二"之誤。點校者注)句爲上二(二,疑爲"三"之誤。點校者注)句之根"。

有施惠於人之心,而又雜以望報之念,便是欲而貪。欲而不貪,猶董子所謂"正誼不謀利,明道不計功"也。

所貴乎知命之君子者,以其能安命也。夫安命之難,不難於安生且壽之命,而難於安死且夭之命;不難於安富且貴之命,而難於安貧且賤之命。故順境之君子多,逆境之君子少。學者工夫固當以窮理裕知命之源,而利害得失之當其境者,尤不可不借以爲鍊心之具。事而有利於我也,是我之得也,心固不可以動;事而有害於我也,是我之失也,心尤不可以動。利害得失之不動,可謂之真知命矣!

知命、知禮、知言,三"知"字皆"真知"之"知",非若"知行"之"知"。尚有一半工夫在行也,必能爲君子,方可謂之知命;必能立,方可謂之知禮;必能知人,方可謂之知言。

伊川程子《困·象傳》曰:"君子當困窮之時,既盡其防慮之道而不得免,則命也。"當推致其命以遂其志,知命之當然也,則窮塞禍患不以動其心,行吾義而已。苟不知命,則恐懼於險難,隕穫於窮厄,所守亡矣,安能遂其爲善之志乎?此即"不知命,無以爲君子"之的解。

　　學者知言工夫,莫切於讀書。經、史、子、集,人各立言,而見道有深淺,出語有純駁,一一呈露於筆墨之間,不容絲毫之假借,特患讀之者不能知耳!誠能知之,則古人之深淺純駁既不能欺我,今人之深淺純駁又烏能欺我哉?

《孟子》

《梁惠王篇》

　　財用亦天下要圖，爲國者所必當理者也。然歷觀前史，其富強之國大抵不言財用，言財用者，每不富強。蓋天下之人人輕財，則財日見其有餘；天下之人人重財，則財日見其不足。《大學》"平天下"章亟言理財之道，而終之曰"不以利爲利，以義爲利"，可知平天下者不可不理財，而又不可開人人重財之風。《孟子》於"何必曰利"之後緊接之"曰仁義"，此所以爲大人之學而上承孔門之正傳歟！

　　同一言也，三代上之人言之則有濟於天下，三代下之人言之則有害於天下者，其利之謂乎？三代上之聖人每言利，《大易》有之矣，《尚書》有之矣！舟楫弧矢之利皆以利天下，利用厚生之説皆以利斯民。其言利也爲公言也，故利之一言爲聖人所不諱。三代下之聖人罕言利，故曰"放於利而行多怨"，蓋惡夫當時之人之言利也爲私言也，故利之一言爲聖人所不道。是以三代上之治天下以利爲先，如教稼而後明倫；是三代下之治天下以利爲後，如"何必曰利"，亦有仁義而已矣！是噫！世宙猶是也，人民猶是也，政教猶是也，而究不能無古今之別者，豈無故哉？古之時，人民質樸，風俗敦厖，有相讓、相恤之意，無相爭、相奪之情。聖人因勢利導，使之人無凍餒，家有蓋藏，則禮義益生於富足焉！

春秋戰國以還，人情日變，機詐相尋，飲食衣服皆求逞欲，不以廉恥之不若人爲愧，而以富貴之不若人爲羞。父詔其子，兄勉其弟者，功利之外有二説乎？嗚呼！父子之愛，天倫之至厚者也；夫婦之義，人道之至重者也。乃貧賤之子，父不以爲子矣！貧賤之夫，婦不以爲夫矣！倫常之恩誼，亦視乎利之厚薄以爲差，此豈非世道之大患耶？倘上之人猶孳孳焉進管商之術，惟富强之是圖，則民之觀感而起者，必相誠而相謀，曰世之所謂仁聖賢人者，往往以仁義教人矣，豈仁義能飽人耶？豈仁義能暖人耶？豈仁義能使人增寵於鄰里鄉黨間耶？如我國君者，非尤當行仁義之人耶？胡亦非富不可耶？胡亦非强不可耶？吾儕小人又能空抱此仁義而自立天壤耶？能不汲汲於金玉錦繡耶？能不營營於宫室妻妾耶？所以相競相勝，上下交征之端開，而遺親後君之事起矣！然則管商之流弊，又何異於楊、墨之"無父無君"哉？

行仁義，必須從人君寤寐獨知之地作起。

使人人得所，而不使人人縱欲，此"胞與"之懷所以異於姑息之政。五十衣帛，七十食肉，聖人豈故愛此帛肉而限以五十、七十哉？天地之精英有限，不爲之品節，將人人思饜其欲，則物産之供必有不得其平而虞不足者，是爭之端也，是貧之兆也，故辨上下即所以定民志。後世衣服、宫室、冠婚、喪祭，人無分貧賤，事無論大小，只視其財之有餘、不足以定得爲與不得爲，此貪利爭奪之風日熾而國愈貧、民愈奢者也。

鄉人有病痨瘵者，逢良醫而告之曰："清爾心，寡爾欲，慎爾起居，節爾飲食，庶幾其有瘳乎！"而病者清之無術，寡之無方，慎之節之又不力，反笑其言之爲迂。而就夫醫之庸者焉，庸者曰參、术可投也，投之而不受；硝、黄可攻也，攻之而不支。時而頭疼則曰頭之病也，時而足弱則曰足之病也，遷延苟且，病不可爲，究不悟向者良醫之說爲不可易之說也。《孟子》以行仁政、治禮義之說，貢之於強鄰環伺之梁王，其亦良醫之說也乎？

"以遏徂莒"，《詩》作"旅"，《傳》云"地名也"，孔巽軒以"徂莒"皆爲國名。

賢者亦有此樂之問，較之梁惠"沼上"之問，一是愧辭，一是夸辭。曹寅谷曰："惠王初年誇大喜功，如率十二諸侯以朝天子，他也想做桓、文。後來喪敗，便極委頓，於委頓中更生無賴，如稱王改元，幾有及時般樂怠傲光景。"其在沼上，正是此情狀。一見孟子入來，巖巖氣象，竦然一驚，因顧鳥獸而問，賢者亦樂，此便有許多慙愧處。齊宣以孟子爲賓師，極意尊禮，其問隱然自表其優遇之至意。

聖賢之出處，國家之治亂係焉！以理而言天，心豈不願聖賢得時出治，登斯民於仁壽乎？特治亂盛衰相因相禪，是又主乎氣運之適。然而天意有不能自宰者，不遇魯侯天也。蔡虛齋曰："天字以氣數言。"

《公孫丑篇》

北宮黝、孟施舍諸人皆有血氣之勇而不動心者也，引此以證不動心之非難，若曾子之言勇則難矣！蓋漸入理矣！

告子之學，專求之心而不知無外之非內也，故曰"不得於言，勿求於心；不得於心，勿求於氣"。此即所以外義者也。

告子之不動心，固非義理之勇，亦非血氣之勇，即佛家所謂枯木死灰者也，強制者也。故李文貞以告子爲佛氏之祖。

浩然之氣，即孔子所謂"內省不疚，何憂何懼"者也。其所以"內省不疚"者，事事物物皆求當理而能集義耳！然集義而不本之於精義，則自以爲是者，或未必真是；自以爲非者，或未必真非。此養氣之所以必先知言也，知言則精義矣！《大學》所云"格物致知"者，其精義之先知言之要歟？

集義所生，是浩氣之生於內者；義襲而取，是客氣之襲於外者。學者不於隱微獨知之地求無愧於影衾，而徒藉夫忠孝節廉，人所共見之端，襲取於外，其氣亦有時而不可遏。究之血氣用事，非發於義理之純，色厲內荏，烏足以塞天地而配道義？此真儒之所以難概見也。告子蓋見夫當世之服儒服、冠儒冠者大抵如斯，故矯其流弊而有專求之心之學。告子之見不可謂不高，特矯枉過正，其弊又有不可勝言者，且因當世之無真儒，而並孟子亦疑爲義襲而取。其不識孟子，正其不識孟子之學，故《孟子》別而白之曰："是集義所生者，非義襲而取之也。"

《孟子》之知言養氣，正與告子之"勿求於心，勿求於氣"相反。勿求於心，是以言爲無與於心而不知言矣！勿求於氣，是以氣爲無與於心而不養氣矣！亦猶宋人之苗，只知苗之長者在苗，而不知苗之所以長者在培滋而灌溉也。然則，孟子之心之不動，是培滋灌溉而長之苗也，苗之活者也。告子之心之不動，是揠而助長之苗也，苗之槁者也。

大抵學者工夫非無事而忘，即正而助長。無事而忘則荒矣！正而助長，其成就亦必不大。聖賢之學無止境，猶天地之運，寒暑、晝夜之行，古如此，今如此，前未嘗緩，後未嘗速，此積小高大，無異於四時百物之行生也。

詖、淫、邪、遁四者，由淺入深。李文貞以行路譬之曰："詖辭之蔽,如於正路上有偏側,卻未入別徑。淫辭之陷,則出於旁蹊歧路之中矣!然於正路上猶出入也。邪辭之離,則捨康莊,遵險隘,去而不反;遯辭之窮,則迷入荆棘泥淖,困於無所止息而逃者矣!"

仁則榮,不仁則辱。計榮辱而爲仁,朱子謂"亦是爲下等人言,所謂知者,利仁也。"

貴德尊士,賢在位,能在職,國家閒暇,修其政刑。李文貞謂:"秦漢以下,惟諸葛之治蜀近之,故當日以區區中國什一之蜀而魏人憚之,所謂大國畏之者也。"可知爲國者不患强鄰之逼,特患朝廷無人,不能行先王之政耳!

"廛無夫里之布。"《集注》以廛爲市宅,以里爲二十五家,引《周官·載師》:"凡無職者,出夫家之徵。"以夫家爲一夫百畝之税、一家力役之徵。《日知録》曰:"有夫布,有里布。"《集注》未引《周官·閭師》"凡無職者,出夫布"之文,而只引《載師》"凡宅不毛者,有里布"之説,人遂以布專屬於里。江慎修又疑《集注》之説,以爲當時雖橫取於民,未必至此,謂"廛爲民居,非市宅也"。布者,泉也,亦即錢也,非布帛之布。夫布,見《地官·閭師》"凡無職者,出夫布",謂閒民爲民傭力者,不能赴公旬三日之役,使之出一夫力役之泉,猶後世之僱役錢也。"里"謂里居,即《孟子》"收其田里"之"里",非二十五家也。"里布"見《地官·載師》"凡宅不毛者,有里布",謂:"有宅不種桑麻,或荒其地,或作爲臺榭遊觀,則使之出里布,猶後世凡地皆有地税也,此皆民之常賦。戰國時,一切取之非傭力之閒民,已有力役之徵,而仍使之别出夫布。宅已種桑麻,有嬪婦布縷之徵,而仍使之别出里布,是額外之徵,借夫布里布之名而横取者,今皆除之,則居廛者皆受惠也。"此二説者，皆可補朱子之未及。蓋朱子嘗謂"此段制度不可考"，而《語類》中門人亦有以"民無常産罰之太重"爲疑者，朱子曰："後世之法，與此正相反。農民賦税丁錢卻重，而遊手浮浪之民泰然都不管他。"似此議論又足爲後世姑息遊民之龜鑑。

性者，惻隱、羞惡、辭讓、是非之所從出者也。無是性之仁，則何以惻隱？無是性之義，則何以羞惡？無是性之禮，則何以辭讓？無是性之智，則何以是非？惻隱、羞惡、辭讓、是非，感於外而後動，觸於内而後發。有感而動者，情也。有觸斯發者，性也。斯感、斯觸、斯動、斯發，性情之相去無間也。

天時、地利、人和，未可偏廢，特以人和爲主。

"得侍同朝甚喜"，有以"侍"字斷句者，有以"朝"字斷句者。以"侍"字斷句，則喜者爲同朝之人；以"朝"字斷句，則喜者乃王之自道。孔巽軒主後説。

《滕文公篇》

"五十而貢，七十而助，百畝而徹"，其數之不同。先儒皆謂尺有長短，非變畛涂易溝洫也。

《朱子語類》曰："要知能居天下之廣居，自然能立天下之正位，行天下之大道。"是上一句乃下二句之根，故司馬温公《議儀衍》只説"立正位，行大道"而不及"居廣居"，朱子譏其"無頭"。

段干氏，木名，非段氏而木干名也。《史記》："老子之子，名宗，爲魏將，封於段干，木，其後也。"羅泌曰："初邑段，後邑干，以邑爲氏。"

古之異端易辨，以其與孔子争敵也。今之異端難辨，以其托孔子行奸也。學者無孟子好辨之功,其不爲所惑者,寡矣!

"古者不爲臣不見"一章,朱子謂:"過之者,傷於迫切而不洪,不及者,淪於汙賤而可恥,則孔子之於《陽貨》合於中道矣!然中道正未易幾。"顧亭林曰:"後世之人必有如胡廣被《中庸》之名,馮道托仲尼之跡者。然則學者造詣未純,豈可高語中道?"嘗愛慶源輔氏之說曰:"與其汙賤之可恥,寧失於迫切而不洪,不然將欲效孔子之不絕人,或竟至於徇人。顧先生之言,其警人也至切,朱子則推究夫道之至當耳!"

《離婁篇》

不失其赤子之心,乃能推廣擴充而成其爲大人;非不失其赤子之心,即是大人也。

惟大人有精義之學,故言不必信而自信,行不必果而自果。學者察義未精,仍以必信、必果爲初基。

博學於文而詳說其理,則約可以反,蓋約即在博之中,不詳說則不出也。然此尚求約於學耳!若博學詳說而反之身心,身心即至約之地。

爲學之道,貴闢心源,猶掘井之貴見泉也。見泉則小雖如杯,細雖如汗,日積有功,江河可至。不然泛求廣鶩於溝澮之盈而不問本原,則其盈者既不可恃,而所以求之井者亦終無見泉之一日。此《孟子》"有本無本"之喻所以警學人者至矣!噫!豈第學人當警哉?

聖人能制一己之欲,而不能防天下之情,此害之所以必興而患之所以不已也。儀狄作酒,酒禍且流於後世,禹知之,禹惡之,而禹不能禁酒之傳於後世，何哉？禹蓋知吾飲而甘，則天下後世之人亦必飲而甘，以天下後世所共甘之物，欲使之不行於天下後世，必天下後世之人皆禹而後可；天下後世之人不皆禹也，則其禁之也，勢有所不行，力有所不及，情且有所不順。嗚呼！天下有明明爲患而患不能已，明明爲害而害在必興者，豈獨儀狄之酒也哉？

凡人之不與人校，有大其己之量者，有鄙其人之品者。大其己之量者，不必得爲在己，失爲在人，顏子之犯而不校是也。鄙其人之品者，與禽獸又何難焉？是也孟子之言，李文貞以爲"微有責人之意"，故章末復引舜以爲準則。蓋舜終身責己，無是我非人之見，曰"如舜而已矣"！依然自反之初心也。

"中無定體，隨時而在"，故必隨時而識中，乃能隨地以處中。禹稷之憂，禹稷之中也；顏子之樂，顏子之中也。易地皆然，易地皆中也。

世俗之論人論其跡，聖賢之觀人觀其心。章子之所處，雖未能合於中庸之至善，而其心亦可哀矣！孟子之言，先儒所謂"矜其遇，諒其心"者也。

《萬章篇》

論舜數章，大抵假設其詞以著聖人之心，只當玩其理之至，不必拘拘於事之有無也。況"捐階焚廩"，尤爲後世所疑，乃太史公一一據爲實跡，其亦疏略輕信之一端歟？

孟子答問善用因。《萬章》曰"要湯"，孟子亦即曰"要湯"，但辨其所以者爲堯舜之道非割烹而已。其他如對"好色""好貨"之類皆然。大抵孟子之言，其道理絲毫不肯假借，而語氣之間抑揚變幻，談笑詼諧，正而不迂，尤足動聽者之耳而入於心。

方遜志《〈周禮〉考次・目錄序》云："吏將侮法而爲奸，必藏其法，俾民不得見，使家有其法而人通其意，吏安得而侮之？"蔡虛齋引之，以證諸侯之去籍："夫籍之所存者，先王所以公天下之法也。以先王所欲公之天下者，竟爲吏之所私有，此周之所以衰歟？後世法律繁密，雖聰明材智之士，入其中而目眩神炫，不能盡悉，勢不能不責之家世相傳之吏，吏因之而持平治之權矣！"顧亭林有言："法可知而例不可知，吏胥得操兩可之權以市於下。"然則古之弊在於諸侯之去籍，今之弊在於吏胥之援例，而其所以爲弊之由，皆不外乎人之不能盡曉也。家有其法，人通其意，遜志之言可味也哉？

班禄之制，古先王所以別貴賤而成風俗也。自禄不足以代耕，公卿大夫士以及庶人之在官，不仰給於公家之禄，而取給於不可告人之規費，則其弊不可勝言矣！而大要有四：一曰開賄賂之端，一曰啓瞻徇之竇，一曰導貪鄙之習，一曰成侈靡之風。卿貳宰衡文學侍從，位則重矣，職則清矣，此古之君子所以絶私交、禁外援而守四知之戒者也，乃車馬衣服之費，每出於故舊門人之饋贈，包苴因此而入，請托即由此而來，謂非開賄賂之端乎？不受人之私情者，方能以公法責人；不計人之私圖者，方能以公法理事。經文緯武，豈無幹濟之才？第或人當黜退而無以對平日事我之勤，事必改張而無以爲百司所藉之便，左顧右盼，每事姑容，謂非啓瞻徇之竇乎？古之貪者，求有餘，今之貪者，不盡求有餘也，故古之貪者皆小人，今之貪者不必皆小人也。天下之財賦，莫大於鹽茶之課、關津之税、地丁之錢糧，使風清弊絶，涓滴

219

歸公，不惟事上接下之資無從出，即辦公之費亦且無從而籌，是雖上智大賢不能徵收者一分，報解者即一分，則鄙夫之藉端而恣一飽者，即嚴法懲之而不能免矣！而亦不能服人之心矣！臺皁之口食不足以贍身家，胥吏之工資不足以免凍餒，而需索之弊、舞文之弊，雖有善者不能使之無也，此又導之貪鄙者也。人之情，富者思保其富，貧者不安於貧，故愈富則愈儉，愈貧則愈奢。夫貧者何心？豈盡樂於奢哉？特其心不安於貧，而欲以酬應之豐盛致遭際之優隆，飲食歌舞之歡，貨賄饋遺之節，此以百勝，彼以千爭，以情好之往來，行夤緣之私曲，擾擾焉不遂其欲而不已。向使一行作吏，不復以私計謀生，而饔飧自給，則守禮安分，人又孰不自愛乎？此又成侈靡之風者也。《日知錄》曰：“昔楊綰爲相，承元載侈佚之後，欲變之以節儉，而先益百官之俸。皇甫鎛以宰相判度支，請減內外官俸祿，給事中崔植封還詔書。”可謂達化理之原者矣！然則爲國者欲正人心、維風俗，其亦可知所從事哉？

《告子篇》

人性、物性之分，不分於繼善之初，而分於成性而後。繼善之初，朱子所謂“萬物一原”者也；成性而後，則各視其氣質之清濁厚薄，以差其仁義、禮智之多寡、粹駁。聖人者，得其氣之清且厚，而仁義禮智之理多且粹。其次則清者不厚，厚者不清，偏濁焉，偏薄焉，賢愚、貴賤之等亦於此而定焉！禽獸則無所謂清，偏於濁而已；無所謂厚，偏於薄而已。惟其偏之也甚，故其去人也遠。若其知覺運動之見於四體形骸者，或亦與人無殊，此又朱子所謂“氣猶相近而理絕不同”者也，生之謂性，將混人物而一之矣！告子其亦思天地之性，人爲貴者，果何貴乎？黄勉齋曰："以氣而言，則所禀雖殊，而其所以爲知覺運動者反無甚異；以理而言，則其本雖同，而人之有是四端，所以爲至靈至貴者，非庶物之可擬矣！"然則，告子者，其亦昧於理氣之説也乎？

甘食悦色，動於氣者也，所以能甘食悦色，發於理者也。動於氣者，情也；發於理者，性也。告子以"食、色爲性"，是蓋認已發爲未發，而於已發亦無中節、不中節之分。然則，酒池肉林，荒淫無度，亦指爲性之本然者乎？

王姚江之説曰："無善無惡，心之體。"此陽儒陰釋之根，即告子無善、無不善之旨。

揚子之言性也，曰"善惡混"，是可以爲善、可以爲不善之旨也。韓子之言性也，曰"有三品"，是有性善、有性不善之旨也。是皆即其雜於氣質者而言，而不知君子有弗性者。君子所性，天命之性也。天命之性，有不善乎？自程子"天命氣質"之説興，前之紛紜於善惡者，其喙息；後之從事於問學者，其途清。葆吾固有之良，以克吾氣禀物欲之雜駁昏擾於五官百骸四體者，所謂"以理勝氣，以天勝人也"。故學問之事貴乎變化氣質。

才猶材質，是發於氣禀者也。人之爲惡者，大抵歸咎於氣禀之不美，豈知即中才下質？苟能堅其爲善去惡之志，則愚必明、柔必强，此生知困勉之所以成功一也。氣禀豈足以限人乎哉？故曰：非才之罪也！

幾希之相近，復之所以見天心也，天理無斷絶時也。周子曰"主静"，程子、朱子曰"持敬"，其存此幾希而擴充之要道乎？

李二曲曰："牛山之木，因近郊而被伐，以故若彼濯濯學人，苟欲修身養性，宜先離俗遠囂。""離俗遠囂"四字，似與孔孟之學不類。聖門之言獨也,以己所獨知言,不以己所獨處言,故日用晉接之間,當於己所獨知之地求吾主宰,即所謂靜也,亦即所謂敬也,亦即所謂修身養性之端也。若必去人事以言學,則釋氏之棄父母、拋妻子者,非即離俗遠囂之一念所推而致者乎?即使專一凝靜而偏於枯寂,恐一旦入於塵世喧闐嘈雜之中、車馬賓朋酬酢之地,有茫然自失不能自主者,又烏足成己、成人,裨益於天下國家哉?

"簞食不屑而萬鍾則受",《集注》曰:"能決死生於危迫之際,而不免計豐約於宴安之時。"嗚呼!豈人之重死生,反不如重豐約哉?蓋羞惡之良之不克續者多矣!危迫之際暫也,宴安之時常也。暫則羞惡之動於内者,未暇間之以人欲而本心不昧;常則人欲之參於外者,每搖奪乎天良而本心易失。故學者用力,君子觀人,宜貞之以可久,察之於所安。世有矜庽矯飾於一飲一啄、一話一言而君子不許者,内力不真,張皇於小節,皆自欺也。

言學問而不求放心,是後世辭章考據之學無益身心者也。求放心而不講學問,是釋氏寂滅虛無之說流於異端者也。以學問求放心,以求放心爲學問之歸宿,是聖人宗旨。

釋氏之求放心,強制此心而不動者也,所謂心如明鏡者也;吾儒之求放心,存此心以養仁義之源者也,所謂心如穀種者也。釋氏之心空,吾儒之心實;釋氏之心死,吾儒之心活。

《盡心篇》

殀壽者,氣數之命。聖人不授權於氣數,所以能立命。立命之"命",非氣數之"命",蓋命之受於天者。

貧賤而期富貴，君相有時而無權；愚柔而造聖賢，匹夫每能以自主。在我者可恃，在外者難憑。

朱子注《太極圖說》有云："一物一太極也，物物一太極也。"夫我亦一物耳，我所獨具之太極，即物物各具之太極。故曰"萬物皆備於我"。

萬物皆備於我，理無待於他求也。然非反身而誠，則亦行不著而習不察耳！又何怪百姓日用而不知乎？不著、不察，似因上章而發。

"自視欿然"，則其中之所重者，別有在也。大抵流俗之人，富貴則氣盛，貧賤則氣餒，是其人之輕重一視乎外至之富貴，其中之無所有可知矣！故不以富貴爲事者，《孟子》以爲"過人遠"。

道也者，所以成己以成物者也，章者，所以發揮其成己之實以達於成物者也。猶科之上承水源而下通於海，故曰"不成章不達"。

舜跖之分，先儒謂"相去不遠，所爭毫末間"耳！蓋精神念慮之間，只爭義理，則孳孳爲善也；只論利害，則孳孳爲利也。不然雞鳴而起，與人物未接，果何爲乎？

饑渴之害，身害也。以饑渴之害爲心害，心害也。不以心害爲心害，而以身害爲心害。此養其小體之所以爲小人也。

《孟子》"尚志"之說，必如莘野、南陽庶幾當之無愧，蓋其所出而足以濟物者，蓋其所窮居獨處時默喻而存之者也。春秋以後，遊士日多，大抵皆托士之名、襲士之貌，以便其要時君取富貴之私耳！顧亭林曰："遊士興而先王之法壞。"豈過論哉？後世如宋之黨人，明之東林，其中固多明體達用、闇然修省之士，而其釀爲禍階，又烏知非似是而非，依附假托，遙執朝權，以與小人爭勢利之勝負者爲之哉？是亦大異於孟子之尚志矣！

《〈日知録〉集釋》陳庶子曰："性命與經濟之學，合之則一貫，分之若兩途。有平居高言性命，臨事茫無措手者，彼徒求空虛之理，於當世之事，未嘗親歷而明試之。"又引蘇子瞻之説，謂"士欲知用捨，必自勤訪問始，勤訪問必自無事之日始"。竊以爲性命經濟合之則兩美，分之則兩傷。言性命而無濟實用，必流爲釋氏之空談。言經濟而不本天德，必流爲雜霸之功利。若由格致以誠正，則齊治平爲有本矣！朱子所謂"即物窮理"，非即勤訪問於無事之日者乎？故天下不貴有空言性命之人，而亦不貴有空言經濟之士。

春秋戰國以來，"短喪"之文始見於《經》，蓋其時去三古未遠，先王之禮制尚在，而人心則已漸薄矣！以漸薄之人心守綦嚴之禮制，是以厭苦不安而思有以易之矣！後世情既不摰，禮教又復蕩然，居三年之喪者，不過素服三載耳，此外飲食起居一切無異於常人，誰復起而興"短喪"之議哉？

"身不行道，不行於妻子。"自天子以至於庶人，壹是皆以修身爲本，其本亂而末治者，否矣！

君子不謂性，則謂之性者非君子也；君子不謂命，則謂之命者非君子也。有命焉，則安命矣！有性焉，則盡性矣！

"寡欲"之説，是指示學者之語，非謂欲不可無而但期於寡也。周子曰："寡之又寡，以至於無，則誠立明通。"斯言自不可少，而蔡虛齋謂"孟子是以耳目口鼻之欲言，周子是指心之流於欲者，其意蓋謂耳目口鼻之欲，人所不能無者也，故曰'寡心之流於欲者，人所不可有者也'，故曰'無'"。竊以爲耳目口鼻之欲，未有不出於心者。心之所流者，又安知非耳目口鼻之欲乎？李二曲《反身録》曰："學以養心爲本，養心以寡欲爲要，以無欲爲至。欲不止於聲色臭味安佚，凡人情逆順、世路險夷以及窮通、得喪、毀譽、壽殀，一有所動，皆欲也，皆足以累心。"斯言也，見無外之非内，似於學者尤切。

斯道之在天壤，雖未能一日而泯滅，然苟非生知之聖，或不能心融神會於異世而遥。況異端之殽亂，理欲之紛紜，非親承指授不能辨之明、守之定也。此《孟》子所以斷斷於見知。

學術至今日亦易辨矣！先儒之所講論而剖析毫芒者，人不一人，書不一書，精心探索，正不慮荀、孟之並稱，朱、陸之相角。噫！古之爲學也難，今之爲學也易，學者又烏得自委於非見知哉？

孟子之後，承絶學者濂谿。周子在二程之先，二程受學於濂谿者也。朱子序《大學》及注此篇之末，皆不及周子，而特舉二程。先儒謂周子之道繼乎孔顏之統，程子之學接乎孟氏之傳。故朱子記周子之祠有曰"上接洙泗千載之統，下啓河洛百世之傳"。濂谿之與孟子，道無不同，而氣象迥不侔矣！

果齋前集

序

丙辰春，鳳鳴備員學校爲授國文。時海內談教育者，每以此爲重，而諸生亦殷殷然以詩、古文辭相勉勖，請業請益，質鳳鳴以義法者無虛日。鳳鳴以爲，求之古不若求之今之易於窺尋也，求之遠不若求之近之易於感觸也。因以吾皋蘭劉果齋先生《前集》爲諸生示之標準焉！先生負吾隴上經師、人師之望者，垂三十年於茲矣！近年來雖義不苟出，而培植後進、想望人才固先生夙志也。以先生之作啓迪後生，當爲先生所樂許，而不亦諸生所樂受者歟？然先生非辭章家，其所作大抵發於性情，根於經術而能見諸事業，諸生倘能因流溯源以窺先生所學之從來，則其所以裨益諸生者，當更有在矣！鳳鳴不與有光榮乎？甘肅第一中學校國文教員談鳳鳴撰。

自　　序

　　余於詩文自愧無深造之功也，生平所爲，偶遇之，偶得之，亦未嘗容心於其間。四十歲以前之作，大抵散亡，兹之所存者，四十歲以後者耳！而又分辛亥以前者爲前集，蓋將以壬子以後者爲後集矣！昔人有言："從前種種，譬如昨日死；從後種種，譬如今日生。"昨日之我既死矣！聊以此從前種種，質之當世，共證心期。今日之我又生矣！則欲觀從後種種者，當俟諸再死之年。癸丑春三月既望，五泉山人劉爾炘果齋甫自識。

詩五言

秋懷（庚戌）

一

晨興理書策，小坐軒窗幽。
憶我入塵網，四十七春秋。
人事無一忻，萬慮抑何稠。
煙雲幾變幻，歲晚西風遒。
計日冰雪至，還爲來者憂。
徬徨起繞屋，時復一搔頭。

二

宵來一杯酒，興與白雲飛。
倚枕入南柯，仰觀天四圍。
星辰危欲墜，日月光微微。
中央一男子，腰腹大且肥。
伸手理躔度，天地不能違。
曉風吹檐鐵，夢魂悔來歸。

三

銀漢秋皎潔，舉頭問天孫。

盤古開天後，遺斧今何存。
可能假我手，爲闢好乾坤。
天孫不我語，送我登崑崙。
東望一回首，煙樹含朝暾。
茫茫大海內，雲水相吐吞。

四

籬邊雙蝴蝶，邀我來花間。
坐久清露滴，襟袖痕斑斑。
昨朝有顯達，度馬金城關。
何年定西域，復與飛鳥還。
老樹自紅葉，河流自潺湲。
黃菊無一語，低頭拜青山。

哭胡席卿秀才

清晨望鵲報，老鴉鳴戶前。
欸來一童子，說君歸黃泉。
憶我識君日，史君松厓（史松厓大令名廷琥，亦余通家）筵。
聞君有孝行，拔君承師傳（延爲兩等學堂童子師）。
期君修毛羽，飛上青雲巓。
如何方策駕，長途忽停鞭。
前年有李生（名聯奎，亦爲兩等學堂童子師），志行靜且專。
又有彭氏子（名立極，高等學生），學不讓人先。
爲師與爲弟，相繼不永年。

今君又如此，使我心悁悁。
自我不自量，廣結桃李緣。
當其種花時，如種火中蓮。
求彼惜花人，如求萬選錢。
求者得復失，種者幾枝妍。
每當風雨夜，起視蒼蒼天。
蒼天默不語，此理終茫然。

春愁（辛亥）

一

春光忽不覺，來到百花上。
對此起長愁，把酒一相向。
昔有隆中人，風流稱儒將。
當其在南陽，乃是天所放。
春來草木間，春去水宕漾。
從此闢心源，所見日超曠。

二

爭捉月中兔，拋卻千里馬。
且問廣寒宮，誰伴姮娥寡。
我懷羲農世，人人自瀟灑。
清風徐徐來，一覺北窗下。

三

年年桃花水,只在山中流。
白雲慣留客,花鳥替人籌。
嗟哉張子房,錯計取封侯。
無術安天下,何以扶炎劉。
一朝托言去,説隨赤松遊。

四

西方有美人,纖腰盈一握。
忽去扛大鼎,胆斷臍亦絶。
豈不知重輕,豈不識强劣。
欲以巧勝人,遂爲天下拙。

五

西鄰有豪客,黄金遺子孫。
子孫日益富,歌吹連朝昏。
我家文弱兒,百計大吾門。
有客獻奇策,日夕相討論。
廄中須有馬,苙中須有豚。
座中須有客,美酒常盈樽。
寶鼎珊瑚樹,白玉洗頭盆。
豪家所有物,我家亦須存。
莫使豪家奴,笑我三家村。
一客謀更奇,發言能搜根。
言彼豪家兒,仿佛猴無臀。

我家無福相，尻骨似崑崙。
言彼豪家妾，嬌媚髮全髠。
我家可憎兒，頭上濃雲屯。
凡此須再造，須無斧鑿痕。
主人聞策謀，與客聯季昆。
子弟奴僕輩，皆以客爲尊。
一一依客言，下令洪濤奔。
未及二三載，客亦舌全捫。
田園千百畝，反被豪家吞。
親故每流連，風月都傷魂。
仰視九天外，雞鶩追鵬鵾。

排　　悶

一

十二萬年中，歲月長如此。
而我於其間，不過百年耳！
五洲萬國中，四萬萬方里。
而我長眠者，七尺而已矣！
譬將蟣蝨來，投諸滄海裏。
大小懸殊間，不復能比擬。
念此一回頭，忽悟三才理。

二

天怒響雷霆，震驚只百里。

須有萬萬雷，方貫全球耳！
天聲尚如斯，人聲戰蜂蟻。
驚天動地來，只在藩溷裏。

三

踏徧山外山，舉頭見月姊。
月姊喜我來，授我蒼玉砥。
遙指東山雲，說彼路甚邇。
從此登靈臺，宇宙一彈指。
回頭觀天地，天地塵芥耳！

四

紫房有仙客，脈脈守丹府。
一任世間兒，揮戈弄斤斧。
拋卻此形骸，方爲萬化主。
縱橫無内外，上下無今古。
都在一家中，不能出庭户。

除夕用白香山韻

古今罕有事，竟爾此躬親。
天地難爲我，江山太誤人。
忍將千載恨，了卻百年身。
且喚屠蘇酒，同尋醉裏春。

詩七言

丁未秋爲兩等小學堂植花數株，今春皆活，題此誌幸

一

頻年只望爾成材，幸有名花次第開。
點綴門牆顏色好，春風從此不虛來。

二

撿得群花着意栽，稱心曾見幾枝開。
春風莫惜東皇力，再看凌雲捧日來。

詠馨庵梅（有序）

丁未秋爲學堂種梅一株，余欲芟小枝僅留老幹，劉君馨庵謹護惜之不忍去。今春老幹欲枯，小枝盡發，且著花數十朶，嫣然可愛。時馨庵已以事他去，不在堂矣，因呼之曰馨庵梅，以誌馨庵之能留有餘不盡之情也。並題此以告馨庵，不知馨庵能啞然一笑否？

一

只愁老幹脫凡胎，曾把孫枝子細栽。

爲感一番留戀意，春風時節報花開。

二

見花如見故人來，竟日巡檐笑口開。
我欲問花花不語，也應回念舊蒼苔。

戊申九月十日，王可亭學博召飲金山寺，補醉重九，酒酣賦此

一

黃菊籬邊懶唱酬，讓人捷足到峰頭。
遲來卻比先來好，多少煙雲助勝遊（是日微雨）。

二

茫茫渺渺大河秋，依舊來登百尺樓。
回首當年曾幾日，茱萸忽上老人頭。

三

俯仰乾坤萬事休，西風吹散杞人憂。
龍山帽影中山酒，且與劉伶把臂遊。

四

頑鐵頻年聚九州，朝朝鑄錯幾時休。
漁郎縱有桃源路，忍對黃花慰白頭。

庚戌三月念二日與乙酉同年小聚五泉山，何小葵廣文得詩四首，依韻答之

一

二十餘年事杳茫，天涯各覓救時方。
偶傾懷抱逢今日，共指頭顱歎夕陽。
飛絮升沈煙柳外，隨花歌舞雪梨旁。
胸中一滴樽中酒，壘塊都成琥珀光。

二

儕輩曾將遠大期，青雲萬里去何疑。
匡時志略殊難小，報國文章也好奇。
放眼忽逢天逼窄，壯心竟與世推移。
養民說是賢人事，妄把山雷象取頤。

三

一樣花開別樣新，東皇着意眩斯民。
夢中蝴蝶惟尋艷，鬧裏笙篁莫說貧。
竟鑽生機空李核，欲除癥結撒桃仁。
寸心多少狐疑事，要問芝蘭譜上人。

四

諸君久矣賦賢勞，裘馬歸來姓字高。
林下不妨爲我伴，座中從此有人豪。

閒攜春酒披情愫，再向秋風振羽毛。
好鳥枝頭頻喚語，世間萬事屬吾曹。

無　　題

一

鑿開混沌四千年，忽爾人間別有天。
風駟雷鞭朝海若，海中黃土亦金錢。

二

結我疑團歷有年，誰將此事問蒼天。
亞洲風挾歐洲雨，歛盡榆頭樹樹錢。

三

中原大事屬英年，籌策紛紜上九天。
海内同聲談富國，不如人處是無錢。

用王松巖學博自嘲詩韻，作感懷四首

一

腳底塵飛百丈紅，偶然來作信天翁。
每從池上觀魚躍，懶向人間説狗功。
入手春風都任運，昂頭明月正當空。
門牆雖渺尼山在，可許稱爲五尺童。

二

一年一度一花紅，催得孩提作老翁。
但覺就衰慙不學，未能寡過敢言功。
人間歲月無終古，天上風雲變太空。
若要此生窮此理，必須頭白便還童。

三

炭呼爲白雪呼紅，駭煞龍鍾鶴髮翁。
千古河山成此變，百王禮樂竟無功。
人人侈口經綸大，處處揮拳事業空。
偶向春風一回首，不如跳舞學村童。

四

鬭艷花開處處紅，相逢且問賣花翁。
是誰能結菩提果，與我同酬造化功。
釋氏因緣終入夢，文人慧業只翻空。
可憐一片荒山石，誤盡尋羊老牧童。

雜感（有序）

胸懷鬱鬱恒不能自暢，某天偕友人散步郊原，蘄以解悶。乃登高遠眺，愁緒紛來，歸而賦此，以寫我憂。正不知憂者何事、寫者何詞，拉雜書之而已。

一

天公化作酒中仙，醉裏乾坤夢裏緣。

幾萬萬人呼不醒，白雲高處一茫然。

二

中原國手渺岐黃，何處能尋續命湯。
還是庸醫才調大，爭言海上有奇方。

三

幾回採藥到蓬瀛，元氣翻虧血不榮。
說是單方嫌力弱，大丹成後便長生。

四

山頭紅葉水中波，千古樵漁事業多。
拋卻斧柯閒卻網，神巫隊裏捉妖魔。

五

春秋社裏戲榆枌，里巷兒童鳥一群。
多少聰明丈夫子，也施粉黛着紅裙。

六

誰家兒女鳳凰雛，攜手尋芳徧九衢。
野草閒花都着眼，道旁遺卻夜光珠。

七

鄰家少婦鳳頭鞋，珠翠盈顛玉滿懷。
笑我廚娘頭欲白，也梳寶髻換荊釵。

八

香羅細葛價雖高，其奈秋風萬樹號。
滿眼石榴花似火，如何又着木棉袍。

九

茫茫大海正無涯，卻喚輪人作寶車。
百丈紅塵來腳底，又呼舟子學浮楂。

十

海雲萬里日昇東，説是西來月正中。
入耳分明聽不得，還須伴我作癡聾。

十一

丹鼎飛煙鶴繞林，開鑪竟爾失黃金。
主人自恨無奇福，辜負神仙一片心。

十二

賽神婆子杏黃衫，換骨能教我不凡。
作法連朝無左驗，口中猶自咒喃喃。

十三

落花流水白雲峰，佛殿僧房月影重。
輸卻黃金千萬兩，曉來贏得一聲鐘。

十四

疾雨斜風陣陣雷，教人都向夢中回。

夜來費盡蒼穹力，落葉階前掃一堆。

十五
蝴蝶紛紛入夢初，此時喚醒便嗔余。
不妨濃睡容魔擾，待爾朦朧一覺餘。

十六
桑柘人家傍水南，貿絲鄰婦抑何貪。
葦簾收盡臨風繭，一箔猶繅死後蠶。

十七
昨宵有夢到天西，猿狖哀鳴百鳥啼。
說是山中書萬卷，被人封鎖一丸泥。

十八
鳳凰思走馬思飛，又是人間一是非。
四顧蒼茫何處說，只餘低首立斜暉。

十九
陰山洞裏入層層，一綫陽光逗石棱。
何處尚能傳宿火，半窗風雨讀書燈。

二十
小橋流水綠楊村，猶是羲皇舊子孫。
鋤罷曉煙貪午睡，不知人世有黃昏。

二十一

補天奇石大無雙,那個英雄一手扛。
忽被媧皇來上界,閒攜襟袖渡長江。

二十二

狂歌怒罵響雷霆,拔劍風來草木腥。
天地動搖神鬼悸,鯨鯢俯首下滄溟。

二十三

宇宙當中築一壇,九重天上仰頭看。
玉皇問我來何事,何日能教海水幹。

二十四

偶探只手摘星辰,風馬雲車電作輪。
昂首試從天外望,浩無邊際寂無人。

二十五

上下乾坤忽自嘲,未曾鼓瑟柱先膠。
世間豈必庖羲氏,方畫開天第一爻。

二十六

鶤鵬天外大風吹,回首塵埃只自悲。
飛去飛來成底事,欲將雌伏問靈龜。

二十七

蛟龍思奮豹思潛,斬斷情魔只一鐮。
飛入廣寒宮裏去,化身何似月中蟾。

二十八

一輪紅日燄雲燒,惹得蛟黿起怒潮。
天地換成冰雪冷,自然步步是瓊瑤。

二十九

釋迦能悟水中漚,笑指塵寰説蜃樓。
變幻虛空俄頃事,豈知俄頃已成愁。

三十

新詩敲罷忽開顔,雜念遊思一筆刪。
好鳥喚人門外去,晨光嫩處看青山。

記

隴右樂善書局記

山川郡縣之星置棋布於天壤間者蓋不可以數計,而洙泗、鄒嶧、濂、洛、關、閩獨昭然與日月争光。其他人以地稱,地因人著,如龍門、昌黎、安定、泰山、廬陵、涑水諸邦,亦指不勝屈,豈扶輿靈秀之氣有所偏鍾歟?抑教澤所被,風會所扇,相陶互淑,此染彼濡,學術之講貫勤,斯成就之人才大歟?

我甘處萬山磅礴中,土厚水深。生其地者類多篤行謹守之士,而往往不能發志趣、擴胸襟以恢宏事業者,豈無故哉?寒士購置一編,艱於拱璧,案頭之聞見不宏,牖下之聰明亦塞,又烏能循途識軌,考往哲之淵源、悟前修之得失、闢徑途而窺堂奥哉?炘嘗以為,人才者閭里之精神,亦國家之命脈。將欲為吾隴上培滋宿種,孕偉人傑士於方來,則莫急於講求學術。欲講求學術,則莫急於廣儲典籍。

是以自光緒丙午承事吾邑興文兩等小學堂時即有志於隴右書局之設,號召同人,勤呼將伯,於今蓋六年矣!綜計六年中所腋集之資,並子母相權而孳息者,至今春始達萬金,而事體宏大聊以造端,因先購建房舍為立其基,並以餘欸置買產業,以期據有根柢,再圖展拓。兹將歷年來解囊慨助之顯宦、名流、達人、善士,謹書姓名,列之貞石,以誌不忘;並擬章程數條綴之於後,或者持之以久，俟觀厥成乎？

昔者曾文正公之言學曰："凡物之驟，爲之而遽成焉者，其器小也，故以赴勢甚鈍，取道甚迂。德不苟成，業不苟名，勤勤錯迕，遲久而後進，銖而積寸，而累爲作聖之基。"嗚呼！豈獨爲學之道當如是耶？吾書局之設，將合隴右之後生小子，皆使之博覽陳編，各以其性之所近求默契乎？

古昔仁聖賢人之所爲，以立之體而達諸用，此固非一人之力、數年之歲月即足以竟其志而充其量者也。語云"椎輪爲大輅之始"，又曰"涓涓不息，遂成江河"。炘固不敢不以恒久自勖，而賡續無已時，恢擴無盡境，尤不能不爇心香一瓣，默爲吾黃河上下、縱橫數千里內繼炘而起者作"大輅""江河"之禱。

皋蘭興文社公立兩等小學堂記

光緒三十有二年丙午春正月，邦人士相聚而謀於余曰："我國家既停科舉、開學堂矣，吾邑賓興經費亦宜改爲立學之資。"余亟應曰："諾！"因相與卜宅度地於道陞巷，得前代孔子廢廟，遂擴充之爲兩等小學堂云。慨自孔子出而集羲軒以來堯、舜、禹、湯、文、武、周公之大成，以垂教萬世，世之立學者莫不廟祀孔子。東魯至今二千餘年，闕里遺制，漸推漸廣。隋唐以還，學官弟子往往環宮牆而居，廟麗於學，學附於廟，所以使感發興起，納斯世於一道同風之盛也。沿襲既久，徒擁空名，秉鐸、司訓之儔，悠悠然無所事事，而郡縣吏造士之所，一變爲書院，再變爲學堂，於是莘莘學子不復能徘徊芹藻間摩挲尊俎，油然動高山仰止之思矣！

兹吾學堂之設，何幸而惟孔子廟是因，或者遵聖域、履賢關，長此千百年，億萬戶子子孫孫殆有入室登堂，綿一綫斯文於絕續之交者歟！雖然，余不能無疑。當《詩》《書》《禮》《樂》《易象》《春秋》之定而爲"六經"也，千聖百王之道，炳若日星，宜乎造就人才，轉移風尚，歷時愈遠，收效愈多。乃嬴秦以降，禮俗政教決不能上追三代之隆，抑又何耶？得毋有立學之美名而不求立教之實際乎？古先聖王之立教也，葆其性分之固有，擴其才美之不足，納之乎近知、近仁、近勇之途，而責異日以齊治均平之效。故其時化行於上，俗美於下，其君子以德行道藝備國家公卿百執事之選；其小人即中道徙業，從事於偏曲之伎能，以贍身家，以謀事畜，而性情所注，好尚所趨，市井閭閻之所習，無不以學士大夫之言論旨趣爲標準、爲依歸。蓋不獨當時之君子能潛移默化，陶鑄一世之人，即小人亦幼禀父師之傳，此染彼濡，有蒸爲習尚而不自知者。後世教法不修，驅億萬人才力、聰明於虛聲浮譽之場，以耳食爲心得，以口談爲實修，儒術不真，反爲農工商賈所竊笑。於是別派旁支，片長寸伎，嘐嘐然出而與正學相角逐。後生小子，如履洪濤，如登駭浪，目眩神眊，罔識所從，天下遂囂然其不靖。我德宗景皇帝，懲前毖後，蘄海內讀有用書，而吾學堂幸藉文社以立，堂舍齋廚於焉略備。他日廣廈萬間，日增月盛，規模式廓，端賴後賢。而課程所在，指授之方，尤貴繼起者相時制宜，端其本於垂髫、舞象勺之年，使人求實學，學求實用。里閭族黨間，播休風，蔚善俗，雍雍愒愒，各以所能濟時艱而應世變，民胞物與，相愛相親，則己立立人，己達達人，庶不愧近聖人之居而延孔門之心法歟！

　　余既感同事劉君聯芳、藺生象祖之請，爲文以告異世，而又慨念孔子爲吾中國立教之宗，而吾學堂又適因孔廟以成，不禁俯仰太息，爲我五泉山下過此以往萬代千齡之敬教勸學者望。

皋蘭興文社記

乾隆四十有一年，邑舉人邵君榮清以所司修學社頻年贏餘銀百兩，呈請郡侯靜溪康公交商孳息，爲一邑賓興經費。康公嘉其志而少其資，爰割鶴俸以四百金爲之倡。一時先後，曾官吾邑者如臨汾王公、歙縣蔣公、滿洲奇公、如皋吳公、臨安鄭公、仁和陸公，皆慨分泉潤，於是共集白鏹一千五百金，是則吾興文社之所由昉也。

嘉、道以還百數十年中，官紳賡續解囊又益之。以談封翁維鼎所勸募之印紅社銀千餘兩，蓋幾幾乎踰萬金矣！然自同治間花門之變，干戈擾攘，各商戶岌岌可危。經吾黨先輩諸君子因時達變，令桑梓富厚之家，但有印契，即可署券。自是以來不復與商業家相往還，而專權子母於里閭族黨間，董其事者不能無故舊顏面之私，虧蝕之端日開而弊遂百出。

迨光緒三十有一年丙午，炘承事立學之時，鉤稽簿册，其子孫幸存而可指名責償者其母金不過五千兩，而積年所負子金，乃較五千兩而過之，且強半式微，無力完納。綜計月利所入並應有租賦，歲求《毛詩》之數而不可得。因酌免積年子金，令將母金如數歸趙，隨時置買產業，蘄垂久遠。茲將產業處所，並歷年捐歜人姓名，分別列爲簡表與《章程》八條，依次勒之貞珉，以告吾千世萬世之有維持學校之責者。

皋蘭縣文廟記

吾鄉先輩諸君子嘗結社號曰"修學"，爲歲時修治學宮計。光緒丙午炘承里郵交推，謬膺社事，稽社中所有租賦而歲會之，不過數十金，學宮則頹敗久，非鉅金不克蕆事。每循宮牆過，睹上雨旁風，徒欷歔焉內疚於心，無所方計。

適奉我德宗景皇帝詔以大祀祀先師，其廟制則令各直省、府、廳、州、縣通覆黃瓦。於時制府蒙古吉甫公升允重文教，踵其後攝制府篆者爲方伯毛公慶蕃，先後授炘帑五千四百餘金，而事乃以集。

噫！皋蘭一邑耳，即令觀感興起，盡納閭閻子弟於仁義道德之途，亦區區一隅事耳！雖然，孔子之道擴之四海九州而不爲大，約之一鄉一邑而亦不見爲小，況乎四海九州者，一鄉一邑之合而成之者也。倘世之一鄉一邑皆懍懍乎《詩》《書》《禮》《樂》《易象》《春秋》之傳，則四海九州內凡有血氣莫不尊親，庶幾可以收一道同風之效，而異端邪說不致惑世誤民乎？

蘭州府文廟記

我德宗景皇帝御極之三十有二年丙午，詔升至聖先師爲大祀禮。臣受命議禮，廟制則通覆黃瓦，神牌則金地青書，神幄案衣則製黃雲緞，禮器則籩增二、豆增二，爵用玉，佾則用八，樂則增武舞，崇聖祠則增牛一，增籩、豆各二。奏上，詔曰可，其頒行各直省、使、府、廳、州、縣，並同太學。

維時陝甘總督爲蒙古吉甫公升允，權蘭州道事者金匱孫公庭壽也。二公率循典禮，恪恭將事，而以改正廟制之任畀炘。承事黽皇，兩閱寒暑，用帑二萬三千一百五十金，經始於光緒戊申秋八月，越庚戌冬十月落成，規模體制一改舊觀，莘莘學子無不喁喁廣術而頌我國家推崇洙泗之曠典，蓋至此而歎觀止矣！

噫！孔子一日月也，一天地也，世之人不能有損於日月，而又何加於天地？然當晦盲否塞之秋，是非倒置，南北易位，或有疑日月之不明而有明於日月者，或有疑天地之不大而有大於天地者。人心之易惑，視聽之易淆，苟不立之極，以爲凡有血氣者之標準，將綱常名教之防不於此而大潰耶？故日月不待表彰而始明，而有時必表而彰之者，示人以天下之明無有明於日月者也；天地不待尊崇而始大，而有時必尊而崇之者，示人以天下之大無有大於天地者也。不然，孔子之道不以匹夫之貧賤而損，豈以帝王之富貴而加乎？又烏有所謂升降之說乎？吾黨之士環門牆而來觀禮者，尚其體朝廷之微旨，而各端其趨向焉，則抱遺經、綿絕學，庶不愧爲聖人之徒也夫！

蘭州修學社記

我皇上御極之元年己酉，炘承改建學宮之任既畢役，拾殘甄剩瓦，舊木餘材，循宮牆之北，成大小房屋百三十八楹，界爲院落者六，仍前賢修學宗旨，立修學社，綜理其事，不欲與皋蘭混，故以蘭州別之。

吾蘭之以修學立社也，始於郡人程茂才鴻翔。時爲康熙癸巳，實建市廛二十間，二百年來半皆朽敗。茲役也藉以更張而恢擴之，年租所得既豐於前，其支銷出入須有定程，謹擬數條，列之貞石，願與吾黨君子百世守之。

皋蘭修學社記

吾邑儒學門之左右，爲舖十間，蓋肇造於乾隆中葉，迄今百餘年矣！與府儒學所有市廛之租賦，統立修學社，邦人士蟬遞而司出納焉。庚戌春仲，炘受大府諈諉，有重修學宮之役。時教諭一官已奉旨裁撤，所遺廨署朽敗，不復可居。爰綜舊材益新料，共建房屋七十五楹，其居延壽巷者院落則一，舖面則十，以楹計之，則共二十有四。其居道陞巷者舖面則一十有八，以楹計之，則共五十有一，以其可以自立也，故與蘭州府學劃分而稱之爲皋蘭修學社云。

臥虹橋記

出袖川門里許，曰阿干河，跨河而過、勢若彩虹者曰"臥虹橋"。橋之建，不知創自何年，而自乾隆辛丑燬於火，至嘉慶丙辰獨出鉅資重構材木，因舊趾而挨擴其規模，使往來之人至今稱便，獲免於厲揭之勞者，則爲吾先曾伯祖振西公諱漢（依《劉爾炘會試朱卷》，"伯"爲"叔"之誤，"漢"疑爲"澤"之誤，"振西"爲"雨亭"之誤。點校者注）者也。

越道光辛丑，邑人曹君夢華諱曉霞者復捐資重修，迄今蓋六十餘年矣！風霜剝蝕，蓋瓦多傾。千萬人日夕攀臨，危欄欲折，履板皆穿。邑人陳君元著、吳君華、達君建中、陳君乃禮，慨然自任，相率倡捐，共集資一千五百餘兩，庀材鳩工於焉。經始實光緒三十年甲辰春三月也，越二年丙午工竣，乃屬余爲紀其顛末。

夫濟人利物，固吾曹分內事。況數千年遺跡所關而尤爲桑梓億萬家所共樂利者乎？余既自愧不克紹先人之志事，而陳、吳諸君乃能合群力成盛業，繼美流光，是固余之所歆羨而企慕者。爰筆之貞石，以爲千秋萬世之好爲義舉者勸。

凝熙觀記

蘭州凝熙觀者，明肅藩舊跡也，居城中東北隅。疊鉅石爲假山，山之下幽洞邃窅，人莫敢深入，土人因有"山子石大洞"之稱。石上洞中皆爲棲神地，玉宇瓊樓，聯翩上下，綠楊掩映，飛鳥往來，遙望之如在畫圖中。凝熙觀門臨通衢，今稱之爲雷祖廟者是也。其東有隘巷，曲折北向入，行十餘步，循階而上，曰蕭曹殿。殿西巋然獨尊者曰玉皇閣，閣西曰超然亭。亭之下西南行，跨短橋而過曰拂雲橋，橋之西曰真武宮。

自真武宮折而北，歷階而下，約二十餘級至平地。有鉅池若圓鏡然，池南少西入石窔，別有一天。東入百子洞，洞方廣可二三丈，奇石砑砑懸頂上，危欲墜，使人心悸不敢久留。池北曰奎星閣，即古凝熙園。園之北高聳雲霄、必翹其首始望見者，是爲斗母宮。登其巔，萬户炊煙，皆在腳下。微風時至，引市聲隱隱出炊煙中。四圍山色，又於雨餘雪後爭入城與遊人相見，令人不覺有遺世出塵之想。

二百餘年來，有事於重修之役者不可勝舉。舉其大者，康熙時、乾隆時皆有之，惟任其事者姓名弗傳。嘉慶時，則崔君鑰也。光緒初元，超然亭頹矣！拂雲橋圮矣！凝熙園一椽不存，鞠爲茂草矣！而斗母宮則石崖崩落，棟宇皆傾。工尤鉅，時則有顏君超祖者倡其事賡續之，而觀其成者爲袁君懷義。繼袁之後，修凝熙園者則爲徐君有善，歷時五六年，募歟若干兩。如諸君者亦可謂勤於爲善者矣！

兹去工竣已二十餘載，垂遠之文尚未勒之貞石，承其後者引以爲憾。因屬余書其顛末，表彰其捐歎人姓名，並條列其觀中，永世遵循規則，以視來者。

噫！光緒丁亥、戊子間，余讀書斗母宮，其時正顏、袁諸君經營擘畫時也。每一工成，觀遊者濟濟然、欣欣然，留連風月，歌舞昇平。今四顧蒼茫，憂患日迫。每臨勝境，輒念滄桑。而此剩水殘山尚有人保愛護持，不忍墜有明遺緒，書至此，覺耿耿寸心不獨有今昔之感也。

聽篁隖記

天下之動人聽者大端有二：一曰天籟，一曰人籟。人籟者笙聲、簫聲、笛聲、管聲、鐘鼓聲、琴瑟聲，山林則樵牧之聲，城市則車馬之聲，鼓吹休明者廊廟之聲，胡笳嗚咽者邊塞之聲。聲之者不一而足，聽之者各有會心，有聽之而喜者，有聽之而悲者，有聽之而悄然思、嗒然忘者。然要皆以耳聽也。

若夫天籟，觸處有之，而篁其一端，是不可獨以耳聽，當以心聽。心聽云何？養心而已矣！韓內翰詩曰："坐對松篁聽夜漏，更無塵土翳虛空。"何其靜也！某某某君之以"聽篁"名隖，毋亦有悟於養心之道乎？

蕉雪山房記

古之品花者，有隱逸、富貴、君子之説，惟君子爲得乎道之中而可尚。温陵蔡介夫曰："菊，隱者爲高也；牡丹，仕者爲通也；蓮則君子哉！邦有道則仕，邦無道則可卷而懷也。"噫！仕者常也，卷懷者變也。天下有處常無術而處變有道者乎？况乎處變之難之百倍於常者乎？

《詩》之美伊人曰："蒹葭蒼蒼，白露爲霜。"詩人之意，以爲露既霜矣，而"蒼蒼"者不改其色，猶人之處變而不改其常度。蕉之爲物，夏則舒陰，冬則卷心。是雨中之蕉，蕉之常；雪中之蕉，蕉之變。王摩詰作《袁安卧雪圖》而有雪中之蕉，其亦有慕於袁之爲人而擬之以蕉之能處變乎？某某某君之有取於"蕉雪"也，取王之畫歟？取袁之人歟？抑合王之畫、袁之人而兼取之歟？

晴雪山房記

君子克己之學，以澹泊爲體，以扶陽抑陰爲功。迨欲浄理純，襟懷爽朗，猶冰天雪地中塵霾消散，雲物初晴也。是以學者之於天下，以心貞境，即以境課心。境之所遇者煩囂，而心不以煩囂動；境之所遇者清静，而心愈以清静。凝境可以助心，心不可以逐境。

嘗見夫泉石洞天、山林臺閣，或雨餘攬勝，或月下登樓。梵子僧雛，志每役乎城市而不知其境之佳；酒徒狂客，樂每在乎喧闃而不知其境之雅。心逐乎境，境遂不可以助心。山靈惱客，花鳥笑人，良可喟已！慶階閶孝廉，篤學人也，其家旁天山之支，四時積雪，晴後彌佳，因取以名其所居。夫既能擇境矣，知必將有事於心。爰以君子克己之學，質之左右云。

説

無逸説

凡人血氣之偏，不偏於動，則偏於静。偏於静者以動矯静，動之久而有放蕩無節之虞；偏於動者以静矯動，静之久而有怠惰苟安之習。閒嘗讀《書》至《無逸》之篇，每掩卷太息而歎。"克自抑畏"一語，其示人以用力之方者至明切矣！夫"逸"之本旨非第不勞而已，則"無逸"本旨又豈第能勞而已乎？古之訓"逸"字者曰"放"也，曰"縱"也，其與"佚"字通也，則或訓爲"安"，或訓爲"樂"也。君子之爲學，其懲吾之放縱者，道在乎"抑"，"抑"者收歛之謂；其懲吾之安樂者，道在乎"畏"，"畏"者戒懼之謂。時時存收歛之心，則動不至於無節；念念有戒懼之意，則静不至於苟安。秉丞吴君，以此二字自警，而屬余爲暢其旨。余固懍懍焉守"抑畏"之訓而自愧不能者也！聊書之以期共勉。

花好月圓人壽説

客有囑余書此六字而題其尾者，余援筆書訖，不禁有感於懷矣！花不能常好也而千古此花，月不能常圓也而千古此月。人則賞百年以前之花者不能賞百年以後之花，玩百年以前之月者不能玩百年以後之月。是花月千古，而人不千古也。雖然，淵明愛菊，後之愛菊者孰不景仰淵明乎？濂谿愛蓮，後之愛蓮者孰不景仰濂谿乎？太白邀月，坡仙泛月，後之邀月、泛月者孰不思太白而慕坡仙乎？之四人者與花月同壽於千古，花月且因四人者而益增重於千古。後之人不必求壽於花月，但求增重於花月。花月藉人而傳，人自因花月而壽。

序

《還讀我書圖》序

我者何？我聖人也，堯、舜、禹、湯、文、武、周公、孔子也。我書者何？我聖人之書也，《詩》《書》《禮》《樂》《易象》《春秋》也。讀我聖人之書，行我聖人之道，修、齊、治、平無二致也。棄我聖人之書，悖我聖人之道，異端旁門充塞仁義矣！秦漢已來，縱橫家書、黃老家書、刑名法術家書，傳之者不過自私而用智，讀之者足以惑世而驚愚，聰明才智之士，溺於中而不知反者何可勝數！學術不純，治術之所以不古若歟！勉吾王君之爲此圖也，亦有心人哉！

《皋蘭廖氏家譜》序

嘗讀張子《西銘》，竊歎古今民、物皆出於乾父坤母之一原。倘合天壤而共敦譜誼，當不僅一人之後、一族之中興仁講讓已也。李文貞公有言："父母之心在於兄弟，祖宗之心在於族姓，天地之心在於民物。"以父母之心爲心者必愛兄弟；以祖宗之心爲心者必收族姓；以天地之心爲心者必仁民物。

《西銘》曰："凡天下疲癃殘疾，惸獨鰥寡，皆吾兄弟之顛連而無告者也。"其即仁民物之意也。夫持此意以立心，天下之人且一家視矣，而況一家之人乎？自嗜欲之途開，而人我之域分，世之人有視其兄弟之顛連無告者如"天下疲癃殘疾、惸獨鰥寡"之與我不屬者也，豈其心獨無固有之良乎？何獨若是之忍歟？竊嘗觀於吳朝宗先生之說，而得其故焉！先生曰："宗法既廢，人各以意，自私其親，恩不廣而施易終，至有視周親如途人者。"然則居今世爲今人，欲於宗法不講之際，維繫其畔，散乖異之情，譜之作也，不綦重歟？廖君星垣續其譜成，而問序於余。余自揣不文，聊申先賢之義，俾廖氏子孫以讀《西銘》者讀斯譜，則蘇明允所謂孝弟之心油然生者當於其宗人目睹之矣！

《唐介亭先生遺墨》序

幼時讀書塾中，遇初學作字之欹斜無力者，人必指而笑之曰："是殆摹唐介亭乎？"初不知介亭爲何許人？既長，始知爲吾鄉隱君子也。先生諱璉，介亭字，以書畫名於時。其書參差錯落，時參以畫家皴法，皮相者不知，故藉以嘲童子云。然余觀漢唐已來篆隸真草諸名家，大抵用凝筆、用中鋒，先生獨用散筆、用側鋒，蹊徑自闢，前無千古，宜其人之不識也。噫，亦異人也夫！

《勸學邇言》序

天下之患莫大乎無人，人之患莫大乎無學，學之患莫大乎無用。學之有用者，學之實者也。雖然，以道器而言，器實而道虛；以理數而言，數實而理虛。實者有用，虛者將遂無用耶？夫山川草木，實者也，無陰陽五行之運於虛者而有用乎？手足耳目，實者也，無聰明知覺之運於虛者而有用乎？典章法度，實者也，無禮俗風化之運於虛者而有用乎？蓋器數以形用，而道理以神用。以形用者，效在於開智慧而益才能；以神用者，道主乎裕智慧之體而擴才能之用。

吾黨後進，儻濟濟焉爭就其虛者以致其實功，浮僞之習變，巧捷之風移，敦厖樸拙，相鼓舞以忠誠，則其從事於所謂器數之實者亦可無蹈虛之弊。而智慧以專一精純而大，才能以堅忍困苦而增，人庶幾有實學，學庶幾有實用，而國家亦庶幾收得人之實效歟！

余自癸卯秋承學堂講席之乏，星霜倏易，陶淑無功。日夜謀所以裨益諸生者，自愧不克以身教也，不能不以言教。爰擇年來日記中語，本《朱子學的》之旨，略爲編纂，願與諸生課虛而責實焉！噫！捫籥之談，知無當於造詣，聊以爲昇高行遠之卑近云爾！

《隨方一得草》序

《河》《洛》數呈，《易》《範》理著，數固理之源也。秦漢以來，數學之傳，其上者借以觀變於陰陽，而測人事之休咎，其下者施之米鹽瑣屑，徒爲市井負販之所需。其推步日月、五星以欽天授時者，雖代有傳人，而寥寥可屈指數，致用者不宏，歆慕者斯寡。鴻生碩彦有叩以"天元四元"之旨而茫然不知其何謂者。

泰西諸邦獨精斯業，數百年來羣力所會，衆心所專，搯幽鑿險，造有於無。門戶洞開，徑塗百出，於支離延蔓之中抉神妙莫測之秘。幾何而借根，借根而代數、而微積。由是所謂重學、化學、電學、聲學、光學、汽學者出，不惟徵之於有象，而且施之於無形。大而測天量地、行軍用兵，小而農工商賈一業之興，一伎之精，無不籍資焉！以競能而角異，是豈古昔疇人專家之所及料哉？

朝廷力圖自強，兼採西藝，海內俊彥問涂於算數者日異而月不同。長沙易君式皆負經濟之才，膺特科之薦，甲辰歲掌教吾高等學堂，出其所著《隨方一得草》以遺諸生。

噫！吾鄉僻處天末，風氣初開，勾股之說，弧角之名，有定、無定之式，爲正、爲負之分，學子蓋未之前聞也。得是編而研究之，當亦恍然於天地萬物之不遺乎理，即不外乎數，理寄諸虛，數徵諸實，從此奮發振興，課虛責實，相期以上酬聖主者下報良師。是則易君之所厚望，而亦愚之所禱祀以求之者。

《隴右軼餘集》序

嘗念洙泗、鄒嶧、濂、洛、關、閩諸邦人才輩出，代著英賢，往往較他邦爲尤盛，豈果扶輿靈秀之氣有所偏鍾歟？抑列聖群賢之遺風餘澤近在里閭，此染彼濡，相陶互淑，感發興起，每不自知。此《孟子》論學術淵源所以於見知之外即重聞知也。

我甘處萬山磅礴中，生其地者類多厚重沈潛之士，而遺文剩稿每就飄零，後之人至不能舉其姓字，高風寥渺，墜緒茫茫。莊周有言："火傳也，不知其盡也。"余竊謂薪之傳火，不惟不盡，苟相續不已，且有愈恢愈廣、愈擴愈大之勢。然則雖一星之火，亦烏可不寶愛珍惜，以留貽後人而望其恢擴而廣大之？平居嘗竊不自揆，妄矢宏願，思求吾隴上先哲之撰述淹没未彰者次第授梓。今先以蕭、盧二先生之書爲之倡，還望吾黨君子，網羅散失，惠我遺編。倘借衆力，以竟全功，固不獨區區鄙人之榮幸已也。

《甘肅高等學堂經學日記摘鈔》序

於擾擾萬衆中而得一人焉，志超乎流俗，識拔乎凡庸，器足以納天下之大富大貴而不知，骨足以支天下之大辱大憂而不挫，若是者人必稱之曰"天下才"也。問其人，則必孳孳於學，而尤勤勤於經術者也。

夫國家不可一日而無才，故不可一日而無敎。敎也者，督之以學而已；學也者，增益之以所不能而已。方今學堂政科之制，其不能通上下數千年之變者，則有中史之學以增益之；其不能通縱橫數萬里之變者，則有外史之學以增益之；其不能通五大洲之形勢者，則有輿地之學以增益之；其不能通格致家之門徑者，則有算數之學以增益之；其不能通梯山航海之文字者，則有翻譯之學以增益之；其不能通瑣物細故之情狀者，則有理化之學以增益之。責之以名法而不能者，則有名法之學以增益之；責之以理財而不能者，則有理財之學以增益之。守其常而不能通其變也，則有諸子之學以增益之；得於心而不能達於口也，則有詞章之學以增益之；明於理而不能強於事也，則有體操之學以增益之。

才之小者欲增益之而使大，才之弱者欲增益之而使強，才之偏者欲增益之而使全。猶恐其言行之不能自飭也，故增益之以修身之學；猶恐其綱常之不能自扶也，故增益之以倫理之學。然言行能飭矣，綱常能扶矣！而志不能恢，識不能拓，器不能裕，骨不能堅，才之小者又烏從而大乎？才之弱者又烏從而強乎？才之偏者又烏從而全乎？

此詔旨頻頒,斷斷以經術爲重者之有深意歟!蓋才猶水也,志識器骨猶受水而用水者也。杯杓之受水,解渴而已;溝渠受之,可以資灌溉矣!若江湖河海則其用有不可量者。故不言志而言才,則其才之成只知利己不知濟物,猶檐滴之水之難於被鄰舍也;不言識而言才,則其才之成可以爲善,可以爲惡,猶汙池之水之易於蓄淤泥也;不言器而言才,則其才之成局促狹隘,猶水之在盎甕而無汪洋浩瀚之勢也;不言骨而言才,則其才之成柔脆薄弱,猶水之沈羽毛而無承載負荷之力也。

志何以恢?經術能恢之;識何以拓?經術能拓之;器何以裕?經術能裕之。骨何以堅?經術能堅之。韓昌黎有言:"士不通經,果不足用。"誠篤論哉!慨自經術之難明而易晦也,身心之體察不真,氣質之變化罔效。皓首窮年而不得其實用者蔽也多矣!大要有四:

或業求淺近,志在速成。謂堯舜禹湯道侔天地,文周孔孟學炳日星,豈後世所能知,非淺學所可識。不知聖神述作原以爲困勉之人世盡生知,又何煩殷殷垂教爲哉?階梯自撤,塗徑不循。高視夫經者,其蔽也畫。

或功利之見,深入膏肓。謂儒者守經,難言應變,王道迂闊,未足匡時。百家多幹濟之才,子、史具經綸之略,《詩》《書》《禮》《樂》《易象》《春秋》,萬語千言,無非勉人爲善。苟方寸之地,不欺不詐,不陰險不奸回,能事畢矣,奚必挾策研窮乎?豈知"六經"之體,不若是之拘於一端也,"六經"之用,不若是之泥於小就也。視同勸善之書,以聖人爲鄉黨自好者,其蔽也隘。

或造語選言,取材宏富。卦爻變互,一任支離,《詩》體風騷,但資吟詠,三《禮》則戴記且删,疇識姬公之制作,三《傳》則浮夸相尚，罔參麟筆之精微，《語》《孟》之功令綦嚴，何妨誦習《謨》《誥》之體裁。近古不厭描摹，啜聖賢之糟粕為幹進之梯媒，是程子所謂"買櫝還珠"者，其蔽也藝。

或門户紛爭，漢宋異尚。尊許、鄭者薄洛、閩為空疏；守程、朱者鄙馬、孔為附會。入主出奴，是丹非素，是以人治經而非以經治人者，其蔽也隔。

隴右風氣初開，力求實際。士之負笈而來執經問難者，雖未能遽及乎志、識、器、骨之大，而亦駸駸乎知向者為畫、為隘、為藝、為隔之蔽矣！其《日記》之中，或有於經旨略能發明者，或有鞭闢近里尚能為切己之求者，亟存之為作者勸，亦以為後來之先導云爾！從此體驗擴充，專用力於恢其志、拓其識、裕其器、堅其骨，以培才之本而浚才之源。是則愚之所以反復乎為學之先後、輕重及治經之得失，而為多士絮絮焉申告而有厚望者也。

時則光緒甲辰仲夏。

附：治經條例

近今儒者之學，門徑甚繁，書籍浩博，日力幾不能給，宜遵諸葛武侯"略觀大意"、陶靖節"不求甚解"之法，庶幾知要。如漢學家考核一字，累千萬言而不休，徒矜淵博，無裨實修。不惟不必，亦且不暇。但"略觀大意""不求甚解"之說，是專注意於精要者耳，非粗疏淺略之謂也，不可不知。

無益之考據，固不必講。其典章制度有關於經濟之大者，必須考究詳明。

張子曰："心有所開，即便劄記。"是劄記者古人記其心得耳！不可強生枝節，妄事附會，亦不可抄襲講章，敷衍空文。少或四五句，多或十數句、數十句。如黄東發《日鈔》、薛文清《讀書錄》、顧亭林《日知錄》之類，皆可學。

讀書之法，其始也，一字一句不可放過；其既也，通章通部，囫圇得來，方能有益。

讀書必反之身心，證諸實事，則道理易於透徹。否則，書自書，人自人，終屬隔膜。

《噯經日記》序

《詩》

甚矣，學《詩》門徑之繁也！漢儒傳受，既非一家，齊、魯、韓、毛，各守師說。即《鄭箋》問世，《毛傳》孤行，而後人申毛難鄭，申鄭難王，趨向不同，旨歸亦異。趙宋閎儒崛起，廬陵、潁濱、伊川、橫渠之儔，以意逆志，不襲師承；《朱傳》之作，抱此微尚，義理自優，然先民古訓亦未盡弁髦置之。國朝諸儒，或聲音一派，或訓詁一門，或四家分治，或三家合參，微言精詣，夐乎不可幾已。士生今日，欲博綜精研，獨標心得，雖畢此生亦未必即有止境。學堂功課，門目滋多，並騖兼營，促促焉日無暇晷，又烏能策學子以前之說乎？講貫指陳，聊即孔子所謂"興觀群怨""事父事君"者期勵諸實用而已。其源流所在，塗軌攸關，偶觸於懷，隨筆纂錄，諸說兼收，漫無體例。如酒餚羅列，珍錯雜陳，嗜酸嗜鹹，任人自擇。倘有下一箸而津津不已，遂欲專味此品，饜飫終身者乎？則是編所采，亦導饞吻之一臠也。

《尚書》

自客歲九秋開講《尚書》，七閱月至今春而畢。講授之際，偶觸所懷，隨筆記之，與多士觀摩焉！噫！《尚書》爲二帝三王心法、治法之所寄，昔者橫渠張子亦歎爲難讀，謂"難得胸臆如此之大"，固不獨《二典》天文、《禹貢》地理，業屬專家事資考證者，未可以淺嘗得也。窺管之見，一隙之明，淺者見淺，自知無當於經義，願多士觀摩而討論，討論而問難。因余之淺，漸及於深，則余亦可獲知新之助，收相長之功，不交有裨益也哉？

《易》

司馬遷之言曰："《易》本隱以之顯。"孔子謂："假年學《易》，可無大過。"是《易》之爲書，寄至微之理於至顯之象，使之體察觀玩，以自寡其過者也。前古聖賢固示人以讀《易》之方矣！今春開講以來，多士每奇視此經，往往索之於隱，而不知爲切己之求。爰本先儒之旨，衍繹解説，義必取其淺，思必主乎近，庶幾導以先路，不致徒鶩高遠而無當於實用乎？

《春秋》

治《春秋》當治三《傳》，三《傳》互有得失。而左氏詳於事實，事實明而聖人之經旨自顯。故三《傳》中又當先通左氏。余既排比全經，節錄左氏之言事實者爲《大旨提綱表》，間有所見，復隨記之，另爲一册，聊爲學堂諸生導以先路，示之徑途耳！世之君子尚糾正之。

《〈春秋〉大旨提綱表》序

《記》曰："屬詞比事，《春秋》教也。"讀《春秋》而第沾沾焉求褒貶於一字一句間，能得聖人之微旨乎？自丙午秋，爲諸生講授此經，每統觀全局，專注意於中外得失之故，而於經傳源流義例輒語焉不詳。亦時事之變，觸於外而感於中，有不知不覺而然者。嘗參考顧氏《大事表》，見其分類排比，極盡精詳，而有分無總，是何異張其目而不振其綱耶？竊仿其體，取全經表爲六項，縱橫觀之，各有意義。當華夏陵夷之際，其亦可以借鑒矣夫！

《果齋一隙記》序

《一隙記》四卷，十年前讀"四子書"所劄記者也。久矣，弁髦置之。近來小學堂課程重讀孔孟書，而編纂講義往往爲教員所苦，因出而遺之，聊爲後生小子作先入之言，或者亦登高之階梯、入室之門徑乎？

《〈四書〉講義》序

自宋儒輯《學》《語》《孟》《庸》爲"四子書"，而《六經》之道乃該於是。故朱子嘗曰："四子，《六經》之階梯也。"夫以"四子"教天下，即以《六經》教天下。經術苟亡，乾坤亦毀。李文貞公有言："尊之則天下太平，廢而不用，天下便大亂。"豈過論哉？吾鄉前輩安曉峰先生掌教都門，嘗著《〈四書〉講義》四卷，余受而讀之，立心之方，經世之法，古今中外盛衰得失之故，皆寓於此。

嗚呼！斯道之不重於天下久矣！先生尚欲以斯道覺斯民，而望天下之太平也乎！

書

答王鏡潭書

三奉手書，前書諄諄以文章相期勖，非相知之深，不能相勉如是之切也。弟生質脆薄，學殖又復不豐，近歲竊窺陳編，略識古人爲學之致，始知言之不文，行之不遠。曾文正所謂"早具堅車"者，亦深有味乎其言哉？然姚惜抱論文有剛柔兩派，居嘗自省，殆剛不足爲剛，柔不足爲柔，恐失時失序。如弟者終不足與於斯文後也。自奉教後，重理舊所嘗服習者如司馬，如莊周，如姚王之類纂，一再讀之，古人用意之所在，筆致之各不同。司馬之"繆"，莊之"詭"，唐宋及本朝各家中韓、柳、梅、曾之雄深而雅健，非不能窺見其一二，然欲做而爲之，則不免畏難自阻者，以胸中所有之物往往不足供吾驅使也。且涉獵於此，甫未三月，方寸之志趣意向已寖寖乎有不近裏之勢。名利之念，不覺自動，終不若求之義理之可以歛吾氣而悅吾心，故仍以"六經"及有宋諸儒之書爲主，而以前所擧數種者緯之。駑駘下駟，妄羨騏驥之追風，千里遙遙，蹣跚整蹩，亦可謂不自量矣！自鞭之，自策之，蕲毋駐足而已！至不至，非所計也。

答友人論學書

接手示，反躬益切，體驗彌真。如云"無意之間，便發愁歎，夢寐之中，不忘炎涼"；"非著已用功，安能道此"；"但所以致此之由，似尚未檢點及之故"；"又有吾道否塞，所如不合"云云，竊以爲此數語即病源也。

蓋學者有絲毫是己非人之心，即伏怨尤之根。古君子持身涉世，不問人之非，但求己之是。其推勘體究，覺一己之病痛愈多者，其工夫愈密，其品格愈高。此聖賢所以反身立命，傾"否"轉"泰"之道也。

來書所云"改過""安命"二事，固親切矣！然其心用於人所共見之地者多，用於己所獨知之地者少。故其發於言也，似汲汲於學養、得失之途，實隱隱乎富貴、昇沈之感，仍是爲人之念不化，爲己之心不眞。大抵吾輩百般疵病，終不外乎讀書不專，研理不透。不專者患在於泛，不透者患在於浮。將欲不浮，先求不泛。倘以朱子所謂"虛心涵泳，切己體察"者專求之《近思錄》《論語》之中，俟其精熟，再及他書，則所得者日精，課己者日誠。寤寐隱微之地，常有所恐懼、悔恨而不敢自諒者，則過不求改而自改，命不期安而自安。

若夫事上接下，仕宦者固有當然之分。分之所在，盡吾當然者而已。吾未嘗前猛，又何必新懦。所引昌黎之言，又近於豪傑之士不得志於時者之所云，非吾儒大中至正之道也。謬蒙下問，敢效狂瞽，足下以爲何如？芮城薛先生之書，昨見《靈峽學則》《養正俚吟》二種，堅苦卓絕，力肩斯道，亦近今之景星慶雲已！然弟讀其書而有有感於懷者，試爲足下道之。

自三代教人之法不傳於世，秦漢已降之學人，大抵既長而從事於大學之道，孩提而得聞幼儀、克端蒙養者有幾人哉？至趙宋諸儒出，濂谿言"静"，洛閩言"敬"，橫渠言"禮"，蓋皆懼夫人之幼而失學，既長而此心放失，無以爲爲學之地，故各立一言，欲人之長而向學者填補夫小學已失之功。宗旨雖殊，其致一耳！後之論者多推崇程朱之"敬"，以爲得堯舜以來之正傳而有功洙泗，是誠然矣！周之"靜"，張之"禮"，一則虛，一則實。主於虛者，其弊易流於禪寂；主於實者，其弊每似於俳優。然要皆不善學者之過也，豈二先生而有此弊哉？

嘗竊謂"不得聖人之心，不足以讀聖人之書"。元之許魯齊，明之薛敬軒，我朝之陸桴亭，無不尊尚朱子之小學。觀數先生之造道，皆由"敬"入，是能得朱子之心，所以能讀朱子之書。古者八歲而入小學，知識未開，義理難解，但使之習灑掃、應對、進退之節，禮、樂、射、禦、書、數之文；既其知識已開，義理能解，則使之即所習者而加窮格之功焉。故曰"灑埽應對達之即天德王道"，此小學、大學一貫之旨也。

世之言小學者知成人以往之士，不能責以童子之役。爰取張子之所謂"禮"者以代之拜跪之節、趨蹌之文，細碎繁重，拘拘焉殊少天趣，徒驚世駭俗，反令人疑聖學爲苦人之具而不敢輕於嘗試，是誰之過歟？豈知張子之"禮"，固出於孔子，孔子告顏淵曰"克己復禮"，而其目則曰"非禮勿視、聽、言、動"。朱子注之曰："禮者天理之節文。"噫！誠知"禮之爲天理之節文"，則天理無不自然者而禮可學矣！然則，不知聖人之心，又烏足以學聖人哉？吾懼讀薛氏書者或失之瑣，或失之隘，故因足下所及而亦及之，當乎否？邪正未可知而已，不免妄議前人之過矣！惟足下宥而教之。

致王建侯書

音問希闊者有年矣！每一憶及，恒以前書未答爲歉。足下毋亦以此而有不慊於弟者乎？

前得書時，適抱病都門，旋即束裝歸里。比年以來，感時念亂，殊少佳懷，益以病魔纏繞，家計累人，百無一成，冉冉者已四十矣！撫躬循省，覺精神日衰，智慧日減，不復作出山之想，而半生志事有不克遂者，不能不望之同儕知己中也。茲特條列爲足下道之。

一、創建隴右精舍。我甘僻處天末，書籍之運購爲艱，庠序英特之士，往往以聞見不宏，弗克發志趣、擴胸襟而恢宏事業。竊嘗私設妄想，苟合全隴之筮仕於各行省者，量捐鶴俸，月益歲增取其息，以廣購書籍，創開精舍，以義理、辭章、經濟三門，拔後起之才俊而陶淑之，漸推漸廣，規模漸大。刊刻有用之書，廉其值以餉吾鄉人，亦盛業也。

一、創設常平義倉。蘭省處萬山中，川狹戶繁，四郊肥饒之地，農以貪利，故多植蔬果、罌粟、棉菸之類，業五穀者十二三焉，數十萬口之食，恒仰給於數百里外之運轉。雨澤偶愆期，秦王川之歲不登，西河之麥舟不下，省垣坐困矣！自近古以來，從未有數十年中不聞以饑饉告者，亦地勢然也。然土厚水深，儲糧歷三十年、四十年而不變。苟設倉，永遠平糶，不使居奇者操低昂穀價之權，小民之受惠有不可言喻者矣！

一、表章先哲。我甘自古多篤行謹守之士，而往往湮沒不傳者，後之人不知抱殘守缺也。如段柏軒先生，非《明史》一傳，里中人幾不能舉其姓字。今執後生小子而問《柏軒語錄》，皆瞠目噤口，罔然不識爲誰氏書。夫古人學求心得，何與於後世之名，而繼起者不能發幽光、表遺訓、立後進之楷模，而使之有所矜式，豈非桑梓之恥、吾黨之責歟？遺文墜稿搜輯成書，是又與於斯文，後者所當自任者也。

　　以上三條，末一條貴乎有卓識，又貴乎有鉅資；余亦非鉅資不辦，非衆力不成。昨聞足下已眞除受事矣！倘於公私用度外，量所入而節省之，視節省之項，如開除之款，不復據爲己有，日復一日，年復一年，積少成多，約同志之人作不朽之業，豈非人生之至樂、天下之至豪歟？若夫前書所問，異日宦成名立，聚首家山，相與面商而面質之，今無煩絮絮也。

答王鏡潭書

　　上元前三日得手示，讀悉種切。水車之制，求之木工者易，得其地利者難。其法從水底用鉅石疊成兩壩，高出水面，施木架其上，以架車輪。車輪橫置兩壩間小港中，入水二三尺。港間空闊，下流暢利，不可有阻礙。港之上流，近車處安一遏水坎，在水底如門限狀，水至港中，港束水急，又有坎以跌宕之，車輪因而運轉。故得地之難，大端有八：

　　一、河岸不宜太高也。太高則車輪不大，不能引水上岸。大則笨重拙滯，水之力不克勝，往往廢而無用。

　　一、河干不宜太深也。蓋築壩愈長，取勢愈遠，水愈有力。有車在此，而取勢在二三丈外者，太深則石銜精衛填海無功。

　　一、水性不宜太緩也。河至蘭州，兩山夾束，其勢奔放，故能得力。若河身寬闊，有汪洋浩瀚渟蓄之致，則其性必緩，無計可施。

　　一、河底之剛柔宜辨也。蘭州之河皆石底，每有天然水港如枝流，然略加修築，即成不拔之基。倘沙頓泥鬆，溽焉若不測之谿、無底之壑,則石不能留,壩不克起。即勉强施工,而基趾不牢,易於冲刷。

一、水勢之漲落宜察也。察其常年之中漲至何所,落至何地,而取其中,不致猛雨暴漲,車隨水去,小旱不雨,車又停輪。雖停輪之弊究不能免,而暴漲之患在所必防。

一、水邊宜多粗沙大石也。此間鄉民有僅築兩壩而費至數百金、千餘金者。若運石遠方,則勞費難支。

一、境中宜多茂林大木也。一輪之利,所利無多,推廣擴充,必欲成十輪、十數輪以溥其利。非就地取材,不能得心應手。

一、民間宜有鑄冶鐵工也。車輪之軸徑數尺,兩端圍以鐵箍,架上受軸處亦用鐵承之,如仰月形,名曰"仰盂"。鐵與鐵相切,注油其中,車便靈動。其鐵箍、仰盂有重至數十斤者,若無此工,亦不免棘手。

凡此八端,皆極切要,而機輪之製造,猶其後焉者也。足下悉心查勘,如果高下得宜,深淺得宜,緩急得宜,剛柔漲落無不得宜,而又有石、有木、有鐵冶,則持之。以足下之有志,何患事之不成乎?弟當再訪工師之識水性、諳地利者攜帶小樣前來相助,萬不可使未經閱歷之人冒昧而學制也。如不得地,恐須另籌善策,烏可沾沾於此耶?

噫!我中國地多肥壤,物產殷繁,自邃古以來因其自然者十之七八,濟以人事者十之二三,不煩苦心焦思而萬物得所。今則丁口漸盛,人滿爲憂,而又分其利以活五洲萬國之人。古之有餘者,今則頓形不足,此造物者所以啓斯人之智慧而使之創新法也。乃西人出而先得之。古法必因地之宜,而人力有不可施之處;新法則奪天工之巧,而人力無不可爲之舉。爲政者欲利源自我而開，利權自我而操，使天下無閒民、無曠土、無遺物、無棄材，則新法之有關於爲農、爲工、爲商賈者，烏得不合力講求斤斤焉？與彼教之凡鄙乖謬、害仁賤義者概深惡而痛絕哉！偶觸所懷，暢此狂論，然邪？否邪？當必有以教我矣！

答王鏡潭書

來書情深誼摯，殷然以出處相商。數年以來，每於窮約不自給時，未嘗不動功名之念，而即動即愆，痛自戒抑，硜硜然守匹夫之小諒，而惟恐腳根不定者。愚拙之人安吾愚拙，又何必蒙恥銜愧、違厥初心乎？且弟憂患餘生，神智不似疇曩，心緒惡劣，醫藥頻仍，又何敢希榮干進，妄思任艱鉅乎？嗟夫！男兒身世，何與升沈？袁簡齋答程魚門書曰："但使有一卷書傳後，則幽冥魂魄長逝無憾，功勳子嗣都無所關。"簡齋以辭章言耳猶能如是，況乎聖賢之學之樂之貴自得者乎？居嘗自恨無古人知命之功、樂道安貧之致，勉強矯拂，忍凍禁寒，竭畢生智力，孳孳焉蘄遂吾刻苦之志，迺有境遇之擾，無師友之助，孤子寡歡，了無機趣。書院當廢弛之日，蓋瓦縱橫，級甎錯迕，牆傾壁陊，風雨欺人。英俊不來，與誰言論？客歲別啟書堂，呼朋引類，庶幾同志與共晨昏，不圖科第囿人、溫飽奪志，可與共學無二三焉！徒督勤問惰，反卒卒少閒適之味，偶一猛省，不覺啞然自笑也！嘗念古君子遨遊數千百里，觀名山大川，與海內偉人傑士相往還，擴胸襟、恢識量，孰能鬱鬱久居，對兒女子挫英雄氣乎？我朝如顧亭林、孫文定諸公，一何壯哉！此固疇昔所歆慕而不克自遂者，"稅駕他鄉"之說實獲我心。第不識陝中能有一枝可借否？足下能代爲籌之否？

彼蒼能許，脫此桎梏而翱翔容與否？否則何以能自適其適乎？比年得《讀書記》八册，《省身日記》二册，大抵陳言腐語，殊少精思，只《省身》一編，似略有切近可采者。去秋，因病體纏綿，覺精神日衰，知慧日減，恐過此以往，並此陳腐者亦不能稱寸心所願欲而使之日進。爰取而汰之，存十之一，本《朱子學的》之旨，略爲序次，命曰《勸學邇言》，思與吾黨後起之士共勵前修焉！既而躊躇顧慮，似近於騖虛名而不求實際者之所爲，且其言之當否，又未能自信。旁皇倚閣，質證無從，遂不敢輕以示人。今抄一通，請足下與實生、笠亭出實心加筆削，示以是非，定以當存與不當存，當印與不當印之準，亦藉以達數年來心期志趣於二三知己前。非敢遽言著作，妄希標榜也。伏維嚴繩而痛糾之，幸甚！幸甚！

傳

徐鐵海先生家傳

先生諱炳熙，原名瑞麟，派名棻，字信芳，又字子昭，號鐵海。皋蘭徐氏，其先爲安徽合淝人，明世有諱義者以世襲明威將軍、昭信校尉官蘭州衛副千户，遂世居於蘭。曾祖璣，妣張氏。祖世昌，妣李氏、倪氏。考履中，妣李氏、劉氏。李太夫人生先生昆仲三：次敬，改名漸鴻；次萃。

先生其長也，幼失恃，育於祖妣倪氏。性孝友，博學多能，工書善畫，尤嗜琴。少與漸鴻同時入邑庠，旋食餼。光緒丙子，科舉於鄉，年五十四卒。卒後十有七年，選授平涼府靜寧州學正。又二年，以其子彪貴恭遇覃恩請封如例。鄉之人士相與欣幸其生後，愈不禁增慨其生前。先生以聰明穎異之資，未弱冠即有聲於庠。及壯，遭家多故，憤而學商。學商不成，轉而業儒。顛躓拂亂，垂三十年。迨丙子，登鄉舉，時年已四十九。再上禮闈，又不第，循例就教職而歸。歸而疾，疾而卒。嗚呼！何其蹇也。

嘗讀史而歎古之偉人傑士，或得志於時，或不偶於世。其所以有幸、有不幸之故，大抵時爲之、地爲之，而命即寓於其中。吾蘭自近古以來，從未聞歷百年而無師旅饑饉者。自余之生也，聞父老傳言，某也爲舊家，某也爲望族，閱一二世而再至其地，重訪其人，墟落空存，田園易主。其子若弟謀升斗之不遑，烏能詩書琴瑟優遊以竟其學乎？生才不易，成才尤難，良可喟已！先生當咸同間回匪猖獗之時，迭遭喪亂，歲屢不登，家故饒財至是中落。

仲弟漸鴻又物故，悲愁激發，思所以光復先業者。嘗往來隴南、秦鳳間，夜讀儒書，晝營貨殖，以爲可以謀生而致富矣！乃其時，西北之賊蹂躪徧關、隴，道梗多不通。時與運左，竟往往折閱焉。

余之從先生遊也，在戊寅、己卯間。時則賊漸平、歲漸熟，而先生亦漸老矣！和平溫厚，終日怡怡。即生徒業或不勤，藝或不進，先生俯仰太息，五指彈案，作丁丁聲，卒不忍出一言以相傷，而受者已愧怍不安，辱於夏楚。常課而外喜談詩，命題多古者豪俠節義之倫，輒有擬作，慷慨激昂，詔生徒講畫指授，罕譬曲喻，雜以詼諧。先生笑，生徒亦笑。惟時穉幼無識，方且謂人生至樂在吾師若弟函丈間也。

光陰轉瞬，回首當年，始知先生胸懷所蘊鬱鬱而不得發者。日對此二三小子，借吟詠以抒寫，是何異向夏蟲而言冰、對蟪蛄而問春秋也？可哀也夫！向使以先生之人之才，而生於干戈不擾之區，又值夫家給人足之會，竭畢生才智，一意專志於所謂文章經術者，其成就必不可量。而竟窮老荒山，區區一學宮末秩，而亦不獲躬膺。嗚呼！時爲之耶？地爲之耶？又烏得謂之非命也耶？

先生配吳氏，子五人：紹先、遵先、守先、志先、銘先。遵先改名偉，入邑庠。志先改名彪，新疆阿克蘇守備。女一，適張。孫四人。

論曰：先生未卒前三日，里鄰姻舊中争傳謂異香滿室，經宿不散。是說也，黃老家多艷稱之，而儒者不道。然先生晚年嘗於無事時擁被高臥，累日不起，毋亦有得於陳摶之流乎？然先生究儒者也，然亦足以見里鄰姻舊之愛慕先生而不以常人目之也已！

談贈翁家傳

　　贈翁，諱文彬，字曰質夫，世爲皋蘭談氏。曾祖尚材，妣氏某。祖元功，妣氏郭。父清廉，妣氏魏。魏太孺人舉丈夫子二，次爲周堂翁，贈翁其長也。

　　贈翁之少也，家綦貧，而王父母猶健在，太封翁以事畜計迫而從戎。揚州之亂，徵調甘兵，太封翁與焉，途次至河南，歿於寧陵。贈翁漸長，爲人貿易，藉以承大父大母暨魏太孺人歡。每朔望，同人招飲，輒托故至家，與堂上老人共菽水，往往效老萊子作嬰兒狀，以博一笑。

　　太封翁之歿也，贈翁少，未克歸骨，嘗以爲終身憾。周堂翁少贈翁十一，其在冲齡，贈翁以拮据之餘爲行束修，使入塾讀。尋遭回變，遂輟業，相與爲魚鹽隱。無何，而子若姪又苴苴然繞膝出。贈翁又多方營畫，以向之望弟者轉而望諸子若姪焉！

　　子曰鳳來，姪曰鳳鳴、曰鳳翼。鳳鳴於光緒癸卯舉於鄉，鳳翼亦於是歲入邑庠。贈翁皆不及見，而一生精力專注於鳳鳴兄弟者固有素矣！

　　鳳鳴幼多病，嘗患盜汗。贈翁爲百計求醫，手自調藥，時時飲之。偶聞鄰里有患疫者，輒惴惴惟恐染及。或盛暑，鳳鳴苦頭痛，輒引之遊息，夜半則喚令起坐，做道家調息法。臨歿，撫鳳鳴而告曰："吾望汝讀書成名，於吾身親見之，今不及待矣！汝兄性柔，汝弟性躁，汝居中以和平處之，勿貽他人笑，吾心慰矣！"配陳孺人，生子一，即鳳來。

贈翁卒於光緒二十一年十月二十日。其受生也，則爲道光十九年三月十六日，卒時年五十七歲。贈翁卒，而周堂翁操家政，一秉贈翁之貽則焉。

周堂贈翁，諱文郁，字周堂。配魏孺人，子二：長鳳鳴，癸卯科舉人；次鳳翼，庠生。贈翁生於道光三十年十二月二十八日，年五十六歲，於光緒三十一年六月初五日卒。卒時，謂鳳鳴兄弟曰："吾與爾伯父相處之善，皆爾等所親見。爾等其安分守業，遇事相商，如我與爾伯父之相處，斯可矣！"生平持家節儉，婚姻喪祭，一稱有無。每食新，雖瓜果蔬麥，必薦而後敢嘗。念及太封翁遺骸未返，又不禁泣下沾襟，嗚咽而不能下咽也。

鳳鳴之赴禮闈時，則因庚子變，後借闈河南，贈翁即以尋太封翁旅櫬事諄諄囑之。鳳鳴抵汴，即如寧陵，往來於荒煙蔓草中，徧訪父老，卒無有能指其葬處者。贈翁聞之，愈戚戚於心，抱終天之隱痛云。

論曰：自世風日漓，家庭骨肉間每多遺憾矣！求能親親長長幼幼，尋天倫樂事，一言一動，悉出於至性至情者，搢紳大夫亦不數數覯。而伏處草茅如贈翁昆弟者，殆真性未漓，所謂"君子存之"者歟！噫！可風已！

墓表

孫封翁墓表

孫君重甫得志於禮部之明年，實維癸巳，恭逢皇太后六旬萬壽。天子下錫類之詔：凡京朝官，皆視其品加三級，以褒榮其先世。於是，重甫以刑部主事請封其府君蔭唐翁爲中憲大夫，贈其妣曰恭人，而貤贈其祖父母者如之。

越戊戌，重甫改官之陝。壬寅，權鰲涇陽。封翁年七十卒於差次。今年癸卯，重甫輿櫬歸，剛日既卜，乃以表墓之文，屬余按狀。

封翁，諱其祥，字瑞存，亦字芇邨。蔭塘，其別號也。其先爲山西太原人，明時始著籍皋蘭。傳十一世而有諱湴高者，妣曰劉，是爲封翁之曾祖父母。十二世而有諱國俊者，妣曰李，是爲封翁之祖父母。十三世而有諱訓者，妣曰何、曰朱，是爲封翁之父母。封翁以上皆業農無顯者，而封翁獨躬膺誥命。何太恭人生子二，朱太恭人生子三，封翁次居四。其長於封翁者曰好善、曰寶善、曰積善，其幼於封翁者曰良善，皆先封翁卒，而封翁獨壽。

封翁軀幹修偉，貌厚而温，談諧嬉笑，天趣盎然。少以貧，故不克卒儒業，而性喜讀史，暇輒手一編，爲兒輩誦説。遇文士必賓異之，侍親疾藥必躬調，居喪必慎必虔，處兄弟必以和，待諸孤必以恩。朱太恭人有姊氏，歸於牟，寡貧無依，迎之家，贍養終身，尤爲閭里所敬服。生平修譜牒，葺宗祠，解訟息爭，賙卹族鄰，力所能致無不致，而坦然若忘其爲己之力。殆古之所謂率真者歟？貌如其心者歟？

宜其以子貴，以壽考終也。原配朱恭人、繼配王恭人皆先卒。朱恭人子二：曰友仁，曰尚仁。王恭人子一、女一：子曰銘仁。友仁，癸巳舉人，兩當縣訓導，先封翁二年卒；尚仁，即重甫，己丑舉人，壬辰進士，陝西截取知縣，前刑部主事；銘仁殤。女適辛卯舉人、華亭縣訓導王從乾。孫曰履昌，友仁出。

封翁卒於光緒二十八年八月十一日。二十九年某月日，葬於永凝堡西大清道，以長子友仁、家婦魏氏祔。

周贈翁墓表

贈翁諱士義，字某，皋蘭周氏，廣東嘉應直隸州知州士俊兄也。嘉應公中咸豐辛亥舉人，癸丑進士，內閣中書，改官知長樂縣。遷嘉應，加知府銜，於是貤贈翁爲朝議大夫，其配金爲恭人，時贈翁已前卒。嘉應公以僕馬迎金恭人，未及赴亦卒。恭人年七十有一，其卒在同治七年十一月二十三日。贈翁卒於咸豐六年二月初六日，年五十七。嘉應公終以不獲報兄嫂爲憾。公昆仲四，長即公，次士倉，次士瑤，季則爲嘉應公。

嘉應公之生也，太恭人病尪羸，乳漼不繼。金恭人適舉子不育，公命就乳之。恭人撫育勤劬，孝思臻至。無何，太封翁夫婦相繼逝，仲弟倉亦不祿。嘉應公尚幼。公與叔弟瑤課農桑爲衣食業。叔弟慮嘉應公操儒術無近效，思爲變計。公堅持不使廢學，恭人以紡績女紅助膏火資。

嘉應公漸長，遊邑庠。念公持家艱，謀設帳授童子句讀，少紓公慮，公堅持不使分心志。嘉應公感激，益奮發，遂通籍於朝。贈翁猶及見之。

先世皆隱德不仕。祖某，妣氏某；考某，妣氏某，皆以嘉應公故，請封如例。

論曰：嘗讀《易》至"觀"而喟然歎曰："初六'童觀'，是丈夫而所見不遠也。六二'闚觀'，猶女子之所見不大也。"史稱陳平少時，伯縱使遊學，而嫂疾之。丈夫容或有不童觀者，女子闚觀往往如是。贈翁世居鄉，去會城六十里強。今卒數十年，鄉之父老茅檐話雨，屈指計里中先達，稱嘉應公者，必娓娓述贈翁及恭人之賢德，斷斷不置。吾因是而知贈翁之所見遠大，而且有以型家也。然吾又以慨夫人之觀人者無不明，而論人者無不以成敗也。向使曲逆不貴伯氏嫂氏之賢否，又烏能知後世耶？君子之於骨肉，求吾心之所安，竭吾力之能竭而已，豈預計後之必如吾所料、必償吾勞而始爾耶？處家庭手足間，有分義所當盡之責者可以思已。

王太封翁墓表

光緒三十有三年丁未冬十月，花翎候選道前安徽太和縣知縣、吾友王君建侯以家艱歸里。去太封翁之葬三十有六年矣！乃謀所以表於墓者而屬文於余。

太封翁，皋蘭王氏，諱維傑，字漢三。父城金，妣曰蘇。祖廷瑚，妣曰牟。曾祖英政，妣曰邢，曰魏。世居長川村，業農，無顯者。

　　太封翁幼，有至性，篤於孝友。年五十卒於同治十年。生平言論行誼，雖傳播里鄰間而未彰於世，自建侯貴而太封翁彰。自建侯治太和十年，時時散萬金施予人，傾動一時，而太封翁愈彰。及見太封翁者，皆嘖嘖稱太封翁之爲人，非建侯所及也。咸同間花門之變，村莊皆練團，以丁壯自保。長川村丁壯獨盛，往往出援他團。劫賊壘掠財物瓜分之，太封翁嚴戒子弟，不令苟得。子弟嘗拾遺得契券盈篋，察之共田可百數十頃。太封翁督焚之，不令妄獲。

　　維時歲大旱，人無所得食，疇昔千百金產，鬻米僅斗許耳！有強鬻於太封翁者，賊平歲熟，仍令納米斗許贖歸之。長川村去紅圈溝不數里，紅圈溝者回族聚處之窟穴也。各團丁壯慮爲內患，擬先發而殲之。太封翁聞而驚曰："彼悍我弱，彼聚我散，雖寡而心一，我雖衆而志紛。倘機事不密，我無噍類矣！"戒村人勿預其謀，後果事洩，回族起而反噬，長川村獨免。

　　嗚呼！古之君子抱不琢不琱之器，窮老山林，不見知於人世者，葆其真者歟？完其天者歟？弗可及已。太封翁韜晦終身，純氣未鑿，晚年遭世變，言行所及，始使人微識其端倪。至建侯而洩其光、振其采矣！余獨不羨建侯之能彰先德，而甚慕太封翁之能彰建侯也。

　　天地之道，不抑不揚，不鬱不昌，建侯揚矣、昌矣！孰爲抑之、孰爲鬱之耶？太史公有言："務華絕根。"世之欲留貽子孫者尚含其章、闇其芒、歛遏其氣而貞固其藏乎！

碑

蘭州府文廟禮器碑

咸豐、同治間，吾隴上烽煙起，干戈滿地，禮樂云亡。數十年來，雖重見太平，而以蘭州首郡，每當春秋上丁日，青衿之子駿奔在廟而不得睹琴瑟鼓鐘之盛，思古者往往憾之。光緒丙午，奉詔以大祀祀先師，並用武舞，權蘭州道事金匱孫公承制府蒙古吉甫公之命，講求典制必飭必周，於是俎豆之宜增者無不增，八音十二律之宜備者無不備，助祭佾舞者儒冠裳帶履之宜畫一者無不整齊而畫一，煌煌穆穆，可以觀矣！吾黨君子皆欣欣然以手加額相告語曰：是不可以不記。因記之而列書禮器之新添者如左。

皋蘭興文社公立兩等小學堂校長高君遺念碑

符五高君既卒之明年二月，其門下士彭生達志等數十百人者皆思念不衰，謀為文永之，而來請於余。

嗚呼！君之喪，余曾為文哭之矣！世之知君者莫如余真，則彰君之責又將誰貸？即無諸生請，余又能已於言耶？

君資性明達，坦坦平平，不矯激取名。為吾兩等小學堂童子師，閱五年，勤瘁如一日，於生徒不輕施夏楚，而皆欣欣然程功，肅肅然起敬。自科舉廢，學堂興，教人之法頓異。疇曩講堂鐘點外，教員遂優遊於自適之天，而修脯動輒數百金。吾兩等小學堂之設薄於資，賴二三同志以大義相勉勖。君爲堂長，五年之中其歲支薪金自八十金遞加至二百金耳！而學子又時時踰額，君又勤於敎，例課而外又於自習時加意指授，自晨至昏，不令學子蕩然於法度外。

學堂初設，表册、章程、公牘皆平昔操儒業者所不諳，而又歲異其式，月變其格，承其任者皆疾首蹙額，茫無端緒如亂絲。然君一一梳理之，至再至三，必中程而後已。知交中愛君者無不憐君勤，即余亦時時竊念薪資廉，無以答君勤，而君乃淡然若忘，未嘗幾微形於色、出於口也。

嗚呼！賢已！吾初與君亦泛泛交，自儕輩推君爲堂長，昕夕相聚首，始知君。君，吾皋蘭人，家南鄕，在亂山間，以貧故，太孺人不樂城市居，君時時省覲之。前年迎太孺人來居數月，余時時至其家視君，母子間樸拙率真，有孺慕意，心竊羨之。君之登賢書也，赴禮部試，艱於資，時吾邑建侯王君宰太和，以二百金助君裝。

越丁未，君爲堂長，聞建侯將以家艱歸，百計集資，備建侯緩急。建侯用財豪，所揮灑者往往雖追索不復返，而君獨如是。君爲堂長時，兩逢保送考職之典，皆以堂上春秋高，不赴。余方私爲學子幸以爲可以長依門牆，沐春風化雨於無已時也，而不圖竟變生不測也。此余所以不能不有疑於天道也。

君諱登嶽，符五其字也，卒年四十五歲，時爲宣統二年庚戌冬十二月七日也。

壽序

蘇母李太宜人壽序（代）

會寧蘇氏耀泉、源泉二生，有賢大母曰誥封李太宜人，今年年八十矣，孫曾濟濟，四世一堂。又親見二生同登賢書。耀泉又以戊戌進士出爲縣令浙江。倘所謂人生順境者非耶？何其盛也！

廼二生之乞余文爲太宜人壽也，則曰：“自余兄弟有知識以至於今，未嘗見太宜人一日即於暇逸也，未嘗見太宜人於一絲一粟不以錦繡珠璣視也；盤盂盎甕、几杖壺豆之屬，未嘗不自潔；巾絮綫縷、寢衣袍襗之瑣細者未嘗不躬自浣濯，手自縫紉也；諸婦諸孫婦之請代者未嘗許，即許，亦未嘗不倡導而身先之也。古之人不敢造次忘艱苦之境，若太宜人者謂之爲不忘艱苦之境也，是耶？非耶？”

“先是，同治初，回匪倡亂徧隴上，吾邑適當東道之衝。二年十月，賊虜至家，故居鄉之六百餘人者皆托命一堡，皆仰食於先大父。先大父出積穀，計丁而日餔之，出羊百餘頭，日犒守埤者。太宜人躬爨事，發屋析薪，箸籌勺給，無吝容，無勞瘁色，如是者四閱月。賊退，六百餘人者皆無恙，而吾家於是蕩然矣！先大父亦於是憂勞成疾，竟不起矣！時則大旱，頻年赤地千里，舉室嗷嗷，無以爲命，嘗得麵數斗，有年矣，不知所自，太宜人嘗之無毒，分食家人。間采木葉、掘草根，必百計舂揉，百方烹飪，使之調於口而安於胃。此皆太宜人所身受，先伯畢生所稱述，家嚴至今所耿耿於懷，而吾兄弟所數數耳聞者，敢一日忘乎？"

噫！二生之言如此。此二生之所以日即順境而有以報太宜人者歟？夫草木不經盤錯者，其華實必不茂；江河不經過鬱者，其波瀾氣勢必不雄。二生，余甲午典試甘肅所得士也。其家世業農，無顯者。今耀泉已通籍矣，源泉亦非久於牖下者。其於蘇氏，固花實之於草木，波瀾氣勢之於江河也，而惴惴慄慄，不敢忘其先之盤錯鬱過者，可不謂知本乎？雖然，天下之最不可常者境，而最難處者亦境，艱難險阻之交，往往不能自克。一旦否者泰、困者亨，回首當年，怵焉神悚，懲前慮後，惟利是崇，非義之獲，非分之干，不復抉擇而審顧者比比然也。若孝子仁人之處，此豈遂不以其道哉？當其禄逮養親，回思曩昔，欣幸之餘，彌增傷感，又何敢以絲毫之非義、非分，累吾親貞白之操？

昔日夜憂懼，不克報吾親於萬一者，學問不足以重吾親也，文章不足以顯吾親也，事業不足以光吾親、大吾親也。此孝子仁人所以能壽其親於千世萬世而不朽者也，然則余之文不足以壽太宜人也。壽太宜人者，二生也，二生勉乎哉？

王母魏太孺人壽序

世之稱貴遊子弟者動薄之曰"紈袴兒"，而荒村老屋中，往往得佳子弟。發洩者易漓，蘊蓄者未已，理固然歟？王生茂懿從余遊有年矣，敦篤嗜學，有古君子風。光緒三十三年丁未，爲兩等學堂童子師，尤與余時共晨夕。余數數羨生訓迪勤，無一日或曠。生戚然曰："茂懿辭家數十里，朝斯夕斯，得以專志壹意於學者，皆母氏賜也。"余於是始知太孺人賢。

太孺人年十五歸季高隱君維岠爲繼室。隱君，皋蘭人，業農。田數頃，力耕自活。太孺人佐之，每秋獲，傭者百數十人，自晨抵午，自午抵昏，饈終日不絕，皆出太孺人手。時翁姑猶健在，亦憐之。如是者二十餘年。

晚年隱君謝世，太孺人撫子育孫，任兒女婚嫁事，持家嚴，一絲一粟，必珍藏珠貴之。外内井井，不見罅漏。此生之所以無内顧憂而感激涕零者也。

性和而肅，處姒娌、待前室子，皆無間言。人無論親疏男女，相見必以勤儉勖。雖聽者厭倦不樂聞，猶叨叨絮絮無已時。好施與、周姻族，必稱其情，或聞有窮困不得所者，輒中夜憂慮不自釋。

今年年六十矣，子抱孫，孫有子，半耕半讀，葆樸拙真純之意，於疏籬茅舍間，日持菽水，欣欣然承太古歡。宜乎太孺人顧而樂之，而有以永其天年也；宜乎生之方興未艾，席盤鬱渾淪之厚福，蓄久必發，而有以光潛德於將來也。

夏五月十有九日，值太孺人生辰，生屬余爲文以彰其劬瘁，蓋亦慨念親恩隱隱焉有不能圖報之憾，聊借余文，以抒其情耳！雖然，母從子者也，非柳子而和丸之訓不傳，非歐陽子而畫荻之勤不著，余固知生異日之彰其親以報其親者當更有在矣！生其勉乎哉！

啓

募建隴右公社啓

　　五倫而外，莫親於同鄉。以其意氣相投，性情相習，德業可以相勸，過失可以相規。禮俗既相交，患難自相恤。《孟子》曰："出入相友，守望相助，疾病相扶持。"睦嫻任恤之風，何若是之純且厚歟！自比閭族黨州鄉之法壞，世之人判散乖離不相聯屬，有同居里巷至老死不相往來者。而士大夫筮仕他邦，醵金築舍，號曰"會館"，當春秋佳日，相與銜杯酒，接殷勤之餘歡，謂之"敦鄉誼"。及其挂冠歸里，反杜門謝客，與邦人士不相聞問。風俗之厚薄，後進人才之成就與否，漠然不加喜戚於其心。嗚呼！古道淪亡，高風寥渺，良可嘳已！方今世變日亟，朝廷鋭意更新，佐貳諸員准歸，本省序補。蓋寖寖乎欲復古者鄉官之制矣！而部頒一切選舉章程，不拘紳民，不分文武，但以得舉之多寡，定其人之進退，是又鄉舉里選之遺意也。雖然，古之所謂舉於鄉而選於里者，德足以感人，行足以服人，道藝又足以能人之所不能。蓋自閭胥以上，爲族師、爲黨正、爲州長、爲鄉大夫，皆於平居無事、聚民讀法之日，巡問觀察，其孰爲智，孰爲愚，孰爲賢、不肖，考之也有夙，知之也自真，故其選而舉之也，如擇家寳，安有失其輕重貴賤之分者乎？今以疇昔從未謀面之人，一旦萃於一所，而責之曰舉賢才、舉賢才，是問瞽者以青黄黑白之色，叩聾者以金石絲竹之聲也。有心世道之君子，能不怦怦於懷而動望古遥集之思哉？隴右公社之建，不惟欲使吾八郡人才之聽鼓蘭垣者得有會歸之所，亦藉以使關西將佐、牖下書生聯袂一堂，互爲資益，則相親相近，相感相成，與昔者"藍田呂氏鄉約"之旨及三代興賢興能之典，暗相符合，或者以仰副聖天子法外之意乎？固不獨我鄉邦大局之私幸已也！所願吾黨豪傑志士，慨分泉潤，指日觀成，不勝馨香禱祀之至！

延攬人才啓

鄙人招募防軍以保衛地方。所有應用人才，不得不悉心選擇。倘有英雄豪傑，勇敢有爲，風塵埋没，抱負不凡，能合鄙人左列數條之一二者，請自通姓名，鄙人願降心求教焉！倘只存肥家利己之心，妄作昇官發財之想，請勿賜教，以免虛勞。

一、有精神者。一、無官氣者。一、有膽氣者。一、無私心者。

一、能耐煩者。一、不怕死者。一、規模廓大者。一、器量寬廣者。

一、心志堅定者。一、見識高遠者。

祭文

祭皋蘭興文兩等小學堂校長高符五孝廉文

嗚呼！符五竟如是耶！君之疾病，何由致耶？豈非以勤勞之過度，致壽命之短促耶？嗟斯世之自私而自利兮，曾幾人能知大義耶？與其耽安逸而偷生兮，何若盡瘁於公益耶？君固仰天而無愧兮，又何不可坦然而長逝耶？惟余懷之耿耿兮，能不望長空而一哭耶？自吾兩等學堂之設兮，微君之勤能有今日耶？今君竟中道而棄我兮，落落者又誰余助耶？與君相勉以勤懇兮，或者滋培灌溉、毓芝蘭於幽谷耶？今才之已成者尚如此之摧殘而挫折兮，其未成者又烏可必耶？豈斯文之應喪兮，不許我輩之扶植耶？豈蒼蒼者亦不願人之爲善兮，特厄之以多故耶？

嗚呼，痛哉！君知否耶？

果齋續集

序

　　是編皆壬子迄庚申之言也。昔者昌黎韓氏以人之不得已而後言,喻物之不得其平則鳴。八九年來,余豈猶有不得已者乎?抑可已而不已乎?何鳴之出於不平者之多也?過此以往將不復鳴?故萃此不平之鳴以鳴於世,世有聞吾鳴而起者乎?倘浮一大白曰"其鳴也哀",則余言爲善言矣!

詩五言

清明郊行（癸丑）

郊原微雨後，惠我有和風。
草茁黃中綠，山分黑處紅。
傳聲人在遠，攫食鳥盤空。
荒冢知多少，伊誰是鬼雄。

詩七言

感事（壬子）

來日明朝誤此身，又將誤我誤人人。
世間多少當爲事，不及池塘草上春。

詠　春

春　意
欲將心事訴琵琶，每一通詞語轉差。
燦盡舌蓮終不解，杏花園裏問桃花。

春　懷
天涯地角夢魂勞，枕上流鶯喚碧桃。
起向閒階問蝴蝶，白雲何處許由逃。

春　思
殘紅落處悄支頤，情緒纏綿只自知。
說與檐前鸚鵡聽，替人啼到夜深時。

春　愁
廿番風信太荒唐，報道橫戈萬丈長。

打破蒼天須要補，人間何處覓媧皇。

春　夢

翩翩蝴蝶是莊周，去向華胥國裏遊。
偶被群鶯驚喚起，亂花堆出一天愁。

春　色

惱人天氣令人哀，滿眼桃花舊主栽。
何似當初空我相，西方試問佛如來。

春　信

夢裏池塘草未生，誰將消息問蓬瀛。
夜來忽報東皇至，先向桃源洞口行。

春　聲

一樣鶯啼燕語天，今年渾不似當年。
五更驚醒唐虞夢，聽到心頭便惘然。

春　光

眼底山川恨未消，花花草草眩瓊瑤。
海棠無語胭脂冷，紅燭何須徹夜燒。

春　怨

元宵拜罷大聲云，一語須教上帝聞。
我有疑團終不解，凌霄殿裏太氤氳。

尋　春
生機斷後續誰能,踏徧千山得未曾。
偶向梅花窗裏坐,天心還在讀書燈。

探　春
東風漸綠首陽薇,多少愁雲繞四圍。
我向山靈開口問,夷齊門徑是耶非?

迎　春
深情還似故人無,亭短亭長叫鷓鴣。
我欲扶筇門外去,徧攜餘澤灑江湖。

遊　春
煙雲未改舊山河,楊柳風前載酒過。
鳥變新聲花變色,眼中撩亂耳中多。

懷　春
紅豆拈成藥一丸,偶然當作落霞餐。
腹中埋下相思淚,萬古千秋永不乾。

買　春
風月年來價太低,黃鸝惆悵子規啼。
何曾費得分文力,袖裏乾坤任取攜。

惜　春

宵來忙煞鳳頭鞋，微雨初晴露滿階。
多少落花人不管，殷勤獨向月中埋。

留　春

好運憑誰轉太初，如何容易說歸與。
願將一種纏綿意，爲上通明殿裏書。

送　春

雲山猶在夢難存，燕子歸來也斷魂。
十二萬年獨今日，酸風吹淚入天門。

憶　春

夕陽剩有落花紅，流水垂楊尚晚風。
多少樓臺歌舞地，不堪回首月明中。

治　法

尼山義利辨微茫，五夜盟心判聖狂。
不向此中求治法，人人爲己國淪亡。

謁　墓（癸丑）

一

將揮血淚灑泉臺，怕惹先靈比我哀。

暫以好音瞞地下，墓門休放哭聲來。

二

哭不成聲泣更哀，先靈見我費疑猜。
兒曹若少傷心事，何故偷揩淚眼來？

觀　　劇

調絲品竹起笙歌，到耳聲聲是太和。
且向靈臺照明鏡，藏胸武庫有干戈。

題岳鄂王《書諸葛武侯〈出師表〉後》(有序)

　　岳鄂王所書武侯《出師表》，其神采飛動，英氣偪人，固不待言。其跋尾稱紹興戊午過南陽，阻雨武侯祠，讀石刻二表，感泣夜不成眠，爲道士揮涕走筆。嗚呼！是時王年才三十六耳！讀史者考王所遭之時，可以識王涕淚之所從來，亦可以悟王性情之所存，志趣之所寄，非第如騷人墨客臨池揮翰已也，因題此以志欽仰。

一

天心難問九重霄，丞相祠堂夜寂寥。
半壁河山千古恨，把來都向筆尖消。

二

滿腔心事向誰言，墨瀋淋漓血淚翻。

惹得鬼神窗外語，有人提筆掃中原。

三

天把英雄當墨磨，英雄磨墨當揮戈。
半生事業空詞翰，浩氣丹心紙上多。

四

蜀漢匆匆趙宋亡，只留文字此光芒。
乾坤有恨天無語，一任男兒自主張。

水洞樓看河（乙卯）

到此能教萬慮空，登臨人在白雲中。
黃流爲瀉神州恨，怒捲狂瀾直向東。

五泉山雅集偶成

一

綠陰深處且銜杯，又向人間醉一回。
分付白雲留住客，山頭不許夕陽催。

二

白雲隨我到山中，襯得斜陽分外紅。
鳥喚提壺花勸酒，賞心樂事與人同。

三

且據高樓學酒狂,閒將世界付滄桑。
色空空色猶多事,莫與如來説短長。

四

乾坤只剩酒杯寬,跳入杯中放眼看。
雞犬桑麻成樂國,不知人世有艱難。

雨中郊行(丙辰)

樹不搖風鳥不鳴,高高下下綠雲橫。
人間萬籟歸何處,天地蒼茫一雨聲。

中秋玩月

嫦娥深悔住塵寰,奔入蟾宮去不還。
從此秋風千萬劫,更無一眼到人間。

雷

一聲霹靂夢魂中,驚起良心各各同。
願化身爲四萬萬,分行天下作雷公。

四十九初度(壬子)

白駒滾滾隙中過,老我光陰疾似梭。

回首當年春是夢，驚心來日睡爲魔。
神遊世界空三古，淚洗乾坤瀉九河。
四十八年無個事，靈臺高處月華多。

落　　花

一

回頭不敢憶昭陽，滿地殘紅夢一場。
要避芒鞋防踐踏，肯隨柳絮學顛狂。
粘泥莫化生來骨，埋冢還留死後香。
蝶欲招魂蜂欲哭，杜鵑聲裏費商量。

二

東皇老去美人歸，瞥眼韶華事事非。
輕燕偶從泥上啄，遊蜂懶向樹梢飛。
燈前妙悟思千佛，竹外餘香泣二妃。
昔日流光能倒轉，抽戈欲倩魯陽揮。

三

種得蟠桃向日邊，桃花開到八千年。
人間妒煞長生樹，天上仍無不了緣。
王母臺前春易老，嫦娥鏡裏月難圓。
遙遙萬古從頭數，都化溶溶竹外煙。

四

秋來無果冷繁華，天許黃花不落花。

若與陽春爭艷色，便隨雲影悟流霞。
十洲三島神仙府，萬戶千門富貴家。
回憶笙簫歌舞地，鳳凰池上有啼鴉。

五
鶯鶯燕燕笑人癡，怪我尋芳未免遲。
晴雪早飄蝴蝶粉，春風原在鳳凰枝。
偶思羅襪淩雲處，偏是琵琶出塞時。
回首不須悲薄命，滿腔心事一天知。

六
夢魂也倩錦屏圍，怕是偷從蛺蝶飛。
每向靜中留夜月，曾於高處戀春暉。
因緣忽被三生隔，情緒何堪百事違。
寄語白雲門外客，東風莫扣野人扉。

七
枝頭蝴蝶識先機，漸向濃陰暗處依。
怕有雨來飄畫錦，羞隨風去舞天衣。
蒼苔露滑胭脂冷，青草泥香粉黛稀。
秋老自然成碩果，白雲高處是生機。

八
十里長亭廿四橋，芳魂到處黯然銷。
可憐春去匆匆別，況有風來故故搖。

捲地濃雲鋪錦繡，滿天香雪灑瓊瑤。
只餘松柏無顏色，雪後霜前總不凋。

九

植幹培根歲歲忙，枝枝葉葉日方長。
證將石上三生果，抱得林間一瓣香。
楊柳池臺新月淡，棠梨院落晚風涼。
蝶休惆悵蜂休惱，發外英華要歛藏。

十

桃李無言對夕陽，不堪回首舊門牆。
春從林下還山去，風到人間滿地香。
腐朽未甘同草木，留遺畢竟是文章。
東皇若有重來日，再與兒童護海棠。

五十初度書懷（癸丑）

一

彈指光陰似轉輪，茫然忽作再來人。
露珠空滴花間淚，塵網難逃物外身。
五夜幽懷名利淡，半生微尚性情真。
而今問我同庚者，一歲嬰孩小國民。

二

神州莽莽儘煙塵，誰向中原救兆民。

天意釀成千古恨，人心打破一腔春。
西歐新學珠還櫝，東魯微言火斷薪。
謀國經綸何處是，蒼生先要不憂貧。

廣自廣詩（有序，甲寅）

寶千老友與余同賦小星，同歌弄瓦，作詩自廣，即示以廣我。我猶嫌其不廣也，故再廣之。

一

讀罷香山後裔詩，滿懷情緒忽紛披。
人間得失都閒帳，世上乘除若亂絲。
豈我獨無天缺處，阿誰不愛月圓時。
相期放眼紅塵外，一任乾坤自轉移。

二

但有形骸便有私，頓分爾我起藩籬。
試看古往今來後，誰免煙消火滅時。
花落花開春自在，夜長夜短月何知。
洪鑪點盡人間雪，造化惟余一小兒。

立秋前一日，雅集五泉山，醉後步石頭主人韻（乙卯）

男兒事業許封侯，要覓桃林去放牛。
幻想忽驚三古夢，新詩羞爲一身憂。

雲天縹緲飛黃鵠，煙水蒼茫問白鷗。
檻外青山樓外樹，也應醉我到千秋。

立秋日登鏡泉樓賞雨

連朝望雨不勝愁，得雨如封萬戶侯。
到處都成消夏地，尋詩先上鏡泉樓。
廿年樹老園更主，一葉風來客感秋。
冷暖也關憂樂事，始知造化在心頭。

戲作一首（丙辰）

我本虛空無我相，被天強派作人來。
還須歌舞還須哭，又怕聰明又怕獃。
授此形骸驅入世，提將傀儡去登臺。
偶然覓得潛逃計，醉裏囚籠便放開。

朝暾

西牆日日映朝暾，那個能留昨日痕。
萬古流光茲可見，百年歲月又何論。
只餘心性終難滅，但有形骸便不存。
悟得虛空皆幻妄，一回憨笑一開樽。

説佛示夢梅生即候病狀

起居眠食近如何，法力應能伏病魔（君近頗研究佛學）。
煩惱防從歡喜出，精神休被愛憎磨。
空潭月静風難擾，大地春來氣自和。
記得蓮花臺上佛，滿身惟有笑容多。

有 所 悟

一

明珠的的落塵埃，但到人間便可哀。
此地要從情海入，有船都向愛河來。
煙雲任爾飄然去，煩惱曾誰解得開。
難怪東西仙佛輩，只愁無計脫凡胎。

二

仙佛分明尚有形，有形還被萬緣扃。
情絲未斷慈悲說，塵網仍牽感應經。
何若淵源溯鄒魯，即將傀儡作模型。
春風一片融和意，花變新紅草變青。

積雨新晴登五泉山武侯祠

人間不復有塵埃，眼底山河鏡裏開。

一雨便成新世界，五泉况是好樓臺。
從知滿地慈悲佛，那似爲霖輔相才。
羽扇綸巾遺象在，可能扶起臥龍來。

消寒雅集分韵得"東""文""庚"

和叔凍臥幽都中，司寒群職相爭雄。
呵氣成冰唾成雹，揮手霜雪隨淒風。
可憐萬物僵如鐵，不知人世紅日紅。
朝陽洞裏朝陽君，不忍埋頭臥白雲。
起向天公搔首問，下界如此聞不聞。
速遣祝融傳火去，千門萬户椒蘭薰。
不然陽氣一斷絶，乾坤無物相氤氲。
豈不怕日月隕墜兮天地丘墳。
天公聞言吁一聲，説我從來熱度高莫京。
不料年前動凡想，偶從塵海一偷晴。
此心之寒徹肺腑，冰凝腸胃如水晶。
雖服岐黄回陽劑，其奈陰盛難與爭。
我躬之病尚未已，遑與下界謀枯榮。
君今愛我爲我計，可有奇方妙術使我心頭凍解如春晴？
朝陽君乃不勝驚，昇天入地輸丹誠。
南投交趾北無棣，西求王母東蓬瀛。
神仙無靈鬼無策，嗒然若喪難爲情。
歸途忽遇殷王受，手携妲己蹣跚行。
授以醫天無上法，言此非藥所能成，

但聚山珍海錯與美酒，呼朋引類攻愁城。
肉林倒，酒池傾，不及九十日，天心寒氣自然輕。
吁嗟乎！天心寒氣自然輕，時來步步春風生，
寄語朝陽洞裏客，莫從冷處争輸贏。

苦節行——題江節母坊（己未）

節母年方二十六，三歲孤兒數椽屋。
又廿六年節母亡，孤兒今爲牧民牧。
回頭念母悲不勝，兒思報母兒何能？
掬將一紙傷心淚，願寫劬瘁傳雲仍。
自昔咸同喪亂日，兒父行年廿有七。
慷慨從軍去不還，一朝凶問來蓬蓽。
時當五月炎暑天，隔千里兮阻烽煙。
節母銜哀典衣飾，躬致骸骨埋幽阡。
殉夫育子一身事，此際幾難辨厥志。
賴有椿庭垂涕言，守節則難死則易。
節母忍慟爲兒生，比鄰夜夜聞機聲。
含辛茹苦更兩紀，節母淚枯兒成長。
吁嗟乎！兒長成，大事了，節母歸天明月皎。
尚有遺言丁寧兒，立身行事須矯矯。
見今作宰守官箴，可慰當年節母心。
節母之心照萬古，行人過客皆沾襟。

議

祀天配孔議（代張祥麟都督）

竊維祀天之禮，其事至近，其理甚微，而其效則係乎人心之善惡、天下之安危，固不獨爲吾祖國之遺風習慣不忍遽忘也，故天壇祀典之亟宜斟酌規復，其理蓋不可勝言，茲特就其精要之處，合乎人人固有之良，而爲人心所同然者言之。

夫報本之心，無論古今，無分中外，但具人形，皆有此理，此即聖人所謂民之秉彝也。人在天之中，如魚在水之中，非水則魚無從而生，非天則人又何從而生乎？人既藉天之氣以生，則其精神自與天息息相通，故窮則反本，誰不呼天？

秦漢以來，寖失前古聖人敬天之微意，讖緯家言附會支離，愈去愈遠，遂致降殃降祥之說與因果報應同流爲宗教性質，而使世人曰祈天之福我也，曰怨天之禍我也，是何異教江海之魚日日祈水而怨水乎？自歐洲科學發明，專就形質以言天星辰雨露之類，凡夫在天，莫不研究其當然，世之學者遂囂囂然附而和之，曰"天亦一物也，於人乎何與？"是又何異教江海之魚，但識沙石潮浪之類，而遂囂囂然此倡彼和，曰"水亦一物也，於魚乎何與哉？"噫！魚無水則死，人昧天則亡。此古聖報本之精義，而祀天之禮之不可廢者一也。

昔者孔子嘗言祭祀矣，曰明乎郊社之禮，治國其如示諸掌乎？夫祭天耳，祭地耳，似無與於治國，而孔子言之如是之有絶大關係者何也？孔子言學宗旨在一"仁"字。仁者以天地萬物爲一體，使世之治國者果有萬物一體之量，則視天下之人自如手足之親、父兄之愛，又何忍一夫之不得其所。此即近世所謂平等之實際，亦即共和國之真髓也，孔子特於祭祀發之者。治國之人即承祭之人，倘承祭之人於郊社之際而知天地爲萬物之祖，則一草一木皆與我爲同胞，而况血氣之倫乎？則萬物一體之量油然而生，不敢自利，不敢自私。仁民愛物，天下有不被其澤者歟？故曰：明乎郊社之禮，治國如示諸掌。此由祭祀以推於治國，而祀天之禮之不可廢者二也。

大抵共和國之得失，視乎國民道德之優劣以爲衡。道德之優美者，有法律中之自由，無法律外之自由。自由於法律之外，則謂之肆無忌憚。群肆無忌憚之人以爲國，則盜賊而禽獸，禽獸而滅亡，尚忍言哉？中國敬天、畏天之説，久已釀爲風俗，深入人心，故雖婦人孺子，往往至心不能明，寃無可白之際，不曰惟天可表，必曰上天鑒臨。倘一旦廢其祀典，是明示人以歷古之尊崇者皆妄，人心之敬畏者皆迂，人必將日趨於肆無忌憚之途，而曰天且不足敬，敬於何有？天且不足畏，畏於何有？潰禮教之大防，如決洪水，如縱猛獸。暴民專制之國，爲患尚有已時哉？此又關乎人心風俗，而祀天之禮之不可廢者三也。

若夫孔子者，繼羲軒以來諸聖人而集其學之大成者也。其"六經"所言，皆就天理之自然、人心之固有者，使人體驗之、擴充之，身以此而修，家以此而齊，國、天下以此而治平。

初未嘗矯揉造作，特創教規，獨闢門徑，强天下之人而使之服從也。故地球之上無論何時，無論何國，無論何教，無論何人，無不有自然之天理，無不有固有之人心，即無不入於範圍、不過之孔道。故孔子之道，人道也，天地之道也。

世教既衰，人不知學，既不能觀其會通，又不能躬行力踐，反謂孔子所言合於專制之時期，不宜於共和之國體。嗚呼！專制、共和，治國之法制已耳！自然之天理，固有之人心，豈有彼此之別哉？狂言瞽説，猶曰在天地之中蒙天地之覆載，而不知荷天地之生成，而不悟身體苟有不適，而不思己之不能衛生也，乃詛咒天地之不良境遇，或有不豐而不思己之不能致富也，乃唾罵天地之無道，亦何傷於天地哉？徒見其妄而已矣！然則，孔子一天地也，以配上帝又有何疑？惟是孔子之道，本愚夫愚婦與知與能者也。

自歷代推崇典禮，過事尊嚴，祭祀之地限於學宮，入廟之人限於士子。尊而不親，所以隘而不廣。天下人民既不獲奉馨香、承俎豆，流連企慕之情不深，感化轉移之風斯淺，今若概定爲祀於明堂，以配上帝之制，則愈覺尊而不親矣！擬京師天壇改祈年殿爲明堂崇祀上帝，而以孔子配之，所以致其尊也。京内外所有之文廟，一仍舊制，專祀先師，無論何人，皆許瞻拜，所以致其親也。

夫天地，生人者也；孔子，成人者也。自學校之制變，而師道淪亡久矣！《傳》曰"師道立，則善人多"，今以前古聖賢最優最美之道德，涵育薰蒸數千餘載之中國，遇不肖子孫，非唯不能繼述先烈，而反摧殘唾棄，甘心日入於禽獸之途，若不作之師以維天下之師道，而使人人心目中有孔子以爲標準，則人類之滅絕無日矣！雖然，存孔子之廟、復孔子之祀，而不讀孔子之書、不行孔子之道，皆於尊孔無當也。

今天下學校皆以部令藉口於兒童之不能解經，盡廢讀經功課，謂俟諸升入高等大學之時再肄習焉。夫六經之旨固屬高深，而所言究不出乎天理人情而外，苟講說淺顯，即兒童亦何嘗不解。且經旨之淺深隨其人領略會悟之淺深以爲淺深者也，有讀之而終身玩索，至老而愈親切有味，見之實行者。今於強有記性之時，不加以讀之之功，而欲於高等大學中涉獵淺嘗遂盡窺其蘊奧乎？是陽爲尊經，陰實廢孔。孔子有靈想，亦不願叨此配享上帝之虛榮也。

至於祀天祀聖，典制甚繁，議禮者聚訟紛紜，不可勝舉。似宜恭酌古制，求即乎人心之安斯已矣！萬不可鞠躬禮拜，一一規倣西人。恐西人亦相視而笑，竊歎中國人之無自立性也，則增吾四萬萬人之光榮爲不少矣！

記

善長孟翁祈雨記

隴上自昔多亢旱，從事祈禱術者無慮千百，而莫劬於吾皋蘭馬蓮灘之術，俗呼之曰"行旱水"者，蓋往往以身殉也。其術，主者一人號曰"捧水"，次捧水者二人曰"鑪頭"，又次二人曰"湫夫"，又次八人曰"居士"，共十三人。必皆妻原配，有子若孫，行誼孚衆，方可入選，而主者尤必年踰六十。選定黑巾白衣，跣其足，沐浴訖，即水漿不入口，徧謁各廟，徧於各廟池爲文禱之，名曰"下請書"。如是者七日，乃往吧咪山金華仙姑祠取水。

祠距村約六十里強。口誦佛號，一步一拜，盡一日始抵祠。默禱仙姑，前取神水而後歸。其取水也，瓶用黃蠟封，繫以紅繩。主者捧瓶，背立池側，顛其瓶，由背下注於池。"鑪頭"伏池側，諦視時許，挈瓶上開蠟封驗之，得水分許，吉；或過、或無，皆不詳。歸時，拜誦如初；既歸，供瓶神前，合村膜拜以俟。而主者已不飲不食閱旬有餘日矣。

噫！古之忠臣義士，如靈輒、申包胥之儔，其不飲不食不過三日耳、七日耳！而今竟如是，可不謂之苟難乎？

清光緒二十有四年，歲大旱。村人謀舉"行旱水"事，以村中耆德善長孟翁適符選格。卜之神，又吉。翁時年踰六十，聞之慨然爲己任。一遵禮俗，罔敢或譽。比歸，憊不支。其夕，大雨如注，次日翁卒。雨三日夜不休。

嗚呼！天人之際亦難言矣！村祈里禱，往往沿古昔鄉儺之遺意，事同兒戲。而道在人爲，語云："精誠所至，金石能開"。此蓋有不可以常理解者。

嘗讀范史《諒輔傳》稱："輔爲五官，掾見太守禱雨不應，乃自暴庭中，積薪柴，聚茭茅，將搆火自焚。未及日中，澍雨沾潤。"翁之格天，其此類也！夫翁，名守元。

祝柟別墅記

自科舉罷，廢舉院爲學舍，規模未盡變。丙辰機器局之建，塞舊門之居袖川門外者，而開帶礪門，自西關入，於是前後頓殊，今昔改觀矣！

舊門內之極北，建有左文襄公祠，是文襄分闈後，吾學社人士所以崇德報功者。門户變置，此祠遂僻在一隅。社衆以舊門內荒地、廢屋，東界龍門盡歸學社請，意在與文襄祠通爲一家也。既得請，乃築別墅，移吾興文學校於中，顏曰"祝柟"，望後起之有偉材也。

別墅之北爲校圃，顏曰"潛園"，以此地深居幽隱，吾學子當以沈潛之志，致力於人所不見、己所獨知之地，以爲君子之闇然也。居別墅者，校舍計百有一楹，樓七楹，教室計三座。居潛園者，東向而正中曰"樹人堂"，堂之背曰"百獲軒"。軒之北，繞長廊而入，曰"湘陰祠"，即曩之文襄祠也。祠之前傅一小亭，曰"溯洄艇"，形似艇也。艇之西，拾級上卷石山，北望翼然高出，水潺潺流其下，曰"瀟湘別浦"者，文襄祠之舊坊也。坊之北，樹木森然，濃陰雜遝，曰"白雲深處"者，文襄祠最初之園亭也。循山而南，曰"在阿亭"，在山之阿也。亭之南，穿石門而過，曰"卷石山房"。山房之南，高踞山巔，曰"可望亭"，園之景皆在望中也。度可望亭，循山而下，至山盡處，曰"閒閒亭"，亭畔爲"偃月池"，池之水可以溉桑也。池東數武折而北行，隨長廊入百獲軒之南軒，蓋與卷石山房東西相向，而爲園之中心也。

自園之中心迤邐而西南，皆向者公共出入之通衢，既變而爲園，變而爲墅矣，乃別開公共率由之路，於"至公堂"之右脅，今樹之坊而表曰"大道爲公"者是也。是役也，經始於丁巳夏四月，閱冬十月落成，用社欵七千八十餘兩。

此地自光緒初元文襄祠建立後，社之人即有事於開荒辟地之役，迄今三十餘年，前後經營之費踰萬金矣！噫！立基不易，收效尤難。十年之後，園之卉木當蔚然而起、叢然而茁乎？花錢果實之利，遊晏之償資，當亦源源然月異而歲不同乎？今日之童者、冠者當亦次第成人，濟濟然各以一長有爲於當世乎？其上焉者奇勳偉業亦未可知，即其次第或藉此數畝之田以講求齊民之術，以發育近世所謂農業者，以爲家給人足之倡，則此區區校圃，又安知不爲四海境內風聲所樹乎？是又鄙懷耿耿，默禱於天者也。

隴右實業待行社記

振食衆生寡之國，實業固急務，何以待爲？限以地，限以時，則不得不待。既待矣，將遂無所事事乎？曰：否。吾將有事於此以待彼。夫吾之所謂此者何？義倉是也。義倉者可以濟人，亦可以孳利。貞之以恒，歷十數寒暑，或數十寒暑，基本日以厚。遭可乘之時，地不限人，此之基本，不可爲彼之憑藉歟？

爰於歲之乙卯建"社"而築"倉"，其中計廠二座，大小房屋八十九楹，臨於衢巷者市廛十有九楹，樓七楹，建築費共七千九百餘金。其產業之在他所者別立貞石，列爲一覽表，以期來者之賡續無已時焉！是舉也，實導源於宣統己酉辦賑之羨金，歷年孳息積累而成者也。

蘭州興學社記

清皇帝入主中夏之乾隆三年，巡撫元展成請移臨洮府駐蘭州，改稱蘭州府，而以皋、狄、河、渭、金、靖六縣屬之。當是時，文教昌明，府、廳、州、縣爭設學以造士爲務，絃誦之聲，徧於僻壤。而蘭州獨以無書院爲憾，思植桃李、毓菁莪者日有所議，迄無成功，遷延踰八十餘載。至嘉慶二十有四年，布政使屠可如方伯之申、邑紳秦曉峰編修維嶽提倡集資建五泉書院於慶祝宮後街，以爲六縣士子講藝論道會萃之區，光、宣之際改稱蘭州中學堂。民國初元，軍事起，生徒雲散，堂舍一空，旋借爲蘭山觀察使署，繼又爲蘭山道尹考院，繼又借爲城防統領公所，今又爲籌欵局。

六七年來，滄桑多變，荆州不還，而屠、秦兩先哲所籌集之書院本金，在當日爲六千有奇，迄改辦學堂時已踰萬有千餘金。學堂既廢，而此萬有千餘金者經教育司提歸省立第一中學校。

邦人士以先哲之淵源不可斬絕也，六屬之所經營者不可與全省混合也，地方腋集之資不可爲官立學校補助也。相與懇大府，大府直之，珠乃得還。然璧雖歸趙，鵲已失巢，是猶蕩子回頭而竟無家也。乃別立蘭州興學社，附於隴右樂善書局，俾司出納焉！予爲記其顛末如此。

皋蘭新文社記

既入民國之夏正丁巳夏五月，狄道楊漢公顯澤奉檄爲省視學。既視吾蘭學畢，以皋蘭縣立小學校年需經費，官欵而外不足者二百餘金，由舊皋蘭書院所有租息中補給，是混地方欵於官立學校中，與近今法令不合，特擬專章呈上官報可，撥舊書院所有者歸皋蘭興文社，一以清界趾，一以免虛糜。時予方忝掌社事，念事雖合璧，欵宜分疆，因立名曰"皋蘭新文社"，亦以使後之人因流溯源，不忘其所自來云。

吾皋蘭之有書院也，實始於道光二十有二年。時則知縣事者爲徐信軒大令敬，大令倡之於上，邦人士應之於下，共集資六千三百餘金。李鏡湖大令淳繼知縣事，又倡捐九百金，先後共交商滋息者七千二百金，是數十年來邑中絃誦之士所資以爲膏火者也。迨宣統丁酉、戊申（丁酉、戊申，疑爲"戊申、己酉"之誤。點校者注）間，職其事者不得人，本金日以虧蝕，邑侯朱誦卿大令遠繕廉得之造予於興文社，屬爲釐剔而規畫焉！

予乃改絃更張，盡易其在事者，而以貢生劉馨庵聯芳專司出納。迄客歲移欵來交時，綜核本金已踰萬有千餘兩，而十年以來之支消於擴充學舍諸役者不計也。

馨菴之勤，不有足多者乎？予既兼負此責，仍以馨菴繼其職。因訂定規條，別爲產業一覽表，列之貞石，並書此，俾吾皋蘭山下後生小子從事於學校之役者有所考焉！

全隴希社記

皋蘭劉爾炘既因舊舉院遺址爲邑興文社，築別墅、闢潛園之明年戊午秋七月，伏羌王化宣贊勳、會寧秦幼谿望瀛、金縣羅子衡經權、伏羌任蔭軒榕四君子者造炘而言曰："子之盡力於一邑者固勤矣！變其計以盡力於一省，不愈於皋蘭一隅乎？今償子築墅、闢園費而爲吾全甘謀，可乎？"炘慨然曰："是區區之心有志未逮者也！誠若此，諸君子之有造於我隴上者不大且遠乎？"四君子者乃商諸同人，相與輿公欵萬金致諸吾皋蘭興文社，而園、墅遂爲一省有。

越冬十月朔壬戌，四君子者復邀集同人而謀於炘曰："園墅既爲一省有，宜立社於中，謀所以繼其後者。社之事，吾子其仍任之。吾子其命社之名。"乃爲之命名曰"全隴希社"。客有笑於旁者曰："又將何所希乎？"炘慨然曰："農，吾希其勤於畝也；工，吾希其振於肆也；商，吾希其通於遠國也；士，吾希其廉於利己而濃於濟世也。之數者，皆吾國明達憂時之輩希吾四萬萬人者，而吾獨不爲吾九百萬人希乎？雖然一夫一婦之勤惰，一鄉一邑之興衰，一國之強弱，無不原本於方寸之幾希。今之葆此幾希者亦希矣！而又何所希乎？雖然，人欲有橫流之日，天理無斷絕之時。危乎！危乎！依稀其將頹乎？微乎！微乎！髣髴其有餘暉乎？《詩》曰：'風雨如晦，雞鳴不已。'《易》曰：'復，其見天地之心。'竊願與二三同志作膠膠之聲於瀟瀟之際，庶可以迎來'復'之機於'剝'窮後乎？而又能已於希乎？"客肅然而起，曰："希之之術何如？"炘慨然曰："幾窮於術矣！無已，其惟學乎？夫綿不絕如縷之幾希，以立萬事之本者，捨學又有異術乎？願立之學以爲吾黄河上下七十六縣中鍾山靈、毓水秀而崛起者作千世萬世之希！"客乃相顧無言，太息而散。遂書之爲《全隴希社記》。

全隴希社立國文講習所記

爾炘既與吾希社同人謀立之學，以希吾隴上賢豪之崛起，因議學之所以立者宗旨將安在？塗轍將安循乎？

或者曰：吾國羲軒以來之所傳，道在遺經，學在研理，宜繼宋明諸子講學之風，以抉群經之秘奧。

或者曰：歐化東漸，物質之文明驅血氣之倫，日變月化於不自知，農者將不能服先疇之耒耜，商者將不能循族世之典謨，工者將不能用高曾之規矩。形器殊科，畫往古來今爲兩界，於是求治者、行軍用兵者亦無不惘惘然失其故步，是皆科學之力也。不此之求，能自存於宙合中乎？

噫！二説皆是也。然前説失之高，後説失之遠。今欲求之卑近，因地制宜，以應吾隴上之急需。且上焉可以爲前説之階梯，下焉可以闢後説之門徑者，其惟辭章乎？昔者曾文正公嘗言："欲明先王之道，不得不以精研文字爲要務。"

近世碩學名流之談時務、道新學，能中肯綮、得要領而不迷於歧塗、惑於邪説者，又皆優於文字之儔，况乎"六經"藉文字而傳，是"六經"亦辭章也。二十四史藉文字而傳，是二十四史亦辭章也。

六千餘載賢聖之精神道德悉寓於辭章，辭章廢則六千餘載賢聖之精神道德與之俱廢，則人民雖號稱四萬萬而無一之爲，我國尚成爲我國乎？且今之談教育者大抵注意於國民，夫即使國民以愛國爲心，以職業爲務，亦猶太空之中繁星萬億，的的爭明，而大月不來，乾坤不朗。人才者，國民之大月也；賢聖之精神道德者，人才之命脈也；辭章者，所以載命脈之舟車也。辭章之可以通古今，猶舟車之可以行水陸也。是則吾希社同人所以立"國文講習所"之微旨，願以質諸吾九百萬父兄子弟而一商榷者也。

序

《重修皋蘭縣志》序

吾師張敦五先生《重修皋蘭縣志》三十卷，脫稿於光緒辛卯、壬辰間。時以輿圖一卷，僅列目、撰按語，欲物色精"勾股""八綫"學者分歷其境，實測詳繪，以期有裨實用。倉卒未得人，而先生遽歸道山！其哲嗣筱五太史藏遺稿於家，歲月不居，去成書之始，忽忽垂三十年。海田今昔，舉目滄桑。城郭猶是也，而疆域中之紅水分而爲縣矣！衙署中之以督、藩、臬、道、府稱者，不惟無其名，而規模亦變矣！貢院、書院之久廢，文廟之改修，都非舊觀，豈獨小西湖之池臺、楊柳不復爲當年風景也乎？

炘與筱五太史思補其闕，以竟先生之志，而陵遷谷變，舊夢迷離。近今談測繪者又日趨新法，與先生所定圖例格不相入，彼此遷就，將不免續鳧斷鶴之譏，反不若無圖之爲愈也。然則是書也，豈遂以無圖而竟廢哉？噫！吾皋蘭自秦漢以來，雖名稱不同，而建置郡縣者已二千餘年矣！方志之作，明以上不可考，有明以降，黃編修諫、彭少保澤、文郎中志貞、王吏部道成、陳貢生如稷，先後有撰述，而其書不傳。

乾隆後，改縣治稱皋蘭，舉人黃建中始爲《皋蘭志》，其後爲《續志》者，道光間則有秦編修維嶽；更歷數十年，舉人盧政重修之而稿未刊行。先生之作，蓋繼黃、秦、盧之後而精研其體例，詳慎其考證者也。

夫以縱橫數百里之地，上下數千年之久，僅得七八人，傳其書者又只一二人，何其難也！則雖殘編剩稿，亦當寶愛護持，而況超出乎前人之上，足爲後世所據依如先生之書之該博矜審者乎？丁巳夏四月將付石印，特書此以告吾鄉人之讀先生書者。

《社章匯編》序

嗚呼！余不才，不獲爲國家效一日之長，此則半生來窮居牖下所藉以寄情懷而消歲月者。曾文正譏歸熙甫文謂"浮芥舟以縱送於蹄涔之水，不復憶天下有曰海濤者"，余之所謂事業不猶是熙甫之文歟？又烏足控摶也哉？惟是桑柳雖微，蛀蟲不免；蝸角雖小，蠻觸有爭。周官以翦氏除蠹物，莊周以遊心於無窮者息其爭。茲編所述，亦翦氏之莽草而戴晉人之"魏中有梁，梁中有王"乎？吁！蓋有不得已者在。

重刊《小學絃歌節抄》序

詩之教廣矣！茲編所抄，大抵皆孝弟忠信、禮義廉恥之發於至性至情，使人讀之而感於不自知，動於不自已，是殆所謂"直指本心"者乎？

光緒間，吾師秦州劉子嘉先生，以侍郎官京朝，嘗就平江李氏原本重訂體例，節爲茲編。意在便童蒙之讀，培養正之基耳！時余假居鄉里，迄不知先生之有是書。越十餘載，先生久歸道山。同年友蒙自楊鼎丞督軍郵一編自新疆來，且捐資屬爲廣其傳。時則我中華已爲民國之夏正庚申也。余爲付梓，校刊訖，不覺俯仰乾坤，有浩然太息而不能已於言者。

吾國自有史以來，以形上之道持世道之盛也，輕形骸之娛樂而專重神明。有時以殉道之故，雖捐軀糜妻子亦所弗恤。人之所以異於禽獸者其在斯乎？故其時立説垂訓，莫要於浚心性之所存，以推廣其固有之良，俾天下相勉相勖，相習於禮讓，相納於去利懷仁義之途，以開萬世之太平。是以自孩提童稚之年，即以此直指本心之説，涵濡浸漬於朝夕諷誦時也。

自泰西諸邦致精於形下之器，探微造秘，雄視五洲，而世界遂爲器力所主持。器力之興也，崇技能，徇人欲，其蒸而爲學説也，尚詐、尚争、尚言樂利；其釀而爲風氣也，每不惜千萬人之生命以便私圖，適與吾國舊化如前之説者相反。其遷流所極，不至人類滅絕、世界湮沈而不止。當其機械肇興，縮萬里爲一家，合萬人爲一體，吸收物力，萃爲精華。富者之富，強者之強，皆爲前古所未有。

血氣之倫，其精神才智悉役於奇機神巧而不克自持。如群焉萃處於廣輿之中，駕億萬野馬而縱逸之，茫茫昧昧，有進無休。擁厚資，挾強權，以雄於時者，或以一人而歛萬人之財，或以一國而擅萬國之利，泰然自足，而於左右前後之顛連困頓，漫不省憂。階級不平，鬱則思奮。於是衍學理、托美名，伺隙投機者嚚嚚然以攘權奪利爲天經、爲地義。競言平等，高倡自由，民氣沸騰，禍機四伏。一朝潰決，如洪水橫流。而學科所習，理化所研，又皆藉器力斡旋，造爲殺人神品。

百年利益能燬於一時，千户萬户之資産，億兆人生養之源，能斲喪於片刻。生機愈進而愈促，殺機愈演而愈奇。一夫呼嘯，萬衆成群。天地動摇，山河易位。世運升沈之樞要，遂握於剛暴縱横者之手。賢豪孤立，仁聖無權，靈秀所鍾，日以消剥。圓顱方趾之儔，群擾擾於詐虞劫奪之中，元氣虚浮，性真漓薄，反不如四足而走、兩翼而飛者之有天趣。人道不幾乎息哉？及其窮途思返，難覓康莊，乃懸想於無彼無我、無賢無愚、無内外之分、無貧富貴賤之別。高其説，假其詞，思人人各造一人間未有之樂土，以置身其間。而舉向者所有禮俗政教，皆指爲習尚傳遺、人生束縛，一掃蕩而攟清之。

嗚呼！人情當無聊之時，易作妄想，妄想不已，因而妄行，妄行不已，必招奇禍。天殆以器力之推移，毁此其數將盡之地球，而思於他星球之上別闢人間世乎？不然，何斯人之奔走於自戕自賊之途者如是，其不能自已也？

今者歐風四播，雖以吾數千年神聖締造之區、禮義之邦，聲明文物之國，亦迷亂狂惑，如醉如癡，群焉相習於自殺，而惟恐人心之不死、學術之不陵夷也！視綱常如桎梏，抛名教如土苴，千聖百王之大經大法，"六藝"之微言，且鄙棄如糞壤，而何有於兹編之瑣瑣乎？雖然，雪地冰天，微陽自在；重陰四塞，而昊羲獨見。天心又安知今日之保此微陽，非他日復見天心之端兆乎？即使蒼蒼者厭惡我人類，棄絶我環球，果於大元内別造塵寰、別開人境，苟不謀彼中之承平之安樂也，則已如其謀之，則捨兹編之所謂明倫廣教者其道無由。何也？星球雖異，同出一天，天不變道，亦不變此。則余之所以自堅，亦即所以答吾友楊公殷殷雅意者也。

第不知吾子嘉先生在天之靈倘聞吾説，將瞿然而驚耶？將悚然而懼耶？抑將欷歔感喟，悄然而悲世變之至於如斯耶？爲神往者久之。

書

覆甘肅共和實進會書

奉大函，謬蒙惠愛，欲列鄙人於名譽會長之列，不勝愧恧。諸君子熱心提倡，蘄造福於鄉邦，欽佩奚似。惟是隴上情形，斷不宜有此等舉動。誼關桑梓，不能不爲諸君子質言之。是耶非耶，還希有以教我。

我甘人才缺乏，各屬應設之議會，往往無人成立。即成立者，又往往以不得人之故，或徒有虛名，毫無實際；或自私自利，反誤事機。諸君子如有意也，當聯袂歸來，整頓議會。今最尊、最優之議會尚在若有若無之間，而忽於議會而外另立名目、別樹機關，只有數人，顯分黨派。群合則強，群分則弱。其不宜者一也。

我甘種族雜居，互相疑忌，人民知識，十九凡庸。議會之設，尚不知爲何事。老成者退居緘默，以避世爲高；新進者襲取皮毛，以虛言釀禍。數月以來，此亦一會也，彼亦一會也，毫無卓識，徒逞私謀，遂致牽動軍人提戈相向，幾以一二人之意見，禍億萬戶之生靈。潛伏危機，長此未已。若再表而彰之曰"吾將立共和實進會也"，恐猜疑揣測，枝節橫生。已有前車，難爲後軫。其不宜者二也。

我甘財政奇窘，應辦之事，已辦者且將停止，未辦者又何能興？倘再無鉅欵從天外飛來以救然眉，則前路茫茫，視天夢夢，盲人瞎馬，險不忍言。故今日救甘急策，莫急於理財。有財則徐圖前進，無財則萬事皆休。而徒於數千百里外羈有用之人才，拋無謂之錢幣，發遙爲揣度之虛詞，空言無補，雖切何益？其不宜者三也。

嗚呼！民國者以法律代君主者也。今識法律者無一二，而自由於法律之外者十人而九。而又值此財政奇窘之時，糊口無門，日促一日。乘機煽亂，思便身圖。若不明定勸懲立之條件，納人人於法律之中，使彼此箝束，藉保治安，則"自由"兩字，誤盡蒼生。恐共和之國，將成爲共亂之國矣！而又何會之可言？

嗚呼！甘肅，中國之小樣也；中國，甘肅之展體也。海内志士紛紛然日以立會爲當務之急，鄙人學識淺陋，不敢苟同。嘗竊以爲不察中國之情形，不揣國人之性質，而惟囂囂然號於衆曰："歐洲如是也，美洲如是也，我何以不如是"，則中國亡。不察甘肅之情形，不揣甘人之性質，而惟囂囂然號於衆曰："湘鄂如是也，京津如是也，我何以不如是"，則甘肅亡。良醫之治病也，必有虛實表裏之分，寒熱溫涼之別，若手持一方，而遂謂可以已四萬萬人之病也，吾知俱矣！

鄙人生平宗旨重實行不重空言。自有新政以來，如咨議局、議事會之類，鄙人皆讓人爲之，殊落落不着意也。嘗與同人戲言曰：行政官，着棋者也；咨議局，立之局外而自命爲軍師者也，獻一謀，畫一策，自以爲忠矣，信矣，可以無負局中矣！而局中人不惟不聽，而且不免忠而見謗，信而見疑。今之所謂"言論機關監督行政之權"者，雖不如是，然亦非鄙人性情之所樂從也。

語曰："人有所不爲也，而後可以有爲。"又曰："人各有能，有不能。"願諸君子置鄙人於不爲、不能之列，則鄙人幸甚。尤願諸君子俯察鄙人之言，專注意於本省議會，不爲彼而爲此，不能彼而能此，則甘肅幸甚！

覆趙芝珊都督書

前承大文，猥以炘曾辦城防出力，獎以四等嘉禾章。兹復蒙發給勳章執照，感慼交集，莫可名言！伏念炘窮老山林久矣，無心於人世。前歲烽煙四起，各保身家，炘亦不能免俗，聊復爾爾！事定之後，各處團防出力之人，紛紛求獎，炘皆責以大義，不許言功。

今炘忽以鄉人之群力，據爲一己之奇榮，不惟五内滋慼，且恐此端一開，將有獎不勝獎之慮。況伐善施勞，古人所戒。居恒每誦韓魏公"須臾慰滿三農望，收斂神功寂若無"之句，竊歎古君子襟懷浩浩，上與天同。即澤被九洲，功蓋天下，亦不過堯舜事業過眼浮雲耳！況乎三家村中事同兒戲，而又貪天之功以爲己力者乎？在我公職司賞罰，自當以微勞必錄，鼓舞群倫，而在炘別有旨歸。

竊願以美利不言，激勵末俗。謹將勳章執照冒昧繳還，萬乞諒此鄙忱，許其辭謝，則我公賞善之殷，區區寸心之抱，兩得之矣！

致張季直先生書

天涯遠隔，未獲一覿丰裁，爲生平缺憾！然大名盛業，照耀乾坤，海内偉人，久已欽仰！方今國勢阽危，民窮財盡，惟注重實業，或者尚可救亡而圖存乎？

隴上地處偏隅，山河阻塞，貨多棄地，人不聊生。炘桑梓攸關，慨然思負擔此事，然無米爲炊，已屬可憐可笑，而美錦學製尤惕惕焉！惟恐貽羞當世，反阻後來發達之機。夙稔我公實業名家，稱雄海上，特遣王生二人致候興居，藉以開拓眼界。先令至大生紗廠，加意研求。固知鼴鼠飲河，不過滿腹，然能得其一二，略識徑涂，亦未始非吾隴上之鴻寶也！

我公"民胞物與"，視天下如一家，尚祈進而教之，指以南針，隴上九百萬人民受賜多矣！所有統籌甘肅實業辦法及章程，附呈偉鑒。還望不棄鄙遠，示我迷途。時奉教言，不勝欣感！

覆姚石荃先生書

奉手示，獎借踰量，非所敢承。五族合進，識量閎遠矣！孤懷偉志，欽佩何如！我國道術消沈，人不知學，即以一族言，且黨派紛歧，日相水火，又何怪乎五族？讀來書"人心不一，公德弗彰"之論，不覺俯仰乾坤，同聲一哭也！

隴上種人錯處，恒啓禍端。志士偉人，每廑遠慮，然欲化茲畛域，胡越一家，惟有大興教育，期以百年，或者其庶幾乎？然此所謂大興教育者又不能如願以償，財力困窮，人才缺乏，苦無憑藉，焉有弘圖？現幸情義相孚，共謀安樂，只可坦懷相與，彼此兩忘，徐與委蛇，以漸收默化潛移之效。若稍涉形跡，反不免因猜生忌，因忌生争。此丁、郭兩君所以乘興而來、興盡而返者也。

炘窮老山林，何敢妄談時事？而寸心耿耿，又不能恝然忘情。近來靜觀默察，覺中原大勢須急從振興實業入手，或者尚可救亡而圖存乎？是以不自度量，思爲鄉邦任此艱鉅。然無米爲炊已屬可憐可笑，而美錦學製又惕惕焉，惟恐貽羞當世，反阻後來發達之機。

特遣通家二人赴北京、津、滬，悉力調查，藉以順候起居，暢聆明訓。想我公不棄鄙遠，當必能示我迷途，導以前路也。臨書神往，不盡欲言。

致趙芝珊都督、何見石司長書

振西實業公司一案，已奉勸業道來咨，自應開辦。惟自去冬以來，事機錯迕，遷延至今。原議召股一層，諸多滯礙，亦緩不濟急。然舍此亦非全無辦法。事關大局，不能不將鄙見所及陳之於二公之前，以求一言之決定。

夫甘肅現在實業入手之處，在已成而須極力維持者織呢局也，在已廢而須認真整頓者織布廠也。查織呢局每年領欵三萬四千兩，織布廠今年預算三萬三千餘兩，二共六萬七千餘兩。然此六萬七千餘兩者零星撥發，則欵項虛糜而事仍廢弛。蓋此等商業性質，莫要於乘時。織呢局以毛價爲大宗，而收毛以春初爲得計。失此二三月時期，價長而毛劣，甚至匠工間曠，袖手待毛，所成之品安得不貨低價昂耶？故織呢局最要機關，必於二三月間將通年所用之毛全數采買。此欵項之必須整發而零星請領之無濟於事者一也。織布廠已派員赴滬矣，陰歷二月初即可到彼，到即需欵運紗。此則欵項之必須整發而零星請領之無濟於事者二也。

噫！以六七萬金而辦全甘之實業，亦是可憐可笑之圖。以全甘之財力而籌六七萬金，似尚非至大至難之事。惟諺有之曰"一年之計在於春"。時機一失，則全歲無功。二公主持大計，造福全甘，倘能爲力，炘亦無辭以謝，只好勉擔重任，盡力梓桑。否則，憂患餘生，心情灰冷，閒雲野鶴，伴我殘年。此又月餘以來靜觀默察，覺萬事皆休，自當一塵不染，又何必妄尋苦惱，作繭自纏乎？區區鄙忱，尚希鑒諒。幸甚！幸甚！

設立尊孔社陳請立案書

慨自中原鼎沸，法紀蕩然，舉歷古聖神之大經大法、精義微言，一概吐棄，而惟襲歐美皮毛，日求神似。推其原因，無非爲貧富強弱之不同耳！以貧弱之故，竟致忘本背宗，岌岌乎將有謂他人父、謂他人母之勢。孔子有言："窮斯濫矣！"豈吾莽莽神洲竟合全體而入於禽獸之域乎？此則亘古亘今、五洲萬國未有之奇恥，而吾四萬萬人所亟宜猛省者也！

夫欲驚回妖夢，喚醒癡迷，其道果何由乎？孟子言："逸居無教，則近禽獸。"又曰："周於德者邪世不能亂。"信斯言也！非立之教以納於道德之途不可！吾中國富於道德，而立萬世之教者非孔子歟？孔子之道，爲地球之上終古所不能離、生人所不能外者，以其就人性之根於固有、發於自然者立言耳！初非增人以所本無，強天下而使之服從也。

蓋天地生物之氣，不外五行，故萬物受生之後，皆秉五常。然仁、義、禮、智、信之得於內者，惟人爲獨備；惻隱、羞惡、辭讓、是非之擴充於外者，亦惟人爲獨優。此其所以爲萬物之靈，而異於禽獸者也。

聖人知天下圓顱方趾之儔，其聰明材智大抵役於形骸以求逞夫血氣之欲，口之於味，目之於色，耳之於聲，鼻之於臭，四肢之於安逸，皆有同情，誰能自足？若不就固有之良、自然之理爲立之教，以節其性而防其濫，則谿壑無底，洪水滔天，其極必至於上下相征、强弱相噬而又挾其靈於萬物之智巧以濟其奸。陽托愛物之名，陰逞利己之欲，刀兵水火，天地晦冥，其禍更有甚於禽獸之逼人者。此子思作《中庸》，所以慨然於喜怒哀樂之關乎？

天地位，萬物育也。孟子論四端，所以慨然於"苟能充之，足以保四海；苟不充之，不足以事父母也"。方今我中國乃天地不位、萬物不育、四海不保之時，人欲恣肆，天理滅亡。夫天理既滅亡矣，則精神血氣尚可爲我有乎？古之人有言曰："哀莫大於心死，而身死次之。"其即今日之謂乎？故亡教即是亡種，正不必死亡相繼、靡有孑遺而後始謂之亡種也。雖然心則死、種則亡，而此理究未嘗斷絶，提撕警覺，葆此幾希，以冀火然泉達，復我故吾，此則海内學人斷斷然群起而倡尊孔之説者也。

我甘肅擬於省城文廟設立尊孔社，省外各縣亦宜一律設立。兹特將擬定暫行《簡章》抄陳送部立案，並乞分行各縣令，即按章分設，或者風雨瀟瀟，雞鳴膠膠，尚可留一綫生機於異日乎？

傳

王子清封翁家傳

封翁，諱茂槐，字曰子清，世爲皋蘭人。清辛卯科舉人，署清水縣知事、松巖王君樹濤；清雲騎尉世職、署花馬營參將、廉泉王君樹濂之父也。世以業農，居北鄉鹽場堡。祖殿琦，妣氏宋。父維藩，妣氏宋。

封翁昆季四。次曰茂林，號竹亭，以善書稱，先封翁一年卒。三曰茂桐，號秋容，先封翁二十年卒。四曰駿烈，號石生，武庠生，先封翁十年卒。封翁次居長，年獨高。憂患迭經，子若姪又少者少、幼者幼，家將中落，恒鬱鬱無歡容。迨松巖昆仲相繼起家，而封翁不及見矣！

封翁卒於光緒十年七月初十日，年六十有八。

居恒言笑不苟，與人交不甚假辭色，而懷抱慈祥，遇事能斷。同治七年，歲大饑，人相食。出所儲粟數十石，磨麵濟饑者，全活甚衆。先是回變起，大軍雲集，適旱荒，無所得食，官家排户搜索。封翁所儲粟數十石者人共知，闔家惶駭，群設計窖藏之。封翁慨然曰："窖豈一二人所能掘，藏豈一二人所能爲，此計之必敗者。不如聽之在官。在我，無非以之活人耳！"迨官弁至，徘徊出入於囷廩間而目若無睹。鄰里交慶，以爲有天幸焉！

封翁性狷介，治家數十年，未嘗以一釵一衣私其妻子。農業而外，無攀援，無歆羨。恒杜門不出，寄情花草竹石以終。

元配宋，側室楊。子二，即松巖昆仲。孫九人。

前史氏劉爾炘曰：吾先君子之少也，寄居鹽場堡者蓋十有餘年，與封翁最習，知封翁最真。晚年每酒酣，縱談生平所與遊，輒歎封翁之爲人，爲本分，爲質歷，非末俗逞機詐、尚脂韋者所可比。嗚呼！言猶在耳，而吾與松巖昆仲俱已蹉跎老矣！追懷風木，同有餘悲，不覺涕淚之縱橫也！

安貢生家傳

貢生，名鎮嶽，字尊五。伏羌安氏。父岱，祖而吉，曾祖巽，皆隱德不仕。貢生亦不得志於有司，以擊蒙老於家。配曰尹、曰王。子二：尹出者曰履瀛，王出者曰履祥。孫三人。貢生生於道光九年三月初九日，年七十一，卒於光緒二十五年二月十五日。

生平嚴正剛介。司邑中學欵出納者數十年，同人化之，後輩欽之，良有司優禮遇之，鄉顯達如劉思輯、原筮貞、任廷颺、王海涵輩皆推重之。貢生少孤而貧，讀書不習家人生產事，會遭兵燹，歲大饑，斗粟值萬錢。窘甚，託醫卜以自給。富室某夙器其才，囊粟振之，貢生憮然有間，對使者而歎曰："感汝主高誼，然安鎮嶽尚不至遽填溝壑死。"堅不受，使者強之，貢生振袖一揮，囊撲地，破粟四溢，觀者粲然。迄今，猶傳爲佳話云。

前史氏劉爾炘曰：余之幼也，猶及見高年碩德，斤斤於辭受取與間而不苟。未數十年，世之人競尚通脫，又未幾而廉恥道消，倡言逐利，天下事不可爲矣！觀貢生之爲人，能不爲之神往哉？

墓表

陝西循吏育生張公墓表

宣統遜位之五年丙辰秋八月十有四日，陝西循吏育生張公卒於里第。越戊午，其孫紹蕃造余而請表墓之文。

余維公宦陝二十餘年，其實心實政，爲陝人士所稱述至今不衰者，以形跡求之，或亦當日州縣吏所能言，亦稍有智能者所可辨；而其精神之運用，意量之深沈，本所學以見諸實行，達權通變，思納斯民於三代，躋風尚於邽古之隆者，則豈晚近士大夫中所易覯者哉？

余嘗慨天之生才也難，才之獲施於世也亦難，前後左右之輔相其才以行其才也則尤難。百年一才，才與才不相續也；千里一才，才與才不相接也。才孤則弱，才之裨益於人世而可蘄之久遠者亦希矣！余於公能已於言哉？公講學以刻志力行爲主，其在官在里，損上益下之旨，濟人利物之懷，若饑之於食，渴之於飲，意有所可，正色孤行，往往冒不韙，犯千萬流俗之笑譏而不顧。

光宣之際，海內勵行新政。司民牧者輒貌應而皮傅之，公獨以爲新政皆與周禮合，所至以鄉職爲本，分境內爲若干村，數村爲社，數社爲里，各立之長，層遞而上，以達於縣。以故官之於一縣，如身之使臂、臂之使指，而推行之端，又以風教爲本，自妻妾、子女、婢僕以及幕僚、書役、監犯、廝養，每晨起必令跪拜先師，讀書習禮，而後治事。前後三涖渭南，年最久。

教澤之入人者深，官禮之可行於後世者效亦著。循良第一之聲，朝野上下夫人而聞之矣。庚戌，陝甘總督長庚調辦自治，公歸，思以效於渭南者設施於鄉里。時則紳剔官蠹，官忌紳權。公在陝爲剔蠹之官，權在己，令易行。在甘爲招忌之紳，權在人，志同道合者又難其選。出處易位，成敗頓殊。嗟乎！以生平堅苦卓絶之志，數十年之毅力，僅於渭南一邑間收效爲最彰，何其難也！今者三輔風雲連年變色，公十載以前徵車所至，治譜所編，其父老子弟半流離而不可問。雲山遠隔，不識尚有人焉？

如公之殷殷拳拳，昕夕不倦，寤寐不忘以心民事，以綿公善政善教於無已時者乎？蒼茫四顧，余又不禁爲中人以上之才抱殊尤絶特之志者悲其鑾也。

公，諱世英，清之秦州人。生於道光二十四年七月二十四日，卒年七十有三。其家世源流、畢生行誼、歷官政跡見於墓志及紹蕃所輯《祖庭聞見録》者綦詳，兹不敘。敘其志事之非常人所及者，以告來兹。世有想望太平而以人才爲出治之本者乎？當有感於斯文。

碑

皋蘭劉氏先德碑

我劉氏之著籍皋蘭，實在清康熙間。其先蓋陝西三原人，其遠祖不可考；明季有諱達者是爲自我而上之七世祖，生我六世祖諱德芳。

我五世祖兄弟四人，諱瑜、諱瑄、諱璧、諱琬。璧、琬皆無子。瑜子三，諱曰世勳、世英、世榮。瑄子二，諱曰世傑、世功。是爲我四世祖，即禮之所稱爲高祖者。世勳以嫡長留三原。世傑早卒。世英、世榮、世功皆爲皋蘭始遷祖。

我高祖諱世英，字武伯；妣管氏、孫氏。子二，長潤、次澤。我曾祖諱潤，字玉田；妣柳氏。子三，際泰、履泰、初泰。我王考諱初泰，字茹塘；妣張氏、宋氏、柴氏。子三，曰森、曰榕、曰桐。

我顯考諱桐，字嶧山；妣徐氏，繼配魏氏。先妣徐氏生不肖爾炘、爾熾。爾炘成己丑進士，授翰林院編修，得封我先世如例。我先世自我曾祖玉田府君以降，三代皆遊幕，皆讀書，敦尚品節。我王考茹塘府君，少入邑庠，以學行顯，壯遊湖北武昌、江西南昌間，所至與名流相結納，有聲於時。

我顯考嶧山府君幼孤而貧，習錢穀業，遊公卿幕府間。同光以來，爲甘肅方伯者如滿洲崇公、漢軍李公、湘鄉楊公、邵陽魏公、瀏陽譚公，皆禮聘之，爲入幕賓者垂二十年。時大亂甫定，海内中興，曾、左之流，以道義氣節鼓舞群倫，好尚所趨，風氣爲之一變。士大夫雖不盡以奇行偉績卓絕時流，而斤斤焉篤守禮法，罔敢踰越；苞苴賄賂之風，爲在官所必戒。

府君品望著稱，當世推許，年踰五十，漸與時違，橐筆家居，而世風亦遷流日下矣！府君性清介，臨財不苟。同治初，花門之變，一歲數驚，每當擾攘時，男女輒舉族以逃。維時府君窮困落寞，奉我王母柴太宜人居於鄉。日者風鶴警，鄰之富人將遠遯，以革囊負鉅金，委之曰"聊以相累"，遂掉頭倉皇去，追問之不及答，府君愕然，無所方計者久之。幸凤寠人，不以多財疑。踰年事定，鄰人歸，攜革囊去，封識宛然也。

府君生於道光癸巳，越光緒癸巳，年六十一而卒。生平榮瘁無常，而志節不變。晚年生計日艱，雖目覩余小子通籍於朝，而隱憂轉甚。蓋默觀世運，識當時顯達者途徑之日非，既不願子孫苟不義之富貴，而又苦無術爲衣食業也。

嗚呼！府君之棄余小子者已二十四年於兹矣！余小子既不獲禄養於生前，又不能顯揚於生後。痛遭末劫，死有餘悲。聊即所能知及幼所聞於先王母者略述梗概，並追敍歷世之淵源風誼，以期與吾弟爾熾勉爲清白、勿墜家風而已！既入民國之五年丙辰夏五月，爾炘謹撰。

原任甘肅提督閻桓肅公神道碑銘

德宗景皇帝御極之十有九年，高臺紳耆以原任甘肅提督桓肅閻公應入祀鄉賢，請守土官上其事，督臣奏聞，皇帝曰："可！"時去公之葬，已百三十餘年矣，其流風餘韻，歷久不衰，不於此而想見哉？

又越十餘年，公曾孫須敬宦遊來蘭，嘗以公神道碑至今無辭，引爲大疚，因持狀，屬余爲文。按狀：公，高臺閻氏，其先爲湖北襄陽人，明萬歷間，有諱維原者以歲貢任高臺鎮夷所千户，遂世居高臺，是爲公始遷祖。千户公有子三：從化以歲貢出爲同知。從義以歲貢歷官至四川夔州府通判，殉張獻忠之難，祀名宦。從政次居仲，是爲公曾祖。從政子一，曰大用。大用子二，曰醇，曰樸。樸子三，曰相尚，曰相師，曰相悦。相師即公，字曰錦棠，一字渭陽，由行伍薦升安西城守營都司、安西提標前營遊擊、瓜州營參將、金塔寺營副將、肅州鎮總兵、安西提督、甘肅提督。

乾隆二十七年正月，以疾奏請解任，得旨俞允，食全俸。是月卒。奉特旨優卹加增太子太保，賞銀一千兩辦理喪事，尋賜祭葬如例，謚桓肅，御賜碑文，國史立傳。

公生平戰績多在西陲。乾隆二十一年，公爲參將時，厄魯特降人沙克都爾曼濟謀叛，隨巴里坤辦事大臣雅爾哈善剿斬賊衆四千餘，旋赴魯克察克，同額敏和卓剿叛回莽阿里克。二十二年，公爲副將時，管理吐魯番民田。

二十三年，公爲總兵時，賞孔雀翎，領綠旗兵，隨靖逆將軍雅爾哈善剿回酋霍集占。旋授領隊大臣，圍庫車城，力戰被創。大軍克阿克蘇，將軍兆惠留公駐守，尋隨剿葉爾羌。二十四年，公爲提督時，駐防喀什噶爾，移駐庫車，諭赴烏魯木齊，辦理屯田。旋奉諭令，來京陛見。二十五年至京，賞銀幣，敘功加三等，命圖形紫光閣。

公忠勇性成，言動不苟。貴後有勸其納妾者，曰：“吾敢忘貧賤時乎？況吾既以身許國，又敢以聲色自累乎？"每食必設豆粥，着衣履必質樸。嘗以巡閱便道省墓，里之人覩儉素風規，群相驚歎，每借以訓飭子孫。然設義塾、置義田、賙族黨舊侶之貧乏，則又未嘗少吝。爲鎮夷堡築壩、浚渠，尤慨輸鉅金，鄉農利賴，今猶稱其地爲"閻家河灣"云。公篤於孝友，微時負薪養親，既貴，念禄不逮養，每食輒泣下。

太夫人之喪，公時爲瓜州營參將，統制以邊防重要，不許去官。公號泣轅門，兩目盡血。軍吏僚佐皆惻然爲之代請，因得歸殯葬，哀毁幾滅性。服官數十載，所得俸與兄弟共之。家事一委於弟，無毫毛計較心。至今鄉間間遇有兄弟爭論財產者，父老輒舉公以愧化之。

公生於康熙三十九年七月二十七日，卒時年六十四。配武夫人，繼配顔夫人、張夫人。子二。御璋，武夫人出，以武舉官陝西略陽營遊擊。珮璋，張夫人出，武生。孫四人，溥、澍、澧、汶，皆珮璋出。溥以武生歷官至金塔寺都司。澍、澧皆以武生從戎。汶，字齊川，邑增生。曾孫三，皆汶出，長須友，次須恭，三即須敬。

銘曰：關西出將，自古所稱。將材固衆，德器難能。唯我閻公，夙著神武。豈知其人，不徒暴虎？血性男兒，首重事親。爲手爲足，與我一身。由親及遠，族黨鄉鄰。入吾懷抱，涵之如春。嗟嗟乾坤，往往解紐。萬里塵沙，禽驚獸走。元戎上將，崛起群雄。旌旗所過，村落每空。行師若此，制行可想。我爲此銘，以告天壤。天山之東，靈秀所釀。曾有人焉，是英雄榜樣！

墓志

清武庠生安卿王太翁墓志銘

既入民國後之丁巳春二月二十有九日，予通家生王天柱之尊人安卿太翁卒於家。其將卒也，環子孫而屬曰："吾早丁喪亂，壯迫治生，晚侵衰病，未嘗一遂讀書之志。今老且死，欲天假之年，致力問學，以稍稍明義理而不可得，茲足憾也。惟望汝等及時勵學，以彌吾憾，吾目瞑矣！"予聞而異之，異夫太翁之言非前古篤學人不能道也。

將葬，天柱來，垂涕而言曰："先君子之少也，際同治兵燹時，流離顛沛，困阨饑寒，固已甚痛楚矣！當吾鞏昌失守，我王妣氏喬以護母禦賊及於難，先君子徒跣冒鋒鏑，號慟蹤尋，卒獲遺骸於亂尸中，禮葬之。亂定，鬻蔬爲生，以供養我王考。隱慟我王妣之死於非命，枕上時有淚痕，及見我王考則強笑，語如平時。我王考老且病，進盥進膳，日有定程。夜則旁膝坐談往事及市井所見聞，以博歡笑。病篤，殫憂極瘁，衣不解帶者累旬；居喪，哀毀爲孺子泣。中年以後，家漸裕，而勤苦自立，至老不衰。晨昏必拜謁先祠，歲時薦新，必潔必誠。睭姻戚鄰，必以力見。人無老幼，必與父言慈，與子言孝，與兄弟言友恭。暇輒手一編，孳孳不倦。前史暨名人傳記靡不覽，尤喜讀儒家書，朱子《小學》、《五種遺規》、呂子《呻吟語》之類，瀾翻背誦不遺一字，以之持身，即以之教子孫，居恒廉介自持。乙未河湟之變，任邑中巡察職，月給費萬錢，以歉絀民窮，辭弗受。此先君之生平也，皆庸行無殊絕者。先生居常喜以庸行勉人，盍賜之銘以詔我後嗣？"

嗟乎！太翁固欿然以失學爲憾者也，乃志行若此，世之服儒服、冠儒冠者又當何如乎？先賢卜子夏氏嘗言"雖曰未學，吾必謂之學矣"，太翁殆不愧斯言乎？況又拳拳焉終其身守先民遺訓，以自彌其缺陷乎？因案狀而序之曰：

太翁，武庠生，隴西王氏，諱殿邦，字安卿。祖始金，妣劉。考寅，妣旌表節孝喬。配宋，生子六。天柱次居五，己酉拔貢，省長公署教育科長。長於天柱者曰佐，丁酉舉人。前卒曰輔、曰相，皆邑庠生，輔教省師範學校，相教縣國民學校。曰俊及幼於天柱者曰襄，俱業商。女四，孫十一，曾孫一。

太翁生於道光三十年八月初四日，卒年六十八，以戊午三月二十七日葬於縣西五里墩先塋之次。銘曰：此非桓桓赳赳者之幽廬，乃篤古嗜學者體魄之所居，後之人式諸。

清誥封宜人牛母丁太宜人墓志銘

吾鄉牛雪樵先生，當咸豐、同治時以理學出爲名臣。余嘗讀先生書曰《省齋全集》者，知先生之學一本程朱，隨事體驗，其持躬之介、律己之嚴，蓋先儒堅苦者亞，心竊佩之。

今年夏，先生之孫士穎者來爲其本生母丁太宜人請銘墓之文。余讀狀，知太宜人蓋四川知縣瑜之妻，而雪樵先生之猶子婦也。先生幼，赤貧，侍養無立椎；及貴，嘗自言衣服飲食，一切日用享受之物，觸處輒痛心。以故雖任監司，一如寒素狀。言先生每稱太宜人節約勤勞，真吾家婦。太宜人亦稟承禮教，每訓斥子孫，輒曰："汝祖名位何如？享用何如？爾曹敢自恣耶？"

嗚呼！學術之醖釀於無形，而關於安危治亂者大矣！咸同之際，吾國中師旅饑饉，亦幾幾乎舉目無幹淨土，而卒能奠定河山，拔斯民而出之水火者，朝野上下，尚有人焉！於干戈擾攘中，以鄒魯微言相勉勗，流風所播，雖遐陬僻壤，章句之士其範已繩人，皆隱然有不可移易之軌轍。即圭竇柴門一婦人、一女子，饑不得食，寒不得衣，而葆恥守樸，往往以疇昔所聞於父祖者爲天經、爲地義，拳拳焉未敢一念之或踰。《詩》稱江漢遊女亦沐浴文王之化，而成周之治臻於郅隆，不信然歟？余懼夫道術消沈，人道將息，感太宜人之所以型家者有自來，不獨爲牛氏一門之兒孫告，世之講求女學以期浚風化之源者尚留意焉！乃爲之銘曰：

通渭牛氏，世爲望族。有賢母焉，莊莊肅肅。賢母之系，秦安之丁。幼承姆訓，不出戶庭。母歿撫妹，義不負背。剛果堅忍，挫之不退。于歸之後，不逮事姑。事翁以禮，妯娌庖廚。翁曾司臬，罷官居蜀。海內清操，萬人之鵠。賢母之賢，能識厥傳。相夫佐治，不酌貪泉。戒彼浮華，率以勤儉。時語諸兒，勿乃祖忝。夫子宦蜀，永寧南溪。移宰巫山，聞杜鵑號。身後孤弱，公私竭蹶。秋蛩之聲，悽悽欲歇。賢母之賢，以一肩擔。千里歸葬，茹荼而甘。先雞鳴起，家政重理。兒曹惰讀，惕之以恥。兒曰士英，頭角崢嶸，士灝士穎，相繼有聲。英灝遊庠，穎膺拔萃。女子四人，壻皆名貴。莊浪之王，厥名舍棠。壻中顯達，此爲尤彰。有孫六人，士英所生。士灝之後，一孫一曾。甲寅季冬，廿有六日，年七十三，而登仙躧。越茲戊午，九月廿二，永奠幽宮，魄歸於地。賢母之魂，百世猶存。篤守家學，以詔後昆。

行狀

清記名道安徽太和縣知縣王君行狀

曾祖：金城，清貤封資政大夫，妣氏蘇，貤封夫人。

祖：維傑，清封資政大夫，妣氏魏，誥封夫人。

考：茂楊，清誥封資政大夫，妣氏石，繼母氏魏，誥封夫人。

君姓王氏，名樹中，字建侯，號百川，一號夢梅生。其先世籍隸山東新城，即今之改稱桓臺者。君始遷祖曰先昇，自宋末宦遊來甘，始爲甘肅皋蘭人，世居長川村。

君年十九入邑庠，己丑領鄉薦，壬辰貢於禮部，以甲午進士出令安徽。在官十餘載，勤政愛民，皖人嘗呼之曰"王青天"。民國二年歸里，爲軍府參謀，旋保道尹，仍發安徽。或出或處，恒徘徊不能自決。四年春，奉檄往甘涼。春暮往寧夏。秋初詣隴東涇川、慶陽、寧鎮各縣，勘聚衆事，不一年中，歷隴上七十六縣者大半。所至藤葛糾紛，或結私仇，或攖公忿，此皆智巧之士所深避而不肯爲者，君獨慷慨任之。凡以爲隴上大局也，不圖理殊今夕，道有屈伸，拗志拂心，幽懷遏鬱。東歸而後，漸次失眠，失眠日久，轉爲虛弱，吐紅未已，瀉洩繼之。纏綿十餘月，竟以不起。

嗚呼！余與君爲道義交，常念君立心之厚、任事之勇、器量之大、知慧之深沈，爲儕輩所不常有。思與君以學術相增益，遇事輒規君。君或怒而去，怒已而喜，喜復來，來或復怒。二十餘年中，相見輒相諍，相違輒相念。近年來，每相對輒無言。即余有言，君輒數數點頭，相視而笑。嗚呼！天假之年，君之進境烏可量，余之受益又豈有涯耶？而竟如是耶！君之卒，余不獨爲君悲，慨念人才，不覺對桑梓山川失聲一哭！

君族叔茂懿者，余通家生也，嘗與君遊皖有年，因令畢述君歷官行義而爲之狀，以告史氏之傳循吏者。

君在皖，代理潁上，攝阜陽，授太和，兩權亳州，一署潁州府。奉旨嘉獎者二，保薦卓異者一；年終考核事實，保列優等者二，最優等者一；以道員記名簡放，賞戴花翎，賞加二品頂戴。癸卯充江南鄉試同考官，壬子充皖北防軍營務處，癸丑辭歸。

其治太和也年最久。太和民夙健訟，往往以細故爭曲直，連年不已。君憐之，每坐堂皇，如老嫗道家常，對蚩蚩者說訟之終凶，說鄉黨戚里之宜讓不宜爭，叨叨絮絮無倦容，聽者或泣下。君初涖任，月聽訟以數百計，踰年月僅十餘。君因得以專意教養，凡興學勸農，分所當爲，無不實力爲之。

其功之大且永，莫如治水。太和地低窪，恒患水。水所行，以溝洫爲脈絡，以河爲尾閭。尾閭塞，脈絡不流通。天大雨，彼此以鄰爲壑，高者利決，下者利淤。淤決相爭，動釀鉅案。歲久因循，從無統全局、規久遠者。君察形勢，爲疏導之。凡洺河、宋唐河、八丈河、蘆草溝、長福溝、三義溝、萬福溝、獨龍溝、爛柴溝、南北皂溝，先後次第通。爭端既希，樂利亦無窮期。

君感少時購書之難，嘗購書千萬卷。每巡鄉，必挾書分給鄉塾之貧無力者。所至娓娓談道義，如父兄師長之教子弟生徒。父老或進豆粥，君且啜且問疾苦，涎滴滴流襟袖間，弗自覺也。在太和八年，鄉村籬落間，每聞官至，婦孺奔走，欣欣以望見顏色、得聞片語爲喜。暇，或奉封翁夫婦遊田野，省耕省斂，補不足、助不給以爲樂。以故與太和民宛然有家人父子情。

其治亳也，當光緖己亥時。以鄰縣渦陽之變，倉無餘粒，歲又大饑，人相戒莫敢往，君獨不畏其難，下車即籌賑。賑未已，疫癘復盛行，死者相枕藉，君不遑眠食，昕夕劬勞。設施食所三，養病所一，受粥受藥者日萬餘人，歷三月之久。時當初夏，渴雨甚，天竟不雨。君計無所出，向空哀號而已，忽大雨，民困漸蘇，而君亦一病幾殆。病起，籌社倉，立書院，浚清油湖，瀉水患。未期年而境內有絃歌雅頌聲，論者謂亳灰燼之餘經君再造，故有補授太和之命。

越十年，爲宣統庚戌，亳復大水，需賑急。上官難其人，勉君行。君感舊遊，力疾往抵任，即電請停徵。知交相詫，群拭目以觀巧婦之爲無米炊也。君飛書勸募，聯西人慈善會，只問蒼生，略無瞻顧。既畢役，虧帑踰萬金。邑紳劉傑堂、李錦菴軍門、李拱如太守喟然歎曰："邑侯果誰爲乎？忍令因公受過？"遂相與出而分任之。

其去太和也，以封翁之喪。太和人填衢塞巷，執紼捧香案，號泣相送者數十百里不絕。

其去亳也，爲調守潁州。時當辛亥革命之際，盜賊乘間起，皖南北相繼糜爛。亳賴君防禦善，獨完。忽傳君將去亳，人惶駭，手足無所措，聚千萬人遮道尼君行，君爲留數日，以大義曉之，曰："潁郡，亳首領也，危在旦夕。潁不存，亳能保乎？吾之保潁，正以保亳耳！"始獲成行。亳人以君政跡作詞曲，遠近歌謳之。

其去潁也，爲共和成，官制變。君解印綬，往山東謁原籍墓。行次懷遠，爲民軍所執，呼爲"宗社黨"，紳民大譁，曰："王公，皖北大好官也！烏可辱？"群忿忿解君陃，縈縈助君裝，而脫君於險。

君負血性，遇事敢任，不屑屑計利害。旁觀者每代君危，而君卒能入險出險。守穎時，督民團助官軍戰城下。君冠帶立彈雨中，不少避，卒獲勝。盜魁潘金城、翟大發聚黨數十人，恒劫掠河南鹿邑道上。時君方知亳，一夜，偵盜竄州北關，君立率役卒往捕，搗其巢。盜驚，突露刃相向，役卒怯，弗敢前。君怒，手擒其渠，役卒始奮，盡獲之。

君貌渾然，人或欺其癡，而機警內蘊。每斷獄，發奸摘伏，群相驚以爲神。知太和時，縣民沈貫群者納妾谷氏，妻李以妒，故仇其夫，乘妾他出，與族人沈鴻亮、沈聚才共殺貫群，瘞其首，而拋尸於野。君往驗，李伺旁，認尸痛哭，訴冤苦。君徐察李哀戚非出於至誠，跡可疑，乃反復怵李以因果報應之說，李忽色變，君即厲聲曰：「汝夫之死，汝實知情。不實言，將械汝。」李竟吐實，其聽斷之大快人心者多類此。而得情後尤能執法，不稍以勢利屈。太和民李廣棟與高大富互控，廣棟挾教民李廣玉爲護符。君訊，廣棟理屈，並答廣玉。廣玉以教民故，抗不受答，教士且出而袒之，言不遜。君盛怒，斥教士，而卒答廣玉。當是時，自太夫人而下署內外皆相顧失色，或狂奔相告，語或頓足，或太息，爲君謀善後策。太夫人唶曰：「此何大事，吾兒欲拼此一官乎？」君不爲動。亡何，教士以辱故，慮爲人民輕，婉言要君以禮貌，君怒亦稍稍息，乃闢門送教士。教士歸，具禮道歉，反稱君賢。自是，遇教案，君有言，則順如流水。

君居恒似吶吶不能言者，呼李或誤曰張，命茶或誤曰飯，傔從、女奴輩每掩口匿笑之。遇朋友過輒直言，恒中理。遇論事，引譬罕喻，傾倒其座人。遇事之當以理爭者，氣尤壯，辭尤多。

時或心所欲言，口不能達，面紅頸赤，期期不可，雖權貴前，不少挫轉，以此爲上遊所推重。巡撫恩銘、布政使于蔭霖皆極口稱君，直謂君不欺。

先是潛山災賑者泥前法苛細，求貧民等級，民大噪，遂擾亂。君初到皖，潛山復災。寅僚鑒前車，遞避無任其事者。君受檄，持白鏹二千往，與佐者俱，佐者以爲難，無所方計。君乃獨斷，計口均分，災民一得制錢僅二十有六，省垣傳說以爲笑談。時布政使即于蔭霖，急檄君還，責君妄，君不服，譁辯之。退詳述其事理民情，爲文上之，于得君文，怒甚，閲之未及半，色漸和，閲已，大笑，稱君能。蓋潛山民雖人僅得錢二十有六，而知姓名已列入災籍，則停徵、繼賑之後恩可希也，故貼然就範圍。

光緒癸卯、甲辰間，銅幣出，銀價驟漲，上下苦之。州縣官利徵收制錢，以銅幣納者作七成收。對上皆詭稱與制錢同。君以事抵省，巡撫恩銘問及，君實告，恩銘愕然。問民甘多納之故，君爲述銅幣一不能抵制錢十，市井皆然；牽連論及物價之日昂、民生之日艱，恩銘韙君言，連呼君曰："長者！長者！"

君三歲而石太夫人卒，育於仲母魏氏。君事魏如實生已。魏殁時，君在亳，哀毀請解職，以格於例不得請爲憾。

君自幼即善承大母歡，即能察繼母意，媚順之。貴後，迎養封翁夫婦暨仲母，每於署中作嬰兒戲以爲笑樂。君於伯叔父母族人子侄，靡不情踰於義，金帛之遺，頻年不絕。君有異母弟二，其一先君卒。君禄俸所餘，傾囊歸其弟。弟持家十餘稔，家稍裕。男有婚，謀諸君；女有嫁，謀諸君；田廬有建置，謀諸君。有所謀，無不稱所欲。君解組歸，時時爲人書券。君病，其弟竟析炊。余聞，微叩君，君莞爾笑，稱其弟賢。其孝友類如是。

王紉齋者，君蒙師也。生則謀其養，死則謀其後。黔人賀少峰者曾遊君幕，卒於蒙城，無所歸，君移葬太和，置祭田，使太和人主之。鄉人石孌之、張星橋，落魄南中。病，君爲之醫，死，君理其喪，歸骨於數千里外，贍其家，育張子，授之室。劉太青孝廉會試，過汴，車覆，折骸骨，君迎之太和，醫痊，厚資斧挾之歸。其高誼類如是。

　　丁未，蘭州饑。君適以家艱居里，助官府賑饑民。君睹饑民狀，輒揮淚不自已。官歉不足，揭私債以濟。其慈惠類如是。

　　君早達，氣剛，性喜事徑情行，動有盛名。喜包荒，人意之所可，雖僨事亦曲爲原。待人無賢否，兼愛博施，義聲震遠邇。人之憂戚其容，俠其辭以餂君者相環也。君不少恤，散萬金不以概於心，以此不免輕事、輕任人、輕施予之累。愛君者無不微諷君，君亦頗自訟，思變前轍，而竟不獲永其年、老其才以爲世用。嗚呼！可哀也夫！然當舉世自私自利之時，始終以救時利物爲懷，不瑣瑣謀生事。前歲承辦官產，猶感喟時艱，以厚食薪資爲可恥。其襟期志趣，足以振頹風而厲末俗矣！君亦人豪也哉！

　　君通籍後，發憤讀聖賢書。時與余以書問往還，證疑義。更事久，所見日超，規模日遠大。每好奇，喜弄筆翰。晚遭世變，心情不自適，悅釋氏說，思托而逃。有所悟，輒發爲玄談奧論，強人聽。聽者或貌貌意他屬，君色然慍，強人傾聽。捷給者厭君言，輒雜諧語揶揄君，君憨笑忸怩而止。然君根器過人，其神解固自不凡也！生平有日記。所著有《細陽小草》《夢梅軒詩草》。

　　君生於清同治七年十月一日，其卒爲中華民國五年十月二十三日，即夏正丙辰秋九月二十七日也，得年四十有九。配郭夫人，妾宋氏。子四：毓琳、毓穎、毓泰、毓毫。女二。

壽序

劉遠峰先生壽序

　　光緒間，吾隴上先達以京朝官退居鄉里，主會垣講席，造就生徒，超然於軒冕聲華之外者，皋蘭則張敦五先生，秦州則遠峰先生也。炘年甫弱冠，即從兩先生遊。弱冠後，倖登科第，亦以京朝官假歸桑梓，忝擁皋比，追陪兩先生者垂二十餘年。兩先生皆側身謹慎，皆藹然可親。而遠峰先生年獨高，庚申秋八月三日，爲八十生辰，同門諸子思製錦爲先生壽，而屬炘爲文。

　　先生以優貢生中丙子科舉人，丙戌成進士，授刑部主事。供職未數月，以親老告歸。明年，受制府聘都講蘭州。自是乃不復出。先生忠孝性成，歲壬辰，梁太恭人卒於里第，以在蘭未獲親視含殮，及歸，引爲大戚，慟不欲生。既而奉嚴命，仍赴蘭掌教，乃屬家人踰二三日必詳報太翁起居飲食，毋稍隱。夜必露禱祈，增老人壽。歲時必歸省，聞疾必星夜馳視。

　　戊戌秋，太翁逝世時，先生竟早歸，得親侍湯藥，盡禮盡哀。辛壬之際，讀遜位詔書，泫然流涕，曰："我大清亡矣！"哽咽不能成聲。其處兄弟也，白髮盈顛，不忍析爨，子姪群從，歡然一門。

　　鄉之人茶餘飯後談里中孝友世家，必首及之。先生美豐姿，清華朗潤，望之如神仙中人，而虛懷謙抑，辭氣溫恭。與人交，無小大，無敢慢。忠厚和平，識者早知其能載福，能享大年也。人有輾轉請托乞一言爲説項者，無論識與不識，未嘗拒，無論成與不成，必思得當以報，而不計其人之感不感。

在省垣既久，熟於地方情形。乙未河湟之變，楊石泉制軍欲出省督戰，先生尼之，而人心稍安，乃與敦五先生共上甘軍勦賊之議。當道韙其言，爲請於朝。董星五少保乃奉命西征，而烽煙遂靖。

昔者吾蘭書院之屬於制府而爲全隴學子所考德問業者，一曰蘭山，一曰求古。敦五先生主蘭山，先生主求古。敦五先生之造士也，尚矜嚴，不苟許。承其指授者皆惕而奮，奮而懼，比蒙許可，而造詣之精進已不可量矣。先生之造士也，尚宏獎。一言之善，一得之長，褒詡贊揚，不嫌溢量。承其教者無不色然喜，慨然興，群焉相忘於歡欣皷舞之中，而學業自進。

自海内患貧，競言歐化，教人之術日異月新。忽忽十餘年，而前古四千餘載之師道、之經訓、之辭章，茫茫然日就於消沈。回憶疇昔讀書自好之士，蕭然自足，恥入於名利爭奪之場，日惟以道義與諸生相切磨者，在當日亦數見不鮮。自今視之，不猶是羲皇上人耶？此則敦五先生所不及知，而炘以少年末學步趨先生後，相與靜觀熟覩，以至於今者也。今不獨先生年登大耋，扶杖婆娑，即炘亦憂患餘生，蹉跎老矣！

炘嘗有滑稽之言，顧以博先生之一笑。炘謂近今乾坤非歷古所曾有，近今世變非歷古神聖所曾知，故近今之人十年中所見所聞，即抵古人數千載而有餘，則閲天上煙雲、見人間田海如我輩者，謂之爲八百年之老彭也可，謂之爲八千歲之大椿也，亦何嘗不可？必沾沾焉效當世富貴名流，作山阜岡陵之頌，似非先生所樂許，亦非炘之所宜施。於先生者惟是師友淵源之誼，耿耿於方寸中。不覺慨念今昔,歎人才消長,學術盛衰,在一家則家風所係,在一邑則文獻所關,在一國則爲往聖前賢精神命脈或斷或續之所自,因走筆書之以告。

景齋世弟輩俾以守宗風、綿絶學者壽其親,則所以榮親者遠且大矣! 景齋世弟輩嘗從吾遊,當不以斯言爲妄!

果齋別集

序

　　余既編詩、文爲二册，分辛亥以前者曰《前集》，壬子以後者曰《續集》。同人復慫惥梓其楹聯，爰取《前》《續》二集所棄，而有關事實者附益之，並爲一册，曰《别集》，是又光、宣以迄於今三十年來之夢影也。回頭循省，都屬空言，而人事日非，煙雲萬變，而今而後恐並此空言而亦有不可言、不必言者矣！嗚呼！噫嘻！

楹聯

大　成　節

一

超血氣形骸與天同壽，
以文行忠信爲世之師。

二

辟如天地之無不持載，
凡有血氣者莫不尊親。

三

五大州第一位聖人篤生今日，
十八省億萬年學子莫墜宗風。

四

以大祀崇祀先師帝有恩言薄海同聲呼曠典，
雖小學亦學孔子人無異志滿堂低首拜尼山。

五

只上下論語幾句常談，憑你是誰做不到？

把删定贊修一支妙筆,頂天立地撑起來。

六
納萬世於禮樂詩書都忘教澤,
倘一旦無布帛菽粟便受饑寒。

七
合九洲内千古以來四百兆人皆歸陶淑,
當萬世下八月節後二十七日都要歌謳。

八
四海内蒙萬古彌綸罔外之功不數那帝功王烈,
六經中無一點奇怪難能之事都是些天理人情。

九
莫忘了吾教所宗,且相與呼父老兒童遥望尼山拜日月;
離不得聖人之道,休弄到無布帛菽粟方知斯世有饑寒。

十
敬的是吾教所宗,借俎豆馨香且誘你莫忘根本;
離不得聖人之道,如布帛菽粟但没他便受饑寒。

圖 書 館

一
收全球東西四五千年中鉅制零篇各分門徑,

俾大河南北七八十縣內後生小子都有師承。

二

我不管是中是外、是古是今，但得書便供人讀；
你無論爲富爲貧、爲貴爲賤，要成人須看書來。

兩等小學堂講堂

無論你學道德學才能，當實志虛懷，要有童蒙求我意；
莫管他是智愚是賢否，只熱腸苦口，常存父母愛兒心。

兩等小學堂

一

且趁玆萬國笙歌，將禮樂詩書相與薰蒸爲化雨；
忽又是一番煙景，這梗楠杞梓果然成就在何年？

二

都教存忠愛心腸，看到處園林，百鳥朝陽成樂國；
真個是文明氣象，這滿門桃李，萬花捧日上春臺。

三

不須將第一等人讓與旁人作，
總要把這千古事當切己事看。

四

且隨這萬變煙雲，把幽谷芝蘭化雨蒸騰留宿種；
已過了五年歲月，看滿門桃李春風次第發名花。

存 古 學 堂

一

堯舜禹湯文武周孔所傳，何可廢也？
詩書禮樂易象春秋之道，其在斯乎？

二

自孔孟至今屈指已二千年，鄒魯淵源需我輩；
體堯舜以來傳心之十六字，唐虞事業在人間。

三

自聖門四科造士以來，曾分德行、言語、政事、文學；
惟中國三代教人之法，不外格致、誠正、修齊、治平。

四

一綫斯文布帛菽粟，
六經遺訓河嶽日星。

高 等 學 堂

一

憤國家積弱情形，學個自強人物；

體孔孟救時宗旨,養成滾熱心腸。

二

我都是黃帝子孫,俯仰乾坤何堪回首?
你看那白人族類,縱橫宇宙能不驚心?

三

五大洲同在地球,何故人強我弱;
二三子欲擎天柱,當思日異月新。

四

探羲文周孔哲理之幽,方不愧爲新學派;
陋管晏蘇張事業之小,庶幾可作外交家。

五

私德爲公德之原,言動視聽皆學問;
主權乃民權所出,君臣上下是綱常。

六

振尚武精神爲自立國;
汰虛文積習讀有用書。

七

當從新作不朽人,萬國情形雙眼闊;
莫依舊爲自了漢,兩間事業一肩擔。

八

四海風雲,安得猛士?
三年歲月,當有傳人。

隴右公社

一

九曲自崑崙卷地而來,毓秀鍾靈,八郡人才兹薈萃;
一畫當太昊開天之後,經文緯武,百王政教此淵源。

二

文武衣冠,枌榆煙景;
廟堂憂樂,桑梓敬恭。

隴右實業待行社

一

一畫當太昊開天之後,倡實業先聲,火化經綸,首在人間謀教養;
九曲自崑崙卷地而來,是羲軒故里,文明世界,要從隴上溯淵源。

二

請務實乎作不得偽;
成大業者受之以恒。

三

待其人而後行，發於事業；

存諸己之謂信，慎厥身修。

四

何妨邀山月山雲，醉白酒一壺，憂樂不關天下事；

偶爾趁秋風秋雨，種黃花三徑，栽培全仗後來人。

義　倉

豐年多黍多秾，

黎民不饑不寒。

潛　園

樹　人　堂

四十年丹桂黄槐，變作桑田偏自我；

千百尺蒼松翠柏，養成材木在乎人。

百　穫　軒

與天時要息息相關，趁春雨春風，松、竹、梅、蘭齊下種；

願他日舉欣欣來告，説山南山北，梗、楠、杞、梓盡成材。

拳石山房

一

但道桑麻長，
而無車馬喧。

二

何妨攜琴、書、筆、硯、酒、棋、茶，招高人韻士，
相與對風、月、煙、雲、花、草、木，説往古來今。

三

有時見天上浮雲，在紅樹枝頭幻成蒼狗；
何處覓人間樂事，向緑楊煙外且聽黄鸝。

湘陰祠

一

先生曾湘上爲農，曠世英雄龍善卧；
當日亦莊前種柳，感時懷抱鳥知還。

二

旌旗鸞鶴，倘停雲看門外滄桑，公應大笑；
花草蟲魚，閒度日對湘中豪傑，我愧虚生。

三

難忘元老培才意；
願體先生種菜心。

可 望 亭

高吟樹蕙滋蘭句；
環顧栽桃種李人。

五泉山太昊宮

大 門

都來遊聖人之門，上觀千古；
從此發名山間氣，後有萬年。

二 門

進此等門來要拜聖賢要尊豪傑，
從這條路去可登臺閣可入山林。

三 門

我問你是謁廟是遊山？謁廟須恭，遊山須雅；
誰到此不花錢不吃酒？花錢莫浪，吃酒莫狂。

前 院 遊 廊

一

人都要擠着進來，便鬧得紛紛擾擾、亂亂哄哄，我勸你緩些兒好！
你既然遊了出去，回想那曲曲彎彎、高高下下，他教人看個甚麼？

二

這裡面栽了些新樹新花，要留連風月煙雲，過客遊人都愛惜；
那上頭有的是真山真水，且點綴樓臺殿閣，前賢往聖或歸來。

三

他說是他約了些朋友，要賭酒，要鬧詩鐘，要品茶，要商量畫意；
你管着你領來的兒童，莫塗牆，莫撕窗紙，莫搖樹，莫搬弄石頭。

五泉小蓬萊

小洞天

在何處尋安樂窩，快進來歇歇；
請大家服清涼散，都坐下嘗嘗。

洗心亭

何以解憂？萬古牢愁消濁酒；
偶然小憩，一灣流水滌塵襟。

天外天

一

外面亂紛紛翻世界頑雲，關上門兒不要惹；
裏頭靜悄悄是蓬萊仙境，找着路的可以遊。

二

關住兩扇門自然無煙火塵襟，誰是關得住的？
找着一條路便可到蓬萊仙境，你還找不着麼？

紫　雲　關

一

若要來這裏面找仙境清幽，莫走差路了；
只管在那下頭混戲場熱鬧，能過得關麼？

二

進來便步步登高，信脚入清凉世界；
出去亦頭頭是道，小心上歌舞樓臺。

清　虛　府

眼中皆綠野，
頭上是青天。

泉神電神祠

水流心不競；
雲在意俱遲。

皇　閣

睜眼看凡人，爲消除怪雨盲風撥開雲霧；
叩頭求上帝，快分付恒星列宿整頓乾坤。

文　昌　閣

我但祈天上文衡，將禮樂詩書懸之日月；
神旣掌人間禄籍，把功名富貴注與賢豪。

伏 羲 殿

畫成卦有三爻，天地人分陰分陽，造化機緘都在手；
易之書無一字，文周孔讀來讀去，聖神事業只傳心。

聖門三子祠

從東魯聖人悟易象、春秋、詩書、禮樂所傳爲儒門要道，
俾西方佛地知格致、誠正、修齊、治平之説是天下大經。

武 侯 祠

在三國中論時會，論遭逢，壯志未酬，天運早歸司馬晉；
從兩漢後數經綸，數學識，真才難得，人間只有卧龍崗。

關 帝 廟

當三國紛爭時，認定劉家之天下；
於四維不張日，獨持孔教在人間。

觀 音 院

點醒那世上群癡，法雨飛來能換骨；
看透了人間兒戲，彩雲過處怕低頭。

呂祖廟

覺來夢裏黃粱,過眼浮雲非富貴;
舍遍懷中丹藥,關心滿地是瘡痍。

岳忠武王殿

一

浩氣彌綸,乾坤無恙;
英風來往,山水有靈。

二

憐他南渡君臣,無熱血丹心,認不得英雄豪傑;
邀我西州人士,拜精忠浩氣,仰之如日月星辰。

三

若要教天下太平,須體貼王言,文官不愛錢,武官不怕死;
這才是人間豪傑,能扶持世道,入則爲孝子,出則爲忠臣。

楊忠湣公祠

在兩間爲志士仁人,便冠絕群倫,義膽忠肝充四海;
無一念非民生國計,即謫居邊塞,流風餘韻亦千秋。

段容思先生祠

探二帝與中十六字相傳之學；
是五泉山下四千年僅見之人。

段容思先生祠門

先生在安樂窩中，自有春風來入座；
後輩莫徘徊門外，共隨明月去登堂。

左文襄公祠

一

立數千裏外勳名，爲後輩所欽，每望湘中思國老；
沐三十年前教澤，繼先生而起，亦應隴上有人才。

二

提江南江北數千裏掃蕩之師，靖隴上烽煙，修明禮樂；
願關內關外億萬户弦歌之士，學湘中豪傑，旋轉乾坤。

三

是湘中一代偉人，有老亮學術，有老亮經綸，婦孺至今思老亮；
問隴上千秋士子，無先生文章，無先生德業，吾曹何以報先生。

四
廊廟殷憂敵國患,
風塵難覓武鄉侯。

五泉金華仙姑祠

昂首月當頭,向天上閒遊,擺脱塵凡歸碧落;
無心雲出岫,在人間小住,作爲霖雨潤蒼生。

陝西省城甘肅會館戲樓

羲爻開演象之宗,北地文明由來出色,億萬户耳中絃誦是禮樂是詩書,莫道譜成邊塞曲;
龍瑞啓紀官之運,西州豪傑不愧登場,四千年眼底臣工扶綱常扶名教,都能留與後人看。

五泉山戲樓

一

最好四月天,嘗聽此七級台前,泉聲乎?鳥聲乎?鐘磬聲乎?高下悠揚,引我去遊仙境裡;
偶登三教洞,試看那萬家城外,車來者,馬來者,杖履來者,貧富貴賤,無人不在戲場中。

二

數十年九曲河邊聽鼜鼓、唱刀環,喜頭上弦歌武樂奏完文樂起;

億萬世五泉山下扮公侯、演將相，願眼前豪傑後人争做古人看。

三

鄒蘭穀揚言而後，開忠義先聲，人皆側耳，韻何遠情何深，廊廟爲憂，萬古河山留絕調；

段柏軒唱道以來，發聖賢遺響，誰不昂頭，曲彌高和彌寡，林泉可樂，一天風雨問知音。

城隍廟戲樓

曾見那大奸雄大豪傑，善未必福，惡未必凶，看了他使我低頭歎報應，分明便非天道；

若是個真孝子真忠臣，聽之可歌，思之可泣，演得我替他墮淚知神靈，感格不外人情。

己亥度歲

一

何以祝蒼天，但默禱新年布穀聲中三月雨；
敢云行素位，只不荒舊業亂書堆裏一家春。

二

須持這志向堅牢，飲食起居無非是學；
能洗得心頭乾净，蟲魚花鳥觸處皆春。

三

求聖賢切己工夫，恬澹簡温方能入德；
觀天地生物氣象，彌綸充滿到處皆春。

四

問階前一樹名花，時來乎？運來乎？好向新年承雨露；
看窗外數竿老竹，霜過了！雪過了！養成奇節上雲霄。

挽劉子嘉先生

在朝中偏我歸來，違絳帳者，十年謀面方云能再晤；
問隴上阿誰繼起，望青雲兮，萬裏傷心不僅爲私交。

挽馬相丞

一

我同胞思之、思之，既云五族一家，爲甚干戈猶滿地？
大丈夫死耳、死耳！只恨九州萬姓，得蒙福利在何年？

又（代）
二

只彈丸便墜我將星，豈夢夢九天亦不願替人造福？
無銅柱以撐吾隴月，這芸芸萬衆將從此何處爲家？

三

於世人皆自私自利之時，能爲蒼生悲浩劫；
是男兒要可泣可歌而去，何妨碧血化長虹。

四

可憐那億萬家南國人民鬼哭神號，隴月無光銅柱折；
竟教我數十載西州豪傑風流雲散，將星不語彈丸飛。

五

有幾個奇男子，有幾個奇男子，偏要收奇男子去；
叫一聲我同胞，叫一聲我同胞，如何殺我同胞來。

六

要爲男子須能死；
可惜中原只自戕。

七

可憐黃禍來何急；
能爲蒼生死亦豪。

八

似我黃人生不如死；
完君素志死則猶生。

挽王建侯

一

存心之厚,視財之輕,可以勵薄俗矣!
獨爲其難,能見其大,何處覓斯人乎?

又(代)

二

人容負我,我不負人,經這番富貴冷灰,顯得男兒惟血性;
佛即是心,心原是佛,遇如此家國天下,且將身世寄虛空。

三

不愧爲良有司,熱血丹心,能使蒼生呼父母;
畢竟是奇男子,空拳赤手,只將白水付兒孫。

四

君真善解脫乎?壯年富貴,老境兒孫,丁此時光何必壽;
我所最傷感者,昔日交遊,故鄉人物,求之塵世已無多。

五

在宦途到處稱揚巷舞衢歌,今尚循聲談往昔;
問吾族阿誰繼起祖功宗德,我揮老淚望將來。

六

一點妙明心還之天地；
半生未了事付與兒孫。

七

是廉正熱腸者便不永年，天意可想；
在聰明絕頂人原無遺憾，世事皆空。

八

又何須瞻仰昊天，萬里風煙秋亦老；
想此際歡聯舊雨，九原儕輩日增多。

挽高符五

一

爲地方公益事劬瘁而亡，中國生機全在此；
教世間這等人年齡不永，上天陰騭也無憑。

二

座中聚二三百生徒，愛之如子，風朝雨夕，不憚勤勞，再訪這益友良師，我輩又誰能繼武；
堂上有八旬餘老母，尚望生孫，石火電光，竟成夢寐，況留下寡妻弱女，人間何事更傷心。

挽李鑑亭

一

一身都是膽，
萬口爲招魂。

二

畢竟是奇才，能使人間容不得；
倘教爲厲鬼，定從地下打翻來。

時時挽人因而自挽

一

這大元中，都被那五洲萬國之人鬧了個混濁；
從長眠後，超然於四象兩儀而外倒覺得清涼。

二

是未曾用世之人，且收拾孤懷裝入皮囊埋地下；
倘不負平生所學，要抱持本性打開塵網見天公。

詩

徐姬亡百日，詩以哭之（有序）

　　姬，徐氏侍兒也，其先本陝之朱氏女，不自知其所隸爲何縣。光緒庚子，陝大饑，適吾鄉張氏有宦汴者以眷屬歸，道經朱氏村，其父攜女求活，姬由是育於張，時年十有一。未幾，張女歸徐，姬媵焉，姬由是又長於徐。年二十有四，來充予側室，時爲中華既爲民國之癸丑。越己未秋八月以瘵亡，事予僅七年，遺一女。予老矣，百感蒼茫不第爲紅顏賦薄命也！

　　　　夕陽影裏種桃花，盼爾宜家灼灼華。
　　　　花落竟隨流水去，夕陽依舊剩餘霞。
　　　　百年大計付黄粱，多少心情夢一場。
　　　　曾數流光説來日，田園廬舍費商量。
　　　　六齡弱女六旬妻，賴爾扶將賴爾攜。
　　　　爾委雛鴉依老鳳，雛鴉何日羽毛齊。
　　　　弱齡癡女自冥頑，誰死誰生了不關。
　　　　一任五更秋夜月，滿門白髮哭紅顔。
　　　　大家風度本天成，話到肝腸有性情。
　　　　只欠渾淪難載福，是誰教爾太聰明。
　　　　喜時歡笑怒時嗔，大體分明識等倫。
　　　　便訴衷腸談薄命，怨人言語不傷人。

弱女呀呀學語時，糾狂正謬似嚴師。
而今溺愛成嬌養，問爾泉臺知不知。
一腔心事祝皇天，暑往寒來竟渺然。
每把占書來問我，紅梅結子在何年？
尺絲寸帛謹收藏，百里裝成七寶箱。
物物分明都在眼，問誰忍入舊時房。
人間萬事只盈虧，月不常圓月怨誰。
我已寸心通造化，泉臺莫爲老夫悲。

雜文

力求實學條約並序
——示書院諸生（光緒戊戌孟春）

國運之盛衰關乎人才，人才之盛衰關乎學術。學術正，則上之所以求下，下之所以應上者皆本於六經。我朝如聖祖仁皇帝推尊孔孟，崇尚程朱，一時人才輩出，國脈以培。乾嘉以來，學術漸近於皮毛，遷流至今日，學校之風尚愈趨愈下，當世之事變愈出愈奇。以禹、皋、伊、傅所未經見之艱難，而責之記誦辭章之士，又何怪士林之減色乎？論者不歸咎於儒術之不真，而歸咎於儒術之無用，是又讀聖賢書者所當自愧而自勵者也。

諸生將欲爲異日有用之人，則凡天算、輿地、軍政、財賦、中外交涉諸大端固宜隨其所近而專治焉，然第求其用而不向此心本源之地痛下工夫，恐其朝夕從事者仍視爲戈（"戈"疑爲"弋"之誤，點校者註）取功名之資而無當於實用。即或天資敦篤，實事求是，而認理不真，未必不誤用其所學。然則，居今日而講求義理，雖迂談，實急務也。爰本先儒遺意，爲條列其用力之方云：

一、宜立志。學者之立志，猶農夫之下種。讀書而不立志，猶治地而不下種。然所謂立志者非志於富貴利達也。朱子曰："今之朋友，固有樂聞聖賢之學而終身不能去世俗之陋者，無他，只是志不立爾！"又曰："立志要如饑渴之於飲食，才有悠悠，便是志不立。"

一、宜存心。心者萬事之根本，心不專不静，萬事作不得，何況讀書窮理乎？朱子曰："無事時敬於自持，及應事時敬於應事，讀書時敬於讀書，便自然該貫動静，心無時不存。""敬"之一字，實學者存心之良法。

一、宜有抉擇。學者能通全經全史固佳，如其不能，當擇其最切要者讀之。如"四書""五經"，乃人人幼時已讀之書，只取而玩味其白文，參考其傳、注，爲力既省，得效尤多。宋儒如周、程、張、朱之全集、語録，實"四書""五經"之階梯。史則馬、班而外必熟《通鑑》。其餘百家諸子及漢唐以來名儒之著述，國朝先正之遺書，必擇其有關於經術、治術者讀之。朱子曰："勿觀雜書，恐分精力。"

一、宜有次序。學者不讀書時，日日閒散，及其讀書，又不免欲速求效。一書未竟，又及他書，雜亂淺略，終無所得。朱子曰："致精一書，優遊饜飫，以求聖學。"工夫次第之實，俟其心通意解，書册之外，別有實下工夫處，然後更易而少進焉！則得尺得寸，雖少而皆爲吾有矣！

一、宜切己體察。朱子曰："虚心涵泳，切己體察。""切己"云者反之身心之謂也。讀書不從自己身心上體貼，雖讀破萬卷，書自書，人自人，道理終不明白。

一、宜隨事力行。讀書原爲考聖賢所言所行者而見諸實事耳！朱子曰："人言匹夫無可行，便是亂說。凡日用間，動止語默，皆是行處。"學者誠能如此，用工久之，覺得無一時一刻、無一事一物無不見聖賢所説道理，則讀書有門徑，作事有準的，而精進不已之功自有不能止者矣！

附錄：張清恪讀書日程二則

經書發明

經書爲理義之淵源，其至當不易者固百慮同歸，至於隨人體驗，隨時觸發，意趣正自不窮，所謂一番提起一番新，不妨各家門前各爲景致耳！若夫拘文牽義，不能仰首一會心焉，味同嚼蠟無所發明，則亦程子所歎"飯從脊樑過者"已！今諸生每日看某經某書，自某處起至某處止，必潛思玩索，身體力行，凡有所得，即記於是日課程之內。

讀史論斷

讀史有真性見。古人可法可傳處，便欣然神往，恨不得同堂也；見古人可殺可憎處，便怒目切齒，恨不得唾面也。讀史有真識。當時事勢如此，曰如此固當也；當時事勢不如此，曰必如彼乃得也。或設身而處地，或略跡而原心，異日真人品、真經濟正從此中陶冶而出。若徒侈陸子之書廚，效義山之獺祭，不免於程子"玩物喪志"之譏也。今與諸生約每日看史，某處起至某處止，有所發明、論斷悉書於後。

爲學之道，大旨既明，尤宜守以定法。前六條略示大旨，後二則乃先正之定法也。諸生倘不視爲陳言而信行之，當各置一册，做日程意，注明所讀何書，每日定讀幾頁，清晨用筆圈點，細心領會，間有疑意及發明、論斷處，記之於後，少或數字數十字，多或數百數千字，俱無不可。每旬課後定期發落試卷日，各攜所記之册，並圈點之書，於午刻齊集講堂，願就愚所能知、能言者與諸生共討論焉！

答投帖生書（光緒三十一年）

昨有匿名投帖，責鄙人以失禮者。茲錄原帖答之，以解該生之惑。

原帖云：啓者肄業學堂兩易葛裘矣！人人之企仰門牆、咸欽向慕者，無非以夫子學問、經濟迥不猶人爾。昨觀洋教習某徧閱講堂，適遇講經。彼則免冠側侍，禮貌相加，儼然文明之國人也。想夫子平日究心儀禮，當亦以禮相答，乃倨傲不恭，置之不禮，野哉子也！胡爲而若是耶？洋人自此以野蠻目子也必矣！以野蠻目甘肅也亦必矣！以野蠻目甘肅也不足惜，以野蠻目子也，子將何以處此哉？生忝列門牆，不忍坐視，不得不以無隱之誼，慨切直陳。子其爲然耶？爲不然耶？

鄙人讀之，覺苟有過，人必知之，敢不承教？雖然，有不能已於言者，且爲該生言華人與洋人相接，及日本學堂之禮。

一、凡華人遇洋人不行習慣禮。脫眼鏡及拱手之類，日本謂之習慣禮。

一、凡華人與洋人相接，華人改妝者皆行脫帽禮；華人未改妝者，洋人脫帽，華人鞠躬。

一、凡日本學堂如有客來參觀，正值學生聽講之侯，雖大賓，必直立，無座位，教習、學生無停課會話之禮。該生所言曩者洋教習徧閱講堂一節，該生只知其一，未知其二，而又不諳禮節，宜乎疑之。

蓋是日將上講堂時，鄙人先遇不知姓名東洋教習於西講堂門口，伊脫帽爲禮，鄙人即鞠躬答之。隨即上堂開講，伊亦來參觀,斯時也固宜講者自講,聽者自聽,參觀者自參觀,蓋公地不可爲私禮。不獨日本爲然,亦古今中外講堂之通禮如是也。

嗚呼！昔者烏何有之鄉,有鄉人者與子虛城中財主聯婚媾焉。一日者財主親臨其鄉,存問鄉裏親家,鄉裏親家謹敬周旋,而其鄰人已竊竊疑曰：彼必失禮,何言之不婉耶？何貌之不恭耶？城裏親家即有失禮,亦震於財主之名而不敢疑,即或有疑之者又必曲爲解曰：是城裏特別禮也,與我不同。嗚呼！天下事大都如是。學者當裕卓識有真知,慎勿爲鄉裏親家之鄰人乎！

嗚呼！鄙人不禁有感於懷焉。自中外交通以來,中人之與外人相接,非失之亢,即失之卑。非爲無禮之排,即爲無禮之媚。排者、媚者皆誤大局。蓋由不諳中外之禮,無卓識無真知也。該生異日出而用世,其與洋人相接者必多矣,則中外禮法不可不講求有素。

且該生之斷斷責鄙人者,惟恐因鄙人而遺人以甘肅野蠻之誚。嗚呼！鄙人壯也,猶不如人。今老矣,又烏能如近人所云"爲中國前途發異彩"乎？異日開隴上文明者,當在該生等少年輩也,則此日文明規則不可不知。茲摘録"近人遊學須知"中所言入日本文明國諸條件,爲該生勖並連類而告諸生焉！

一、下宿注意

下宿最重潔净,不可汙損坐席及各種物件。朝起宜漱口,夜睡必息燈,不可高聲談笑,招人厭忌。下宿屋之下女,非伺候一人者不可頻頻呼唤。大小便時不可遺在溺器外。大小便後勿忘洗手。房中火鉢内不可吐痰。不得向窗外及庭内吐痰。朝起必在七時前。

二、道路注意

忌徘徊不前，忌東張西望。不得隨行隨食。遇熟人，不宜在街中久立談笑。遇熟人距尚遠，不宜呼喚。不得隨處小便。

三、學校注意

進講堂後，不可吐痰、吸煙及談笑喧嘩。不得寬占座位。不得挺身靠後，以免妨害後坐之人。講師出入時，均須起立致敬。講師講演時，不得與旁坐者輕談。在講堂時不可倦睡呵欠，毋高聲咳嗽。

四、宿舍注意

起睡時間須依定章。自習時間不可與同房者閒談及入他人自修室。勿時時咿唔，妨害他人自修。同房寫信或自習時，勿從旁竊觀。不可亂翻他人桌上之書籍及開其抽屜。

五、服裝注意

衣服整齊清潔。衣褲之鈕須整扣。背上塵灰須時時刷去。

六、行止注意

品格最宜自重，不可輕薄，致遭訕笑。車夫店僕等不必以小故與之爭執，致失體面。

以上所言，皆吾國遊學生到日本所當遵守者，大旨與古者

《曲禮》、《少儀》之訓相出入，亦想見日本之文明矣！鄙人嘗痛恨吾國古禮失傳，學者往往畢生無規則。今該生留心禮儀，一舉一動皆不肯苟，是鄙人數年來脣焦舌敝，萬語千言而不能得之。諸生者一旦有文明，國人潛移默化，於旬日間即動該生隆禮由禮無窮之文明思想。

鄙人雖覺滋愧，然自此以往，學堂諸生果能一一遵守所舉之條件，參以古禮，使凡文明國人往來遊觀者覩學生之有秩序、有儀容、有平和，而無暴動，相與極口稱讚曰"甘肅學堂文明學堂也"，則鄙人溷跡其間，亦與有光榮矣！

嗚呼！鄙人半生爲叢過之府，終身爲改過之人。苟有錯失，固甚望良師益友之惠我箴言也。即數年來學生之毀我斥我，甚至指爲一片狗吠之聲，謬講程朱，鄙人亦未嘗一訪其人而與之較。且必返躬自問，有則改之，無則加勉。又未嘗不私心竊幸，以爲毀我斥我者之即能益我？況該生之言，公言也，爲鄙人之言也，乃不肯直達而以匿名來，鄙人不能不爲該生憾焉。使該生果愛鄙人，而直陳鄙人之過，則其言之是也，鄙人固將自附於聞過則喜之流，而引該生爲諍友，何名之可匿？即言之不是也，則是該生見解之不周，亦鄙人教導之有缺，方將自愧而思，爲該生補其闕而彌其所不周焉，又何名之可匿？匿名投帖，是孔子所謂"好行小慧"者流，得毋非文明國人之舉動乎？

嗚呼！鄙人不獨爲該生憾，而又自惡焉！鄙人學無專長，其不能有益於諸生，亦知之夙矣！然數年來一片公心，一片熱腸，一片實意，勤勤懇懇，望諸生之蔚爲人物，爲吾鄉山川生色者，此則寤寐隱微之地質諸天地鬼神而無慚者也。今該生舉動若此，其視鄙人爲何如人乎？得毋微嫌不當乎？過此以往，與曩日不同，請力戒此等惡習，爲吾黨吐氣。學堂幸甚！甘肅幸甚！

教育總會開會演説（宣統三年）

挑選出洋學生，其大要有三：一曰精熟外國語文，一曰有卓識，一曰有定力。而旅費學費其後焉者也。蓋此項，學生倘不精熟外國語文，而使之至外國，是猶以瞽者而入五都之市也，能別其五色之善惡而抉擇之乎？精熟語文矣，而無卓識，則其至外國也，以外人之皮毛爲金科玉律，以外人之習氣爲大法大經，買櫝還珠，庸有濟乎？精熟語文矣，有卓識矣，而無定力，則其至外國也，覦飲食、衣服之美麗，宮室、玩好之精良，流蕩忘返，花柳戀人，即或傲倖歸來，不惟一無所得，而且出門時爲完人，歸家時多缺陷矣！

甘肅僻處天末，承學之士大抵樸拙性成，習外國語文未免遲鈍，又愧無經師、人師實行所謂教育學者以造成其卓識、定力，是以遲回矜慎，遷延至今，竟不能與各省頡頏而謀他日之進境，四顧蒼茫，不勝愧汗。

又

昨在學務公所開第一次會議，某君演説，其言甚辯，如剥蕉抽繭，層出不窮。其中令人驚疑駭怪而不敢信者亦不可勝數，而其大端則有四，今一一條辨於後，願與吾甘官紳之有事於學務者共討論焉！

某君登場，便發明"有功不伐"之旨。其言之意，以爲天下之學理無窮，不當自滿自足。在場之人方皆心折首肯，而忽又推闡之曰："二帝三王不爲功，身心性命不是學。"聞者相視，不知所云。

嗚呼！二帝三王志量閎遠矣！謂之爲有功，固無加於二帝三王；謂之爲無功，又豈有損於二帝三王乎？故此一語者無甚關係，不必深辨。惟"身心性命不是學"一語關係甚大，不可不極爲研究也。蓋天下之人，孰不有身？孰不有心？孰不有性命？若以爲不是學而不加意焉，則天下之人皆不有其身、不有其心、不有其性命。身心性命之不有，是率天下而爲禽獸之道也！

嗚呼！危哉！宋元以來，儒者之言身心性命，其説長矣，不暇稱述，亦不必稱述。某君談教育學者，即以教育學論。鄙人以爲，身心性命，教育學之元質也。若無身、無心、無性命，則教育學之所謂德育者從何處下手乎？西儒亞里斯多德有言曰："國家之事業最重大者，在於教育國民修個人之道德，以進全體之品格。"旨哉言乎！鄙人讀之，不禁心折。夫所謂"修個人之道德"者，捨身心性命，又從何處下手乎？況"性"之一字，尤古今中外言教育學者所斷不能少之一物。何也？天下之人，所以能使之進於道德者，以有性也。堯、舜、禹、湯、文、武、周公、孔子之教，所以與天地不朽，爲古今中外之人所不能外者，以其皆從人性固有處指點，非此數聖人者自創一格、自立一規，强天下之人而與之合也。此即孟子"性善"之旨，亦即孟子以來周、程、張、朱諸大儒言學而必言性之旨。若使天下之人無生來固有之性，教育家又烏能施其力乎？如天雄無寒性，黄連無熱性，雖化學家能持天雄而使之寒乎？能造黄連而使之熱乎？此以中外之空理證之，而"身心性命"之學，已爲萬不可少者矣！試再以東西各國之教育家證之，日本能勢論教育之目的，謂生徒之自治，視乎教師之自治，自治之大端，曰治身，曰治心。其所指"治身"之端，如潔身、潔衣服，禁酒、禁菸草，心神常宜爽適，處家常宜歡樂之類是也；其所指"治心"之端,如保其善良之性,使無失德,遵守法律,有如刑官寬裕温和、誠實廉潔之類是也。是東洋人之以身心爲學者。馬基頓名王亞列山大之師曰雅里大德勒,其言理也分四大部:曰理,曰性,曰氣,而最後曰命。其立論樹義與中土儒者所言最爲相近。雖其後奈端諸人出,踵柏庚特嘉爾之學,物理益明,而雅里氏之精旨微言,卒以不廢,是又西人之以性命爲學者。某君推許外人,而又以教育名家,何竟忘東西各國之教育家亦嘗以"身心性命"爲學,而乃曰"身心性命不是學",此則令人驚疑駭怪而不敢信者一也。

某君因皋蘭官立公立兩小學堂或以《孟子》爲修身課本,或以《論語》爲修身課本,遂叱爲怪事,以言語奚落之。曰:"'孟子見梁惠王'能修身乎?'道千乘之國'能修身乎?"嗚呼!學部既頒修身教科書,自當遵用。然查奏定《學堂章程》,初等小學堂讀經、講經功課,則云講讀《論語》《學》《庸》《孟子》;高等小學堂修身功課,則云講"四書"之要義以朱注爲主,以切於身心日用爲要。此獨非功令乎?即以前之功令爲未盡善,自當遵其後頒者。宣統二年十一月學部奏改定《兩等小學堂章程》,今春業已奉到,其修身功課則云"授道德要義及國民教育要義",其讀經、講經功課則仍云講讀《論語》《學》《庸》《孟子》,是朝廷未嘗斥"四書"、鄙"四書"、吐棄"四書"也。該堂以奉到新章尚未兩月,一切修身課本尚未齊備,是以仍照舊章講《論語》《孟子》。且如某君言,"孟子見梁惠王"固不可以修身,然"何必曰利"亦有仁義而已,亦不可以修身乎?"道千乘之國"固不可以修身,然敬事而信、節用愛人,亦不可以修身乎?某君之意,不過謂教科書淺顯,學生易知,"四書"道理精深,驟難得解。是又在乎教員之講說何如耳!即以"孟子見梁惠王"與"道千乘之國"兩章而論,使爲教員者將仁義之説、上下交徵利之害、敬信節愛之詳，以淺顯話爲兒童指授，將聖人道理使自幼浸灌於新學家所謂"腦筋"之中，則他日之收效，又豈僅在修身而已哉？是以我皇上亦不敢視"四書"爲無用也，而某君竟斥之、鄙之、吐棄之，此則令人驚疑駭怪而不敢信者二也。

某君又言，堯、舜、禹、湯、文、武、周、孔不算學問，"今日之學問極大"。鄙人聞此一言，如疾雷貫耳，神魂淆亂，茫然不知此身今日果在何所？將覿向來未覿之天地，急凝神息慮，敬聽所謂突出我前古聖人之上而成爲極大之學問者果係何學？抑係何人？某君乃從容而談教育學，又從容而談教育家邁丁·路德。然則，突出我前古聖人之上者必邁丁·路德也，突出我前古聖人之上而成爲極大之學問者必邁丁·路德之教育學也。邁丁·路德者，繼耶穌教之後而倡宗教大改革之論者也。自邁丁·路德出而改耶穌教之不善，彼中教育法爲之一變，夫以耶教之不善，得邁丁·路德以更張之，固可貴矣！若遂以爲極大學問非中國堯舜以來聖人所能及，其然豈其然乎？請即以某君之所言，評量邁丁·路德之高下。某君極口推服邁丁·路德，又極口推服邁丁·路德教育學之關乎國家强弱者極重且大。及推究其教育學之實際，則其大旨言識教育學之門徑，得教育學之精義，則教員之一舉一動、一嚬一笑、一話一言，皆可爲學子法，而其教學子也，亦從學子之一舉一動、一嚬一笑、一話一言親切指示。某君鎮日所言，以此數語爲最純最要。某君之言教育學，亦以此數語爲極切極精。試即以某君所言之最純最要、極切極精者徵之吾中國之書，某君曾自言亦十年前一老學究耳，既爲老學究，則《禮記》一書，其必寓目也可知矣！《禮記》中如《曲禮》《内則》諸篇所言，皆古者小學教人之法，處處從灑掃應對、進退、日用行習極淺極近處下手，使之實行練習，適與某君所言邁丁·路德之教育學相吻合。然則，邁丁·路德之學，《禮記》已詳言之矣！《禮記》出於漢儒之手，以漢儒而擬堯、舜、禹、湯、文、武、周、孔，不啻孫曾奴隸耳，而某君曰"堯舜禹湯文武周孔不算學問"，此則令人驚疑駭怪而不敢信者三也。

某君又言，吾中國學者推崇曾文正之流，爲向來卑陋見解，謂"曾文正之流不過是個人學問"。是言也，聽者不察，以爲某君心目中無曾文正之流耳！非也，某君蓋甚惡推崇之者也，某君胡爲而惡推崇曾文正之流者乎？蓋近世教育家之宗旨，其教人也，非教人爲聖賢、爲豪傑也，惟使國內之爲士、爲農、爲工、爲商，或男或女，或長或幼，皆能盡其職分之所當爲而不使利權外溢，則國亦因之而盛，教法似淺而收效甚大。若以曾文正之流之學教人，則非天資殊異、非常卓絶之才，不足以承其學。夫天資殊異、非常卓絶之才，曠世而一遇者也，故稱爲個人學問。國家設學而僅於曠世之中得一二人才，教法雖高，收效甚少，教育家所以躊躇而不能滿志也。某君之意蓋如是也。然鄙人則以爲國民教育固宜急講，而培植人才亦不可缺。使國中永遠無具個人學問之曾文正之流，又誰爲國民之代表歟？此不獨中國然也，即外國亦何獨不然？閒嘗取東西各國之史而縱觀之，覺彼中所謂國民之程度固優勝矣！然亦必須有雄偉卓絶、英特不凡之品爲之領袖於上，而大業始興，國勢始振，故外國之以個人學問顯者亦不可勝數。試略舉數人以證之，如著《天演論》之赫胥黎、發明《民約》之盧梭、優於武略之華盛頓、長於法律之孟德斯鳩、著名外交政治家之伊藤博文之數人者，當其幼時，皆與彼國兒童同受彼國之教育者也。使彼國不重個人學問，則此數人者亦當終身僅具國民之知識，與彼國國民同然混處於彼國而已，何以赫胥黎以一人顯？盧梭以一人顯？華盛頓以一人顯？孟德斯鳩以一人顯？伊藤博文以一人顯？夫一人非即所謂個人乎？且赫胥黎之儔爲彼國之人所推崇，固不待言，即吾國之人又何嘗不時時推崇之。以中國之人推崇中國個人學問之曾文正之流，便斥爲卑陋見解，以中國之人推崇外國個人學問之赫胥黎之儔，豈將斥爲卑陋之尤卑陋者乎？此則令人驚疑駭怪而不敢信者四也。

嗟！嗟！鄙人從來不願與人講學，一則自問無學可講，一則古今中外學術紛歧、門徑甚夥，世之學者往往入主出奴，是丹非素，言之適以啓口舌之爭，無當於躬行之實，不如不言之爲愈也。今因某君之言傳播於人人之口，承學之士罔知所從，故出一言以定之。豈好辯哉？不得已也！

甘肅臨時省議會開會規言（民國元年，壬子）

今日爲我甘省議會開會之期，鑒亭議長爲謀我甘他日之幸福，召集各會員，殷殷懇懇，以期上下交孚，和衷共濟。鄙人以生長斯地，得覩盛會，不能不爲我甘人祝，尤不能不爲我甘人規。

方今皇帝遜位，民國兆興，大清之存亡自此而終，中國之存亡自此而始。是前此之所憂者一姓之存亡，後此之所憂者四萬萬人之存亡也。今我四萬萬人欲救中國之亡，將何道以處？此鄙人竊痛哭流涕而發一言曰：即以大清爲鑒可也！

今日中國元氣之耗散，更甚於昔日存亡所關，即在財政。當其事者若不統籌全局，斟酌緩急，以憂危惕勵之心，作得寸進寸之計，而猶囂囂然一仍舊習，此則曰"我當以數十萬金興實業也",彼則曰"我當以數十萬金辦學務也",假愛國之美名,便肥家之私計,恐我四萬萬人將不免自蹈大清之覆轍也!

嗚呼!尚忍言哉?況我甘情形更與各省不同,此固官紳上下人人所共知,而無煩鄙人瑣瑣言者。所願我在會諸君子存大公無我之孤懷,持堅苦卓絶之毅力,當時時思念必如何,而後可與他國爭;不當時時負氣,紛紛然與同居者爭;尤不當處處見小,悻悻然與同類者爭。同居相爭,是自披其羽翼也;同類相爭,是自殘其骨肉也。是尤鄙人區區之心所欲貢之我漢滿蒙回藏諸族之偉人傑士者也。鄙人學識短淺,何足與言時事?數年來只以地方人才大抵筮仕他邦,而鄙人家山坐守,是以遇有桑梓應盡之職,不免自忘愚拙,妄爲仔肩,遺誤事機,私衷竊愧。今幸高才碩學次第歸來,後起英才蒸蒸日上,鄉國重肩有人負荷,鄙人當與閒雲野鶴了此衰病餘年。還望我諸君子恕而諒之。

答覆蘭州地方審判庭推事朱恩昭陳請提議開辦審判廳文(代省議會)

來牘敬悉。共和國三權鼎峙,而以司法爲尤要,何也?所謂民主之國者,以法律治之者也。凡屬國民,皆當遵守法律,如神聖之不可侵犯,而後國基可固,國祚可長。甘肅自共和以來,其在各屬,紳與紳爭權而互相水火者有之;官與紳爭利而彼此攻訐者有之;紳與官串通而漁肉鄉里者有之;其在省城,亦不過紳與紳、官與官耳而忘全體之公,逞一己之私者亦未嘗無之也。隱患方長,禍亂未已,本會傷心蒿目,未嘗不痛我甘肅之人民官吏大抵無遵守法律之程度也。夫既無優美完全之道德,而又無法律以範圍之，國尚可以爲國乎？故亦亟亟焉欲扶持司法機關，以期挽回於萬一，是以開辦審判廳之案已提議矣。而又徘徊顧慮，廢於半途者，蓋又有絕大之原因。在本會前，曾議決開辦師範學堂矣，議決開辦高等學堂矣，而至今皆無效者，一言以蔽之曰：無欵。

近日以來，調查庫欵，直令人色變神驚，岌岌有不可終日之勢。甘肅巡防軍隊一百一二十營旗，欠餉數十萬金，無欵遣散。日累日多，藩庫四壁空存，各屬雖時有解欵，然尚未收庫，已指用途，朝不保夕，愈進愈險。恐過此以往，即此現有之行政機關且不免停頓之慮，而遑計其它乎？即此粗保之治安且有難於永保之憂，而遑計及於治安以外乎？此本會宗旨不能不因時變遷者也。變遷云何？亦惟注意於財政而已矣！

查甘肅應辦而不能辦之事，不獨一審判廳。實業宜興也而不能興，學堂宜開也而不能開，陸軍宜講求也而不能講求，巡警宜推廣也而不能推廣。財政困難以至於斯，而各官廳之俸廉如故也，津貼如故也，陋規如故也。州縣官罔恤民艱，只飽私槖，汲汲焉日暮途遠，作倒行逆施之計，囊公欵而謀私遯者又比比也。紀綱廢弛，日月晦盲，本會之憂，曷其有極？

今幸都督提倡於上，各司道附和於下，清理財政，總局業已設立，本會日夜翹企、馨香禱祀以求之者，惟願我爲官、爲紳、爲客、爲主，化除利己之想，一惟公益之求，以甘肅應有之財辦甘肅應爲之事，涓滴歸公，量入爲出，就歲入之或多或寡，支配於各界之中。公費若干，兵費若干，學務經費若干，警務經費若干，審判廳經費亦若干，預算既成，百事可舉，如有不足，何妨請補助於中央。如補助有不可恃，何妨權其輕重，以爲緩急。若不提其綱、挈其領，枝枝節節而應付之，在審判廳者曰審判宜辦也則辦審判，而在學堂者亦曰學堂宜辦，在陸軍者亦曰陸軍宜辦，在巡警者亦曰巡警宜辦；在實業者亦曰實業宜辦。此衙門曰我非月支數千金不可也，彼衙門曰我非歲支數萬金不可也。各掃門前，事不統一，及其財源告竭，低首向人萬喚千呼，誰爲將伯？以貴推事之高明，諒亦慨然隱痛，與本會有同心也，再捧讀貴推事陳請書，語多激宕，不能得事理之平。

本會日夕焦憂，又何暇與人在文字間爭意氣耶？惟念貴推事以法律名家爲人息爭者也。倘遇民事而不以理斷，徒以氣爭，詞氣抑揚之間，曲直是非之變，流弊多矣！本會不揣固陋，特自附於諍友之列，而貢一言，不識貴推事以爲然否？此覆。

統籌甘肅實業辦法啓

敬啓者：富國本源在於講求實業，甘肅物產其大者有金、銅、煤、鐵、羊毛之類，其小者有煙草、藥材之類。地非愛寶，人謀不臧，是以貧弱不能自振。近數年來，窯街設金銅廠矣，蘭州設織呢局、勸工局矣，耗資本數十萬金。而軍事起，庫帑空虛，難乎爲繼。今既重見太平，百端待理，急宜講求辦法，次第施行，以期日有起色。炘桑梓攸關，不忍漠視。數月以來，逐端研究，體察情形，將已辦而須分別停辦、暫辦，急辦及未辦而須擬辦者開列於後，尚希達人志士一力維持，甘肅甚幸！民國二年癸丑。

一、未辦而須擬辦者

（一）紙　煙

查蘭州、狄道、鞏昌等處所產煙草，用土法製成水煙，行銷各省。現在紙煙盛行，水煙銷路日形減色，若不倣作紙煙，極力維持，不惟商家坐困，而罌粟禁絕之後，此項煙草又無出路，農民生計亦屬可憂。此則稍有資本即可提倡者也。

（二）煤炭礦

查蘭州窰街等處煤炭，向用土法開採，入地不深，所得不廣，現在機器製造漸次推廣，煤炭之用日多，而價日昂。若用西法開採，不獨便於民間日用，亦可備將來開辦各種實業之需。此則稍有資本即可提倡者也。

（三）火　　柴

查火柴爲人人家家日用必需之物，近來東南各省多有開辦者。甘肅如能倣行，銷售必廣。此則稍有資本即可提倡者也。

（四）羊毛公司

查甘肅自古爲畜牧之國，所有物產當以羊毛爲大宗。近數十年，北邊一帶羊毛皆由洋行收買，利權外溢，人所共知。此則大有資本即可提倡者也。

（五）畜　　牧

查甘肅牛、羊、駝、馬到處孳生，北邊一帶曠土極多，擇有水草之處廣爲畜牧，兼事種殖，獲利正自無窮。此則大有資本即宜提倡者也。

（六）藥材公司

查甘肅所產藥材，南路極多，零星販賣，向無統紀。倘設公司，亦當日有起色。此稍有資本即可提倡者也。

二、已辦而須停辦者

（一）金銅廠

查甘肅金銅廠向在窰街設立，已費基本數十萬金，而收效頗小，廢置固爲可惜，然礦業一門在東西洋亦屬絕學，故歐洲各國亦往往有虛擲鉅資而後始獲成效者。甘肅財政極窘，現無餘力可以賠累。此則暫宜停辦，以俟諸異日者也。

（二）洋蠟廠

查甘肅製造洋蠟，機器一律完全，惟分化油質不能合法，所製成品遂無起色。此則暫宜停辦，以俟諸異日者也。

三、已辦而須暫辦者

（一）製革

查甘肅既爲畜牧之國，皮革自是出產大宗。近年來勸工局所作提包、靴鞋、衣箱之類，物非不佳，只以開辦伊始，成本既重，價值略昂，是以銷路甚少。先宜就舊存原料暫爲製造，俟原料告罄，再體察情形，或停或辦，臨時定奪。

（二）絲綢

查甘肅產絲甚少，近年以來勸工局所織甯綢隴緞之類，亦屬可觀。但成本既重，銷路爲難，俟現存原料告罄後，當即停辦。將來須從提倡蠶桑入手。

（三）織呢

查甘肅織呢局開辦有年，所織之呢，雖未能一律精細而結實耐用，亦屬可貴。現以苦無餘資，不能預先買毛存儲備用，零星收買，恨不湊手，工匠閒曠，未免苦賠。然欲停辦，又恐學成工匠紛紛散去，則前功盡棄，將來永無開辦之時。惟有仍前暫辦，而以設法預先儲毛爲當時急務。俟將織布事料理稍有端緒，於民國三年再行大加整頓，廉價出售，必有奇效。

四、已辦而須急辦者

織　　布

查甘肅產棉甚少，以言織布似非知本之談。然數年來，勸工局各貨惟大布銷路廣而且速，亦有利可求。蓋此品乃人人通用品也，若能推廣擴充，使隴上九百萬人所衣被者不事外求，則收回利權當不知數百千萬。現在辦法略分三步，以買紗織布為第一步，以買棉紡紗為第二步，以勸農種棉為第三步。將來罌粟禁絕，棉業自當盛行，果能持之以久，貞之以恒，百折千磨，有進無退，資本過數百萬，則每年獲利即數千萬，然後將已辦、未辦各件次第實行。故織布一端，乃甘肅萬事之母。

電上徐總統書

甘肅易督風潮日趨險惡，茲特略述情形，敬懇諸大總統暨海內仁人君子之前，一求解決焉。夫所謂日趨險惡者，其關係只在軍隊，請先就甘肅所有軍隊大約言之。其以客軍稱者，有公署親軍，有城防軍，有新建軍，有秦州鎮守使孔繁錦所統各軍，此皆隨張督來甘者也。其以甘軍稱者，漢族所統，有隴東鎮守使陸洪濤各軍；回族所統，有寧夏護軍使馬福祥各軍，有寧海鎮守使馬麒各軍，有涼州鎮守使馬廷勷各軍。此其大略也。其它與此次風潮無顯然關係者不敘。

當易督說起，今日謠傳曰寧夏軍隊來矣，明日謠傳曰寧夏軍隊到矣，張督於是調秦州鎮守使帶機關槍隊四營進省。當其時，隴東將士忽發電反對易督，於是謠言更甚，謂寧海亦調軍隊矣，謂導河亦挑兵矣，謂隴東將士亦次第西上矣，滿城風雨，人有戒心。近日以來，雖稍覺平和，而禍機自在，將何以善其後乎？

夫易督亦尋常事耳，不圖醞釀日久，一變而爲主客之争，再變而爲種族之争，而其實則皆權利之争耳！相猜互忌，人各一心，稍一不慎，全甘將有破壞之憂。在張督，在馬護軍使，在陸、馬各鎮守使，或宦隴日久，情意相孚，或荷戈里門，歷致通顯，皆君子也，即皆非破壞甘肅之人也。惟事機所迫，隱然相持，在主帥焉有他腸，在士卒豈無異志？我伺爾隙，爾抵我瑕，偶一相乘，群焉四起，保衛地方之人，竟釀成破壞地方之事。

八九年來，如川、如滇、如湘、粵，言之齒冷，思之寒心。枯瘠如我甘，忍令蹈其覆轍乎？萬一不慎而竟蹈覆轍，則甘肅固禍亂相尋，永無太平之希望。而所謂客軍者，能於此交通不便、四面楚歌之地飽掠而還乎？漢族、回族之身家性命，能保不同歸於盡乎？回族各統兵大員之富厚聲名，能保不一落千丈乎？此以往之甘肅，能保不爲全國武人所注意，客軍將日增日多乎？而今日之張督、馬護軍使，陸、馬各鎮守使，能免於貽誤地方之咎乎？即大總統能免於全甘九百萬人之怨乎？嗚呼！可不慎哉！可不懼哉！

炘，衰朽餘年久矣，無心人世，而桑梓攸關，義難緘默，不能不揭其真象、貢以忠言，而又不能不懇諸大總統暨海内仁人君子之前，求以公理公意，爲最後之解決。再，甘肅現狀，銀根枯竭，省城官銀號自五月間以不能兑現之故停閉至今。餉源無出，嘩潰堪虞，即此一端，已糜爛全甘而有餘。乃數月以來，當局竟無奇策。一般偉人志士，又鼓舞於争權奪利之場，如諺所謂"火上澆油"者。豈知權是已爛之權、利是將竭之利？知者方逃避之不遑，而尚紛紛焉此争彼奪，致陷全甘於不可救藥之地。嗚呼！可痛也哉！

大總統能擇大公無我、威望素著之人，以解其結，以善其後乎？能實行裁兵以救甘民於水火乎？否則，前路茫茫，不忍言矣！

致回教各鎮守使書

我甘政潮漸息，長吏更新，省會觀聽爲之一變。然靜參默察，隱患方長。即就財政一端言之，早已入不敷出，加以此次震災，區域至三十餘縣之多，精華滅絕，元氣凋傷，田賦徵收，勢必銳減。而災民蕩徙離居，又非鉅金不能使之安定，官銀號不能兌現，停閉已踰半年，商民交困，市廛相繼罷業。凡此安危所係，即全甘生死關頭，計惟有客主漢回，和衷共濟，以維持現狀，以徐謀出險之方，或者能補救於萬一乎？竊念自民國以來，我甘無自主之能力，而好張排外之空拳。豈知落落甘人，團結之力有限；莽莽外界，更迭之勢無窮。八九年來，每有一番舉動，即伏一段禍機。"競爭"兩字誤盡蒼生，極宜謙退爲懷，以和氣爲致祥之本。況吾國從古以道德爲重，居高位、握兵權者謙則未有不吉，滿則未有不凶。謀公衆之利益則富貴綿長，逞一己之偏私則身名敗裂。此一定之理不可移易者也。

我甘漢回相習，久如一家。漢族多文士，而貴族多將才。現值武裝時代，爲人民造福全賴軍人。軍人之名譽日隆，地方之禍患自息。素稔貴族諸將帥皆深明大義，功在鄉邦。近日，此間謠傳謂貴族諸將帥因前次隴東有發電反對易督之舉，故於隴鎮守使之奉命護督亦心滋不悅。夫前電之措辭不當，如市井小兒之口角，稍有知識者皆能辨之，則非出於發電之人之本心，可斷然矣！若因此區區細故，遂致貽誤大局，楚固失矣，而齊亦未爲得也！鄙人等亦深知貴族諸將帥決不能有此意見。或者麾下士卒不能化種族之見，不能無人我之分，意念不平，發爲激論，是又不可不察也。當此是非紛起、嫌猜疑忌之時，若不表示真情，令人人知主將之本意，以息謠諑之朋興，恐醞釀日久，招惹外界客軍侵入甘境，則我甘不從此多事乎？

鄙人等或殘年衰朽，或人微言輕，只以桑梓攸關，九百萬人生命財產所係，不得不妄發狂言。倘蒙加察，擬於舊歷二月初春和日暖時，邀請大駕，輕騎減從，同莅蘭垣，與護督軍、護省長公籌諸要政，以盡區區希望和平之意。現擬詳電中央，痛陳甘肅不能供養重兵情形。如表同意，還望即示電音，以便遵循，並以釋各界疑慮。不勝翹盼！

全隴希社立國文講習所第一班學生畢業訓話

我們國文講習所成立轉眼已是三年，今日衆學生畢業，鄙人感觸甚多，不能不有一言。當初因我國講究教育的都講的是國民教育、職業教育等等，談人才教育的甚少。

鄙人的見解覺得，這人才教育關係甚大，所講的學問都要從我國聖人的經訓上築起個根基，才能找着門路。要築起這個根基，又非長於國文無從下手，所以與同人研究，動了個設立國文講習所的念頭。社中欵項無多，各教員多數是純粹義務，社中送薪資的一二人而已。各學生的火食及一切需用品都是自己預備，社中不過補助而已。設立之後，只怕不能持久，今竟支持三年。各教員始終一致，各學生勤勉耐苦，這是鄙人極其佩慰、感謝各教員、嘉歎衆學生者也。

衆學生畢業後，按當初定章，要請教廳派到各縣充當國文教員，這是學生的義務，自不必説。從此衆學生出去教人，固要盡心自修，尤爲急務。爲什麼哩？人生在世，要作一個人才，須要活一日長進一日。今既講人才教育，不能不望諸生之自修。倘諸生以自修兩字自勉勉人，遞相薰染，醸成風氣也是個大事。

自修的功夫甚廣，人才的模範甚多。即以我中國論，千古以來聖賢豪傑，指不勝屈，學那一位爲是？從何處自修？甚覺廣漠無垠，茫無着落。這三年之中各教員講的，鄙人講的，想諸生也略略有個門徑。今與諸生別，再爲諸生定一個宗旨。守此宗旨，終身行之，或出或處，或顯或晦，無論大小，總算是個人才。

是個甚麼宗旨？世上的人所作的事，不是利己，便是利人。只知利己的，當名之曰"人蠹"。一國之中，人蠹居十之七八，其國便亡。世界之中，人蠹居十之七八，便要天崩地塌。講求學術的，須要把這造成人蠹的風氣極力防閑，方是有功世道的學問。所以時時想着利人的，便是人才。這"利人"二字，是個絶大宗旨，人人有濟人利物的志願，天下何患不太平哩！諸生能將這個宗旨提倡、推廣，便是諸生的大功。

至於做學問哩，各人有各人的才質，各人有各人的志向，隨自己才質、志向做去，頭頭是道都是學問。然又有一個宗旨，卻是人人要抱定的了。是甚麼宗旨？是"以理制欲"四個字。這四個字是"利人"兩字的根源，不能以理制欲的，便不能利人。

説到這裏，這話便陳腐極了，極不合時尚的了。然這卻是世界治亂的根本。歐洲不能以理制欲，人人想着利己，便醸出了個歐戰。中國不能以理制欲，人人想着利己，眼看要亡國了。古今中外，大國小國，那個不是理勝則治、欲勝則亂哩！

這是甚麽緣故？這人類生來，人人有個神明一邊固有的本性，所以人人有惻隱、羞惡、辭讓、是非之心，都是從這本性發出來的。人人又有個氣體一邊天然的好聲色、好獲利的欲性，那爭權奪利、損人利己的多少惡德，都是從這欲性中發出來的。

既然把人類生來的本性鬧清楚了，然後把中國外國、從古至今教人的法子、治人的法子，拿出個無人無我、公公平平的眼光判斷一下，就知道這學問是應該怎麽做的了，也就知道應該做怎麽樣的學問才算是個人才了。

這地球之上數千年以來，中國是個出聖賢的區域，印度是個講佛教的區域，歐洲是個行耶教的區域。耶教、佛教皆以宗教性質勸人爲善。佛教以心爲本位，其理想甚高，其講出世，法並宇宙，亦看不上眼，其心量之大，以之修己，足以超塵絶俗，造成無上的人格。以之治人，則立論過高，流弊無窮，萬不適用。

耶教以靈魂爲本位，涉於迷信處多，其規模亦不足以治世。惟中國聖賢之道，自伏羲一畫開天，便從那天理上打開了一個機緘。千聖百王，一脈相傳，到了孔子，集其大成。這真是治世的無上妙品。其特長在以天然固有之性爲本位，即孟子說的性善，宋儒說的義理之性是也。以這個性爲本位，故所重的是仁義，是道德；所立的是名教，是禮教；所行的是孝弟忠義、禮義廉恥。專專引導世上的人，向禮上走。違了理便是逆天，便是犯法。其外邊屬於形骸的快樂，是無足重輕的了。所以孔子贊大禹曰："菲飲食而致孝乎鬼神，惡衣服而致美乎黼冕，卑宮室而盡力乎溝洫。"世人所最注重的，莫如衣食住，而大禹卻把自己的衣食住看得這樣輕，足見他所重不在這個。即此一端，足見我們中國聖人的講究人道，真是極優極美、無以復加了。

書經上説的好："人心惟危，道心惟微。"甚麼是道心？從理的便是。甚麼是人心？從欲的便是。説個惟微，可見從理之難。説個惟危，可見從欲之易。春秋戰國之時，中國不能統一，那人心便從欲的多了，所以學説也就紛雜了。講楊的、講墨的、講權謀術數的，紛紛然都趨到功利上去了。自是以來，功利之説與聖賢仁義道德之説互爲消長，遇着人才多的時節，提倡着講究聖賢之道，上上下下都向理一邊走，天下的氣象便迥乎不同。人才一衰，人蠹盛行，功利之説充斥於天下，天下便要亂了。從秦始皇到如今，中國的局勢大概如此。聖賢之道之在中國，也不算是盛行，猶天理之在人心，或日一至焉，或月一至焉。可見三月不違仁的人不多見，數百年不大亂的國亦不多見。人類易於從欲，世界不能長治，豈不是不可更改的一個公例麼？不過賴聖賢的大道，以理制欲，使綱紀不壞，法度不壞，禮教不亡，名教不變；就是大亂了，譬如精神血氣未壞的人，就是害個傷寒大病，也是有處下手，能治好的。

不料歐洲地方從耶穌未降生以前，便發生一種學術，名曰"哲學"，專以知識爲本位，雖流派所分，有唯物、唯心之別，而皆不外乎就實質以考究世界之原理，這就是後來物質文明的起點。這種學説在十六世紀以前勢力甚小，尚不能敵宗教，其主義亦注重於道德處多。至十六世紀以後，倍根、笛卡爾之徒出，先實驗而後理論，取天然界至尋常、至粗淺之事物，一一比較考核，一掃前人舊説，研究真理，其初視之似用心於極無味、極無用的地方去了，乃竟能創出至味，致之實用。迨至機器發明而後二百餘年來，驅役萬物，馳騁乾坤，倒海翻江，升天入地，一日千里，不可思議。於是因新技藝而有新器物，因新器物而有新社會，因新社會而有新政治，因新政治而有新國家，物質文明遂造成了一個新世界。

這種學說既無古無今，收了個致富致強的奇效。人人的眼光都注重到這裏了，人人的心思都傾向到這裏了。覺得天地間只有這一種學術是能爲人造福的，甚麽講靈魂的耶教，講心的佛教，都是不中用的了。如今漸推漸廣，連我們中國的聖賢之道，也大大的受出影響來了。

所以近世歐美學說都是機器產出來的，都是跟着物質文明的旺運，隨波逐流的講來講去，都以人類的欲性爲本位了。欲性即荀子說的性惡之性，宋儒說的氣質之性。合世界人類千力萬氣，終日講究助長人欲的學說，這人類不滅絕麽？所以爲百餘年來世界少數人造最大幸福的是機器，爲千年萬年中世界多數人造最大奇劫的也是機器。自歐戰發生以後，人類所受的痛苦，當名之曰"機器劫"，這"機器劫"是個大劫，過此一往，世界的人若不同心同意的挽回這個劫運，恐怕這歐戰還是個小事，還有個大禍在後頭哩！

我們中國如今算是間接走入"機器劫"中了。其初不過憂貧而已。要是主持國是的人知道外國是富於工商業的，工商業是發達於機器製造的，抱定一個宗旨，人才教育專在學校裏講是中國特有的，其職業教育先從東南交通便利的地方多設工廠，講求機器製造，並講求製造機器，再漸漸地打開了物理化學的門徑，果真造出新器物來了。再逐漸推廣，那便有了收回利權的希望了。乃糊裏糊塗專從學校辦起，豈知我們中國數千年以來學校的制度是專講究人才教育的，學校裏成就的便是作官的才料，工商等業從不在學校裏。講求這個習慣，深入於人心，再也打不破的。故自從改設學堂以來，凡入學堂的都存的是作官心。若要這樣辦學，辦到幾十年後，連中國舊有的工商業都要廢弛了，人人都學成遊民了。西學毫無所得，自己國裏聖人留下的活人方法、處世方法、治國方法也全然沒人懂得了，只好學習些平等、自由的新話頭，趁着層出不窮的新時派，説些空話、大話，盲從瞎鬧的應潮流去了。

照上所説的這個世界的前途是危險的了。不但我們中國可怕，如今平着心把這地球上的事作全體的觀察，找一個補救的方法，不是我偏向着我們中國的聖人，是離了中國聖人説的道理，再没有補救法子。如今要講求聖人的道理，離了人才教育，從何處下手？所以這人才教育是不可緩的，最可痛的。這人才教育所當注重的學術，真是不絶如縷。在當日人人讀"六經""四書"的時節，把聖人的真傳尚且不能發揮光大，如今廢經日子久了，人人不把那個當事了，還能找着真正的學術傳播到人類中去麽？不過，我們既有這個志願，大家自勉勉人，拿這件事當個正事去做，做不到的當個正事去説，教這天地間留下一個種子，不要斷了。朱子説的好："天運迴圈無往不復。"這個種子或者有發作的時節，教這世界上的人類嘗嘗這人道的真正滋味，也未可知。衆學生都要勉勵，記着不要忘了鄙人這一段話了。

蘭州五泉山太昊宫記

借山水名勝地，起危樓傑閣，點綴亭臺，以表彰吾隴上三古以訖有清六千餘載帝制時代之聖賢豪傑以示遊人。經營者閲兩寒暑，募而支出者萬八千四百餘兩。後之人，春秋佳日，挈榼提壺，歌於斯、嘯於斯、登臨瞻眺於斯者，當有以注其精神念慮，而不致入寶山空回也！民國十年夏正辛丑冬十一月。

詩文拾遺

閨歡雅集

丙辰閨歡雅集同人次第：

六六：問芳老人王、五泉山人劉，又六六：臥雲生張、遊華山人談、倦遊人談。

七七：屈吳山人秦、漠遊山人楊，又七七：個中人楊、山石居士陳。

八八：夢雲生史、醉霞生顔，又八八：紫衣老人練、竹禪盧。

九九：首陽山樵閻、瀟灑人曹、鐵羅漢陸，又九九：第十一峰道人段、崑侖子邱。

十十：一漁翁高、葫蘆主人鄧。

丙辰六月六日重聯雅集，再閨新歡，蓋不尋歡者已六閱月矣，焉能無詩？錄請同人政和。

（一）

夢裏光陰忽半年，覺來依舊好雲煙，
綠楊深處提壺鳥，喚我登樓學酒仙。

（二）

鳥鳴不住促開筵，斷火同聲悵舊緣。

今日荷花新世界,我來爲倩藕絲連。

(三)

萬綠陰中斷續蟬,每從斷處倍纏綿。
這番忽悟團欒月,缺後清光分外圓。

(四)

從此光陰八百年,重歸世界辟三千。
招邀十八癡羅漢,討取新詩十萬箋。

重開雅集憶石頭主人

香山才子有前緣,把酒論交五十年。
動我笑聲君到後,驚人詩句客來先。
能諧流俗和而介,屢遣愁懷斷復連,
今日白雲都入座,飛鸞難覓洞中仙。

戲作一首,錄請同人致和

我本虛空無我相,被天強派作人來。
還須歌舞還須笑,又怕聰明又怕呆。
授此形骸驅入世,提將傀儡去登臺。
偶然覓得潛逃計,醉裏囚籠便放開。

山　花

是誰灌溉是誰栽，閒向空山出色來。
蝴蝶也無山外意，夕陽影裏自徘徊。

遊　人

白雲扶我上樓臺，畫稿分明眼底開。
流水聲中楊柳外，遊人都傍綠陰來。

朝暾（用問芳老人韻）

西牆日日映朝暾，那個能留昨日痕？
萬古流光兹可見，百年歲月又何論？
只餘心性終難滅，但有形骸便不存。
悟得虛空皆幻妄，一回憨笑一開樽。

六月十二日即景口占

濃雲大日各西東，兩界分明劃太空。
霹靂一聲窗外雨，夕陽影裏雹珠紅。

催妝詩（有序）

催妝者何？有所催也。何言乎有所催？催臥雲生、遊華山人也。閏六六雅集，兩人主之，到期無信，如之何不催？

　　太華歸來止臥遊，臥雲仙子更悠悠；
　　兩人高臥多人怨，怨爾妝台性格柔。

松　　風

　　深山大壑盤鬱久，化作龍鱗作龍吼。
　　夜來偶爾搏扶搖，爲捉天狼天上走。

松　　月

　　證得西天羅漢果，妙明心被白雲鎖。
　　廣寒宮裏嫦娥來，頂上圓光無不可。

閏六六雅集，第十一峰道人來最遲，作此調之

　　十一峰頭雲雨多，無雲無雨奈君何？
　　道人恨煞紅塵事，只對斜陽覓睡魔。

六月廿六日雅集五泉山遇雨

　　四圍嵐翠一窗風，風自南來雨自東。
　　林鳥有聲呼滑滑，轅駒着意去匆匆。
　　煙痕淡鎖千村外，雲影低拖萬樹中。
　　歸路老農相笑語，秋禾當比夏禾豐。

意有未盡，再疊前韻

（一）

滿身煙雨一襟風，花向西岩樹向東。
不免教人呼負負，爲嫌歸路太匆匆。
車聲忽到嚴城裏，塵夢仍回濁霧中。
安得白雲常伴我，新詩鎮日只歌豐。

（二）

消人炎暑雨兼風，拜我垂楊西復東。
浮世煙雲都漠漠，空山歲月可忽忽。
年來舊夢迷花外，老去新歡在酒中。
偶憶垂天須大翼，飛鵬何日羽毛豐？

孔少軒觀察巡河狄歸，見示遊泄湖峽、謁楊忠潞公祠二首，依韻奉和錄請雅集同人鄩政

（一）

自天派我做人來，也愛山巔愛水隈。
聞說有關呼積石，想從此地覓雄才。
遊蹤愧被林泉鎖，勝境空教宇宙開。
今日爲君輸一着，讓君先踏白雲回。

（二）

當年走馬度雁台，道謁先生喜復哀。
諫草尚留真氣在，荒祠只剩夕陽陪。
如何嶽麓山頭恨，也是昆明劫後灰。

池館忽逢知己到，蒿萊不日即蓬萊。

代牛郎贈織女

豈有神仙怨別離，何須相見使人疑。
怪他靈鵲相勾引，渡過橋來不自知。

代織女答牛郎

豈有神仙尚別離，莫教不見使人疑。
飛禽也到通靈候，郎自無心鵲自知。

遊鴻泥園即事口占（戲仿鄒繼蘇體）

鴻口磨淋浪，鍾吟隔院楊。
九遊三客短，兩吸一人長。
棋寫顏頭重，襟翻史觜忙。
五旬分老嫩，二嫩好爲郎。

王安卿太翁六秩晉七雙壽，哲嗣任之徵詩，作此祝之

（一）

槐陽深處敞華筵，剝棗風光采菊天。
蘭桂爭排三兩輩，椿萱同祝八千年。
老人星是秋分見，玉女峰如月正圓。

贏得一堂真樂在，方知地上有行仙。

(二)

偕老人如不老仙，過來歲月必拳拳。
自從回鶻傾巢穴，屢伴麻姑見海田。
半世盟心艱苦日，七旬轉眼古稀年。
寄言萊彩承歡者，要讀曾參養志篇。

麵糊盒黴變

個中又是一乾坤，多少微蟲妄自尊。
也似英雄相角鬭，竞争原理爲生存。

説佛示夢梅生即候病狀

起居眠食近如何？法力應能伏病魔。
煩惱防從歡喜出，精神休被愛憎磨。
空潭月静風難擾，大地春來氣自和。
記得蓮花臺上佛，滿身惟有笑容多。

雨 中 郊 行

樹不搖風鳥不鳴，高高下下綠雲横。
人間萬籟歸何處？天地蒼茫一雨聲。

有　所　悟

（一）

明珠的的落塵埃，但到人間便可哀。
此地要從情海入，有船都向愛河來。
煙雲任爾飄然去，煩惱曾誰解得開。
難怪東西仙佛輩，只愁無計脱凡胎。

（二）

仙佛分明尚有形，有形還被萬緣扃。
情絲未斷慈悲説，塵網仍牽感應經。
何若淵源溯鄒魯，即將傀儡作模型。
春風一片融和氣，花變新紅草變青。

積雨轉晴登五泉山武侯祠

人間不復有塵埃，眼底山河鏡裏開。
一雨便成新世界，五泉況是好樓臺。
從知滿地慈悲佛，那似爲霖輔相才。
羽扇綸巾遺象在，可能扶起卧龍來。

中　秋　玩　月

嫦娥深悔住塵寰，奔入蟾宫去不還。

從此秋風千萬劫,更無一眼到人間。

蘭州懷古

(一)

過去風煙退後潮,且將遺跡問漁樵。
千年秋雪摩雲嶺,萬里投荒鎮遠橋。
掃墓人思彭濟物,籌邊誰是霍嫖姚。
五泉山下浴村柳,老幹曾經劫火燒。

(二)

天開地闢幾多時,山自嶙峋水自奇。
秦漢以還辛慶忌,羲軒而後段容思。
累朝文獻原非足,繼起人才未可知。
靈秀郁盤應發洩,家家誕育好男兒。

雷

一聲霹靂夢魂中,驚起良心各各同。
願化身爲四萬萬,分行天下作雷公。

孟冬雅感懷(錄示月岩、子衡兩觀察暨同歡諸君子即希正和)

(一)

初冬天氣是深秋,趁此風光上酒樓。

儕輩漸如霜葉落，山川還爲夕陽留。
當年車笠皆黃口，今日壺觴半白頭。
難得尊前逢舊雨，一回歡笑一忘憂。

（二）

少年隊裏昔年遊，意氣能消萬古愁。
天地無情春易老，雲煙雖變月長留。
晚來詩酒娛黃髮，此去勳名讓黑頭。
我對黃花惟勸客，白雲心事一無憂。

鹿鳴私宴詩(有序)
(鄧隆《鹿鳴私宴集》)

庚午中秋後一日,鄧德輿通家藉舊舉院開鹿鳴私宴,邀余重赴,率成四絕,爲添風趣

(一)

丹桂飄香會衆仙,必須周甲始開筵(餘當俟乙酉)。
今朝不分邀天幸,爲我提前十五年。

(二)

誰信當筵鹿又鳴,密宗幻術主人精。
弄將伏虎降龍手,坐使呦呦發一聲。

(三)

放懷且詠舊霓裳,萬變煙雲醉裏忘。
任是虛名都粉碎,海田何惜小滄桑。

(四)

偶爲蟾宮闢草萊,嫦娥重見秀才來。
羽衣隊裡群相賀,曠典從頭例又開。

畫論

　　大家、名家各有制勝處，不能相混。氣局闊大，魄力雄厚，有包掃一切之概，是爲大家；神韻冲和，蹊徑幽秀，有引人入勝之妙，是爲名家。壽世、傳世斷推此種。

　　作畫，構局最爲緊要。用筆尤須得勢、得機，方不落平境。林木串插，屋宇布置，橋渡往來，山巒起伏，一切鉤連映帶，一一以氣行乎其間而貫通之，雖千丘萬壑，自然精神團結。杜老云"五日畫一石，十日畫一水"，非真五日、十日方成一石一水也，不過極形容其構局之慘澹經營，不肯草率落筆。良工苦心，鈍根人烏得而知之？

　　畫之結構局如善棋者落落布子，聲東擊西，漸漸收拾，遂使段段皆贏，此弈家善用鬆也。畫家亦莫妙於用鬆，疏疏布置，漸次層層點染，遂能瀟灑深秀，使人即之有輕快之喜。則棋之作用不與畫之關捩同一理哉？

　　畫要近看好，遠看又好，始能盡畫之妙。蓋近看看小節目，遠看看大片段。畫多有近看佳而遠看未必佳者，是他大片段難也。昔人謂北苑畫多草草點綴，略無行次，而遠看則煙村籬落、雲嵐沙樹燦然分明。此是行條理於亂頭粗服之中，他人爲之即茫無措手，畫之妙理盡於此矣！余謂今人看畫真如黃子久所云"合其意者爲佳，不合其意者爲不佳"，及問如何是佳，便茫然矣！並不知有近看、遠看之別也。

奉常翁云：「畫不在形似，有筆妙而墨不妙者，有墨妙而筆不妙者。能得此中三昧，方是作家。」鈎勒純熟，神韻未能蒼潤渾厚，即是有筆無墨而墨不亂也；皴染周至，骨格未能刻露靈秀，即是有墨無筆而筆不妙也！求其筆中有墨，墨中有筆，骨肉停勻，而無過不及之弊，與荆、關、董、巨、倪、黃、吳、王同鼻孔出氣，近代惟董思翁一人，本朝四王、惲、吳直接思翁衣鉢，後之有志筆墨者能不拘泥形似，參透此中三昧，則成家立名不難媲美古人也！

麓臺云：「畫以理、氣、趣兼到爲貴，非是三者不入精妙神逸之品。」如偏於理必失之板滯，偏於氣必失之粗野，偏於趣必失之佻巧，惟三者兼到，乃始神明於規矩，而層次分明且貫通。夫心手而機神洋溢，合之則無美不臻，分之則諸弊迭出。學者苟致力於而求造夫精妙神逸之品，烏得不於此三者而加意研求耶？

作畫，骨格神韻兼備方爲有筆有墨。骨格可以學力研求，神韻必藉天分領會。古來大家筆墨兼擅者代不過數人。南宗自王維、荆、關而後，宋則有董、巨、李、范，元則有高、趙、吳、王、倪、黃，明則有王、沈、文、唐、董，本朝則四王、惲、吳，其他非偏長即旁門耳！筆墨之難已可概見。近世攻畫者如林，講求骨格，往往失之板刻，即謂之無筆；講求神韻，往往失之呆滯，即謂之無墨。求其骨格神韻，恰在個中得用筆、用墨之妙，可以參席前賢者實難其人。畫雖小道，學力天分俱臻絕頂，則骨格神韻方能契其微而造其極，學者可易視乎筆墨耶？夫畫，渾言之爲筆墨，析言之爲骨格神韻，真極畫學之精微矣！

畫家氣韻各有分別。大家魄力雄渾，骨格勁逸，氣韻從沈着中透露；名家蹊徑幽秀，姿態生動，氣韻於輕逸處發現。在畫者出之無心，見者不禁擊節稱賞，乃爲真氣韻。此筆中之氣韻，即雲林所謂胸中逸氣也。工夫到神化時方能有此境界，如專於墨中求氣韻，殊失用筆之妙，爲門外儈夫。個中三昧，學者深參而自會之。

董思翁云：“元人筆兼宋法，便得子久三昧。”蓋古人之畫以性情，今人之畫以工力，如專尚工力而不本性情，即不解此意，東塗西抹無益也。余謂畫道取法乎上僅得其中，不師北苑烏能夢見癡翁也？

王麓臺云：“宋、元各家各出機杼，惟倪高士一洗陳跡，空諸所有，爲逸品中第一。”非創爲是法也，於不用工力之中，爲善用工力者所莫能及，作意生淡又失之偏枯，俱非佳境。立稿時從大意看出，皴染時從眼光得來，庶幾於古人氣機，方有入處。至設色更進一層，不在取色而在取氣，當必精光四射，磅礴於心手。其實與着意不着意處同一得力，學者勿過用其心，亦勿誤用其心，庶幾得之。觀於此，知司農之功力真與古人氣韻相爲合撰，非一知半解者所能擬議也。

作畫密不如疏，濃不如淡，近不如遠，多不如少。大作家正似不到家者，乃爲逸品真面目。然非絢爛之極歸於平淡，不能臻此境界，此畫品中最上乘也。

作畫須襟懷高曠，空空洞洞，隨意落筆，全於毫尖上領取古大家神逸之致。一點一拂，一轉一折，純以性靈運成法，不爲蹊徑所拘。筆有幹濕，墨有濃淡，樹有疏密，石有向背，路有遠近，悉於平日研鍊精熟於胸中，臨時發抒腕下，自與古人精神凝而爲一，即與古人境地等而相同，非虛言也。各人有天分學力，或不逮古人，於所詣見之；或有勝古人，亦於所詣見之，莫謂今人必不及古人也。如前明沈、文、唐、董，本朝四王、惲、吳，駸駸乎駕古人而上之，其天分學力可想見也。今之人自謂不及古人者，必其天分不如古人，學力不如古人，其自謂不如固其宜也，然豈可概論之哉？

山水清光最難着筆，須要清輕而明秀，脱盡板重呆執之跡，吸取天地間靈秀之氣畢集毫端，自然清光大來。有如春水生波，秋山過雨，不着一些浮漚塵滓，實境愈清，則空境愈顯。山巔水涯，林皋木末，另有一種靈秀明净之致，動蕩於丘壑蹊徑之間。雖由學力研求，端藉天資穎悟，豈鈍根人所能夢見也？

古大家用筆法，虛實各不相同。唐王右丞創爲"渲淡"，故用筆實中帶虛。其餘唐、宋諸大家都務爲精到，用筆實者多虛者少，惟元四大家脱盡唐、宋窠臼，以枯淡見長。倪、黄用筆憑虛取神，故虛中帶實；吴、王用筆靠實取神，故實中帶虛，各有精詣。明之文、沈追從梅道人用筆，均於實處取虛靈之致。唐則專師李晞古，骨法刻露，皴染融化，故用筆先實而後虛。惟董思翁獨得倪、黄正傳，一點一拂，筆鋒均憑虛取神，獨得六法之秘。國初二王親受思翁指授，故與倪、黄一綫相承，開婁東正派。然二王用筆亦有虛實之不同，煙客虛中取神，落筆沈摯；廉州實處取氣，布墨精湛。兩宗設教宇内，各闢門庭，石谷、麓臺用筆，虛實各有心得，即各守師承，頓分兩派。至惲南田之瀟灑出塵，吴虞山之皴染入化，其用筆之或虛或實，在學者不難參觀而自得也。

古大家筆精墨妙，方能爲山水傳神。當其落筆時不過寫胸中逸氣，雖意不在似，而形與神已躍躍紙上。今則與古相反，一落筆便意專在似，此有意於似者得其形，反不能傳其神也。太史公之於文，杜陵老子之於詩，惟意不在似，此其所以妙也。畫道亦猶是已。

畫山之妙全在得勢，丘壑位置自然生動活潑。用筆尤要靈警便捷，不可拘泥成法，疊石置坪隨筆所之，若不經意而運用之，離奇超逸，純是毫尖着力，無一筆懈，似不拘泥於法而實神明於法，則胸中逸氣方能發攄腕下，一切呆演堆砌之病，洗滌淨盡。坡公云"當其下手風雨快，筆所未到氣已吞"，是畫前要訣；杜老云"元氣淋漓幛猶濕"，是畫後要訣。

　　畫山之妙，鈎勒之妙也。鈎勒得訣則全幅提起，山之幛蓋尤屬緊要。板刻失之結，濃重失之俗，須要鬆利流走，有俯視一切之概，尤要有意到筆不到之妙。巒頭碎石、坡腳疊石，均要生動，不可呆滯，再參以三面意，自然顧盼有情。

　　鈎勒之妙，必藉皴染相輔而行，方臻美備。鈎勒為石之骨，皴為石之紋，染為石之肉。故皴所不到之處，染以足之，則氣韻渾淪不患不厚矣！故鈎勒以象山之氣體，皴染以足山之血脈，有筆有墨，端在是矣！

　　畫山尤要有虛實，方能靈氣往來。羅村列樹、遇水成橋，均有一定位置。實處鬱密森沈，難窮奧窔，虛處空靈淡宕，莫測端倪，自然丘壑神奇，味外有味。全域中有虛實，分股中亦有虛實。在落筆時經營慘澹，靈心妙腕，領取造化，生氣成之。豈循行數墨者所能窺其分際耶？

　　苔點為山之眉目，亦要細心講究。點分多種：攢點、橫點，猶皴法中之麻皮，所當熟習者也。攢點用尖筆，要不疏不密恰到好處；橫點用側筆，要能散能聚一無滯機。攢點以沙彌巨師為宗，橫點以癡翁、米老為宗。參究數十年，自然多點不覺其繁，少點不覺其簡，點苔一道思過半矣！

　　山貴氣勢，石有體段，則畫石亦不可不講也。畫石不外乎大間小、小間大二法,所貴參伍錯綜,變通運用。落筆須要興高意遠,氣靜神凝,領取煙雲真趣。凡凹凸深淺處,悉參合陰陽向背之理,歸於血脈貫通。至千石萬石,不外參伍其法,尤要脫盡壘疊痕跡,氣息渾淪,則石之體段得焉!如此落墨,自然矩度森嚴、機趣鬆活。

畫樹章法,先講串插。一樹二樹,一偃一仰,一遠一近,一高一低,停勻排列,便無意趣。串插交柯,一樹獨立,五樹一叢,三樹串插交柯,二樹高低平列,內分偃仰疏密,層次或遠或近,總要顧盼生姿,不可失之停勻板滯。此章法最爲緊要,六樹七樹等叢,均可類推。學者會得此旨,自然意境靈緊平實,鬆懈諸弊掃除盡淨。

山無定形,法有通變。如大癡山巒層層壘疊,或間小石,或插土坡,自有一定布置。然在落筆時不可隨意鈎勒,層次亦不拘泥成見,審顧形勢之可深可淺,歸於得勢、得機,自成結構。此真胸具造化,非一知半解者所能窺其塵影也。麓臺云:"發端混淪,遂漸破碎;收拾破碎,復還混淪。"深得癡翁三昧矣!

山頭層次用筆鈎勒,須離奇超妙,無一實筆。倪高士云:"逸筆草草,不求形似。"此種筆墨看似草率,實則層次逼清,脫盡筆墨蹊徑,純乎天趣自然,生氣遠出。如拘泥舊稿,層層壘疊,不能通變,縱得形似,難免板滯。學者自當循序漸進,原難躐等。然須時時體此意,功夫到至純熟、入妙化時,自然水到渠成,便臻神境。

小結構筆墨雖簡,須些少布置。沙口參差、橋渡映帶,境界總要蒼蒼茫茫,饒有餘不盡之意,不落小家窠臼。

大山水千丘萬壑,要一氣貫通。樹石、人物、屋宇、亭樹、橋梁、水口等各有生趣，即各要照顧有情，無一呆相，則山林生色。至氣韻渾淪，色澤古雅，全在平時臨摹研鍊之功，不能強致。余謂小結構筆墨簡淡，當以趣勝，則景不厭淺；大山水丘壑繁重，尤貴以氣勝，則理無不貫也。

畫山頭層疊，用筆須要破碎虛空，離披零亂，如蟲蝕木，偶爾成文，脫盡筆墨痕跡，仿佛天然。圖畫脈絡分明，一絲不紊，初觀境界模糊，審視筆墨靈秀，逐漸醒出，層次倡清，來路去路或隱或顯，無一毫牽強。蓋畫工也，而化工寓焉。董思翁云"畫家以古人爲師已是上乘"，此直以天地爲師，一切成法爛熟於胸中，興到濡毫隨意點刷不拘家數，而古大家神奇超妙之致，無不奔赴腕下，用筆真如天馬行空，不可羈勒，雖不求工，而工處正莫能及，方爲絕詣。

耕煙翁云："凡設青綠，體要嚴重，氣要輕清，得力全在渲暈。"學者當細心參之。青綠設色，貴有逸氣，方不板滯。石谷青綠，色色到家，頗盡其妙，真從靜悟得來，可以師法。惟逸韻不足，終不免爲識者所議耳！

淡設色亦要用筆法，與皴染一般，方能顯筆墨之妙處。如隨意塗染，漫無法紀，必至紅綠火氣，可憎可厭。麓臺云"墨不礙色，色不礙墨，乃爲色中有墨，墨中有色，真極設色之妙者也"，學者當時時參之。

畫中小景頗有風趣。柳汀竹嶼，茅舍漁舟，種種景色，真有引人入勝之妙。北宋趙大年最爲擅勝，前人皆宗法之，當代惟耕煙翁頗盡其妙，惜晚年筆鋒拙禿，便無逸趣。學者師其意，慎勿襲其跡。

舟車、器皿及一切雜作，耕煙散人最爲精妙，可以師法。

畫後染遠山，最非易事。昔人有"先用朽筆朽定然後落墨"，亦慎重之意也。大要審機取勢，自然通幅生動。

　　前人有言"大膽落筆，細心收拾"，深得畫家妙用。落筆時專論筆，收拾時兼論墨。凡皴之不足者渲之，石之未醒者提之，山坳樹隙之未融者重疊而斡暈之，然後筆墨渾化，無美不臻。此真良工苦心，非苟焉已也。畫如是，安得不取重於賞鑒家也哉？

　　畫到純熟入化時，方能脫盡畦徑，隨筆所至，自成結構。疏落處虛靈澹宕，雋永有味；整密處精神團結，融洽無痕。在落墨時不過逸筆草草，看似不經意，而實鉤勒、皴染、點刷、披拂諸法，純從古大家風韻中得來。畫境如春雲浮空，毫無端緒；如流水行地，莫辨源頭；雖有理法之可求，實無徑途之可入，但覺一片化機；求之骨格，骨格則渾化難摹；求之氣韻，氣韻則浮動無跡，謂爲無法，一一皆中繩度即謂爲有法，處處脫盡形模，此神化之詣，非數十年冥心探討，慘澹經營不能臻此境界。余於畫道有癖嗜，奈資質鈍劣，又遭變亂，三十餘年如沂急流，用盡氣力不離舊處。今年過五十，似於畫道略有所得，然於古大家神化之詣，仍茫乎無據也。不知二三十年後又當何如耶？畫學之難如此，願與世之講求斯道者共勉之。

附：論鑒賞

　　士君子立心行事不可不寬，惟賞鑒書畫則不可不嚴。古大家筆墨各有精詣，斷非後人所能摹倣。即題欸書法，各人自有真面目，亦斷非他人所可貌似。且時代有遠近，而氣息不同；紙素有新古，而色澤不同。即圖章一切，均各有真趣，不能朦混。鑒賞家須平心審定，勿因名重而眩惑，恐交臂以失之；勿因價高而艷羨，必傾囊以致之。此中早有定衡，斷不肯輕於遷就。人即謂我過嚴，而實稱物平施，行乎心之自然，無成見也，非矯情也，又何有乎寬與嚴之見存哉？況古大家有此盛名，即各有精詣，有一端不愜於心，斷非真品，屢試屢驗，不爽毫釐。唐宋大家無論已，如元則倪、黃、吳、王，明則文、沈、王、唐、董，本朝則四王、惲、吳，各有精詣，即各有真面目。摹倣所不能，貌似所不得，即有好手，豈能書法畫筆盡與古人相同？即能同之，而時代之遠近，紙素之新古，氣息色澤復能一一合耶？鑒賞家毋眩惑、勿艷羨，自抒獨見，則奚囊所蓄盡是珠璣、夾袋所收均爲球璧已？

又云臨畫不如看畫，最爲篤論。臨畫往往拘局形跡，不能灑脫；看畫凡愜心之處熟於胸中，自能運於腕下，久之自能與古人吻合矣！

看畫尤須辨得雅俗，有一種畫，雖工實俗，習氣最不可沾染。

癡翁畫僅見一幀，細秀沈古，滿紙靈光，始知奉常翁來路。雲林畫見有兩幀。一幀上題"斷橋無覆板，臥柳自生枝"者尤極超逸。煙客、麓臺於倪、黃兩家均煞費苦心，各得其妙。

梅道人見一鉅幀，墨汁淋漓，古厚之氣撲人眉宇，文、沈畫所從出也。當代王廉州時倣之，愜心之作頗能神似。麓臺則但師其意耳！

黃鶴山樵見一小卷，沈古超逸，全是化工靈氣，不可以跡象求之。時時懸想，筆墨漸有入處，惜如漁父出桃源，徑途不可復識矣！

九龍山人筆墨神逸，魄力沈雄，學者可以開拓心胸，增長骨力。且筆墨外另有一種超塵拔俗之概，人品高潔可想見焉！

姚雲東蒼古静逸，元氣渾淪，山石皴擦，筆墨雖簡，卻氣足神完，自然沈厚。殆亦研精於董、巨，得其神髓者也。吾儕當瓣香奉之。

杜東厚丘壑恬静，一切縱橫馳騁之習，擺脱净盡。

劉完庵筆墨渾厚，格律謹嚴，純乎元人風度。

莫雲卿氣昧深醇，設色古雅，尤饒韻致。

博大沈雄如石田翁，須學其氣魄；古秀峭勁如唐子畏，須學其骨力；筆墨超逸如董文敏，須學其潤。凡此皆足爲我之師資也。

時常臨摹觀玩，必專宗奉常翁。此老筆墨極純正，畫律又極精細，無筆不從癡翁神髓中出。其用筆在着力不着力之間，尤較諸家有異，諸家筆鋒多靠實取神。此老筆鋒能憑虛取神，獨得六法之秘，爲諸家所莫及。鈎勒皴擦，一點一拂，脱盡縱橫習氣，於蒼潤中更能饒秀嫩之致，尤爲諸家所絶無者，真畫品中最上乘也。

廉州與煙客齊驅，筆墨亦相近，持運筆鋒較奉常稍實耳！然兩家宗法已足並傳千古矣！

石谷六法到家，處處筋節，畫學之能，當代莫出其右；然筆法過於刻露，每易傷韻，故石谷畫往往有無韻者，學之稍不留神，每易生病。余昔藏長方册六幀，均撫元人真跡，系三十餘歲所作，骨格神韻無美不臻，晚年所逮也。師長捨短，學者貴自審焉！

麓臺山石，妙如雲氣騰溢，模糊蓊鬱，一望無際，真高出諸家上，用筆均極隨意，絶無拘牽束縛之態。惟稍有霸悍之氣，未能若煙客之冲和自在也。學者能得其意，一切塵俗蹊徑自掃除净盡矣！

南田翁天資超妙，落墨獨具靈巧，秀逸之趣爲當代第一，學之正不易也。

吴漁山腕力極大，落墨兀傲不群，山石皴擦頗極渾古，點苔及點小樹，用意又與諸家不同，愜心之作深得唐子畏神髓。尤能擺脫其北宗窠臼，真善於學古者也，學者最宜取法。

吴梅村畫較之六大家，筆法似未到家，然一種嫩逸之致，真能釋躁平矜，高出諸家之上。學者須取其神趣不得輕忽。

方邵村用筆蒼渾，設色沈古，更饒士氣，作家習氣擺脫净盡。學者能領取其神趣，塵俗之筆自無從繞其筆端矣！

其餘明季各家以及國初諸老，均各有所長，不勝枚舉，只要隨人取法，以廣我師資，自然無美不臻。

初入門須求鬆秀，然後加以沈着研鍊之功，則筆墨方能古厚，可無薄弱之病矣！

世人作畫但求蒼老，自謂功夫已到，豈知畫至蒼老便無機趣矣！全要以渾融柔逸之氣化之，方能骨格内含，神采外溢。於古人始有入處，須知但求蒼老者終在門外也。

畫中雲水最難，耕煙翁深得唐、宋大家原本，頗可取法。

細剔竹畫之最有逸趣，南田、石谷、漁山三家均各擅長，然各有一種瀟灑出塵之致，絕不相同。南田以逸勝，石谷以能勝，漁山以神勝，三家均可取法。

"意在筆先"爲作畫第一要訣。覺古人千言萬語盡於此矣！樹木山石、人物屋宇、橋梁舟楫以及禽鳥一切，必要先有譜格精熟於胸中，然後發抒腕下，方能稱心而出，不脱不粘。神明於規矩，絕無一毫拘泥之跡，所謂胸具全形，隨筆塗寫，自無瞻前顧後之病。寫一樹一木，則一樹一木全形早已融會於筆下。人物屋宇，一切無不如此，然後神與心會，心與氣合，行乎不得不行，止乎不得不止。絕無求工求奇之意，而工處、奇處斐亹於筆墨之外，是非筆先之機精熟於胸中烏能臻此？如落筆而始研求，布局而方審慎，必有顧此失彼，視左離右，弊端百出，皆由於心手相戾，未能應弦合節，故章法位置求其穩當而不可得，何能造入微妙、推求精奧也？

作畫用筆以取勢爲主，勢欲左行者必先用意於右；勢欲右行者必先用意於左。或上者勢欲下垂；或下者勢欲上聳，俱不可從本位徑情一往。此論最爲精妙。勢欲左行，而不先用意於右，則一於左者必失之平實也；勢欲右行，而不先用意於左，則一於右者必難免呆執滯也。或上者不先勢下垂，則上便直率矣！或下者不先勢上聳，則下近浮滑矣！筆墨如此，有何機趣乎？今人不解此意，往往從本位徑情一往，無怪乎其筆墨拘泥，無離奇變化之妙也！觀夫郢匠運斤，則筆之貴乎取勢，不尤顯而易見也哉！

唐子畏論畫云"工畫如楷書，寫意如草聖"，不過執筆轉腕靈妙耳！須知如何執筆，如何轉腕靈妙，此中便有無數法門，學者當細心參究。執筆可以力學力講求，轉腕靈妙必藉天分領悟，如資質鈍劣，雖極意講究，終不免於板滯，豈執筆者盡能轉腕靈妙耶？

楊升庵《畫品》以顧、陸、張、吳爲畫家四祖，蓋顧長康、陸探微、張僧繇、吳道元也。後賢均襲其說，曾未有議及此者，而余獨以爲不然。當以顧、陸、張、展爲四祖，展，展子虔也。曾與楊海琴年丈論之，海翁甚旨余言，以爲千秋定論。因謂余曰："畫家之顧、陸、張、展，猶詩家之曹、劉、沈、謝；唐之閻立本、吳道玄，則詩之李白、杜甫也。"海翁深於詩，尤精鑒賞，故立論確當如鐵板注腳，不能移易。余深契其旨，相爲印證合。海內之精於繪事品藻者諒不以余兩人之言爲河漢也！

《甘肅人物志》序

　　録文獻傳耆舊之書，由來尚矣！舉吾隴人物標而出之，以昭示後人，亦猶行古之道，爲向者之通例歟！而低徊往昔，慨念將來，則有獨異於前賢者。辛亥、壬子間，我中華改稱民國，世之人心思念慮之所存，頓異於疇曩。歷時既久，醞釀而出之，志趣若何，襟期若何，規模氣象若何，皆不可以預定。然以擬夫向者陶冶於聖神功化中之人物，則不可比類而同觀，可斷言也。是書所録，皆吾隴人物之陶冶於聖神功化中者。蓋蘄葆聖神功化於若斷若續之交，俾留爲種子，氣類不亡，非第表先哲姓名、增榮譽於桑梓間而已也。癸、甲以還，四方多故，海內遺民，半多亂離之感。吾隴僻在邊隅，尚能粗見太平，得以料量山水。己、庚之際，余於五泉山中建太昊宮，擬論定吾隴人物，舉其尤著者以崇祀之，是編之作實端於此。余既發此私願而疏於學、弱於才，自愧無能爲役，爰屬李晉臣九如、王蘭亭國香徧搜歷史中隴人事實，而屬張鴻汀維、王竹銘烜、李興伯蔚起三人者共纂輯之。越壬戌，脱稿而體例未盡，當乃與張君維往復商酌：以全稿致諸家，俾專其志、壹其神，增刪進退，以成一家言。張君劬於學，讀群書，識遷、固徑途，同人皆許其必能勝任。愉快也！乙丑冬十二月，書果成。去創稿時已六七年於兹矣！亟邀張子楨祖培召生徒分卷督鈔，付諸排印，而以楊顯澤漢公、張月華錫桂司校勘。

　　余乃爲述其緣起如此，並爲揭其用意之所在而冠以"序"曰：

吾國聖人，根性命以設施之政教，肇端於伏羲而結局於清遜帝。自太昊迄宣統末造四千八百五十四年中，吾隴之人，是編者四百三十有二人耳！以縱橫數千里之地平均計之，約十年而一才，何其難也。余嘗慨宇宙間所最易竭者精英之氣，所最不易伸者厥惟正氣。精英之氣竭，真才消乏，正氣無從而伸，魑魅橫行，人境遂淪爲鬼域。古聖人知其然也，本人人固有之良，爲造一後起之天，使含生負氣者流罔不居遊於內，以樂其業、以遂其生。庖羲氏之畫卦也，實開造天之端。經黃農之繼起，經堯舜之相承，經湯、武、文、周之紹述，淵源授受，天已造成。納世人於道之中而相安於耕讀，猶納魚於水之中而相忘於江湖也。尼山崛起，知覆幬人類，如廣廈夏屋之避風雨、禦虎狼者莫大於群聖共造之天。更無事妄議經綸，別談制作，只取此群聖造天之事，纂爲六經，垂世立教，俾後之學者誦習焉，以裕補天之才，以防鑿天撼天之禍。數千年來，揖讓變而征誅，封建變而郡縣，體制雖不相沿襲，而損益則百世可知。故蚩尤之戰、三苗之逆、有扈氏之征、犬戎之擾、五霸七雄之競起、五代十六國之紛爭，每當群陰四塞，亦思破此群聖共造之天，以嬉遊於毫無忌憚之域。只以保天者多，維護天者多，人無異圖，家無異尚，妖氛怪霧竟也無如天何！天既無恙，而世之講求造天之學者又能四海同風，雖當顛沛流離，亦惴惴焉未敢有歧趨而萌惑志。根株不斷，薪火一傳，孕育滋培，人才輩出。即吾隴素號偏隅，而聖賢、豪傑、志士、仁人如是編所載，或立德，或立功，或立言，或顯於廊廟，或晦於山林，或寄才於伎術，或見志於閨門，或乘喪亂之時雄據一方，救民水火，要皆精英之氣之所萃，爲正氣之所憑，裕補天之志以承造天之統者也。自清遜帝退位而造天之統絕，四千八百五十四年人人托庇

437

之天竟破裂於歐洲學術之助氣。

夫歐洲學術皆導源於哲學。哲學之所謂求知識者，皆就形氣以考究世界之原理，與吾國聖人所傳性道之說"超然於形氣之外"者迥乎不同。科學之脫胎於哲學而自爲一家，尤注重於物質。迨理化學探微造秘，創前古未有之奇，其他學術之相因而起，以助人類氣體之欲者遂不可勝數，而要以機器爲之樞。向使無機器，則任何學術亦無非紙上空談，斷不能致之實用以收實效。噫！人生日用之所需不離物質，物質之造爲萬品以資人用者，不外於手足之勤。夫手足之勤，血力之運用也，血力之運用，有情動物之所以生生者也。今於有情動物之外，忽增一無情動物曰"機器"者，以代血力之運用，於是工者之工，商者之商，舉歷古億兆人之所營，以分巧拙、較精粗、別遲速，其相去之差不啻百千萬倍而過之。血力乃退處於無權，而器力遂持世界盛衰之柄矣！既以人類之盛衰授權於器力，則人爲器役，必將如傀儡之被牽，茫茫然相爭、相逐而不克自持。當其假器力以吸歙金珠也，則有資本主義假器力以擴張土地也，則有侵略主義血氣之倫。凡不假器力以謀生活者，其金珠土地皆潛消默奪於資本侵略而無以自存。萃世界無以自存之人，日奔走於器力斡旋之下，爲資本侵略家聚歙而附益之，以屬其貪饕無已之心。肥家族長子孫者，坐擁厚資以膺上帝之徽，稱大王之尊號，抱權利，襟懷昂昂然，出而左右國家政教。閭巷甕牖中，卓犖不凡輩，才無所施，業無所憑，志略無所展，惟目視夫階級之懸殊，生事之促迫，憤懣不平，蒸爲學說，講民族歟，談社會歟，提倡個性歟！風發泉湧，日異月新，比及倡言公產、倡言無政府，世界革命之說起而器力之禍成。無以名之，余爲名之曰"機器劫"。

我中華既以擴充秉彝之良爲立教行政之本，故輕視器力，不尚伎能，學士、大夫所重者專在於道。聖人不世出，體道、行道之人希而道日微，四萬萬人只托庇於群聖共造之天，如富家子弟坐享其成耳！歐化東漸，商戰日蹙，既不能見紛華而弗悅，又不能潛心勵志自造紛華。凡日用所需微如一針、細如一縷、瑣屑如兒童一玩具，罔不資於舶來、成於器力。血肉之軀靡不廢業嬉遊，群焉逐逐於分利之途，而無生利之望。脂膏日剝，四海困窮，國勢阽危，頹然不振。自傷其貧而不知貧之所由來也，自恥其弱而不知弱之所由致也。救貧轉弱之儔，囂然四起，如巫醫雜進，訖無中病之方。迨病勢愈危，無所歸咎，乃相與詬姗和緩，咀咒岐黃，甚且舉疇昔食飲所資以頤養者亦指目爲致病之由。綱常可毁也，名教可嗤也，禮樂刑政可廢除也。神魂搖惑，行空步虚，群聖共造之天至是而遂成齏粉矣！

嗚呼！掘去隄坊則洪水爲災，拆毀垣墉則豺狼爲患。今竟舉不可須臾離之天而撞碎之，其災患烏能不甚於洪水、豺狼乎？況值泰西諸邦物質文明流弊百出之時，如前之所謂"機器劫"者又蹈隙而來，猶以不正之氣中，尫羸之人志奪神移，更無抉擇。爭取比鄰毒藥，相詡爲續命湯、換骨丹，遂致氣日長、理日消，投機觀變之徒乘時而起，强權持世，暴力自由，舉國相殘，爭趨混沌。

君子盱衡當世。凡前代人物專鼓舞於道義之途者皆爲環境所不容，二十四史且將廢棄，又何有於是編而爲之孳孳纂述也歟？纂述即成，誰又取此不適於時之人物而殷殷效慕也歟？則志吾隴人物於今日，何異表輪人於水鄉、誇舟師於山國耶？不亦慎乎？雖然，天壤間至寶之可珍可貴者，以其有不磨之真性耳！

是編所述之人物，非有真性之不磨者乎？夫人欲者，真性之大敵也。器力逞强，助長人欲，人欲縱恣，挾器力以肆其猖狂。天理日消則真性日晦，藉器力以賊人者久之而自賊矣！藉器力以戕人者久之而自戕矣！始也由器力而興，繼也由器力而滅。人欲被其摧挫，天理乃有復顯之幾，天理日顯則真性日彰。今既投我中華於世界萬國之中，世界萬國器力造成之殺運洶洶湧湧，乘虛而入，以剝我中華四百兆人之生機；他日潮頭西向，回復於歐美諸邦，歐美諸邦亦與我中華同歸於喪亂。世界有平衡之勢，而又當人窮返本之時，草昧重開，聖人復起，當必爲大元之内仍造一公有之天，納人類於扶理抑氣之途，而使之以理馭氣，則器役於人，人能役器。工業普及於鄉村，而殺人品在所必禁；商業推行於委巷，而壟斷者在所必懲。重農勸稼，耕鑿相安。學校之士必先講明義利，抱"憂道不憂貧"之志而以才略輔之。然後，拔其尤者予以政權，只知利人並以防人之利己。以宇内天產養宇内群倫，人人得所，彼我無爭，群食息於上天下地之中，以享生人之樂趣。當斯時也，如是編所述，伏羲、女媧、孔門三子之仁聖、賢人皆將應運而生，隨時間出，恢張道術，主宰人寰，則割據群雄如載記所詳者更不復見稱於史册。而國之元老、幹濟之偉人，精研義理、考據、辭章之子，愛民之父母，報國之忠貞，獨行之夫，高蹈之士、偏曲之才、巾幗之英雄，如列傳中所云者當無不發揮光大、照耀環球，世界人物之盛史不勝書，則是編不猶是滄海一粟，置諸可有可無之數也哉？

嗟嗟！天道一環也，世運一循環也，環愈遲而愈大，循之者亦必愈遲而愈遠。古之環，中國一家之環也，循之者或數十年而周，或數百年而周；後此之環，世界全體之環也，循之者非數百千年而能周乎？夫人情當無聊之時，每虛擬一極快心之事，以蕩滌其牢愁，雖極之茫茫天地，遥遥無期，而終覺有愜志怡情之一日。余固我中華無聊時之無聊人也，願與吾黨君子曾有事於是編者作千世萬世之禱：倘未來世界果能志從理之人物，高文典冊，彪炳輝煌，以發揚吾聖神功化中之氣類，則雖以是編覆瓿焉、覆盎焉，固爲余之所樂許，諒亦諸君子所甘心傾倒而不顧惜者也！丙寅夏四月五泉山人劉爾炘。

重修蘭州五泉山大佛殿募啓

　　敬啓者：蘭州五泉山，省城名勝地也。自同治兵燹後迄今幾六十年，灰燼之餘以次修復。只大佛殿一區，以工程過鉅，無有能任其事者。民國初元，邑人陳君註頗有志於斯役，已募白鏹數千金，以工費不貲，徘徊瞻顧，嘗從余謀所以舉其事者，謀未定而君化去。其孫曰疇曰昀，遵遺命將所募欵交余規畫，以蘄竟乃祖未竟之志。余既謬承譝諛，方冀世運隆平，年豐民樂。再呼將伯，點綴山林，妥座上之菩提，即以彌地方之缺陷，似亦吾曹所當有事者也。孰意煙雲萬變，人事日非，景運難期，而余已齒搖髮禿，老病侵尋矣！倘一旦邃填溝壑，遇陳君於地下，不將口荷荷而顏忸怩乎？竊念昔者鄭侯有言："天下方未定，故可因以就宮室。"今萬方多難而到處興作不已，民之忍飢寒困頓以阽於危亡者，或反藉此以免流離而全生命。嗚呼！老佛慈悲，固常以拔衆生出苦海爲誓願，則借營佛國之梵宮以救生靈之塗炭，其種因收果，視世之專造浮圖，博佛天歡喜，以希福田利益之報者，其相去不天淵哉？所願各界偉人、四方善士，或代爲提倡，或慨助兼金，傾囊底之餘資，造無量之功德。人之好善，諒有同情，特爇馨香，望風拜禱！中華民國十一年夏正壬戌秋八月，五泉山人劉爾炘謹啓。

重印《靖遠縣志》序

　　我中華改稱民國之夏正乙丑春三月，靖遠旅蘭人士陳子身國鈞、李星垣夢庚、趙焕唐文舉諸君子以其縣志久未修印行，舊本已不多見，若不重印以廣遺傳，倘並此存者而亦散失，後之人即欲重修，亦無根據矣，爰付排印而問序于余。噫！方志之學，史學也。昔人拘於圖經之説，概爲地理書，非也。自會稽章氏出而斯學可稱大備，後之人循其義例以舉其宏綱，詳其細目，酬之以簡練之筆，運之以公正之心，其規模當有可觀。《靖志》創自明萬曆間，康熙時、乾隆時皆修之。此本即道光癸巳知縣事金陵陳叔良之驥修者，去今蓋將百年矣。此百年中不獨治亂興衰不宜荒略，即國變以來職官之改制，選舉之殊途，學校武備之變法，疆域、風俗、賦税、倉儲諸大端之頓失舊規。凡屬職方，皆當秉筆，而況靖人劭學，自昔多才，當有肩此重任成一家言以詔後世者，今爲馨香祝之。五泉山人劉爾炘果齋甫。

《夢遊吟草》序

　　吾友楊濟舟巨川歸自鄂，出所著《夢遊吟草》問序于余。余竊謂詩之爲道，淺之則里巷歌謠，不遺於宣聖；深之則《雅》《頌》篇什，概出於鴻生。濟舟壯負俠氣，遍走江湖，連遭世變，學識日增。怫鬱憤懑之懷，歌泣之致，皆於此《草》見之，是固風人之旨，而亦性情之不容已者也。若夫魏晉以來之徑途，近世之派別，千歧百出，家有特長，後之尚吟詠者，當入乎其中，超乎其外，擷百家之精，以成一家之詣。濟舟年未艾，學加勤，余又將濡筆以候諸異日。五泉山人劉爾炘識于拙修山房，時丁巳夏六月立秋前一日也。

山東沂州知府前翰林院庶吉士武威李叔堅傳

李叔堅名于鍇，甘肅武威人。父銘漢，字雲章，以績學負重望於鄉邦，爲後進所矜式，學者稱雲章先生。叔堅承庭訓，出宦東魯，經濟文章一根於家學而益恢廓光大之，朝野知名。將寖寖肩當世大任矣，會遭國變歸，杜門不與世接。民國十二年夏正癸亥夏五月十日卒，年六十有二。

叔堅幼聰慧，日誦八九百言，十三經皆上口。年十四即被選爲博士弟子。光緒壬午舉於鄉。乙未成進士，入翰林。戊戌散館，出知山東蓬萊縣。權武城，權泰安，再知蓬萊，特授沂州府知府。在官十年餘，解印綬時年才五十，談者惜之。

叔堅之膺鄉薦也，年二十一，以親老，願侍左右，益讀有用書。比北上捷南宮，時年已三十又四。比授職膺民社，時年已近四旬。《記》曰"强而仕"，叔堅以之，以故學識堅定，卓越時流，明體達用，所致有聲。在武城僅月餘，懲鉅盜，境內以安。在泰安僅年餘，清積訟，捐金築隄消水患，父老歌頌聲歷久不衰。蓬萊地濱海，官巡海向索民船，民船憚之，避蓬萊。蓬萊仰穀他省，船來少，糶常貴。叔堅捐俸購鉅艦爲巡海船，他艦置弗問。未幾，船麇集，穀爲暴賤，士民相率刻石記功德。蓬萊漁者向利海上，船觸礁壞，聞之輒駕小舟群往，朋分井財，積久成風，視爲固然。叔堅矯其弊，捕掠壞船者嚴懲之。及再至蓬萊，適有美國船壞海上，漁者稔叔堅法嚴，未敢犯秋毫，美人德之，極口稱叔堅賢。庚子拳匪之變，奉、直、魯、豫諸行省惑匪言，所在皆是，叔堅始終不淆，蓬萊獨不受匪患。沂州爲群盜出没地，向有卒二百人，稱"沂防營"，專備盜，積久，疲頓無軍容。叔堅汰其人，利其器，鼓舞振奮其精神，乃懸重賞購盜魁。盜聞，大掠關陽鎮，叔堅怒，追之，獲數十人，誅情罪重者半，盜由是莫敢窺沂。久之，盜聚數百人劫鹽商，叔堅慮不敵，請派陸軍助捕，而躬率防營馳逐之。抵九山，合圍，盜負隅與官兵抗，陸軍觀望不肯出死力，叔堅縱防營奮擊之。戰良久，彈穿哨官馬某靴，僕而復興，戰益厲，盜漸不支，陸軍亦乘而起，合而殲之。叔堅歸，立解囊出千五百金犒馬某曰："微子，吾無顔歸矣！"論者謂叔堅重賞罰，嚴紀律，凜然有古名將風。盜既被重創，風頓息，而叔堅慨然曰："盜所以蕃，以貧故。"乃爲謀所以救貧之策。去沂州南數十里，曰鳳凰蛋老屯者有煤礦，擬開者數矣，開輒喪其資，群相戒，不敢復嘗試。叔堅察其礦真，歎曰："'掘井九仞而不及泉，猶棄井也'。費不多，利不鉅。"乃鋭意傾囊，不覩其成誓不止。先後投公帑私財踰兩萬金，礦竟成，歲獲利幾倍所投資。當事之殷也，數千金已盡，而礦如故。益以數千金，仍如故。愛叔堅、忌叔堅者皆議叔堅也，叔堅神不摇，志不惑，一意孤行。礦既成，沂民數十萬户炊煙改色，無向者采樵不繼之憂，耆耇薦紳先生輩，無遠邇皆歡然歌叔堅、戴叔堅，低首佩叔堅能。叔堅在沂州久，興學、治盜，動輒費數萬金，從不取民一錢，亦以礦故也。辛亥，盜蜂起，叔堅猶出己資六千金採礦，或尼之曰："此何時也，獨不可以已乎？"叔堅不聽。居亡何，共和成，叔堅引去，代者即以是歲所贏利萬餘金犒師，民賴以不擾。

叔堅未弱冠即聲震全隴，賢士大夫遊隴上者交口讚譽之。而出山後之知己，則莫如袁世凱。袁嘗舉叔堅，謂叔堅才堪大用，學足匡時。袁撫東時，正叔堅知蓬萊時。拳匪之萌蘗也，按察使某使抵蓬萊求善拳者，叔堅謂使者曰："拳之善不善，不試何以知？吾與子試而後遣，可乎？"乃相與坐堂皇，召善拳者曰："若能禦炮乎？"顧左右取炮來，舉而擬其胸，善拳者叩頭流涕，謝不能。叔堅數之曰："不能而敢惑衆，是匪也！"杖而收之獄，乃對使者拱手曰："似此，蓬萊無善拳者矣！請復命。"越日，叔堅出，或習拳於守備衙前。叔堅望見即其地杖責之。守備怒，為左袒，叔堅不顧也。當是時，袁耳目長，已聞之，飛書令叔堅誅習拳者及守備。叔堅為左右之，守備僅免官，習拳者僅監禁。袁多叔堅才，優其學行，調省辦大學堂，充監督。遇大事，兩司或不知，而惟叔堅之言是聽。叔堅察士習囂甚，難與談根柢學，辭歸。袁手書敦勉，以不獲留為憾。比叔堅再出，袁已移督天津，遂不復通音問。迨入民國，叔堅將歸，收所投煤礦資，衆狙排官習，禁弗予。叔堅乃電告袁，袁時又為民國總統，喜曰："此山東循使也！"電東督優遇之，且召來京，叔堅辭。旋任甘肅巡警道，叔堅又辭。叔堅得資旋里，閉門讀書。初尚出遊郊野，及聞袁稱帝，遂戚然不出戶庭。

叔堅貌嚴毅有威重，而內懷慈祥，嘗言："無至誠惻怛之心，何以為人？"居恒衣不兼采，食不兼味，而賑災恤貧，不遺餘力。周戚友，無慮數千金，猶歉然自以為憾。家居不談時事，而於閭閻困苦、桑梓利弊，未嘗忘懷。武威更名，地賦獨重，民久不堪。雲章先生為謀輕減，屢格於議，志不獲伸。叔堅繼其志，卒謀於當路，得減千八百石，鄉人德之。嘗擬振興工商業，以濟民生；儲倉穀，以備歲凶平糴。有志未逮，病革，猶舉以勖其儕輩。

叔堅於書無所不窺，而爲學一宗謝山全氏。自有明王學盛行，其末流之弊，高談心性，奉語録爲捷徑，儒術空虛，爲詬病。崑山顧亭林氏起而矯之，標"博文""有恥"兩言，別樹一幟。三百年來，師承授受，宗派雖歧，而實事求是之風蒸爲習尚，鴻生碩彦，海内相望。吾隴上僅武威張澍名於嘉道間，雲章先生實爲張澍弟子，再傳而至叔堅，故隴上學人識許、鄭諸儒門徑，穿穴群書，卓然知立言之不可苟者首推武威。當乾隆鼎盛時，世之操儒業者，別立名稱，號曰漢學，鄙宋賢書爲不足讀。自是以來，宗風日替，途轍日非，考證家之末流又不免以一偏之弊見識於時。讀書萬卷，群指目爲經師，而行誼或不免蕩，踰於閑檢者失之肆；繁稱博引，下筆千言而授政不達，枘鑿齟齬者失之迂；以聲音訓詁爲畢生大業，徵文考典，動輒數十百紙而無關於身心家國者失之瑣。叔堅於濂、洛、關、閩書無門户見，納爲一冶，鍊取精金。嘗著《全謝山傳》，稱謝山"深博無涯涘，然常守昔賢先立乎其大之言，力戒玩物喪志，不以探跡索隱爲能、搜奇嗜瑣爲博"。是説也，叔堅殆自道歟？故坐而言，起而行，規模氣象儼然康雍間名儒大師，無晚近破碎支離之習。

生平抱經世才，不屑屑以辭章自見，故最長於文而不苟作，作亦隨手散軼，漫不珍惜。身後，其子爲搜輯之，僅得數篇。雲章先生嘗續《通鑑紀事本末》未成，叔堅卒成之，刊行於世。又以雲章先生著述之精邃者爲《爾雅聲類》，精心校讎以備梓。所著有日記藏於家。

子二：鼎超、鼎文。

舊史氏劉爾炘曰：余聞叔堅卒，不覺涕泗之橫流也！余嘗謂"人才有存亡,學術無存亡",今竟不然!叔堅丁末造,不獲發舒志略,以竟幹濟之才,固可悲;叔堅之學非猶是吾國之公器歟?自泰西學説倡言逐利,我黄帝子孫盡棄六千年神聖之精義微言、禮俗政教而一化於歐化,誰復識海以内如叔堅輩所抱之學術爲何如而一思流衍之歟?

嗟嗟!學術者,我之精神命脈也,學術亡,則我之貌存,我之魂死,何異淪中華爲異域,化四萬萬人爲異物乎?此予之所以仰天長號而不獨爲叔堅悲者也!

社章匯編

序

嗚呼！余不才，不獲爲國家效一日之長。此則半生來，窮居牖下所藉以寄情懷而消歲月者。曾文正譏歸熙甫文謂"浮芥舟以縱送於蹄涔之水，不復憶天下有曰海濤者"，余之所謂事業不猶是熙甫之文歟？又烏足控揣也哉？惟是桑柳雖微，蛀蟲不免；蝸角雖小，蠻觸有争。周官以翦氏除蠱物，莊周以遊心於無窮者息其争。茲《編》所述，亦翦氏之莽草而戴晉人之"魏中有梁，梁中有王"乎？吁！蓋有不得已者在。中華既爲民國之夏正庚申孟春月劉爾炘識。

皋蘭興文社記

乾隆四十有一年，邑舉人邵君榮清以所司修學社頻年贏餘銀百兩，呈請郡侯興縣康公基淵交商孳息，爲一邑賓興經費。康公嘉其志而少其資，爰割鶴俸，以四百金爲之倡。一時先後，曾官吾邑者如臨汾王公亶望、歙縣蔣公全迪、滿洲奇公明、如皋吳公鼎新、臨安鄭公陳善、仁和陸公瑋，皆慨分泉潤，於是共集白鏹一千五百金，是則吾興文社之所由昉也。

嘉、道以還百數十年中，官紳賡續解囊又益之。以談封翁維鼎所勸募之印紅社銀千餘兩，蓋幾幾乎踰萬金矣！然自同治間花門之變，干戈擾攘，各商戶岌岌可危。經吾黨先輩諸君子因時達變，令桑梓富厚之家，但有印契，即可署券。自是以來不復與商業家相往還，而專權子母於里閭族黨間，董其事者不能無故舊顏面之私，虧蝕之端日開而弊遂百出。

迨光緒三十有一年丙午，炘承事立學之時，鉤稽簿册，其子孫幸存而可指名責償者其母金不過五千兩，而積年所負子金，乃較五千兩而過之，且強半式微，無力完納。綜計月利所入並應有租賦，歲求《毛詩》之數而不可得。因酌免積年子金，令將母金如數歸趙，隨時置買產業，蘄垂久遠。茲將產業處所，並歷年捐欵人姓名，分別列爲簡表，與《章程》入條，依次勒之貞珉，以告吾千世萬世之有維持學校之責者。宣統三年辛亥春二月邑人劉爾炘撰。

皋蘭興文社新章

宣統辛亥曾有章程刻入臥碑，今時事變遷，情形不同，特擬新章如左（左，當縱排書稿改橫排時即作"下"解，下同。點校者注）。

第一章　總　綱
第一條　本社以擴充基金、推廣教育爲宗旨。

第二章　住　址
第二條　本社設立皋蘭縣舊儒學內永遠爲辦事之所，其產業及捐歟有院門西柵子前"兩等學堂"門洞中各碑記爲考。

第三章　任事名額
第三條　社中任事名額如左（同上注）：
名譽社長一，社長一，經理員一，助理員一，社員無定額，書記一，社役一。

第四章　任事期限
第四條　凡在社任事期限如左（同上注）：
名譽社長六年，社長六年，經理員三年，助理員三年，社員無期。

第五章　權　限
第五條　名譽社長有考察帳（帳，爲"賬"之誤，下同。點校者注)項、商酌要件之責,社長有事故不能任事時得代行其職權。

第六條　社長有用人、辦事一切之全權。

第七條　經理員專任出入銀錢帳(帳,爲"賬"之異體字。點校者注)項及庶務等事。

第八條　助理員專司往來文件、產業、契據及舊帳(同上注)簿等件,兼調查本社設立各校教務事。

第九條　社員惟公舉社長及有特別重大事件時得發言。

第六章　資　格

第十條　無左(同上注)列之資格者,不得推舉爲社長,亦不得爲社員,惟經理各員之由社長擇人任用者,不在此限。

有舉、貢以上出身者;

中學以上畢業者;

生員及小學畢業,曾在政界、學界任事過六年以上,有學識、經驗者。

第七章　推選、任用

第十一條　照《各社通章》"第一章"行之。

第十二條　本社舊有之高小及國民學校在舉院內祝柟別墅開辦。

第八章　辦事規則

第十三條　凡推廣學校以高小及國民爲準,有餘力可選送學生出外求學,其選送章程另定之。

第十四條　凡推廣學校由城而關而鄉,按年酌量情形及經費多寡以次辦理,但必須管理教授得人,如不得人,寧闕勿濫。其已成立學校管教之是否合法,或勤或惰,由助理員隨時查明報告社長。

第十五條　凡本社成立之校每年所收學費由各校校長按期收交,經理員入帳(同上注),其各校額支、活支,概由社長核定,經理員按日照發,各校長不得假手。

第十六條　凡各校如有添購應用之物,助理員查明報告社長,核定後由經理員置辦,該校不得徑購。

第十七條　除以上四條外,其餘辦事規則照《各社通章》"第二章"行之。

第九章　獎　勸

第十八條　照《各社通章》"第三章"行之。

第十章　懲　戒

第十九條　照《各社通章》"第四章"行之。

第十一章　開　支

第二十條　凡社中所有開支除活支由社長隨時核發外,其額支如左(同上注):

經理員一:月支薪水銀一十兩;

助理員一:月支薪水銀一十兩;

書記一:月支口食銀六兩;

社役一:月支口食銀五兩;

茶水:月支銀一兩。

第十二章　附　則

第二十一條　省城東關舊有人文里塾，民國六年，經省視學楊查明學產菸房一座，撥歸本社，由本社設立人文國民學校。開辦以來該里塾舊有菸房租金不敷，應用半由本社支給。自民國八年起，將此人文國民學校改爲興文社立第三國民學校，以昭畫一，惟地點須永遠在東關，以符該里塾發起之初意。

皋蘭興文社立高等小學校兼國民學校章程

第一條　本社所立之高等小學校，其名稱即爲興文社立高等小學校，將來如有推廣分立者，加"第一"、"第二"等字樣別之。

第二條　每校學生不得過四級，每級五十名。

第三條　照舊章酌收學費，其學生應用書籍、紙、墨、筆、硯、炭火等概歸自備。

第四條　功課照部章講授。

附説　資性優秀者注重讀經、國文等"形上"之學，以立人才教育之基；其次，注重手工、書算等"形下"之學，以立職業教育之基。

第五條　校中管、教各員及開支如左（同上注）：

校長兼主任教員一：月支薪俸炭火銀一十六兩；

主任教員二：月支薪俸炭火銀二十四兩；

助教兼國民主任教員一：月支薪俸炭火銀一十二兩；

助教員一：月支薪俸炭火銀八兩；

書記一：月支口食銀六兩；

校役一：月支口食銀五兩；

茶水：月支銀一兩；

校役燈油：月支銀一錢；

校役冬季炭火：月支銀五錢。

皋蘭興文社分立國民學校章程

第一條　本社所立之國民學校，其名稱即爲"興文社立第幾國民學校"。

第二條　每校學生至多不過兩級，每級六十名。

第三條　照舊章酌收學費，其學生應用書籍、紙、墨、筆、硯、炭火等概歸自備。

第四條　功課照部章講授。

附說　學生總以有人格、有精神、有藝能爲最要，畢業後即不升學，能以學校所學者自立於社會，能自謀生活，便是教授者之成績。

第五條　每校管教員及開支如左（同上注）：

校長兼主任教員一：月支薪俸炭火銀一十二兩；

助教員一：月支薪俸炭火銀六兩；

校役一：月支口食銀五兩；

茶水：月支銀一兩；

校役燈油：月支銀一錢；

校役冬季炭火：月支銀五錢。

祝柟別墅記

自科舉罷，廢舉院爲學舍，規模未盡變。丙辰機器局之建，塞舊門之居袖川門外者，而開帶礪門，自西關入，於是前後頓殊，今昔改觀矣！

舊門內之極北建有左文襄公祠，是文襄分闈後，吾學社人士所以崇德報功者。門户變置，此祠遂僻在一隅。社衆以舊門內荒地、廢屋、東界龍門盡歸學社，請意在與文襄祠通爲一家也。既得請，乃築別墅，移吾興文學校於中，顏曰"祝柟"，望後起之有偉材也。

別墅之北爲校圃，顏曰"潛園"，以此地深居幽隱，吾學子當以沈潛之志，致力於人所不見、己所獨知之地，以爲君子之闇然也。居別墅者校舍計百有一楹，樓七楹，教室計三座。居潛園者東向而正中曰"樹人堂"。堂之背曰"百獲軒"。軒之北繞長廊而入，曰"湘陰祠"，即曩之文襄祠也。祠之前傅一小亭，曰"溯洄艇"，形似艇也。艇之西，拾級上卷石山，北望翼然高出，水潺潺流其下，曰"瀟湘別浦"者文襄祠之舊坊也。坊之北樹木森然，濃陰雜遝，曰"白雲深處"者文襄祠最初之園亭也。循山而南曰"在阿亭"，在山之阿也。亭之南穿石門而過，曰"卷石山房"。山房之南高踞山巔，曰"可望亭"，園之景皆在望中也。度可望亭，循山而下，至山盡處，曰"閒閒亭"，亭畔爲"偃月池"，池之水可以溉桑也。池東數武折而北行，隨長廊入百獲軒之南軒，蓋與卷石山房東西相向，而爲園之中心也。

自園之中心迤邐而西南，皆向者公共出入之通衢，既變而爲園，變而爲墅矣，乃別開公共率由之路，於"至公堂"之右脅，今樹之坊而表曰"大道爲公"者是也。是役也，經始於丁巳夏四月，閱冬十月落成，用社欵七千八十餘兩。

此地自光緒初元文襄祠建立後，社之人即有事於開荒辟地之役，迄今三十餘年，前後經營之費踰萬金矣！噫！立基不易，收效尤難。十年之後，園之卉木當蔚然而起，叢然而苗乎？花錢果實之利，遊晏之償資，當亦源源然月異而歲不同乎？今日之童者、冠者當亦次第成人，濟濟然各以一長有爲於當世乎？其上焉者奇勳偉烈亦未可知，即其次第或籍（籍，與《果齋續集》相校，爲"藉"之誤。點校者注）此數畝之田，以講求齊民之術，以發育近世所謂農業者，以爲家給人足之倡，則此區區校圃又安知不爲四（與《果齋續集》相校，此處缺一"海"字。點校者注）境內風聲所樹乎？是又鄙懷耿耿，默禱於天者也。既入民國之戊午春三月，皋蘭興文社社長劉爾炘謹撰。

皋蘭新文社記

　　既入民國之夏正丁巳夏五月，狄道楊漢公顯澤奉檄爲省視學。既視吾蘭學畢，以皋蘭縣立小學校年需經費，官欵而外不足者二百五十餘金，由舊皋蘭書院所有租息中補給，是混地方欵於官立學校中，與近今法令不合，特擬專章呈上官報可，撥舊書院所有者歸皋蘭興文社，一以清界趾（趾，疑爲"址"之誤。點校者注），一以免虛糜。時余方忝掌社事，念事雖合璧，欵宜分疆，因立名曰"皋蘭新文社"，亦以使後之人因流溯源，不忘其所自來云。

　　吾皋蘭之有書院也，實始於道光二十有二年。時則知縣事者，爲徐信軒大令敬。大令倡之於上，邦人士應之於下，共集資六千三百餘金。李鏡湖大令涫繼知縣事，又倡捐九百金，先後共交商滋息者七千二百金。是數十年來邑中絃誦之士所資以爲膏火者也。迨戊申、己酉間，職其事者不得人，本金日以虧蝕，邑侯朱誦卿大令遠繕廉得之造余於興文社，屬爲釐剔而規畫焉！

　　余乃改弦更張，盡易其在事者，而以貢生劉馨庵聯芳專司出納。迄客歲移欵來交時，綜核本金踰萬有千餘兩，而十年以來之支消於擴充學舍諸費者不計也。

　　馨庵之勤，不有足多者乎？予既兼負此責，仍以馨庵繼其職。因訂定規條，別爲產業一覽表，列之貞石，並書此，俾吾皋蘭山下後生小子從事於學校之役者有所考焉！戊午冬十一月劉爾炘謹撰。

皋蘭新文社章程

第一條　本社所有欵産由興文社兼管，以節糜費。

第二條　本社所有欵産須另立帳（同上注）簿，與興文社原有欵産不得牽混，其辦法與興文社章程一律不得違背。

第三條　本社所有産業及捐欵，以在興文社可繼堂後各碑記爲考。

第四條　每年按照前省視學楊詳定章程，補助皋蘭縣立高等小學校經費銀二百五十七兩。

第五條　皋蘭縣立學校經費自行籌足後，即照前省視學楊詳定章程，停止前項補助之欵。

第六條　每年所入租息除前項補助及開支外，如有贏餘與興文社一律辦理。

第七條　社中開支，除活支由社長隨時核發外，其額支如左（同上注）：

經理員一：月支津帖（帖，疑爲"貼"之誤。點校者注）銀二兩；

助理員一：月支津帖（同上注）銀二兩；

書記一：月支口食銀六兩；

社役一：月支口食銀五兩。

附説　助理添用一員者，本社田地較多，經理一員不能兼顧，以助理員任之。

第八條　除前七條外，其餘一切辦事規則、獎勸、懲戒諸條，照《各社通章》"第二章""第三章""第四章"行之。

皋蘭修學社記

　　吾邑儒學門之左右，爲舖十間，蓋肇造於乾隆中葉，迄今百餘年矣！與府儒學所有市廛之租賦統立修學社，邦人士蟬遞而司出納焉。庚戌春仲，炘受大府譔諉，有重修學宮之役。時教諭一官已奉旨裁撤，所遺衙署朽敗，不復可居。

　　爰綜舊材益新料，共建房屋七十五楹，其居延壽巷者院落則一，舖面則十，以楹計之，則共二十有四。其居道陞巷者舖面則一十有八，以楹計之，則共五十有一。以其可以自立也，故與蘭州府學劃分而稱之爲皋蘭修學社云。宣統三年辛亥孟春月邑人劉爾炘撰。

皋蘭修學社章程

　　宣統辛亥曾有章程刻入卧碑，數年以來，時事多變，情形不同，兹另訂新章程如左（同上注）：

　　第一條　本社所有縣孔廟一切公欵由興文社兼管，以節縻費。

　　第二條　所有出入帳（同上注）項另立帳（同上注）薄，不得與興文社帳（同上注）項牽混。

　　第三條　皋蘭縣孔廟一切經管、灑掃及歲時修理皆社中任之。

第四條　學官裁撤後所有衙署概爲公產，一律取租。

第五條　奉祀官不得兼管社事，仍守學官不得干預社中銀錢舊章。

第六條　每年所入租息，除開支外概歸興文社，作爲基本，置買產業。

第七條　除活支由社長隨時核發外其額支如左（同上注）：

奉祀官：月支津帖（同上注）銀五兩；

書記二：月支津帖（同上注）銀二兩；

廟夫一：月支口食銀五兩。

第八條　除以上七條外，其餘辦事規則、獎勸、懲戒各條照《各社通章》"第二章""第三章""第四章"行之。

蘭州修學社記

我皇上御極之元年己酉，炘承改建學宮之任既畢役，拾殘甎剩瓦，舊木餘材，循宮牆之北，成大小房屋百三十八楹，界爲院落者六，仍前賢修學宗旨，立修學社，綜理其事，不欲與皋蘭混，故以蘭州別之。

吾蘭之以修學立社也，始於郡人程茂才鴻翔。時爲康熙癸巳，實建市廛二十間，二百年來半皆朽敗。茲役也藉以更張而恢擴之，年租所得既豐於前，其支銷出入須有定程，謹擬數條，列之貞石，願與吾黨君子百世守之。宣統三年辛亥春仲劉爾炘撰。

蘭州修學社章程

宣統辛亥曾有章程刻入臥碑，數年以來，時事多變，情形不同，茲另訂新章程如左（同上注）：

第一條　本社所有省孔廟一切公產由隴右樂善書局兼管，以節糜費。

附說　廟係募捐修建，即在前代屢次重修，募捐而外，雖經官家補助名曰庫欵，實由外消陋規項下撥給，從未作正開銷，故此項廟產純係社會公有，不得爲官產。再，廟雖屬蘭州一府，而向由陝甘總督主祭，每逢修理，又募捐全省之欵，故民國以來改稱省孔廟，所有廟產即爲全省學界公有。

第二條　所有出入帳（同上注）項另立帳（同上注）薄，不得與樂善書局帳（同上注）項牽混。

第三條　蘭州省孔廟一切經管、灑掃及歲時修理，社中任之。

第四條　學官裁撤後所有學署概爲公産，一律取租。

附説　舊學署深居廟後，與廟庫相通，招住外人諸多不便，即由社長或奉祀官居住，仍照章出租。

第五條　奉祀官不得兼管社事，仍守學官不得干預社中銀錢舊章。

第六條　學署所存淳化帖石刻由社中保守，每年出資搨印，交樂善書局代爲銷售，以廣其傳。所獲之利爲數無幾，即歸本社，爲廟中用人開支之貼補。

第七條　本社設立之尊孔社，即附於本社中，由本社兼辦，別無開支，惟每年大成節慶祝聖誕，其不敷經費，由本社補助。

第八條　每年所入租息，除開支外概歸隴右樂善書局作爲基本，置買産業。

第九條　除活支隨時由社長核發外，其額支如左（同上注）：

奉祀官：月支津帖（同上注）銀五兩；

書記一：月支津帖（同上注）銀一兩；

庫丁兼社役一：月支口食銀五兩；

門夫一：月支口食銀五兩；

打埽夫一：月支口食銀五兩。

第十條　除以上九條外，其餘辦事規則、獎勸、懲戒各條照《各社通章》"第二章""第三章""第四章"行之。

蘭州興學社記

　　清皇帝入主中夏之乾隆三年，巡撫元展成請移臨洮府駐蘭州，改稱蘭州府，而以皋、狄、河、渭、金、靖六縣屬之。當是時，文教昌明，府、廳、州、縣爭設學以造士爲務，弦誦之聲，徧於僻壤，而蘭州獨以無書院爲憾。思植桃李、毓菁莪者日有所議，迄無成功，遷延踰八十餘載。至嘉慶二十有四年，布政使屠可如方伯之申、邑紳秦曉峰編修維嶽提倡集資建五泉書院於慶祝宮後街，以爲六縣士子講藝論道會萃之區，光、宣之際改稱蘭州中學堂。民國初元，軍事起，生徒雲散，堂舍一空，旋借爲蘭山觀察使署，繼又爲蘭山道尹考院，繼又爲城防統領公所，今又借爲籌欸局。

　　六七年來，滄桑多變，荆州不還，而屠、秦兩先哲所籌集之書院本金，在當日爲六千有奇，迄改辦學堂時已踰萬有千餘金。學堂既廢，而此萬有千餘金者經教育司提歸省立第一中學校。

　　邦人士以先哲之淵源不可斬絶也，六屬之所經營者不可與全省混合也，地方腋集之資不可爲官立學校補助也，相與懇大府，大府直之，珠乃得還。然璧雖歸趙，鵲已失巢，是猶蕩子回頭而竟無家也。乃別立蘭州興學社，附於隴右樂善書局俾司出納焉！予爲記其巔（巔，疑爲"顛"之誤。點校者注）末如此。戊午冬十月皋蘭劉爾炘謹撰。

蘭州興學社章程

第一條　本社以培植人才爲宗旨。

第二條　本社暫附於隴右樂善書局，以節糜費。

第三條　所有帳（同上注）項須另立帳（同上注）簿，不得與樂善書局帳（同上注）項牽混。

第四條　本社所有基金，發當商生息。

附說　此項基金，自前書院時即一律發當商生息，今欲置買產業以規久遠，而價值日昂，息律太輕，諸多爲難，故暫仍舊辦理，以徐圖垂遠之計。

第五條　所有從前發交狄道當商之欵，由狄道勸學所就近按四季收解本社。

第六條　本社年息無多，不能開辦學校。自己未年起選送學生出外求學，其章程另定之。

第七條　社中任事員役及開支如左（同上注）：

經理員一：月支津帖（同上注）銀二兩；

書記一：月支津帖（同上注）銀一兩；

社役一：月支津帖（同上注）銀一兩。

第八條　除以上七條外，其餘辦事規則、獎勸、懲罰各條照《各社通章》"第二章""第三章""第四章"行之。

蘭州興學社資送省外留學生規程

第一條　本社以公欵資送前蘭州府六屬學生肄業省外相當

學校。

第二條　暫定皋蘭、狄道、導河、靖遠、金縣、渭源六縣各送學生一名，其資格以高小以上畢業爲合格。

第三條　本社租息有限，暫定每生每年給與學、膳、宿、服各費共銀壹百元，往來川資各五十元。此外如有不敷，由學生自備，不得要求增加。

第四條　選送學生於兩個月前由本社將擬送學校及應選資格通知六縣勸學所，於二十日內選送到社，復經本社考驗合格即行送往。

第五條　資送各學生應具求學願書及畢業後服務證書。願書、證書格式由本社另定之。

第六條　資送各學生於每年暑假、寒假期內應將學業成績及用欵帳（同上注）目報告本社核查。報告格式由本社另定之。

第七條　資送學生除因萬不得已事故報由本社允許退學外，如有托故廢學或任意荒學情事，由本社追繳供給之欵。

第八條　本規程函送六縣勸學所存照。

隴右樂善書局記

山川郡縣之星置棋布於天壤間者，蓋不可以數計。而洙泗、鄒嶧、濂、洛、關、閩獨昭然與日月争光，其他人以地稱，地因人著，如龍門、昌黎、安定、泰山、廬陵、涑水諸邦，亦指不勝屈，豈扶輿靈秀之氣有所偏鍾歟？抑教澤所被，風會所扇，相陶互淑，此染彼濡，學術之講貫勤，斯成就之人才大歟？

我甘處萬山磅礴中，土厚水深；生其地者類多篤行謹守之士，而往往不能發志趣、擴胸襟以恢宏事業者，豈無故哉？寒士購置一編，艱於拱璧，案頭之聞見不宏，牖下之聰明亦塞，又烏能循途識軌、考往哲之淵源、悟前修之得失、闢徑途而窺堂奧哉？炘嘗以爲人才者閭里之精神，亦國家之命脈。將欲爲吾隴上培滋宿種，孕偉人傑士於方來，則莫急於講求學術。欲講求學術，則莫急於廣儲典籍。

是以自光緒丙午承事吾邑興文兩等小學堂時即有志於隴右書局之設，號召同人，勤呼將伯，於今蓋六年矣！綜計六年中所腋集之資，並子母相權而孳息者，至今春始達萬金，而事體宏大聊以造端，因先購建房舍爲立其基，並以餘欵置買產業，以期據有根柢再圖展拓。兹將歷年來解囊慨助之顯宦、名流、達人、善士，謹書姓名，列之貞石，以誌不忘。並擬章程數條綴之於後，或者持之以久，幸觀厥成乎？

昔者曾文正公之言學曰："凡物之驟爲之而遽成焉者，其器小也。故以赴勢甚鈍,取道甚迂,德不苟成,業不苟名,勤勤錯迕,遲久而後進,銖而積寸,而累爲作聖之基。"嗚呼！豈獨爲學之道當如是耶？吾書局之設,將合隴右之後生小子,皆使之博覽陳編,各以其性之所近求默契乎？

古昔仁聖賢人之所爲,以立之體而達諸用,此固非一人之力、數年之歲月即足以竟其志而充其量者也。語云椎輪爲大輅之始,又曰涓涓不息,遂成江河。炘固不敢不以恒久自勖,而賡續無已時,恢擴無盡境,尤不能不蓺心香一瓣,默爲吾黄河上下、縱橫數千里内繼炘而起者作大輅、江河之禱。宣統三年辛亥秋九月皋蘭劉爾炘撰。

隴右樂善書局新章

宣統辛亥曾有章程刻入卧碑,今時殊事異,情形不同,特另訂新章如左(同上注)。

第一章　總　綱

第一條　本局以廣印書籍、餉遺學子爲宗旨。

附説：本局自籌辦以來,因交通不便,又值世變紛紜,遷延十餘載,培壅基金而外别無規畫,殊覺疚心,兹自己未年起挪用本局常年所入租息,爲全隴希社暫辦國文講習所,以立人才教育之基。俟全隴希社籌有的欵時撥還挪用本局之欵。本局基金無多,自愧不能擴張大業,將來世運承平,交通便利,應如何經營發達,以符本局創辦之初意,是則後起賢豪之責耳！

第二章　往（住，疑爲"住"之誤，點校者注）址

第二條　附省城貢元巷隴右實業待行社，內其產業及捐歇姓名，以俟府宅——本局公產門洞中碑記爲考。此項公產正本書社租住。

第三章　任事名額

第三條　局中任事名額如左（同上注）：

名譽局長一，局長一，經理員一，局員無定額，書記一，局役一。

第四章　任事期限

第四條　局中任事期限如左（同上注）：

名譽局長六年，局長六年，經理員三年，局員無期。

第五章　權　限

第五條　名譽局長有考查賬項、商酌要件之責。局長有事故不能任事時，得代行其職權。

第六條　局長有用人辦事一切之全權。

第七條　經理員專司出入銀錢賬項及庶務等事。

第八條　局員惟公舉局長及有特別要事時得發言。

第六章　資　格

第九條　無左（同上注）列之資格者，不得被舉爲局長，亦不得爲局員。惟經理員之由局長擇人任用者不在此限。

曾在學界任事過六年以上有學識經驗者。

辦地方教育有成績者。

第七章　推選、任用
第十條　照《各社通章》"第一章"行之。

第八章　辦事規則
第十一條　照《各社通章》"第二章"行之。

第九章　獎　勸
第十二條　照《各社通章》"第三章"行之。

第十章　懲　戒
第十三條　照《各社通章》"第四章"行之。

第十一章　開　支
第十四條　凡局中所有開支，除活支由局長臨時核發挪墊，全隴希社經費另有章程外，其額支如左（同上注）：

經理員一：月支薪水銀一十兩；

書記一：月支口食銀六兩；

局役一：月支口食銀四兩。

隴右實業待行社記

振食衆生寡之國，實業固急務，何以待爲？限以地，限以時，則不得不待。既待矣，將遂無所事事乎？曰：否。吾將有事於此以待彼。夫吾之所謂此者何？義倉是也。義倉者可以濟人，亦可以挈利。貞之以恒，歷十數寒暑，或數十寒暑，基本日以厚，遭可乘之時，地不限人。此之基本，不可爲彼之憑藉歟？

爰於歲之乙卯建社而築倉，其中計廒二座，大小房屋八十九楹，臨於衢巷者市廛十有九楹，樓七楹，建築費共七千九百餘金。其產業之在他所者，別立貞石，列爲一覽表，以期來者之賡續無已時焉！是舉也，實導源於宣統己酉辦賑之羨金，歷年挈息，積累而成者也。戊午夏四月劉爾炘謹撰。

隴右實業待行社章程

第一章　總　綱

第一條　本社暫辦義倉，培壅基金，以爲他日興辦實業之預備。

第二章　住　址

第二條　本社因省城貢元巷舊求古書院地址從新修建（附"義倉"於內），以爲永遠辦事之所，其產業有碑記在內可考。

附説　舊求古書院即當日省城試院。同治十一年，地方捐歀修建，有碑可考。民國法律，私產而外有官產、公產之分。此產係地方公產，故地方公益事得占據之。再，考院係學界一部分之產，實業乃社會全體之事，以全體占一部分之產，於理未平，故於修建時從義倉生息項下撥學界蘭平銀三千兩歸隴右樂善書局，置買產業作爲基金。

第三章　任事名額

第三條　社中任事名額如左（同上注）：

名譽社長一，社長一，經理員一，社員無定額，書記一，社役一，門夫一，茶房一。

第四章　任事期限

第四條　社中任事期限如左（同上注）：

名譽社長六年，社長六年，經理員三年，社員無期。

第五章　權　限

第五條　名譽社長有考查賬項、商酌要件之責。社長有事故不能任事時，得代行其職權。

第六條　社長有用人辦事一切之全權。

第七條　經理員專司出入銀錢賬項及庶務等事。

第八條　社員惟公舉社長及有特別要事時得發言。

第六章　資　格

第九條　無左（同上注）列之資格者，不得被舉爲社長，亦不得爲社員。惟經理員之由社長擇人任用者不在此限。

曾任薦任以上之職，有資望者（前知縣以上均屬相當資格）。

在各界任科長、科員、校長、教員過六年以上，有學識、經驗者。

第七章　推選、任用

第十條　照《各社通章》"第一章"行之。

第八章　辦事規則

第十一條　社中倉粮出入，照市升市價公平交易，不得有絲毫弊端，如在事之人犯有實弊，經人指出者由社長認眞懲罰。

第十二條　社中存儲倉粮爲數無幾，如遇歉收之年，只減價糶麵，以濟窮黎。其糶麵章程臨時定之。

第十三條　凡遇平糶時，酌奪情形請官廳保護。

第十四條　凡收粮、出粮時，辦事員役由社長酌量酬贈。

第十五條　凡社粮所獲之利，或隨時添建廠社，或置買產業，由社長規畫之。

第十六條　除以上五條外，其餘辦事規則照《各社通章》"第二章"行之。

第九章　獎勸

第十七條　照《各社通章》"第三章"行之。

第十章　懲戒

第十八條　照《各社通章》"第四章"行之。

第十一章 開　支

第十九條　凡社中所有開支，除活支外由社長臨時核準發給外，其額支如左（同上注）：

經理員一：月支薪水銀一十兩；

書記一：月支口食銀六兩；

社役一：月支口食銀五兩；

門夫一：月支口食銀五兩；

茶房一：月支口食銀五兩；

茶水：月支銀一兩。

全隴希社記

　　皋蘭劉爾炘既因舊舉院遺址爲邑興文社，築別墅、闢潛園之明年戊午秋七月，伏羌王化宣贊勳、會寧秦幼谿望濂、金縣羅子衡經權、伏羌任蔭軒榕四君子者造炘而言曰："子之盡力於一邑者固勤矣，變其計以盡力於一省，不愈於皋蘭一隅乎？今償子築墅、闢園費而爲吾全甘謀，可乎？"炘慨然曰："是區區之心有志未逮者也！誠若此，諸君子之有造於我隴上者，不大且遠乎？"四君子者乃相與輿公歙萬金致諸吾皋蘭興文社，而園、墅遂爲一省有。

　　越冬十月朔壬戌，四君子者復邀集同人而謀於炘曰："園墅既爲一省有，宜立社於中，謀所以繼其後者。社之事，吾子其仍任之。吾子其命社之名。"乃爲之命名曰"全隴希社"。客有笑於旁者曰："又將何所希乎？"炘慨然曰："農，吾希其勤於畝也；工，吾希其振於肆也；商，吾希其通於遠國也；士，吾希其廉於利己而濃於濟世也。之數者，皆吾國明達憂時之輩希吾四萬萬人者，而吾獨不爲吾九百萬人希乎？雖然，一夫一婦之勤惰，一鄉一邑之興衰，一國之强弱，無不原本於方寸之幾希。今之葆此幾希者亦希矣，而又何所希乎？雖然，人欲有橫流之日，天理無斷絕之時。

　　危乎！危乎！依稀其將頹乎？微乎！微乎！髣髴其有餘輝乎？《詩》曰：'風雨如晦，雞鳴不已。'《易》曰：'復，其見天地之心。'竊願與二三同心作膠膠之聲於瀟瀟之際，庶可以迎來'復'

479

之機於'剝'窮後乎,而又能已於希乎?"客肅然而起,曰:"希之之術何如?"炘慨然曰:"幾窮於術矣！無已,其惟學乎？夫綿不絕如縷之幾希以立萬事之本者,捨學又有異術乎？願立之學,以爲吾黄河上下七十六縣中鍾山靈、毓水秀而崛起者作千世萬世之希！"客乃相顧無言,太息而散。遂書之爲《全隴希社記》。

全隴希社章程

第一章　總　綱
第一條　本社以提倡道德培植人才爲宗旨。

第二章　住　址
第二條　本社設立舉院潛園内,永遠爲辦事之所,其捐欵及産業,有碑記在内可考。

第三章　任事名額
第三條　社中任事名額如左(同上注):

名譽社長一,社長一,經理員一,社員無額,書記一,社役一,園丁二。

第四章　任事期限
第四條　凡在社,任事(期限)如在(在,疑爲"左"之誤。同上注。):

名譽社長六年,舍長六年,經理員三年,社員無期。

第五章　權　限

第五條　名譽社長有考查賬項、商酌要件之責，社長有事故不能任事時，得代行其職權。

第六條　社長有用人、辦事一切之全權。

第七條　經理員專司潛園內一切種植、耕獲及庶務等事。

附説　本社基金無多，所有賬項暫由實業待行社義倉經理員兼辦，俟籌有的歀，再用專員經理。

第八條　社員惟公舉社長及有特別重大事件時得發言。

第六章　資　格

第九條　無左（同上注）列之資格者不得推舉爲社長，亦不得爲社員，惟經理員之由社長擇人，任用者不在此限。

曾任簡任以上之職，有資望者；

曾爲舉人進士出身有學識者；

曾在政界學界任事過六年以上，有學識經驗者。

第七章　推選、任用

第十條　照《各社通章》"第一章"行之。

第八章　辦事細則

第十一條　本社暫挪用隴右樂善書局租息所入，在祝枏別墅開辦國文講習所，以立人才教育之基。俟籌有的歀逐次擴充時，將挪用樂善書局之歀如數歸還。其講習所辦法另有章程。

第十二條　潛園內每年所得利益，由經理員隨時交本社入流水賬，其園內一切經費由本社開支。

第十三條　除以上二條外，其餘辦事細則照《各社通章》"第二章"行之。

第十四條　所有潛園內湘陰祠及五泉山新建之太昊宮，概由本社經管。

第九章　獎　勸

第十五條　照《各社通章》"第三章"行之。

第十章　懲　戒

第十六條　照《各社通章》"第四章"行之。

第十一章　開　支

第十七條　凡社中所有開支，除活支由社長隨時核發，國文講習所經費另有專章外，其額支如左（同上注）：

經理員一：月支薪水銀一十兩；

代經理員：月支津貼銀二兩；

書記一：月支口食銀六兩；

代書記一：月支津貼銀二兩；

社役一：月支口食銀五兩；

園丁二：月支口食銀一十兩；

茶水：月支銀一兩。

全隴希社立國文講習所記

　　爾炘既與吾希社同人謀立之學以希吾隴上賢豪之崛起，因議學之所以立者宗旨將安在，塗轍將安循乎。

　　或者曰：吾國羲軒以來之所傳，道在遺經，學在研理，宜繼宋明諸子講學之風，以抉群經之秘奧。

　　或者曰：歐化東漸，物質之文明驅血氣之倫，日變月化於不自知，農者將不能服先疇之耒耜，商者將不能循族世之典謨，工者將不能用高曾之規矩。形器殊科，畫往古來今爲兩界，於是求治者、行軍用兵者亦無不惘惘然失其故步，是皆科學之力也。不此之求，能自存於宙合中乎？

　　噫！二説皆是也。然前説失之高，後説失之遠。今欲求之卑近，因地制宜，以應吾隴上之急需。且上焉可以爲前説之階梯，下焉可以闢後説之門徑者其惟辭章乎？昔者曾文正公嘗言："欲明先王之道，不得不以精研文字爲要務。"

　　近世碩學名流之談時務、道新學，能中肯綮、得要領而不迷於歧塗、惑於邪説者，又皆優於文字之儔，況乎六經藉文字而傳，是六經亦辭章也；二十四史藉文字而傳，是二十四史亦辭章也。

　　六千餘載賢聖之精神道德悉寓於辭章，辭章廢則六千餘載賢聖之精神道德與之俱廢矣；六千餘載賢聖之精神道德與之俱廢，則人民雖號稱四萬萬而無一之爲，我國尚成爲我國乎？且今之談教育者大抵注意於國民，夫即使國民以愛國爲心，以職業爲務，亦猶太空之中繁星萬億，的的争明，而大月不來，乾坤不朗。人才者，國民之大月也；賢聖之精神道德者，人才之命脈也；辭章者所以載命脈之舟車也。辭章之可以通古今，猶舟車之可以行水陸也。是則吾希社同人所以立"國文講習所"之微旨，願以質諸吾九百萬父兄子弟而一商榷者也。戊午冬十二月劉爾炘撰。

全隴希社立國文講習所簡章

第一條　本所設立宗旨：注重國文，以備高小學校國文教員之用。

第二條　本所設立地點在舉院内祝梱別墅。

第三條　學生額數暫以四十名爲限，俟希社籌有的欵，逐漸擴充。

第四條　學生年齡以二十五歲以下、十六歲以上爲限，其畢業期以三年爲限。

第五條　招收學生，以高小學校畢業得有證書者爲合格。

第六條　學生投考時，須將平時修業成績呈交本所以憑查考。

第七條　考收學生於正額四十名外取預備生十名。

第八條　學生課程另表定之。

第九條　學生入所講習四月後舉行甄別，一次以定去留，正額有缺，預備生補之。

第十條　每月按功課程度分等榜示，酌給獎金。

第十一條　學生須在所住宿，其不住宿者聽。

第十二條　所中除桌櫈外，其應用器物、書籍、筆墨、紙張、火食、操衣等皆由學生自備,不另收學費。

附說　將來即籌有的欸,經費稍裕,亦只優加獎金,其應用之物仍須自備,俾學生知物力之艱,以矯正不愛惜公家物之惡習,即以養成儉樸惜福之美德。

第十三條　所中管教員及額支如左(同上注):

所長兼主任教員一:月支薪俸炭火銀二十四兩;

名譽所長一:興文小學校校長兼任;

各種學科教員:教育界先達分盡義務;

學生獎金:月支銀四十兩;

書記鋼筆生一:月支銀六兩;

校役一:月支銀四兩;

茶水:月支銀一兩。

第十四條　學生有不習勤勞、不能切實修業及有惡德、敗壞學風者,管教各員得隨時令其退學。

第十五條　本所成立後,呈報教育廳立案,將來學生畢業,得由教育廳派充國文教員。

第十六條　學生畢業後,或年齡尚幼,願留所深造者聽。

第十七條　三年後,教員有成績者照章請獎。

第十八條　此章程開辦後,如有不適用之處,隨時酌改。

各社通用章程

第一章　推選、任用

第一條　社長由舊社長提出數人，由社員公推。每屆期滿，社中調查合格之社員編成名簿，召集到社，公推社長。

附説　社長用公推法，不用投票法者。投票之流，弊甚大也。社員簿列爲表式，第一層姓名，第二層行號，第三層現任職務，第四層資格，第五層住址。

第二條　舊社長仍能連任，不願連任者升爲名譽社長，其先之名譽社長退。

第三條　公推社長時，任滿之名譽社長有首先被舉之資格。

第四條　社長舉定後，由社員具請書署名、畫押，致之社長，社長乃到社任事。舉名譽社長亦然。

第五條　名譽社長有事故遠出，如爲日過久，須另選補充，不得懸缺。

第六條　經理各員期滿，或去，或留，或另用人，或未及期滿有事故更換者，皆由社長定奪。

第七條　進退書記、社役，社長與經理各員商酌定之。

第二章　辦事規則

第八條　社中任事人，除名譽社長隨便調查賬項，有要事奉請商議外，自社長以下，皆須常年到社。經理各員尤須專一勤慎，不得兼各界職務，亦不得攜帶社中賬項在家辦理。

第九條　社中須長年有住宿之人。

第十條　凡收賬是社役專責，書記只按籍指催，不得假手，有錯惟社役是問。

第十一條　凡記賬是書記專責，經理員只逐日稽核蓋戳，不得假手，有錯惟書記是問。

第十二條　凡銀錢出入是經理員專責，社長只隨時查考，不得假手，有錯惟經理員是問。

第十三條　凡收入之欵，除每月開支外，贏餘足五十兩之數，由經理員封包於合縫處，蓋用圖章，憑摺交社長存儲，社長不得開封，經理員憑摺來取時，以原封付之。

第十四條　凡賬項每年置流水簿一，逐日出入隨時登記，每月一總。

第十五條　凡賬項，每年置底賬簿（俗名老賬），將租户賬户及一切出入分名、分類，詳細開列，隨時逐名、逐類從流水簿中一一過入，年終逐名、逐類一一核總。

第十六條　每年終，照底賬簿核總之條，按舊管、新收、開除、實在，列爲四柱清摺，登於本年流水賬後，是爲年總。

第十七條　凡流水賬每月由書記算總後，經理員核過，蓋用戳記送社長閲。年終四柱賬成亦然。

第十八條　凡社中賬簿，名譽社長無論何時皆能調閲。

第十九條　凡動用存儲銀兩時，必須假經理員之手，不得由社長處徑付。

第二十條　社長處存儲銀兩，立手摺一，由經理員經手收欵、取欵時，令書記登清數目，社長蓋戳。

第二十一條　凡儲存之欵踰數百金，即置買產業，若一時無產業置買，不妨發給殷實商人（仍須以房產、紅契抵押）。此外，無論何人，即有紅契，亦不許濫放。

第二十二條　凡買當產業約契，蓋用本社公產圖章，交經理員收存。

第二十三條　凡置買產業，隨時鐫入產業碑一覽表中。碑中列表分爲四層：一名稱，二地址，三畝數間數，四置買年歲。如係當業，其年歲偏寫"將來贖去"，後於偏寫年歲之左（同上注）鐫"某年贖去"字樣；如先當後買，仍鐫"贖去"字樣，另提一行照"買業"鐫入。

第二十四條　凡產業遇有修理時，經社長查明定奪後，由經理員照料辦理。

第二十五條　凡遇修理，須另有工程賬簿，逐日登記，工完核總後，於本社流水賬中總出一筆，注明"另有工程細賬"字樣。

第二十六條　凡遇有修理，其寫賬、辦料等事即由書役兼之，如工程過大，由社長得臨時用人。

第二十七條　凡社中公產如有田、地，每年所得之品，隨時由經理員按市價出售入流水賬。

第二十八條　凡每年租息，無論所辦何事，其支出不得過所入三分之二，其餘三分之一添入基金置買產業，其未辦事者全數加入基金。

第二十九條　凡用欵在本社章程範圍以內者，由社長酌辦，如有範圍以外之要求，非章程所有之用欵，即社長亦不得作主，須召集社員公議。

第三十條　凡關於社中公有之桌櫈什物，社中辦事人不得私用，亦不得私借與人。

第三章　獎　勸

第三十一條　每年按所管有租之產業、有息之基金，每兩提二百分之一爲社長五釐光榮金，按四季致送，年終結算。其產業之無原價者，如撥產、如公地修建之類，照所入租金提二十分之一。

第三十二條　社長光榮金隨歇產本金爲增減，每增基本金千兩，增光榮金五兩；基本金虧損過五百兩以上，即減光榮金十兩。

第三十三條　社長不得辭光榮金，不得以義務美名，蹈不負責任之舊習。其願爲社中捐歇者，照後條捐歇獎勵一律辦理。

第三十四條　凡捐歇過四兩以上者，鐫名於碑以表彰之。各社皆有捐歇一覽表刻入卧碑，表後皆有餘地，隨有隨鐫。

第三十五條　凡捐歇過七十兩以上者，除鐫碑外，另由社呈請官廳，照民國章程給獎。不願邀獎者聽。

第三十六條　凡經理各員任事期滿，毫無私弊者得連任，亦可由社呈請官廳，照民國章程給獎。不願邀獎者聽。

第四章　懲　戒

第三十七條　凡社長犯左（同上注）列之一者，社員得另舉代替之；經理員以下犯左（同上注）列之一者，社長得更換之；其犯前一條者，除另舉更換外公，議以相當之處罰，並追還其侵吞私挪之歇。

侵吞或私挪公歇者；

不守定章、徇私濫放致虧本金者；

非意外之變，虧損基金過五百兩以上者；

產業不及時修理致坍塌者；

私受租戶賬戶餽送者；

社事廢弛不能整理者。

第三十八條　凡書記、社役犯左（同上注）列之一者，社長及經理各員皆有記過之權，每記過一次，罰扣口食銀一兩。

應辦之事玩延時日者；

辦事粗率致多錯誤者；

不遵守章程者；

並未請假任意不到者。

第三十九條　凡書記、社役犯左（同上注）列之一者，社長及經理各員皆有黜退之權。其於銀錢有弊混者，並須加倍追繳。

銀錢舞弊者；

私改賬簿格式者；

記過三次者；

社中有弊不舉發者。

第五章　附　　則

第四十條　此項章程多就十餘年來行之有效者條列出之，如因時事變遷有不適用之處，須由社員公同酌訂，社中任事之人不得擅改。

募建隴右公社啓

敬啓者：五倫而外，莫親於同鄉。以其意氣相投，性情相習，德業可以相勸，過失可以相規。禮俗既相交，患難自相恤。《孟子》曰："出入相友，守望相助，疾病相扶持。"睦婣任恤之風，何若是之純且厚歟！自比閭族黨州鄉之法壞，世之人判散乖離，不相聯屬，有同居里巷至老死不相往來者。而士大夫筮仕他邦，醵金築舍，號曰"會館"，當春秋佳日，相與銜杯酒，接殷勤之餘歡，謂之"敦鄉誼"。及其挂冠歸里，反杜門謝客，與邦人士不相聞問。風俗之厚薄，後進人才之成就與否，漠然不加喜戚於其心。嗚呼！古道淪亡，高風寥渺，良可喟已！方今世變日亟，朝廷銳意更新，佐貳諸員准歸本省序補，蓋寖寖乎欲復古者鄉官之制矣！而部頒一切選舉章程，不拘紳民，不分文武，但以得舉之多寡，定其人之進退，是又鄉舉里選之遺意也。雖然，古之所謂舉於鄉而選於里者，德足以感人，行足以服人，道藝又足以能人之所不能。蓋自閭胥以上，爲族師、爲黨正、爲州長、爲鄉大夫，皆於平居無事、聚民讀法之日，巡問觀察其孰爲智，孰爲愚，孰爲賢不肖，考之也有夙，知之也自真，故其選而舉之也，如擇家寶，安有失其輕重貴賤之分者乎？今以疇昔從未謀面之人，一旦萃於一所，而責之曰"舉賢才""舉賢才"，是問瞽者以青黃黑白之色，叩聾者以金石絲竹之聲也。有心世道之君子，能不怦怦於懷而動望古遥集之思哉？隴右公社之建，不惟欲使吾八郡人才之聽鼓蘭垣者得有會歸之所，亦藉以使關西將佐、牖下書生聯袂一堂，互爲資益，則相親相近，相感相成，與昔者"藍田呂氏鄉約"之旨及三代興賢興能之典暗相符合，或者可以仰副聖天子法外之意乎？固不獨我鄉邦大局之私幸已也！所願吾黨豪傑志士，慨分泉潤，指日觀成，不勝馨香禱祀之至！此啓：

此事於宣統二年倡辦，至三年共捐銀二千三百七十二兩七錢，不敷建立公社之用，因與樂善書局存欵七千餘兩合力建築候（候，疑爲"侯"之誤。點校者注）府宅公產一所暫爲公社，以期廣續勸募，歸還書局之欵。不料國體變更，兵事擾攘，不能募欵。旋於民國四年夏正乙卯經樂善書局撥歸公社之欵，將候（候，疑爲"侯"之誤。點校者注）府宅房產盡歸書局以清轇轕。所有收到之欵於丙辰年另置產業取租。近年以來房產價值日昂，公社非規模宏廓不能容旅省之人，事體甚大，欵項無多，是以將公社名稱暫爲廢止。且公社性質與會館相同，今國體既變，地方之人皆有自治之責，區區公社何以能容？因自己未年起，將所有前欵歸入全隴希社，爲作育人才之費，似於地方較有裨益也。戊午冬十月劉爾炘識。

蘭州五泉山修建記

自己未夏從事五泉山之役,迄甲子冬始蕆事。爲敘次全局結構,並將隨處經營宗旨以聯語表之;聯語所未達者,綴辭句申之,而以欵目殿焉!至名流題詠,其人生存者概不稱述,所以遠偏好之嫌,避攀援之誚也。五泉山人劉爾炘識。

山在蘭州城南約二里而遥,樓閣參差可十餘處,彼此多不相聯屬。此次補其所舊燬,增其所本無,門户貫注,都爲一家。

去山數十步,當入山必經處立一坊,題其額曰"五泉山",題聯云:

　　頻年在這個山中,與水爲緣,偶種成林泉花草;
　　舉世入奈何天裏,及時行樂,都來上煙雨樓臺。

過坊至山下,起大門三,爲全山入路,題其額曰"樂到名山",聯云:

　　作雨還雲,隨時天趣;
　　鍾靈毓秀,他日人才。

大門左右各開便門一,西曰"韞玉",東曰"懷珠"。

韞玉門聯云:

　　妙造自然,上有飛瀑;
　　所思不遠,人聞清鍾。

懷珠門聯云:

　　紅杏在林,是有真宰;
　　綠杉野屋,忽逢幽人。

495

大門內，就山勢陂陁疊爲七級。七級之最下者，南向爲戲樓；七級之最高者，北向爲敞亭。亭五楹，因地爲蝶形，顏曰"孰樂"。七級之兩旁傅東西臺各一，西臺東向者曰"泉韻"，東臺西向者曰"谷音"，皆看戲臺也。

孰樂臺題聯云：

耳邊鼓吹山如笑；

眼底風雲戲又開。

又一聯，係光緒間題者，今略爲改易，亦懸於孰樂臺：

最好四月天，曾聽此七級臺前，泉聲乎，鳥聲乎，鐘磬聲乎，高下悠揚，引我去遊仙境裏；

偶登三教洞，試看那萬家城外，車來者，馬來者，杖履來者，貧富貴賤，無人不在戲場中。

泉韻臺聯云：

頭上好音成古調；

眼前新戲打開場。

谷音臺聯云：

你出來要人愛看；

他誇着説我會聽。

戲樓建於光緒戊子、己丑間。潙山謝威鳳爲題額曰"高山流水"，久已爲遊人所贊賞。當時余亦曾爲題兩聯，後一聯至今尚未懸挂，而時易勢殊，不復切合矣！存之以驗世變之速。

鄒蘭谷颺言而後，開忠義先聲，人皆側耳，韻何遠，情何深，廊廟爲憂，萬古河山留絶調；

段柏軒唱道以來，發聖賢遺響，誰不昂頭？曲彌高，和彌寡，林泉可樂，一天風雨問知音。

數十年九曲河邊,聽鏗鼓唱刀環,喜頭上絃歌武樂奏完文樂起;
億萬世五泉山下,扮公侯演將相,願眼前豪傑後人爭作古人看。

七級臺東西皆有坡,循坡而上,至坡平處,東向西向各有小門三。入西門數步,北向有門,題曰"仙凡界"。入東門數步,北向有門,題曰"上下關"。

仙凡界聯云:

進去乃遊神境內;
出來便到戲場中。

上下關聯云:

才離歌舞繁華地;
便入逍遥自在天。

仙凡界、上下關皆爲入浚源寺之路。入仙凡界約數步,折而東行,西向有門,題曰"極樂世界",題其陰曰"要回頭想"。入其門,再折而南,與寺門正對處堅磚坊,題其額曰"龍泉古刹"。至此則與由上下關入者皆到寺門外矣!

寺門三,左右各小門一,皆北向。右小門題曰"光明路",左小門題曰"方便門"。寺舊稱崇慶古刹。浚源寺者,此次改題之名也。題門外二聯云:

大地山河,造成樂土;
滿林風月,來扣禪關。

我來敲不二法門,催座上菩提快拔衆生登彼岸;
佛既闢大千世界,種人間煩惱莫就獨樂守名山。

寺右門題額曰"流水今日",聯云:

笑指河山問釋迦,不知我千聖百王繼志傳心之地,種甚麼因,結這般果?
別開世界生盤古,好度那五洲萬國圓顱方趾之儔,悟無爲法,登自在天。

寺左門題額曰"明月前身"，聯云：
花即是禪，鳥即是禪，山耶雲耶亦即是禪，鐘磬聲中隨你自尋禪意去；
男可成佛，女可成佛，老者少者都可成佛，松杉影裏何人不抱佛心來。
門内南向題額曰"有來有去"，聯云：
任諸菩提諸羅漢談因說果，講甚麽苦樂悲歡，老佛無言惟静坐；
願善男子善女人觀瀑聽泉，消那個貪瞋愛欲，名山有寶莫空回。
門内北向者爲金剛殿。東向、西向者爲碑亭。金剛殿題聯云：

一

要掃除大地群魔，法力須如王將將；
忽現出諸天神勇，佛心不是老婆婆。

二

有形骸便有鬭争，雖寂滅禪宗，仗劍持矛仍用武；
無色相應無護衛，願慈悲佛子，韜戈捲甲倡消兵。

三

莊嚴在塵垢之中，爲壯觀瞻，也傍禪林排甲冑；
神識超人天而外，更無恐怖，何勞武衛執干戈。
西碑亭題聯云：
　　　　　　願將當世事；
　　　　　　告與後人知。
東碑亭題聯云：
　　　　　　但存垂後意；
　　　　　　莫雜好名心。

金剛殿左右皆有門，右門題額曰"無色界"，左門題額曰"有情天"。無色界題聯云：

　　　　裏面清清净净，安安閒閒，無非妙諦；
　　　　到頭囫囫圇圇，活活潑潑，便是如來。

有情天題聯云：

　　　　能邀明月清風，便覺眼前皆净業；
　　　　願告善男信女，須從心上覓菩提。

入無色界、有情天爲一大院落，南上北向者曰大雄殿，西曰觀音殿，東曰地藏殿。

大雄殿燬於同治丁卯，數十年來邑中人恒以不克恢復舊觀爲憾。當兵燹後，皈依佛氏者僅爲起一龕，左文襄題聯云"法輪自轉菩提海；净域長流功德泉。"其額爲"水流花開"四字，尤傳誦一時。自是以來，蔓草盈階，荒煙四合，既無楹柱，誰又題詞？兹役也，工既落成，體制復初，不能不有聯語以點染之，勉強命筆，率題十聯。余不讀佛書，所略識釋氏宗旨者皆耳食者也，皆涉獵羣書時偶然遇之者也！以門外人裝作内行話，亦聊以資遊賞者之談笑耳！近年來，海内講釋氏學者所在皆是，精研禪理、頓悟上乘之流不知凡幾，見此聯得勿掩口胡盧耶！

一

　　　　救人於百千萬億劫中是爲宏願；
　　　　出世到二十八重天上才算真空。

二

運法眼看得分分明明，這個該如何，那個該如何，到頭來無

可如何,絕世慈悲都入夢;
　　把靈心養的活活潑潑,動機亦在此,静機亦在此,立脚處全然在此,自家智慧便通神。

三
　　憑人智慧去參禪,卻貴乎浩浩淵淵,莫把心機當智慧;
　　從古癡顛能證佛,最怕是滔滔滾滾,狂翻欲海作癡顛。

四
　　悔當日誤來塵海,偶鑄成火熱乾坤,既闢生機,便藏劫運;
　　要從今別造天堂,改換個水晶世界,更無濁氣,焉有爭端?

五
　　草色花香流水聲,悟觸處禪機起舞狂歌大笑;
　　雲容月意春風度,現隨時妙相緩行危坐高眠。

六
　　從心體内打開那萬壑千巖,過眼雲煙爭起滅;
　　在形骸中戰勝了六魔五鬼,滿懷宇宙是虛空。

七
　　可憐那塵世間孽海風潮狂捲衆生,何日才能登岸去?
　　只為這人境内名山煙雨誤牽老佛,有時翻悔出家來。

八
　　從皓月光中聽滴滴流泉,但覺天機皆活潑;

在紅塵影裏看茫茫苦海,雖無人相也慈悲。

九
在蓮花臺上看那天地間,無量數衆生,原來如此;
向貝葉經中悟沒文字處,不能言妙諦,再有甚麽?

十
山即是空,水即是空,花花草草亦即是空,到此恍然空諸所有;
天不可説,地不可説,人人物物都不可説,既然如此説個甚麽?

世稱觀音爲如來弟子,而抱救苦救難之大慈悲者也,爲撰一聯,書於觀音殿:

學如來到無罣無礙,便超萬劫輪回,真個能超方脱俗;
聞菩薩發大慈大悲,要度衆生苦陁,而今不度待何時?

僧徒稱地藏專司地獄事,爲撰一聯,書於地藏殿:

未能拔塵海中歷劫衆生,同向人間遊樂土;
莫若修神境内妙明慧業,別從世外造天堂。

觀音殿北,東向起磚門一,爲題額曰"非想非非想天"。地藏殿北,西向起磚門一,爲題額曰"無想無結無愛天"。

入"非想非非想天",有酒仙殿,有三聖殿。崇祀者爲吕仙、劉伶、關、張諸神,爲題門聯云:

此間通醉裏乾坤,藉以逃禪真得地;
這裏有人間豪傑,未曾學佛亦生天。

入"無想無結無愛天",有戲臺,有園亭,爲譾遊之地,爲題門聯云:

當初原無我無人,何須分鬧裏笙歌静中香火;
現在是好山好水,不必問未來風景過去煙雲。

大雄殿后，山勢愈高，得平陽地十餘丈，起樓三層，上層曰"萬源閣"，祀太昊伏羲氏、周文王、宣聖周公、至聖先師孔子。中層曰"思源"樓，祀濂谿周子、康節邵子、伊川程子、紫陽朱子。吾國發揚《周易》精蘊者，前有此四聖，後有此四賢，是我中華學術之導源也。下層曰"望來堂"，可容數十百人，因備爲同人商量學術之地。樓之四圍，繚以花牆，隔爲院落，東西循山坡南上，至坡頂有橋，爲達中層，以登上層之路。橋南有門，顏曰"聖域賢關"，題聯云：

群言淆太昊心源，別派萬流争鼓浪；

吾道係中華命脈，歧途百出要知門。

下層之前，北向竪磚坊，坊有大門三，小門二，爲赴聖域賢關之正門，門内外皆題聯額。門外正中額曰"太平機關"，聯云：

爲生民立命；

與造化同遊。

右門額曰"贊化育"，聯云：

承天開道統；

救世有心傳。

左門額曰"致中和"，聯云：

通天四管筆；

長夜萬年燈。

門内正中額曰"參天兩地"，聯云：

洩乾坤之秘；

爲政教所宗。

右門額曰"顯諸仁"，聯云：

天心當復見；

人道此幾希。

左門額曰"藏諸用"，聯云：

如布帛菽粟；

是河嶽日星。

嗚呼！此等尊崇神聖之套語，久已爲舉世所認爲大而無當之空言矣！余猶標而出之，不將貽人以笑柄乎？雖然，古之人有言曰"苟非其人，道不虛行；苟不至德，至道不凝"，無論何種學說，苟無人焉肩而任之，得時得勢，推而行之，皆空言也。如謂吾國昊義以來之傳授皆毫無實際，徒以大言欺人，則吾國數千年尚有何物可存於天壤間乎？余固甚望造物者篤生此絕頂人才，擔負此無上學術，以振拔人類於熙熙皞皞之天。空言之誚、大而無當之譏，亦何敢辭？故又題一聯於"萬源閣"，仍是大而無當之空言，然善讀《易》者或許吾言之非妄乎？聯云：

以陰陽消長；

定世界安危。

萬源閣檐内楹間，須有聯額，方爲壯觀，余思之無可以贊四聖人者。孔子贊《易》之言曰"夫《易》，聖人所以崇德而廣業也"，曰德、曰業，豈遜於虛者所能托乎？故以"崇德廣業"四字題其額，而附以聯云：

向五大洲中靜觀，日後群倫那個能逃機器劫；

在數千載上便憂，天下來世而今枉費聖人心。

嗚呼！贊揚吾國聖人，而忽牽連到五大洲，又牽連到機器劫，似去題太遠，不倫不類矣！豈知近世改造世界之物質文明，科學生之，機器成之，其精神、作用皆與吾國聖人宗旨兩不相容。物質文明從欲者也，吾聖人之學從理者也。合全球萬國之人，日馳逐於從欲之途，則吾聖人之道尚有容身地乎？故他日吾聖人之道之行與不行,關乎人類之幸與不幸,而人類生機,被機器侵奪,日進不已者可斷言也。故余以世界更迭無已之禍皆由機器造成,因呼之爲"機器劫"。嗚呼!機器之擴張,無中止之勢,世界之浩劫,有挽回之時乎?願與當世君子一切究之。

嗚呼,當歐化盛行,凡屬我中華舊貫,無一不遭人駁斥,即聖神亦身無完膚,而況賢人君子?一得之言,一家之説,又能逃倍根、笛卡爾輩之苗裔相與齒冷哉?則吾"思源樓"所奉四賢,其學之不爲當世所推許,亦可知矣!雖然,學術者天壤之公器,非一家之私物,各尊所聞,各行所知。此之所詆爲有害於人群者,焉知非彼之所尊爲有功於萬世者乎?遭時不遭時之説,顯晦升沈之感,固六合中慣例也,烏足道哉?亦惟本吾心之所安者以求其是而已。因以"承先啓後"題思源樓之額,而綴以三聯云:

一

爲千秋綿絶學;
留一綫是微陽。

二

恐後人逞血肉機能,打破乾坤,衆口囂囂難説理;
繼先聖寫性情真味,彌綸天地,寸心耿耿有傳書。

三

能昌明列聖微言,五嶽三光垂古訓;
且收起傳心大道,千秋萬世待來人。

望來堂既備爲同人商量學術之地,因題聯云:

正學廢興關世運；

斯文絶續在人才。

又題檐額曰"以聖人爲依歸"，聯云：

從圖書内察古今治亂興衰，救世經綸全在道；

爲天地間衍聖哲精神命脈，後賢責任重於山。

我國之聖人不限於羲、文、周、孔，我國之賢人不限於周、邵、程、朱，既不能徧事尊崇，又不便妄爲抉擇，故以《周易》一經爲主，而奉四聖、四賢，聊以表吾中華學術之淵源流派而已，其實宗旨所在不外尊孔。蓋孔子者集前聖之大成，闢後賢之門徑者也。

今既以尊孔爲宗旨，則必當以孔學爲依歸。孔子之學，修身也，齊家也，治國、平天下也，專重人事，不尚玄虛，内求諸心得，外證諸躬行，推之則修己安人，約之則修身爲本。因爲聯懸於望來堂，云：

真學問無多言，不自利，不自私，修己安人盟素志；

大工夫在内省，去吾驕，去吾吝，仰天俯地矢丹心。

區區鄙見，以爲孔子者繼千聖百王而專言政治者也，其爲學則專以君子自勉者也，其立教則專以君子望人者也。不見夫《論語》一書，開口即言學，而章末即以"不知不愠"之君子結之乎？蓋天下無論何時、無論何地，既有人，自不能不有事；既有事，自不能不有政。政者正也，所以正人之不正者也，故必假爲政者以特權，尊爲政者以高位，使憑藉之以爲正人之具。倘不得君子人者而濫假之、濫尊之，則權位爲害人之具，而正氣日凋，元氣日喪，邪氣日盛，乖氣日增，世無太平之日，人無安枕之時。此吾國前古聖人之所以重造士也。造士者，造君子也。

嗚呼！世之所謂君子者，高之即聖賢也，卑之則鄉黨，自好者流人亦以君子目之也。君子之程度亦致不一矣,將以何者爲標準歟？愚以爲無論大小,能成爲君子,即無論大小,不愧爲士。若以救時言,其必抱濟人利物之懷者乎,其必恥不義之富貴者乎！三代而下,遠之如武鄉侯,近之如王文成、曾文正,殆儒門之正傳乎？殆達而在上不愧爲君子、窮而在下不愧爲士者乎？

嗚呼！今之世界,商世界也,工世界也。農雖未縱橫於世界,而亦不得不謂之農世界也。所不容於世界者士也,學校徧寰區而不聞造士之方、養士之法。過此以往,天地間焉有所謂士者乎？既無所謂士,焉有所謂孔子之學者乎？

或者曰：今世之抱遺經而精言考證者非士乎？非存孔子之道者乎？嗚呼！是所謂經學家者也,是漢唐諸儒之學也,亦吾國數千年來之絕學也,然非孔子之學也。嘗竊謂讀孔子書者貴乎以經治人,漢唐諸儒則以人治經者也,所談者讀經之門徑,所考訂者談經之得失。每取而譬之,"六經"其猶藥乎？孔子醫師也,貴乎因病下藥者也。漢唐諸儒其藥肆乎？講地道者也,講炮炙者也,講丸散膏丹之配合者也。業既屬乎專家,人必秉夫特性,倘非魁儒碩彥生有殊資,雖畢世窮年而不能窺其涯涘,即或以百年歲月皓首殫精,著述等身,蔚爲大業,而解者幾輩？知者幾人？致力甚劬,爲用甚少,何若孔子之道之日用行習當下、便是愚夫愚婦與知與能者乎？

或者曰：今世之言心言性者,似可謂以經治人者矣,非士乎？非存孔子之道者乎？嗚呼！是所謂理學家者也,是宋明諸儒之學也,亦吾國數千年來之絕學也,然非孔子之學也。孔子之學,至近也,至顯也,講視聽言動,而不談性與天道也。宋明諸儒之所造,闡心性之精微,發儒門之異彩,然以之教人,以之救世,何若孔子之道之不外人事,切近人情,範圍人類而不遺,推之百世而皆準者乎?

或者曰:今世之談國故、尊孔教者徧海内矣!如子所言,將皆無補於孔子之道乎?嗚呼!是何言歟?存國故耶,尊孔教耶,何者非吾中華四萬萬人所當從事者耶?吾不敢責其有近效也,吾不能望其有真心也。高其説、泛濫其辭以欺流俗者,假其名以利己者,援儒入耶者,托孔子之時以趨時,以無可、無不可爲順應潮流之妙解者,果可存孔子之道乎?果有裨於斯世乎?

或者曰:"望來堂"既備爲同人商量學術之地矣,吾子其將以講學爲己任乎?嗚呼!余何人斯?敢言講學?惟是斯道存亡,匹夫有責。孔子之道之在今日,是乘桴浮海時也,是遯世無悶時也,爲時髦所鄙夷,爲新人物所唾棄。余爲借此名山收而藏之,留爲他日種子,山中人其有意乎?有聞孔子之風而勉爲君子者乎?願相與在嵐光黛色中作茶餘之談話,不賢於縱酒號咷、驚散白雲者乎?

余於望來堂,又有聯云:

邀諸君來此談談,把亞歐非美澳政教源流,説與我略窺門徑;
請大衆認真想想,那儒釋老耶回精神傳授,到底誰能定乾坤?

嗚呼!今日之升天入地、搖蕩乾坤者,科學也,機器也。科學開物質之文明,機器奪生人之命脈。開物質文明者,非舉世受科學之改造不可;奪生人命脈者,非全球遭機器之毁裂不可。故科學前途,機器來日,人類之禍福繫焉!存亡繫焉!注全力以謀進退,科學化裁機器,實今日世界消禍圖存亡之要務也!不此之求,而茫茫然言政言教,日奔走於自殺之途,以自戕自賊相推崇,相誇詡,舉世皆然,而以吾盲從之中國爲尤甚!

嗚呼！中國之弱，弱於貧也；中國之貧，貧於科學、機器之劫奪也。科學、機器者，人之所特創，吾之所本無也。取人之長，救己之短，十餘年來，倘以誅求聚斂海以内無量數脂膏，盡用於研究科學、抵制機器之地，以自謀製造，收我利權，即無成效，死亦無憾矣！乃盲人瞎馬，群焉逐逐於言政言教，以爭趨於無可奈何之地、不可救藥之天。噫嘻吁！危乎殆哉！

嗚呼！言政言教之禍至於如此，而猶以五洲政教源流標而出之，以相與思考，是何心也哉？噫！吾國之言政教，猶庸醫之治病：只知采取驗方，並不研求病狀，以攻下之劑投諸虛弱之人，不速之死，豈可得乎？故言政教之弊小，不講明政教而妄行政教之害大，此又余之所斷斷焉期後來志士注意於政教者也。夫政教者，因時因地、因人因事相推闡、相變遷、相損益而成者也。就其時其地、其人其事之推闡變遷而爲損益之，以防其弊害者，萬國所同也；惟其本源之地，確有不同者在，則其後之相推相闡、相變遷、相損益之支流派別，亦斷乎不能合并之而出於一途。

吾國之政教導源於從理，故相推、相闡、相變遷、相損益而始立之爲綱常。既以綱常爲範圍，而又必加之以名教。名教者，所以驅策天下之人，而使之不敢出於範圍者也。故無論如何推闡，如何變遷，如何損益，而有必不可出入之範圍以爲準。如治病然，血氣不變，精神不亡，任病勢如何危險，而終有就痊之一日。故數千年來每值人才消乏、道術不行之際，雖不免失之頽廢，失之酣嬉，失之委順，聽天而不知振以人力，一旦人力奮興，群陰四散，太平有象，海内熙熙，陶然有樂生之趣，以群遊於自適之天。此其所長也。

泰西諸邦之政教導源於尊生，無論如何推闡，如何變遷，如何損益,而必以樂利爲歸宿。既以樂利爲歸宿,自不能不以競争爲宗旨。數百年來濟之以科學,助之以機器,天之驕子遂覺造化機緘皆歸掌握,隨在闢錦繡山河、光明世界,挾機械力以吸人膏血者坦坦然擁厚資,以享天地間亘古未有之奇福,而天地間之奇禍亦由此而胚胎。處瓊宫貝闕之中,日慮我之謀人、人之謀我,眼裏天堂,心中地獄,相争相奪,相殺相殘,率宇宙内無量數血肉之軀,奴隸於科學機器而不自知,其究也爲癲狂,爲破裂,爲日月無光,爲乾坤毁滅。此其所短也。

嗚呼!我既不能以人之所長救己之所短,而反以人之所短滅己之所長,漫漫長夜更何有政教之可言乎?則居今日而始講求政教,何異離魂喪魄、奄奄待斃之人,親之愛之者方殷殷然爲談《靈樞》《素問》之宜講貫也。悲夫!

嗚呼!宗教非治世者也,有救人之心,有勸人爲善之志,有以禍福利害怵人不敢作惡之術。如釋迦、老子輩,皆非常卓絶之才,洞徹天人,超然世外,後之人以慈悲、感應諸説立之門户,衍爲宗風,歷時踰久,派别踰多。亦猶讀儒書者日以夥而不識孔子之真象者比比然也。其説之中於流俗範圍、愚夫愚婦亦不過風會習尚間事耳,無關於立教行政之大也!況當科學之發明日進一日,則宗教之迷信天然有日退一日之勢。若夫孔子之學,乃立教行政以治世者也,非宗教也。所言者乃至切至近之人道也,無迷信也。今之談救國者或云"三教一家",或云"五教合一",其用心亦良苦矣!殊不知諸教雖有相同之處,而其實各有獨立之長,分之則皆美,合之則俱傷。如金玉、瑪瑙、珊瑚諸品,皆奇珍也,碎而雜揉之,尚可謂爲至寶乎?故研窮五教,以使之各著其長,各適其用,亦今日要務也。

望來堂在大雄殿後，純係儒家樓閣。居大雄殿前者，皆屬於釋氏梵宮也。大雄殿兩旁前後相通之門，不天然爲儒釋分界處乎？因題其西門額曰"立人之道"，題其東門額曰"必歸於儒"。

　　吾國舊習：凡山水名勝地皆僧徒羽客居之，以奉釋迦、老子，而奉釋迦者尤多於老子，故昔人有"天下名山僧占多"之句，從無奉羲軒以來之聖賢以崇祀於林泉幽邃中者。蓋聖賢治世者也，其棲神之處，當與廊廟朝廷爲一致。今既無能治之世，又無能行之道，聖賢之入山林，時爲之也。余之此舉，當亦四聖、四賢在天之靈所俯仰太息，慨然而爲之首肯者乎？

　　或疑於無邊佛地之中忽闢聖域賢關，破前古舊規，創山林新制，不將有門户之見，啓儒釋之争乎？嗚呼！余孔子徒也，然於世之所謂宗教之辯、漢宋之分、朱陸異同之説，概不謂然。嘗竊謂同處天高地厚之中，皆爲乾父坤母之子，各秉知能，各從好尚，相嘲互忌，何異三家村中訽誶聲乎？故秀才、和尚或不免有門户之見，孔子、如來斷不能有儒釋之争。因本各著其長、各適其用之旨，爲聯於東西兩門，以解遊人之惑。

　　西門題額曰"立人之道"者聯云：

　　　　自來山水供仙佛；

　　　　從此林泉有聖賢。

　　東門題額曰"必歸於儒"者其聯云：

　　　　遺世任談羅漢果；

　　　　匡時須入聖人門。

　　入大雄殿東西兩門，皆就山坡傅以長廊，循西長廊南上不數步，東向有門，爲太昊宫。循東長廊南上不數步，西向有門，爲秦公廟。再南上數步，西向有門，爲金花廟。

金花廟祀金花仙姑，建於光緒丁亥間。相傳神係洪武時人，得道於吧咪山。語多傳會，姑妄聽之而已。光緒間以禱雨有應，邦人建廟請封。當時曾囑余爲聯，余與應之，云：

　　昂首月當門，向天上閒遊，擺脫塵凡歸碧落；

　　無心雲出岫，在人間小住，作爲霖雨潤蒼生。

東西兩長廊，南上皆投入大悲殿。大悲殿所祀者曰千眼千手佛。此等所謂法象者，老氏亦有之，皆寓言也，烏可爲事實？余題大悲殿一聯，則又寓言之寓言也。呵呵！聯云：

　　眼不宜多，眼多則徧觀那人世間困苦顛連，徒增難過；

　　手尤要少，手少則專抱我自家的精神念慮，免得亂抓。

大悲殿前有階數十級，階下南向有亭三楹，當東西兩廊盡處，爲循廊而上者憩息之所，因顏曰"涼處坐"。題聯云：

　　誰教人只管好高，上！上！上！上！

　　我替你從容定喘，來！來！來！來！

"大悲殿"西偏爲"武侯祠"，由來舊矣。入民國後，曾有囑余爲題聯額者，余爲題額曰"君子人也"，聯云：

　　在三國中，論時會、論遭逢，壯志未酬，天運早歸司馬晉；

　　從兩漢後，數經綸、數學識，真才難得，人間只有卧龍岡。

大悲殿東偏，舊爲隙地，此次菸商合資修爲小院落，以祀水神、火神。余爲題名曰"既濟宮"，聯云：

　　翠靄千山雨；

　　蒼生萬竈煙。

題既濟宮殿額云"剛柔正位"，聯云：

　　神未聞知乎？這人間已浩劫釀成，都鬧到水益深火益熱；

　　我所祈禱者，果天上有眞靈來格，須調勻下而潤上而炎。

題既濟宮樓額云"陰陽協和"，聯云：

人間叨兌澤汪洋，每當日烈風狂，釀作祥霖來救旱；

世上盼離明景象，正值天昏地暗，消除陰氣快扶陽。

既濟宮東南有門二，一爲上山之路，一爲下山之路。下山者題其額曰"隔凡門"，上山者題其額曰"梯雲關"。

隔凡門聯云：

此間通碧落；

下界是紅塵。

梯雲關聯云：

來從無垢地；

高入大羅天。

出梯雲關，拾級而上，至半途西折則爲紫雲關。東上則至坡盡處，有坊，外額曰"山泉毓秀"，內額曰"青霄直上"。坊舊南向，今移而東向，以爲下山門戶。坊內崖旁新築小亭，曰旁觀亭。

自旁觀亭崖沿東行二十餘丈，以花牆約之，牆盡處爲五龍宮。五龍宮外南上有坡，與臥佛殿山門外大路相接。坡底西折有地藏寺，有摸子泉，有土地廟，有掬月泉，有五泉書院，有文昌宮。從文昌宮南上，東折爲皋蘭鄉賢祠。出祠門南上東行，有小門通臥佛殿院。臥佛殿之東曰關聖殿，又東爲山門，門外即與南坡路相接處。復曲折南上，過坊一，過橋一，而達一殿，殿仍祀關聖，世俗相傳呼關聖爲財神，故在處處祀之。殿東有長廊，倚山斜上至千佛閣，東山之廟盡於是矣！全山之廟，以三教洞爲最高。三教洞踞西巖之上，從皋蘭鄉賢祠門外，南上折而西，登山徑三四十丈許即到矣。

凡上之廟，高高下下，錯錯落落，雨餘雪後，天然畫圖，坐旁觀亭，皆在眼中，故旁觀亭爲往來各廟必經之路。爲題聯云：

　　煙霞一抹好樓臺，任他摸子，隨你求財，雲影降祥泉兆瑞；

　　風月四時閒境界，有客讀書，幾人載酒，山容含笑鳥騰歡。

　　五龍宮者，父老公建爲禱雨計者也。吾蘭自古爲亢旱地，自余有知識以至於今，數十年來，未有間二三歲不禱雨者。故數十百里中，山也、泉也、荒祠野廟也，往往以禱雨有應，人輒神之，然亢旱終不免也。近今談新學者謂多種樹能救旱，然無近效，人多忽之。茂樹成陰，期諸後賢之共奮而已。抑吾嘗究夫少雨之故矣，吾蘭居層巒疊嶂中，川狹山高，陰寒凝閉，沈鬱不開，陽氣未易宣揚，故難於致雨，而且往往致冰雹。人既無術以謀此，故至今仍歲歲禱神，神又茫茫昧昧，在若有無若間，不過借以行其不得不然之舉動耳！茲題"五龍宮"一聯，神如有知，也應一笑！

　　司雨澤者如此之多，地上禾苗嘗苦旱；

　　到秋潦後沛然而下，座中香火算無靈。

　　摸子泉，五泉之一也。泉在山腰，就泉上爲洞，約深二丈許，故又稱摸子洞。洞內兩旁皆佛龕，求者拜禱後，探手泉中，得石者謂爲男，得瓦者謂爲女。此豈非無聊之舉動乎？大抵有子無子之故，關乎氣質者也。氣質所秉，人每不自察耳！茲爲約略言之：

　　秉氣過於純粹者易於無子，精華易竭也。猶靈芝之無種，龍鳳之絕跡也。此一說也；

　　秉氣過清者易於無子。地球一濁區也，濁氣即生氣也。濁氣少，生氣即不旺也。此一說也；

　　秉秋肅之氣多者易於無子，春生秋殺之理，顯而易見者也。此一說也；

生有肝氣病者易於無子,其人怒多喜少,憂多樂少,本身之生機,有天然之缺憾,尚傳種乎?此一説也;

人之相傳是傳火也。聲色之斲喪,日消月剥,男男女女之火,已成灰燼之餘,以殘精敗血孕女育男,不是夭亡,便是殘廢。才智遠不如人,而嗜欲則加人數倍,此等種子在家亡家,在國亡國,有傳不如無傳。又一説也。

人人都要傳種,仍是形骸之見、有我之私。推到大處、公處,有傳無傳,皆細事耳!"無後爲大"之説,宗法時代之言,烏可泥乎?兹爲聯懸於洞口,燒香拜佛者見之,能爽然而爲之一笑否?

　　糊糊塗塗,將佛腳抱來,求爲父母;
　　明明白白,把石頭拿去,説是兒孫。

吾國風俗,土地神隨處有之。山之土神祠,在摸子洞旁,僅一楹。民國以來,香火又遠遜於前矣!慨然爲賦一聯云:

　　最妒此老頭兒者,先我入山,早據林泉娱杖履;
　　亦古之傷心人乎?爲誰守土,懶開門户受香煙。

卧佛殿塑佛氏卧像。佛氏工夫,行、住、坐、卧固皆有之,拜佛者不知也,徒以資男男女女之妄言妄聽而已!爲題聯云:

　　還不起來麽?此等工夫怕是懶人都藉口;
　　何妨睡着了!這般時代倘成好夢亦歡心。

關聖爲人群模範,極宜尊仰,欲爲一聯,苦不當意。憶十餘年前,曾代人爲聯云:

　　當三國紛争時,認定劉家之天下;
　　於四維不張日,獨持孔教在人間。

兹改易而用之。關聖之神在華夏矣,蒼茫四顧,毋亦對莽莽神州,浩然而爲之太息歟!

當三國紛爭時，認定劉家爲正統；

在五泉幽勝處，占來漢土守中華。

千佛閣高踞東巖，登其上，樹色泉聲皆在脚下。摩抄星斗，吞吐煙雲，髣髴已置身天上然。懸巖惴惴，欄檻飛空，俯視塵寰，動增惕懼。夫佛氏戒妄念、惕懼心，固妙藥也！吾儒"慎獨"，亦何嘗不如是！爲一聯質之遊人，其以爲然耶？否耶？

登斯樓危乎危哉！敢存妄想焉有妄爲，能這般面壁十年，入定便成尊者相；

到此處高則高矣！切莫自矜也休自喜，忘不得懸崖萬丈，臨深長抱惕然心。

三教洞供奉儒、佛、老三教聖人，故有此稱。光緒間邑諸生以孔子不當與佛、老並祀，還孔子象於孔廟，故洞無孔子象。斯亦褊矣，三聖人皆聖人也，而立教不同；行政治世，孔子固專家也，合祀分祀都無不可。洞在半山，得地既高，眼光斯遠，小坐片時，覺襟懷浩浩，上下與天地同流。境之移人，如是！如是！題聯云：

看眼中滾滾塵寰，曾講求格致誠正修齊治平，以唐虞傳授爲經世大猷，天地無私，隨在容佛國袈裟、真人鑪鼎；

歎脚底茫茫孽海，全蔑棄孝弟忠信禮義廉恥，被歐美文明奪聖門要道，乾坤將毀，何處着梵王宫殿、仙子樓臺？

皋蘭鄉賢祠者，就已廢之菩薩殿改立者也。山中供奉菩薩處，正廟、附廟隨在有之，此既曠廢失修，適吾文社有建立鄉賢祠之議，遂出欵補葺，因而成之。題門聯云：

上下五六千年才成内地；

縱横三四百里幾個傳人。

祠內分兩殿，正殿題曰"容思殿"，奉祀段容思先生以下三十三人。其西一殿祀：

晉諡節愍侯贈車騎將軍麴公允；

唐諡忠獻贈太尉檢校左僕射金城郡王辛公雲京；

唐封肅國公左金吾大將軍晉昌郡王辛公京杲；

唐嶺南節度使辛公讜；

明刑部郎中浙江左布政使石惟一先生執中；

明江西南昌知縣聊公遜先生讓；

明處士彭世資先生錠；

清左都督山西大同鎮總兵岳公鎮邦。共八人。

彭先生，彭襄毅父也。岳公，岳敏肅父也。襄毅、敏肅皆配祀容思殿，故以其父與容思先生以前之鄉賢別祀一殿，為題額曰"枌榆生色"，聯云：

從伊古以來，謹尊崇歷代英賢，得其數八；

願自今而後，多誕降救時豪俊，立不朽三。

容思殿配祀者為：

明戶部郎中文正夫先生志貞；

明直隸保定知府山西參政趙儲秀先生英；

明四川按察使陳考庵先生祥；

明諡襄毅兵部尚書太子太保總督川陝諸軍彭公澤；

明四川按察司僉事田西泉先生荊；

明贈光祿少卿刑部主事殷民化先生承敘；

明晉左都御史巡撫遼東劉永濟先生漳；

明處士陳本誠先生錫；

明密雲兵備副使段紹先先生續；

明河南新鄭縣知縣顏進之先生銳；

明直隸薊州兵備副使陸子厚先生坤；

明江西按察副使葛朝憲先生廷章；

明兵部侍郎兼僉都御史巡撫雲南鄒蘭谷先生應龍；

明贈户部尚書户部侍郎督倉場胡汝立先生執禮；

明南京户部主事監督糧儲段希仲先生補；

明吏部郎中王能宏先生道成；

明户部主事出知四川重慶府韓先生謙；

明義民曹先生守忠；

明直隸獻縣知縣張先生略；

明庠生段西宇先生字辛；

清諡敏肅四川提督岳公昇龍；

清歲貢生蕭功一先生光漢；

清江蘇金匱縣知縣李先生炳；

清刑部郎中梁靜峰先生濟瘴；

清湖北監法道秦曉峰先生維嶽；

清平涼府教授段愚山先生倣仁；

清臨洮營都司陸先生陞；

清處士曹曉霞先生煜；

清肅州學正邵續侯先生繩祖；

清河南道監察御史吴柳堂先生可讀；

清通渭縣訓導盧敏齋先生政；

清刑部主事張敦五先生國常。而以段容思先生爲宗。題聯云：

　　　　十六字前古心傳，上承四千載；

　　　　億萬户後來名世，挺生五百年。

既曰鄉賢祠，而獨以容思先生爲宗者，在中華數千年學術史中求吾皋蘭人，惟先生入長安馮氏《關學編》。先生非吾皋蘭人講學之開山者乎？嗚呼！學術爲萬事本源，表而彰之，俾後之人由先生所學恢張擴大，蔚爲偉才，邑之幸也，先生之光也。抑吾聞龜山楊文靖公爲閩學開山，吾鄉學者曾私諡先生爲"文毅"，他日吾隴上學人蒸然輩出，以隴學成家，垂之天壤，又安知先生非吾隴上之楊文靖乎？是又不獨吾皋蘭一邑之幸、先生一人之光也。瞻仰昊天，不勝私祝。故又題先生殿額曰"守先待後"，並附以聯云：

我既成世上遊民，虛度一生，空借將俎豆馨香瞻依往哲；

誰不是後來志士？力爭千古，須要把勳名道德超越前人。

　　表彰前賢，爲後進立之榜樣也。其生平有濟物利人之事實，有關係名教之大節者，雖匹夫亦崇而祀之矣！其循資敘格以倖人間富若貴者，雖王侯不取也！雖金珠山積不尚也！其時代以民國以前爲斷，歿於民國者是否當入祠，留待後人之論定，所以杜循情標榜之私也！

　　五泉書院者，就文昌宮舊有樓臺而建設者也。略儲新舊圖書，期與遊人共爲欣賞。借泉石清幽，發英賢志趣，或可免山靈惱客、花鳥笑人乎？爲題門聯云：

雲階月路引人來，樂水志在水，樂山志在山，隨處襟懷隨處暢；

學海書城延客入，見仁謂之仁，見知謂之知，自家門徑自家求。

　　閱書樓即魁星樓也。登臨一覽，眼界大開。上而東西北三面之雲山，下而河流之浩淼、城郭之參差，皆奔赴檻前，供人賞玩。爲題聯云：

胸前排數十百里雲山，圖畫天開，好趁閒情臨稿去；

眼底是幾千萬人城郭，英賢日出，共邀同志看書來。

書院門外有屋三楹，爲閱書人出入必經之地，發票、收票人即住此，以便酬接。題其額曰"送迎館"，聯云：

　　不足供大雅留連，插架圖書猶恨少；
　　最難得高人來往，登門杖履敢嫌多？

文昌宫者，當年縉紳學子所共建以祀文昌者也。文昌司祿之説出於道家，而讀儒書、志科第者無不祀之。習俗相沿，人云亦云而已！其門前近水遠山，高低空廓，而門無聯語，未免負此勝境。爲題二十八字云：

　　莫只貪身外虛榮，忠孝性天真爵位；
　　倘能有眼前神悟，山川雲水大文章。

居文昌宫之西，被文昌宫樓臺掩隔，坐旁觀亭上不能見者，紫雲關内之清虛府也。

紫雲關踞山坡之半，上通小蓬萊。小蓬萊飛瀑穿雲，森林障日，爲全山極勝處。因題額曰"人間天上"，聯云：

　　若要來這裏面找仙境清幽，莫走差路了；
　　只管在那下頭混戲場熱鬧，能過得關麽。

關門内題聯云：

　　進來便步步登高，信腳入清涼世界；
　　出去亦頭頭是道，小心上歌舞樓臺。

清虛府在紫雲關内坡盡處，北向爲一大院落，乃光緒間邑貢生藹臣曹君春生糾合同人爲左文襄建立之生祠也，故相沿稱爲左公祠。當其時文襄聞而弗許，因爲題額曰"靈佑"而祀泉神、雹神。年久失修，殿宇傾倒。余爲補葺整理，移泉神、雹神於西小院，易靈佑祠額爲清虛府，奉祀岳忠武王、楊忠愍公，而以文襄配焉！

清虛府高踞山巔，下臨原野，平疇在望，綠與雲連。題聯云：
眼中皆綠野；
頭上是青天。

山舊有精忠閣，祀岳忠武王，鄉先達吳柳堂先生題有聯云："曾謁蕩陰祠，讀壁上殘詩，驚雨驚風，雪盡猶留鴻爪在；重登蘭嶺閣，看峰頭夕照，好山好水，月明應有馬蹏歸。"同治兵燹，閣既燬，聯亦不復存矣！茲以清虛府正殿爲岳忠武王殿，題聯云：
浩氣彌綸，乾坤無恙；
英風來往，山水有靈。

代題二聯云：

一

若要敎天下太平，須體帖王言，文官不愛錢，武官不怕死；
這才是人間豪傑，能扶持世道，入則爲孝子，出則爲忠臣。

二

憐他南渡君臣無熱血丹心，認不得英雄豪傑；
邀我西州人士拜精忠浩氣，仰之如日月星辰。

楊忠愍公謫狄道未及二年，爲狄興學、開煤礦，普萬世之利，狄人立廟祀之。吾蘭聞風興起，拜禮甚虔。茲供奉於岳忠武王殿西，題額曰"楊忠愍公祠"，聯云：
在兩間爲志士仁人，便冠絕群倫，義膽忠肝充四海；
無一念非民生國計，即謫居邊塞，流風餘韻亦千秋。

左文襄功在西陲，其澤之遠大者尤莫如分闈。吾甘分闈後之人才實遠勝於前，邑中人已有專祠祀之矣！茲復配祀於岳忠武王殿東，題其額曰"左文襄公祠"，以此祠之建原以爲公，公雖不願爲己有，而邑中人當不忘所自也。余爲公專祠題聯甚多，皆未製版。茲擇一聯，暇當製而懸之，亦數十年前舊夢也。

　　提江南江北數千里掃蕩之師，靖隴上烽煙，修明禮樂；

　　願關內關外億萬戶絃歌之士，學湘中豪傑，旋轉乾坤。

泉神、黿神既移祀於西小院，用杜句題祠云：

　　水流心不競；

　　雲在意俱遲。

清虛府地勢高敞，每當夏日，登眺者獨多，歡笑聲不絕於耳。余有所感，題一聯於西廂壁上云：

　　我來到耳是歡聲，所祝者人人如此，年年如此；

　　天若有情應笑道，着准其物物陶然，歲歲陶然。

兩廂內爲一小院，有屋曰"澄懷室"。入澄懷室爲樓五楹，下視小蓬萊，萬樹濃陰，如聚千百朵綠雲凝於釜底，皆昂頭視樓上人，如在天外也，因題額曰"沉翠寮"。跋云："凡物宜沉不宜浮，浮則輕而散，沉則固而存。輕而散者易盡，固而存者無涯。憑斯寮也，使人有無涯之思焉，故寓意於茲名。"寮之粉壁甚光潔，倩友人曹月如諸君精繪事者繪屏幅數事。余亦題詞其間，以奉贈遊人。云："遊亦多術矣，有以足遊者，有以目遊者，有以心遊者，有以神遊者。足遊者健，目遊者爽，心遊者逸，神遊者超。健者、爽者，遊於境內者也；逸者、超者，遊於境外者也。遊於境內者，遊山遊水而已，遊於境外者，不僅遊山遊水而已也，故君子貴審遊。"

西小院泉神、黿神祠門外，仍爲一小院，有泉曰"甘露"，亦五泉之一也。其西南有門曰"天外天"，其門外降階十餘級，有懸巖飛瀑，即俗呼爲西龍口者，從此便入小蓬萊矣！題門聯云：

　　關住兩扇門，自然無煙火塵襟，誰是關得住的？
　　找着一條路，便可到蓬萊仙境，你還找不着麼？

小蓬萊者，太昊宮之觴詠地也。太昊宮之建，專爲表彰隴上前古人才，以鼓舞後進者也。其地共四級，自南而北第一級，正中起伏羲殿五楹。再北爲第二級，東西分壤駟子祠、石作子祠各五楹。再北爲第三級，居中爲秦子祠五楹。秦子祠前降階爲第四級，起大門三：中門額曰"高山仰止"，西門額曰"奮上興下"，東門額曰"繼往開來"。門外爲一院落，東西南傅以遊廊，循廊而行，西通小蓬萊；東則經第三門、第二門曲折以出至大雄殿后。遊廊下爲總門，即額曰"太昊宮"者。題聯云：

　　都來遊聖人之門，上觀千古；
　　從此發名山間氣，後有萬年。

第二門額曰"道義之門"，聯云：

　　進此等門來，要拜聖賢，要尊豪傑；
　　從這條路去，可登臺閣，可入山林。

第三門額曰"此中有真意"，聯云：

　　我問你是謁廟是遊山？謁廟須恭，遊山須雅；
　　誰到此不花錢不吃酒？花錢莫浪，吃酒莫狂。

第三門通前院東廊下，有門爲出入總匯之處，題額曰"步屧尋幽"，聯云：

人都要擠着進來，便鬧得紛紛擾擾、亂亂哄哄，我勸你緩些兒好；
你既然遊了出去，回想那曲曲彎彎、高高下下，他教人看個什麼？

西廊下與"步屧尋幽"門相對處開一門，爲通小蓬萊之路，額曰"漸入佳境"，聯云：

他説是他約了些朋友，要賭酒、要鬧詩鐘、要品茶、要商量畫意；
你管着你領來的兒童，莫塗牆、莫撕窗紙、莫搖樹、莫搬弄石頭！

南廊下箝壁刻石，如小屏者八，爲《蘭州五泉太昊宫記》，辛酉冬落成後所撰者也。文曰："借山水名勝地，起危樓傑閣，點綴亭臺，以表彰吾隴上三古以訖有清六千餘載帝制時代之聖賢豪傑以示遊人。經營者閲兩寒暑，募而支出者萬八千四百餘兩。後之人，春秋佳日，挈榼提壺，歌於斯、嘯於斯、登臨瞻眺於斯者，當有以注其精神念慮而不致入寶山空回也！"

南廊題額曰"行雲流水"，聯云：
這裏面栽了些新樹新花，要留連風月煙雲，過客遊人都愛惜；
那上頭有的是真山真水，且點綴樓臺殿閣，前賢往聖或歸來。

伏羲殿配祀者爲：皰媧女皇氏、黄帝軒轅氏，而以太昊伏羲氏爲宗。代題二聯云：

一

在當年玩河嶽理星辰，俯察仰觀，思創出文明世界；
到今日駕風雲走雷電，醇漓樸散，悔打開混沌乾坤。

二

畫成卦有三爻天地人，分陰分陽，造化機緘都在手；
《易》之書無一字文周孔，讀來讀去，聖神事業只傳心。

壤駟子祠配祀者爲：
漢謚壯侯營平侯趙公充國；
漢秺侯金公日磾；
漢左將軍辛公慶忌；

漢處士王公符；

漢壯節侯傅公燮；

漢京兆尹蓋公勳；

漢度遼將軍皇甫公規；

漢太尉皇甫公嵩；

漢諡壯侯安樂侯索公靖；

晉處士元晏先生皇甫公謐；

晉清泉侯傅公玄。而以孔子弟子從祀廟庭，先賢壤駟子爲宗。題聯云：

  任人間倒海翻江，逐宇宙新潮，正學莫忘宣聖統；

  願我輩模山範水，趁春秋佳日，大家來拜上邽侯。

石作子祠配祀者爲：

晉諡武公西平公張公軌；

晉西涼武昭王李公暠；

唐諡忠獻贈太尉辛公雲京；

唐贈太保檢校司空李公抱真；

唐諡昭武贈太保山南西道副元帥兼節度使李公抱玉；

唐諡忠武西平王李公晟；

唐贈太尉涼國公李公愬；

宋舉八行劉公願；

宋贈少師封涪王吳公玠；

宋贈太師封信王吳公璘；

宋諡武穆太尉劉公錡。而以孔子弟子從祀廟庭，先賢石作子爲宗，題聯云：

  是成紀數千年靈秀所鍾，能傍尼山拜日月；

倘孔門二三子淵源不絕，庶幾中國有乾坤。

秦子祠配祀者爲：

明都御史景公清；

明謚莊毅贈少保兵部尚書王公竑；

明循吏河南南陽府知府段公堅；

明謚襄毅加太保兵部尚書總督川陝諸軍彭公澤；

明小泉先生周公蕙；

明禮科給事中張公萬紀；

明督察院左都御史巡撫雲南鄒公應龍；

清謚襄忠兵部尚書趙公良棟；

清謚忠勇奮威將軍陝西提督王公進寶；

清贈太僕寺卿入祀昭忠祠李公南暉；

清四川按察使牛公樹梅；

清江西宜黄縣知縣傅公培峰；

清河南道監察御史吳公可讀。而以孔子弟子從祀廟庭，先賢秦子爲宗。題聯云：

挺生於古雍州，求數千年往聖微言得之東魯；

賴有此少梁伯，把億萬世斯人命脈留在西天。

右凡先聖三，先賢三，鄉賢三十有五，皆將其生平事實，用白話體編爲小傳，書木牌箝祠壁，循宮牆而讀者可以爲鑒矣！此外，編伏羲以來甘人之知名於世者約四五百人，用歷史列傳體別爲一書，已由皋蘭李君九如、王君國香從《二十四史》中採輯，共爲十二册。其重加考證，嚴訂體例，編纂成書，則狄道張君維一力任之，書成當即印行也。

三先賢其初合爲一祠，稱"聖門三子"。曾代題三子祠聯云：

一

從東魯聖人，悟易象、春秋、詩書、禮樂所傳，爲儒門要道；
俾西方佛地，知格致、誠正、修齊、治平之説，是天下大經。

二

隨德行、言語、政事、文學四科，分西州道統；
抱孝弟、忠信、禮義、廉恥八字，爲北地儒宗。

石作子祠東偏有小門，入門有扇微臺，有豹隱廬。壤駟子祠西偏有小門，亦通小蓬萊。入門循牆行十餘步，曲折登高，至其巔，有清音閣，閣東曰"俯仰樓"，樓能眺遠。從小蓬萊幽邃處偶然到此，襟懷爲之一暢！

從清音閣折而南行，可至懸巖飛瀑處。從飛瀑處折而北下至半山，起小亭，顔曰"仙人島"，上者下者至此必休息，因題聯云：

既從上面下來，在平處歇歇；
要到高頭去的，且坐着涼涼。

從仙人島折而西下，有亭曰"萬緑叢中"。樹蔭茂密，泉石清幽，嘗有一聯擬懸於此，尚未暇及也。聯云：

收宇宙間萬古奇觀，鎖入幽懷成怪石；
把性情內一腔熱血，化爲流水灑空山。

去萬緑叢中咫尺者爲"小洞天"，就山洞成之，每當夏日，紅塵不到，涼意可人，題洞口額曰"風味何如"，聯云：

在何處尋安樂窩，快進來歇歇；
請大家服清涼散，都坐下嘗嘗。

從小洞天北下不數武，有橋橫跨溝上，爲東西相通之路。余爲起橋亭，顔曰"企橋"，橋下爲惠泉，五泉之最清冽者，山中人争

汲之。余題一聯於橋柱,云:

  打掃開草徑松坡來盟白水;

  收拾起芒鞋竹杖悔踏紅塵。

企橋既通東西隔絕之路,由東西下,便從澗底出小蓬萊矣。由西東上,山頭諸勝地皆可達也。

題由西東上之門,聯云:

  要過去麽,過去便能通碧落;

  休下來了,下來難免入紅塵。

題由東西下之門,聯云:

  問來來往往人,今日之遊,水意山情都樂否?

  到活活潑潑地,任天而動,花光草色亦欣然!

高矗企橋之東,有敞亭五楹,自橋上望之,雜花縈繞,石級崚嶒,如在畫中也。爲顏曰"綠蔭灣",而題其壁云:"日暖風和,泉清石秀,這便是地平天成。草向榮,花索笑,槐榆滴翠,楊柳搖青,蛺蝶群來,燕鶯對語,眼中圖畫,耳畔笙簧,遊人則老者、少者、男者、女者、扶者、携者、保抱者愉愉然熙熙然乘興而來,興盡而返,這便是萬物得所。夫人當地平天成、萬物得所之時,其亦可以怡神悦志,仰蒼天而長嘯矣!復何憂?"

從綠蔭灣北下,則有四宜山房,山房之北曰"半月亭"。亭爲半月形,共七楹,爲觴詠極敞處。前列新舊樹數十本,他日長成,炎暑當無計惱人也。後壁經邑人曹君兆鏡繪松林其上。曹君以繪事名於時,此作尤魄力沈雄。遥望之,濃蔭幽靄,怪石頑雲,令人神爲之往,幾欲呼朋載酒赴壁上遊。余得一聯,暇當懸於亭柱:

  天開消夏地,

  人在廣寒宮。

從半月亭入長廊北下，廊外所經者爲六吉亭，爲洗心池。廊盡處爲"問柳軒"，軒背爲"高望齋"，即太昊宮前院西廊下"漸入佳境"門内所望見者也。

洗心池引泉水其中，迂回環繞，依然流去。池上築小亭，爲八角形。亭外古樹圍之，亭下就山勢高低，疊奇石擁之。從問柳軒來者偶望見，每疑不是人間也。嘗題聯云：

　　何以解憂？萬古牢愁澆濁酒；
　　偶然小憩，一灣流水滌塵襟。

問柳軒之北有小亭，曰"石補簃"，以鉅石補缺，築亭其上，故有斯名。從簃前登小山而下，或從高望齋旁宛轉而下，皆可達小蓬萊門内。出門下山，小蓬萊之遊畢矣！

從小蓬萊門内西偏，架長廊二十餘丈，曲折上昇至其巔，則爲嘛呢寺。寺不知創於何時，"嘛呢"之稱亦不知是何取意，所祀者則觀音也。寺踞西巖最勝處，而佛殿楹聯仍用經典梵語，使人讀之不解所云，徒悶悶也。爲題一聯，云：

　　倘飛來南海慈雲，當爲聽泉響空山，不回南海；
　　這便是西天福地，何必問雷音古刹，又訪西天。

寺之東偏，從觀音殿后以至寺門，有樓凡二十餘楹，俯臨小蓬萊，樹色泉聲，皆在几榻間。其居觀音殿前者曰"迎緑軒"、曰"飛黛廬"、曰"聽松居"、曰"拜雲隅"。其居觀音殿後者别爲一小院，曰"聽泉簃"、曰"潛齋"、曰"緑海"。其居寺門左右者，東曰"瞰霞樓"，西曰"延月樓"。遊賞所到，無處不有心曠神怡之樂也！

題迎緑軒聯云：

　　都來！都來！來喝中山千日酒；
　　請坐！請坐！坐聽深夜五更泉。

飛黛廬、聽松居、拜雲隅共七楹，而界爲三座者也。門户各殊，風景不異，題一聯可通用也，而獨懸於飛黛廬，留其餘以俟大雅之椽筆。

劃一段緑雲，好招呼酒國神仙雲中飲酒；
漏三分明月，便開闢詩人境界月下吟詩。

聽泉簃近西嶽飛瀑處，卧潛齋内，接於耳者，不知是風聲耶，水聲耶，雨聲耶？每當夏日，余嘗棲息於此，勝境移人，塵心易净，静極則動，妄念轉多。偶得兩聯，擬懸於壁，遊賞者其怒我耶？其笑我耶？抑哀我、憐我耶？抑以我爲山之精耶？木之魅耶？孤雲耶？頑石耶？但能令遊賞者大笑而去，則我固無負於遊賞諸君子也。

一

夢境大離奇，忽打開塵網逃出人間，追逐風雷攀日月；
酒懷真浩蕩，要提起地球抛之天外，掃除煙霧濯星辰。

二

老去抱魂眠，偶抓住當胸日月，識破根原，流水形骸還是我；
醉來搔首問，都撇開握手乾坤，打成粉碎，造天事業屬何人？

緑海下臨小蓬萊内企橋、小洞天諸最勝處。人來樹杪，萬緑低含，隨風蕩漾，如摇舟放槳於翠雲千頃之中，幾欲凌空而去，故有此名。得句題壁云：

紅塵倦遊人，山中避煩擾；多少山中人，夢向紅塵繞。

居瞰霞樓、延月樓下者爲又一層，舊皆荒廢，略爲料理之，地無閒曠者矣！其添於瞰霞樓下者曰"依依徑"，曰"仄仄門"，通入之皆達曲曲亭，亭形如矩也；其添於延月樓下者曰"重重院"，曰"疊疊園"。重重院地不過數弓，分爲兩進，築屋三楹，顏曰"巧巧齋"，齋背餘地以花欄約之，俯臨下界如登臺然。近水遠山，村煙墟靄，皆爲遊人張開畫本，添助清歡。題齋背額曰"年年好"，聯云：

　　清清閒閒處處安安静静；
　　說說笑笑人人喜喜歡歡。

　　疊疊園擴地共五層，約十畝許，西巖瀑水曲折而來，不愁旱熯也。十年樹木，佐以亭臺，培養得人，不又爲世外一桃源乎？後之君子尚留意焉！

　　九州大矣！四海遥矣！九州四海之高山大水，余既未獲徧觀，已足爲憾，而況今之大大於九州、今之遥遥於四海？九州四海以外之高山大水，余更無緣入目！今老矣，徒蜷伏於區區一五泉山中，以遣送無聊歲月，不尤足爲憾乎？噫！五泉山者，山水之小品耳，放足攀登，不半日而盡。無名山大澤渾淪磅礴不可測度之高深，故生斯土者雄偉非常、自立不凡之士，歷古甚希，是又余之所深以爲憾者也！題聯於迎綠軒相對之西廂，而顏其額曰"笑笑齋"。余聞學術爲造人妙藥、換骨金丹，吾鄉豪俊其以人事彌天事之憾乎？則又余之所默禱者也！

　　能從那大天大地中創大規模者；
　　不在這小山小水上鬧小玩意兒。

　　笑笑齋之南，別爲一小院，有殿三楹，舊稱五福殿，所祀者爲廠神。蓋嘛呢寺在光緒間爲"源源倉"書斗人役祈神處，故有廠神之祀。廠之是否有神，固無可考，今余亦創立"豐黎社倉"，將嘛呢寺爲社倉公產，則此廠神殿者亦當爲社倉所有矣！題兩聯質諸廠神，神如有知，以爲然否？

一

兒輟汲，女輟織，釜底生塵空太息，天胡陋此小民耶而不賜食？
家盈倉，戶盈箱，廠中無米又何妨？神應訴諸上帝矣惟願降康！

二

萬國要崇農，學尼山富而後教之經綸，爲政先言足食；
五洲爭逐末，釀世界憤極不平之禍亂，推原只爲愁饑。

凡山之廟至是盡矣，惟有所謂莊王殿者竟漏略未敘。莊王爲優伶輩所祀，殿建於光緒間，在武侯祠之西，俯仰樓之後。數十年來，倡其事者化去，雛伶落魄，相繼式微，香火在若有若無間。又僻在一隅，從武侯祠西廊下一小門通入，故人往往忽之，不在意中，荒涼寂寞，孤殿矗然。夫所謂莊王者究爲誰氏？疑莫能明。考五代後唐有李存勖小字亞子者，史稱爲莊宗，在位三年，善音律，時傅粉墨與優人共戲，曾被優人敬新磨批其頰。茲之所祀殆即亞子歟？近世講新學者謂優伶演戲致能感人，故演戲亦教育家事，學校生徒皆效優伶，謂優伶與士大夫無低昂，猶娼妓與諸姑姊妹之號稱夫人者無清濁也。嗚呼！世界一戲場也，人類一優伶也，又能歧視亞子而不爲之題聯乎？題一聯質諸亞子，亞子得毋有生不逢時之慨歟？

聞你優伶界都成教育家，世變如斯當賀你；
屈君熱鬧人長閉荒涼地，我來未免又憐君。

從來有事於五泉山者皆有事於祠廟者也。余獨注意於山水清奇，林泉幽勝。故小蓬萊而外，又有話月園、拈花塢、枕流老圃、層碧山莊，皆昔之所無，而今之所增者也。

話月園在浚源寺門內西北隅，題門聯云：
　　　　且隨機種竹栽花，長倩菩提開笑口；
　　　　倘有意貪山戀水，也成魔障擾禪心。

拈花塢在浚源寺門內東北隅，題門聯云：
　　　　白鳥忘機，任林間雲去雲來雲來雲去；
　　　　青山無語，看世上花開花落花落花開。

枕流老圃居小蓬萊門外，與話月園相連，二而一，一而二者也。資西巖飛瀑下流之水灌溉之，舊爲荒園，僅有梨數株。此次爲擴其地約三畝許，添種花竹，當能蔚爲勝境。其西牆高樹茂密處，起樓三楹，曰"夕佳樓"，樓下曰"亦愛廬"。其牆東梨花影裏亦起數椽，顏之曰"醉梨亭"。

余平生不主張人修寺建廟，惡其勞費於無用之地也。今老矣，忽變平生旨趣，時爲之耶？命爲之耶？抑時命不猶被驅遣於運數之中而不能自已耶？每一思之，不覺失笑。因戲用白話體，題一聯懸於醉梨亭，梨花開時，高人韻士之醉於斯者當對之而更進一觴也。

　　　　才叫冤枉呀！拿許多有用精神我來修廟；
　　　　再說什麼哩？能做個正經事業誰愛遊山。

余憂患餘生，齒凋髮禿矣！生者無幾時，而猶時時抱杞人之感，是豈可已而不已乎？抑人之歡欣憂戚，亦有不能自主者乎？題一聯懸於亦愛廬，寫我憂乎？抑秋蟲唧唧，不能作春鳥之和聲乎？時之於人大矣哉！

　　　　壯士醉呼天，黃種仗誰存祖國？
　　　　名山來避地，白雲隨我入吾廬。

拈花塢地不過半畝，而分高低爲兩層：下層有餘香館、有桑徑沿、有松徑沿。上層則有擇步山房。

餘香館門臨流水，最宜花木，風朝雨夕，課我園丁，收效當不遠也。題聯云：

清泉怪石且徜徉，綠水環人也似勾留我輩；
野草閒花都管領，蒼天派我只容遊戲人間。

桑徑沿築屋四楹，去餘香館數步，老樹蔭之，擬添桑數本，以副其名。題聯云：

我是無聊時節無聊人，且料理谿山，度當世無聊歲月；
你趁有趣林泉有趣酒，快招邀儔侶，過大家有趣光陰。

松徑沿亦無松也，當爲種松。屋四楹，與桑徑沿同，同踞層碧山莊西崖之上，下臨萬綠，眼底如茵。題聯云：

愁來何處最相宜，且留連泉石山林，覓靜中造化；
醉裏有懷難自遣，每借取風雲月露，卜世上安危。

擇步山房當四達之途，居中爲轎形，四面軒窗，皆通來往，東與挹秀門相值。挹秀門者，由東偏入浚源寺之旁門也。入門過小橋，昇階即至山房，從此四通八達，頭頭是道。題聯云：

進門來有賢、有聖、有佛、有仙，他曾將宗旨說明分爲三教；
這路是可東、可西、可南、可北，你須要主意拿定走那一條。

山房之西與"無想無結無愛天"相值，從此便到大雄殿院內矣，題檐額曰"同歸殊塗"，聯云：

引進來觀山玩水，人可投正路；
能通到見性明心，地莫笑旁門。

山房之北，下臨拈花塢如臺然，就臺上演戲，人在餘香館、桑徑沿、松徑沿者，皆可坐而觀也。題檐額曰"尋真樂"，聯云：

這上頭酌酒好,飲茶好,當戲臺亦好,一旦好時誰不大呼好！好！好！
那裏面參禪難,悟道難,講儒術更難,十分難處你須莫説難！難！難！

山房之南,形猶北也,惟階前就山坡分爲三級,每級闢地可數弓,栽樹數株,當雜群花掩映之,因題檐額曰"接餘歡",聯云:

眼前路太不平,偶調絃乘興放歌,只剩當場唾罵；
頭上天早已醉,即把酒高聲去問,無非夢境迷離。

接餘歡階前西行,循小徑斜上,有亭曰"滌煩",以檐前有流水故也。亭西通東禪院,與大雄殿最近,鐘磬聲時在耳邊。題聯云:

戴將箬笠上山來,覓巢父平章風月；
借個蒲團涼處坐,陪釋迦修理乾坤。

層碧山莊在"樂到名山"大門外東偏,得地可畝餘,與桑徑沿、松徑沿相接而不相通。兩沿地視山莊高丈餘,人之遊兩沿者,自山莊望之,如在雲中也。兩沿人俯視山莊,又如海上神山,可望而不可即。

山莊係未墾地,因沿上水可資灌溉,故開闢之種樹、栽花,尚須人力。倘培植有方,數年後從沿上望之,不別有天地乎？

五泉山無人不呼之爲南山,廟宇皆就東西兩飛瀑之中峰修建,無人不謂爲北向。以指南針定之,實居西南,維去正南甚遠。層碧山莊之門,正南門也。門內直徑處,起屋五楹,正與南山相對,講羅經者所謂正子午也。在山之人測日影,占四時早晚,得此可不迷於方向矣！因取陶靖節"悠然見南山"句,題其額曰"悠然堂"並題聯云:

可有東籬乎？五柳蔭中我願追隨元亮；
此亦北窗也,萬花風裏誰能高臥羲皇？

嗚呼！余用靖節先生故事題此聯額，不覺感觸之紛披也。先生以簞瓢屢空，終於柴桑栗里閒，山林逸品，人仰白雲已！吾生平所見王侯池館、將相園林、商賈富豪之別業，騷人遷客不得志於時者之齋居，無不借先生語以自重。悠然堂之聯額，其亦此類也歟！

嗚呼！先生隱者也。世之隱者有兩派：抱經世大略，無行道時機，藏器以待者，渭濱、莘野是已；後世則南陽以之。大義所在，不降志辱身，把臂入山，窮阨不悔者，夷、齊是已；後世則先生以之。南陽有可出之時，所謂"窮則獨善，達則兼善"者也，是隱而不遯者也。先生無可仕之理，所謂忘懷得失，以此自終者也，是隱之可悲者也！

嗚呼！先生之可悲者，無非一姓之存亡，一家之興廢，一人之榮枯耳，羲皇之山河如故也，政教如故也，精神命脈如故也。以先生任真自得之天懷，超然於存亡、興廢、榮枯而外，北窗高臥，與古為徒，不獨為勝國之典型，亦且為興朝之模範矣！若夫羲皇之政已淪，羲皇之教已泯，羲皇之精神命脈毀棄斬絕而無存，萬里河山雖云如故，而誰家天下亦將不屬羲皇矣！只剩此羲皇血統、孑遺子孫，日奴隸於強者之刀碪、富者之財幣、相爭相奪者之威權，昏昏然偫一日之飽而不足，猶茫茫昧昧，日誇於人曰"我將自由也！我將平等也"！恐自由、平等未及講求明白，而此羲皇血統、孑遺子孫，皆換為他人之骨矣！即世外東籬、籬邊黃菊，又能不淪為異域、化為異種乎？嗚呼！羲皇之大夢已殘，臥於何有？黃種之臥且不安，高於何有？此又先生所不及知，而余則願以先生之靈，啓牖我四萬萬人而期其自覺者也！

工既告竣，而泉之標而出者僅得其四，所謂蒙泉者不與焉。

蒙泉在東巖下，即俗呼爲東龍口者。懸崖瀑布較大於西巖，而地不若西巖之廣。然近年來樹木漸多，依然妙境，倘略爲料理，豈惟谿山無向隅之感，而林泉皓月不處處皆圓乎？余老矣，願留此有余地步，俟後之人彌其缺焉！

凡舊存新募之欵，共用蘭平銀肆萬捌千陆百肆拾肆兩壹錢捌分伍釐，老元貳千零柒拾叁千伍百肆拾文，沙元貳萬貳千肆百零柒千陆百伍拾壹文。另有碑詳細表明，以垂久遠。

嗚呼！自隄坊大潰，洪水橫流，吾國人非爭權奪利，即苟活偷生，四海沸騰，江河日下，人無正業，家無遠圖，即疇昔經營已成規畫，亦明消暗剝，岌岌可危，風雨飄搖，茫茫前路，又有何事之可言？借山林營造，活間巷焦枯，似尚爲無聊時節之一事也。不圖兩年以來，銀價則日減一日，較前已低二倍矣！工價、料價則日增一日，較前已超二倍矣！以工程言，用欵已覺其多，以濟貧言，爲日猶嫌其少。蓋世變無已時，斯生機之愈進愈迫者，人不能定其數，時不能限以年也。哀我人斯，竟不獲重見太平乎？不禁爇心香一瓣，向日月星辰而外大呼蒼蒼者天！

重修小西湖記

序

甲子春仲,銅山陸公洪濤檄其屬僚李君宗綱監修小西湖,副以楊君映斗、劉君樹森。又慮三人者夙未嫻土木事,輾轉屬吾甘人之仕於蘭者勸余爲指導之。余本江湖散人,造此遊戲場,以與吾鄉人士共偷歡倖樂於渾沌乾坤之内,亦消愁之一法乎?越冬十月,池、臺、亭、榭以次告成,爲表其名稱,綴聯語以分記之。俾後之人有所考焉!五泉山人識。

湖在蘭州城西約三四里而遥,縱橫占地約百數十畝。門東向,出門一笑看浩浩蕩蕩黄流之走東海者從左腋邊曲折奔騰而下,亦壯觀也。光緒間湘鄉楊公昌濬從兩浙移督吾甘,增葺池臺,添種樹木,題門額曰"小西湖"。小西湖之名自此始。兹爲益一門聯云:
　　　　印來明月一潭,青靄冥冥,此地上通星宿海;
　　　　傍着大河九曲,黄流滚滚,出門如見浙江潮。
　　入門從湖南西行約數十步,北向有廟祀龍神,土人呼爲龍王廟,其實泉神也。廟前有泉瀦之,水極盛,爲甕如半月形,約以石欄。每當夏日,蘋藻縱橫,遊魚嬉戲,於天光雲影之中,憑欄俯視,使人有濠上之思。廟踞泉上,門三楹,殿三楹,院中東西各有小門。從西門通入,南行折而西,東向起磚門三,爲題額曰"早紅院",朝霞最艷也。從東門通入,南行折而東,西向起磚門三,爲題額曰"晚紅院",夕陽最佳也。
　　廟南依古長城,地勢甚高,立門檻前,泉影湖光皆能仰答遊人,送乾坤清氣於襟袖間,以助其懷抱。楊公曾集句爲門聯云:"山川出雲作霖雨;樓臺倒影入池塘。"可謂妙造自然,亦落落大方矣! 聯係公手書,懸於檐前,兹因尺度不合,移箝於門中,而爲檐前增一長聯云:
　　　　在人間住行雨池臺,通河水汪洋,長有恩膏流萬里;
　　　　替天上作爲霖事業,把神功收斂,從無德色到三農。

廟之殿既祀龍神，余擬題額曰"雲從殿"。雲固從龍者也，然泰山之雲不崇朝而雨徧天下，拘拘於一小西湖中，烏足盡神之變化乎？神得毋有不足迴旋之慨乎？爲聯於楹柱以廣之，神當許我矣：

何人不盼望雲霓，當通知河漢江淮，邀四海同心，霖雨釀成天下樂；

隨處要撥開煙霧，爲抬舉星辰日月，發九乾正怒，雷霆打出世間春。

早紅院内東向者曰"嘉雨軒"，北向者爲題曰"思鱸齋"，南向者爲題曰"藕香館"。

晚紅院内西向者曰"惠風軒"，北向者爲題曰"夢魚齋"，南向者爲題曰"盟鷗館"。

嘉雨、惠風兩軒，相傳爲明肅藩所題，楊公修葺時因而書之者也。《志》稱湖之初名曰"蓮蕩池"，明肅藩瀦神泉水爲之。數百年來，迭遭兵燹，時廢時興，自余有知識以至於今，田海變遷，已歷歷在眼。光陰老去，忽戴將白髮，爲鶄鳧鷗鷺來作主人。因題兩聯於軒之楹間，蓋不無今昔之感也。

嘉雨軒聯云：

只我生六十年中，便見兹秋水一泓滄桑幾度；

任他到萬千劫後，總有個春風二月花鳥重來。

惠風軒聯云：

兒時爲遊釣而來，捉因風柳絮，聽隔水笙簧，便覺人間皆樂趣；

老去有登臨之感，盻映日荷花，起看山樓閣，別開仙境養天倪。

自小西湖之名著稱於時，遊賞者輒喜借西湖勝跡以比擬之。湖東數里外，大河之北，有巍然高聳者曰白塔山，山有白塔也。塔建於明正統、景泰間，歷時僅四百餘年，故猶特立獨存，高出雲表，題詠家往往以之擬"雷峰夕照"。吾聞雷峰塔傾於今年八月二十七日,而東浙亦聞有戰事。題一聯懸於思鱸齋,又不免環顧中原之慨也。

　　杭州勝跡倒雷峰,願北山孤塔凌空,萬古雲霄長矗立；
　　華夏頻年增戰壘,祝東浙大湖無恙,六橋歌舞是昇平。

　　西湖勝跡有岳王墳,有蘇小墓,英雄兒女各千秋,題詠家往往及之。余亦附會爲一聯,可以補夢魚齋楹間之缺也！

　　壽骨千年化老松,邀夢裏岳王爲我也應添古跡；
　　美人一去空香草,話意中蘇小又誰在此比芳魂？

　　凡湖山名勝地,最不宜有者匠氣、金銀氣、豪強勢力氣,而被髮祭野之感,尤有餘恨矣！爲一聯懸於盟鷗館,鷓鴣、鸚鵡其有知也耶？其無知也耶？

紫塞風光見鷓鴣,問爾自南來,那錢塘江處處荷花,曾否都成新世界；
青春時節聽鸚鵡,說我原西產,這金城郡年年芳草,迷離猶戀舊池臺。

　　嗚呼！吾國自紀綱廢墜,人發殺機,滿地干戈,幾無一片乾淨土。吾蘭獨徼天之倖,尚能於荻蘆深處,萬柳叢中,覓花鳥蟲魚之樂。嗚呼！是豈真樂也哉？爲一聯懸於藕香館,登臨瞻眺於斯者,其以余爲仰天長嘯乎？抑以余爲長歌代哭乎？

　　何必說杭州,能逍遙故國山河,頭上有天皆樂土；
　　既然通瀚海,莫辜負邊關風月,眼前餘地是歡場。

　　藕香館之背,地勢約低,尋餘屋三楹,高踞其上如樓然。偶一憑欄,近水遠山,天然畫本。爲題額曰"疑是樓",題聯云：

　　呼鄉中子弟遊來,爲言吾蓮蕩池旁,近代勳名彭濟物；
　　祝海內英賢到此,也似那岳陽樓上,滿懷憂樂范希文。

　　嗚呼！自范文正"先憂""後樂"兩言垂之不朽,而岳陽樓亦地以人傳矣！人才之所係大矣哉！近數百年來,吾蘭人才之以勳烈著聞於世者彭襄毅一人而已！襄毅名澤，別號幸菴，濟物其字也。墓在湖西，去湖約里許，土人呼爲"彭爺墳"。後之人遊於斯者，其亦聞前徽而思自奮也哉？

嗚呼！余嘗謂人才者國家之命脈、閭里之精神。國無人，國斯空矣！家無人，家斯落矣！閭里無人，閭里斯墟矣！故培養人才之念，爲生平第一宗旨，寤寐不忘，馨香禱祀者也。是以題詠所至，不免時時發露此旨。兹復爲一聯，仍懸於疑是樓，鄉之人勿厭余言之煩數也。

個中是一派天機，魚鳥飛潛皆自得；
從此孕萬年地脈，山川靈秀出人來。

疑是樓居廟之西，其居廟之東而與疑是樓同一形勢者，則盟鷗館之背也。爲題額曰"也非臺"，題聯云：

請遊人察上下鳶魚，觀躍觀飛可通於點水蜻蜓、穿花蛺蝶；
呼野老問高低禾稼，勤耕勤播當勝此曉風楊柳、初日芙蓉。

《桃花源記》，靖節先生寓言也。本無世外，焉有桃源？今則航空術將盛行，天外且無桃源，而況世外？余嘗戲言古之人動云"以酒消胸中塊壘"，今之塊壘，強水且不能開，而何有於酒？以此意爲一聯，仍懸於也非臺，遊賞者殆又笑余之不能忘情於斯世乎？

更無廊廟，偏有江湖，飄來一葉扁舟，世外桃源能到否？
莫問山河，只談風月，澆得幾杯濁酒，胸中塊壘便消乎？

起笙歌於水上，消濁酒於湖邊。避城市煩囂，又破山林寂寞，人之情往往如是。古之至人，動中求靜，鬧裏尋幽，身在人間，心超世表，尚已。若夫往哲遺蹤，英賢嘯詠，如嚴灘，如謝墩，如右軍蘭亭，如工部草堂，如摩詰輞川，如東坡赤壁，大名不朽，勝地亦彰。題聯於盟鷗館，以祝我遊人。前徽已遠，來日方長，提壺挈榼之儔,當有繼名流而起者矣!

悟不來富貴浮雲,即春風兩岸,作終日遨遊,難覓幽人真境界;全要仗英雄名士,借涼月一灘,寫平生懷抱,便能傳我小湖山。

早紅、晚紅兩院,皆由廟門出入。出廟門,循階而下至平地,折而西行不十數武,於楊柳陰中,南向起一坊,顏曰"瀛洲",題其背曰"柳浪聞鶯"。過瀛洲坊約行十數步,度橋則至湖心矣。湖心地不過四五丈許,湖水環之如洲然。楊公營造時起一閣,題曰"來青",已朽敗矣。爲築其地,增而高之,擴而廣之,建亭爲三層八角形,遠望之如塔然。題其額曰"宛在亭",聯云:

每從楊柳陰中,放槳閒遊,偶趁清風來世外;安得荻蘆深處,移家小住,不須流水到人間。

湖之舊名固稱"蓮蕩池",《方輿紀要》又稱"蓮塘池",土人則至今呼爲"蓮花池"。然余生平未見湖中有蓮花也,説者謂"地高寒,不宜蓮"。因題聯仍懸於宛在亭,爲湖解嘲耶?博遊人一笑耳!

船中載酒古狂多,柳絮風前不可輕如柳絮;琴上無弦真樂在,蓮花池裏何須定有蓮花。

宛在亭在水中央,蘆花四面,楊柳一隄。當風和日暖,宿雨初晴,聽鶯聲燕語,看蝶舞蜂狂。余有所感,又題一聯云:

誰不爲行樂來乎?都養成藹藹和聲,柳外燕鶯曾對語;我疑是化工錯了,只賦與些些生氣,花間蜂蝶便相争。

萬物之殺機皆伏於生機之内,但有血氣,莫不鬭争。雖微如蜂蟻,細如蟭螟,亦烏能免?噫!果腹謀生之氣質出於天然,弱者之肉遂公然爲强者之食矣!而人則嗜好尤多,機詐尤甚,故相殺、相殘之禍莫烈於人群。吾聖人知其然也,本人之所以異於禽獸之天性以立教,樹之以綱常,濟之以刑賞,而又爲之謀食、爲之謀衣、爲之謀宮室，使無賢無愚、無貴無賤，皆養生送死無憾，而不敢踰於禮教範圍而外，故世之盛也，相親相讓，息彼我之爭，而萬物得所。自生存競爭之説盛行於世，世之講生物學者以古昔所稱"人爲萬物之靈"者爲誇誕，而納人類於禽獸、鱗介、昆蟲之内，比而觀之，世之人遂視禽獸、鱗介、昆蟲之互相吞噬，爲天賦之自然，反疑吾聖人之教讓平爭爲後起、爲作僞。嗚呼！以競爭圖生存，其末流之弊，將人類之滅絶皆由於競爭矣！學説之禍人，甚於洪水猛獸，不信然歟？

嗚呼！吾國先哲亦嘗静觀物理矣！《三百篇》中借鳥獸草木爲比興，以激發人固有之良者，不可勝數。戒蜂蝶之相爭，學燕鶯之對語，亦風人遺意也歟？

出宛在亭，從瀛洲坊外，蔭高樹循湖西行，折而北，又折而東，繞湖半周，於路南見翼然高出雲霄者，則"釣灘坊"也。釣灘坊爲此次所增修，而以"釣灘"兩字題額者，其陰則顏曰"魚天樂地"。釣灘坊之南有橋，橋之南即釣灘。灘上舊有亭東向，爲移而南向，可以避座中紅日也。爲賦兩聯，而題前後額曰"羊裘室"，曰"煙水尋盟"。

羊裘室聯云：

都能摇雙槳波瀾，在武陵源外，灔澦堆中，擾擾風雲當過客；
誰又是一蓑煙雨，歎渭水河邊，富春山下，茫茫天地幾漁翁。

煙水尋盟聯云：

每隨雲往雲來，避世俗煩囂，一片夕陽人駐馬；
不管春寒春暖，任天機活潑，十分真樂我知魚。

從釣灘坊外東行數十步，於湖邊路北得一亭曰"螺亭"，盤旋而上如螺然，亦楊公所築者。兹略爲恢擴，仍舊形爲六瓣，而加外檐爲兩進，容人多矣。登其上睹垣外河流，頓增豪放。西山一帶，晨煙暮靄，又清氣襲人。爲題聯云：

　　淘不盡萬人幽恨，四海窮愁，任眼底大河東去；

　　看得開百歲流光，一場春夢，覺懷中爽氣西來。

又有一聯云：

　　登臨髣髴上孤山，度亭外簫聲，可有神仙來放鶴；

　　遊賞分明投絕域，覓水中鞭影，更無豪傑肯騎驢。

林處士之鶴，韓蘄王之驢，遊西湖者誰不聞千秋佳話。一則梅花繞屋，忘卻紅塵；一則百戰歸來，逍遥世外，高風逸趣，皆足爲戈馬縱橫中一付清涼散也。天水張子京君借此事，爲此聯。余爲增減數字而懸於螺亭。

去螺亭數十步至東北隅，折而南行至湖門，仍西行赴廟，而湖之遊畢矣！楹聯長至數十百字便少神韻，余固不喜爲之。茲題湖聯，偶得一長至五十四字者，長則長矣，去題似遠。余乃恍然於文章之空衍者去題不遠，便不能長。書於板壁，質之遊人。余性善憂，往往發爲冷語，乘興而來者偶見之，勿興盡而返也。

　　奇愁敢説酒能消，當初一畫開天，傳之堯、舜、禹、湯、文、武、周、孔，萃列聖真精神、真脈絡，授受五千年，遇繼起兒孫都看成那秋後黃茅、風前白葦；

　　春夢偶從花外覺，溯自三皇治世，到了秦、漢、隋、唐、宋、元、明、清，經累朝大豪傑、大英雄，維持四萬里，被無情造化盡付與這霜中紅葉、水上青萍。

湖之樹尚嫌少，湖之蒲葦、蛙魚，亦不若昔年之盛。從此栽培長養，能挹黃流活水以灌注之，料理得人，雖區區者非洋洋大觀，亦勝境也。此則李君輩任管理之責者所當勉爲之事，余不復過問矣！

辛壬賑災記

我中華改建民國後夏正庚申冬十一月朔七日，隴上地大震，被災之縣以十餘計。吾鄉人之旅於京者聞變，函電交馳，斷斷以倡捐救災相敦迫，而尤以綜理出納之責囑望於炘。當是時，省署已設有籌賑公所，以省垣紙幣推行於各災區，諸多滯礙，而掌甘政者適又新舊代更，遂徇京電，撤銷籌賑公所，賑務一歸紳辦。炘乃忝以紳士名義，立震災籌賑處專司其事，而邀王竹民烜、李興伯蔚起共襄贊之，時則辛酉春正月二十有一日也。
　　越夏秋六、七月間，外縣之以雹災告者又日有所聞，乃拍通電，統籌甘賑，不復拘拘以震災爲限，從此綿綿延延，至癸亥夏四月十有六日而始竣事。
　　其間同人之奔走呼吁以與炘相應和者，在都門則有王少魯學曾設立之"隴右公賑會"，柴東生春霖設立之"賑災救濟會"，李浚潭克明設立之"賑欵經理處"。在滬上則有甘人公立之"救濟會"，公賑會分立之"震災獎券局"。在日本則有留學諸子倡立之"同鄉會"。其他仁人義士聞風解囊者相望於海內，歷時閱二十有七月，收欵三十萬兩有奇。兹將出入項目分條列敘，昭示於人。

其收入項下則有：
　　徐大總統捐：蘭平現銀柒千壹百兩；
　　北京賑務處捐：蘭平現銀壹萬肆千貳百兩；

北京華北救災協會捐：蘭平現銀柒千壹百兩；

漢口慈善會捐：蘭平現銀柒百壹拾貳兩；

浙江省捐：蘭平現銀叁百伍拾陸兩；

廣西省捐：蘭平現銀伍百零柒兩壹錢伍分；

黑龍江省捐：蘭平現銀柒百壹拾兩；

吉林義賑會捐：蘭平現銀貳千壹百叁拾兩；

新疆省捐：蘭平現銀伍千捌百捌拾壹兩肆錢伍分，蘭平票銀壹百肆拾貳兩，大洋貳元；

新疆省捐：棉花玖萬玖千零柒拾玖斤，售蘭平現銀貳萬伍千壹百貳拾陸兩叁錢伍分；

新疆省捐：鐵條壹萬捌千伍百捌拾玖斤，售蘭平現銀貳千零玖拾叁兩肆錢貳分；

四川陝甘公所捐：蘭平現銀伍拾兩零壹錢捌分；

山西代縣捐：蘭平現銀貳百壹拾叁兩陸錢；

熱察綏巡閱使王捐：蘭平現銀柒百壹拾兩；

杭州督軍盧、省長沈捐：蘭平現銀叁百伍拾陸兩；

日本同鄉會募捐：蘭平現銀陸百玖拾玖兩貳錢叁分；

旅滬賑災救濟會募捐：蘭平現銀玖拾玖兩肆錢；

旅京賑災救濟會募捐：蘭平現銀貳萬肆千玖百壹拾伍兩壹錢肆分柒釐，大洋伍拾圓，蘭平票銀壹百零陸兩伍錢，加水票銀柒拾壹兩；

旅京隴右公振會募捐：蘭平現銀貳萬貳千肆百肆拾玖兩零叁分，大洋貳千圓；

駐京甘肅賑欵經理處募捐並經匯公賑會移交獎券欵：蘭平現銀陸萬貳千零貳拾柒兩貳錢捌分伍釐，大洋陸百圓；

上海甘肅獎券局：蘭平現銀柒萬貳千叁百陸拾叁兩壹錢，大洋叁千圓；

匯欵來蘭倒貼匯費：蘭平現銀玖千陸百貳拾貳兩陸錢叁分叁釐，大洋叁圓；

本省統捐附收一成賑捐：蘭平現銀貳萬伍千零陸拾伍兩；

本省菸酒附收一成賑捐：蘭平現銀壹萬貳千伍百捌拾肆兩肆錢貳分；

本省省內外各界捐：蘭平現銀伍千肆百兩零陸分貳釐五毫，蘭平票銀肆千陸百壹拾玖兩柒錢，大洋壹拾肆圓，錢伍百玖拾肆串柒百壹拾叁文。

其出急賑項下則散放：

海原縣：蘭平現銀肆千壹百捌拾伍兩貳錢，蘭平票銀壹千兩；

固原縣：蘭平現銀叁千捌百壹拾肆兩捌錢；

平涼縣：蘭平現銀壹千兩；

靜寧縣：蘭平現銀肆千兩；

莊浪縣：蘭平現銀壹千兩；

隆德縣：蘭平現銀肆千兩；

定西縣：蘭平現銀伍百兩；

會寧縣：蘭平現銀叁千伍百兩；

靖遠縣：蘭平現銀貳千伍百兩；

通渭縣：蘭平現銀貳千兩；

大通縣：蘭平現銀叁千兩；

平番縣：蘭平現銀伍千零玖拾玖兩捌錢肆分；

平番所屬連城紅城子：蘭平現銀貳千壹百兩；

文縣：蘭平現銀伍千兩；

西固縣：蘭平現銀壹千叁百兩；

武都縣：蘭平現銀伍千伍百兩；

禮縣：蘭平現銀叁千伍百兩；

西和縣：蘭平現銀肆千伍百兩；

成縣：蘭平現銀叁千伍百兩；

兩當縣：蘭平現銀貳千伍百兩；

徽縣：蘭平現銀叁千伍百兩；

天水縣：蘭平現銀叁千伍百兩；

伏羌縣暨所屬何家山：蘭平現銀貳千零叁拾兩；

狄道縣：蘭平現銀柒百陆拾兩；

碾伯縣：蘭平現銀叁千兩；

皋蘭、榆中：蘭平現銀共伍千捌百貳拾壹兩；

撫彝縣：蘭平現銀壹百兩；

永昌縣：蘭平現銀壹百兩；

古浪：蘭平現銀壹百兩；

武威縣：蘭平現銀壹百兩。

其出工賑項下則發：

會寧縣：修五里橋蘭平票銀壹千伍百兩；

會寧縣：修城蘭平現銀貳千捌百零捌兩；

静寧縣：疏浚河道蘭平票銀貳千兩；

静寧縣：修城蘭平現銀肆千捌百壹拾伍兩貳錢；

通渭縣：疏浚河道蘭平現銀壹千兩；

通渭縣：修城蘭平現銀貳千柒百玖拾捌兩零陆分；

海原縣：修城蘭平現銀壹萬肆千玖百肆拾貳兩伍錢；

榆中縣：修河隄蘭平現銀叁百零貳兩肆錢伍分；

省城鹽場堡：修河隄蘭平現銀貳千陸百玖拾柒兩肆錢；

省城東大路左家溝：修橋蘭平現銀柒百零叁兩；

其出省外救災項下則撥捐：

陝西賑捐：蘭平現銀壹千零陸拾伍兩；

直隸義賑會：蘭平現銀貳拾肆兩；

江蘇水災：大洋貳千圓；

北京俄國災荒會：大洋貳千圓。

其出冬賑、春賑項下則發給：

壬、癸兩年省城粥廠費、寒衣費以及散給過境難民、市面貧民：共蘭平現銀壹萬柒千零柒拾柒兩玖錢壹分玖釐，蘭平票銀壹拾陸兩。

其出經費項下則開支：

散賑員赴各災區車價盤費：蘭平現銀肆千玖百柒拾四兩伍錢叁分捌釐，蘭平票銀陸拾肆兩，錢壹百肆拾捌串柒百貳拾貳文；

辦事員役津貼並住宿等費：共蘭平現銀伍百陸拾壹兩，蘭平票銀壹百柒拾壹兩；

匯費、電費、郵費、印刷費、應酬費、紙張筆墨費以及雜項什物等費：共蘭平現銀柒百捌拾捌兩貳錢陸分伍釐貳毫，蘭平票銀壹百捌拾捌兩貳錢，大洋拾元，錢肆百叁拾壹串壹百叁拾伍文。

其剩餘項下則撥：

省內外各縣創設"豐黎社倉"：蘭平現銀壹拾叁萬壹千貳百壹拾兩零貳錢肆分伍釐伍毫，大洋壹千陸百伍拾玖元，錢壹拾伍串捌百零陆文。

附錄：陳誾、劉爾炘聯名致北京大總統、國務院內務部電文

北京大總統、國務院內務部鈞鑒

旅京甘肅賑災救濟會並轉各同鄉、各救災會鑒

陝西督軍省長、新疆省長鑒：

甘肅省地震成災後，急賑雖已辦畢，而人民蕩析離居未能安定，其情可憐，其勢可慮。現正接辦春賑。誾受事後，體察情形，覺賑務重要，非有廉明公正、鄉望素孚之人一力主持，不能得人心而收實效。適京外甘人連電公舉皋蘭紳士劉爾炘專辦賑務。誾久知其人，有爲有守。因函請勉爲其難。爾炘桑梓攸關，已難遜謝，已於蘭州設立"甘肅賑災籌賑處"，以紳士名義綜理其事，所有張前省長設立之"籌賑公所"當即取消，以一事權。爾炘仍隨時商同省長暨各官廳，和衷共濟，以期欵不虛糜，民受實惠，庶漸消地方之隱患。誾等竊查，此次賑災三十餘縣，急賑略爲點綴，用欵已將近二十萬元，接續應辦之賑甚多，需欵甚鉅。我大總統已有惠施，還望從優從速，其各處捐欵已收者望速匯，未收者乞速收，未勸者請力勸。不勝爲縱橫數百里災區之民昂首嘗鳴，迫切待命之至！

創設“豐黎社倉”記

余既肩賑災重任，經歷數月默察靜觀，然後知人類之造劫也爲最易，而造福則獨難。其始不過縱一二强有力者利己之私耳，未幾而播爲習尚，上下交征；又未幾而蚩蚩者之生機遂索然盡矣！偶遇偏災，瘡痍滿地，即合群力以施其補救，而受者之所得，固爲數無幾，況誅求征斂之數十百倍於所施者又相逼而來乎？如牛羊然飢病之餘，尪羸甚憊，甚或方牧以一束之芻，而持剪刀環伺其旁者眈眈焉怒而睨之，惟恐毛之不豐，不足以饜其無等之欲也。嗚呼！推斯術也，以往我中國二十餘行省將何處不成災區，獨能令吾隴九百萬人民出水火而登袵席歟？茫茫前路，險不可言！

吾聞古君子之爲國也，不惟不釀災，而且能防災。耕三餘一，耕九餘三。邦有常經，人有遠慮。今則環顧四方，從全隴六七十縣中問向之常平義社各倉，蓋十無二三焉；其一二幸存者，大抵亦徒擁空名，更無實際。而軍費之惟日不足，預指用途以取之於民者，往往又寅支卯粮。此余之所爲怵目驚心，不寒而慄，決計節欸設倉之所由來也。

先是，當宣統己酉間賑皋蘭水災後，余曾以羨金交商孳息，越乙卯乃立"隴右實業待行社"，而附義倉於其中。蓋其時海内談救貧者動云實業，故同人議處餘欸亦以用辦實業爲最急。奈吾隴限於地、限於才，無從著手，是以先有事於積穀，以待彼時機之來也。茲既有新欵,用設專倉,因將舊欵概歸"實業待行社",改"義倉"曰"豐黎社倉"。因其廠以資儲蓄,又慮儲蓄之不能恢擴也,擇官園廢倉之破敗者,商之官家,劃分修建,用爲外倉。

規畫既定,意在推之全隴,其已由省倉撥助基金。各縣例書於下:

西寧縣創立"豐黎社倉":蘭平現銀叁千兩;

碾伯縣創立"豐黎社倉":蘭平現銀貳千兩;

大通縣創立"豐黎社倉":蘭平現銀貳千兩;

平番縣創立"豐黎社倉":蘭平現銀貳千兩;

武威縣創立"豐黎社倉":蘭平現銀貳千兩;

張掖縣創立"豐黎社倉":蘭平現銀貳千兩;

狄道縣創立"豐黎社倉":蘭平現銀貳千兩;

靖遠縣創立"豐黎社倉":蘭平現銀貳千兩;

榆中縣創立"豐黎社倉":蘭平現銀貳千兩;

會寧縣創立"豐黎社倉":蘭平現銀貳千兩;

固原縣創立"豐黎社倉":蘭平現銀貳千兩;

伏羌縣創立"豐黎社倉":蘭平現銀貳千兩;

秦安縣創立"豐黎社倉":蘭平現銀貳千兩;

武山縣創立"豐黎社倉":蘭平現銀貳千兩;

武都縣創立"豐黎社倉":蘭平現銀貳千兩;

臨潭縣創立"豐黎社倉":蘭平現銀貳千兩;

西固縣創立"豐黎社倉":蘭平現銀壹千貳百兩。

此外,由財廳欠交附收賑捐項下承認每縣撥欵貳千兩,而只撥半數者曰通渭;全數未撥者曰静寧、曰定西,其他無人負責之縣不論矣!其雖有人而鑒於前車不敢承擔者曰天水、曰導河;其去函囑其舉承辦人而迄無響答者曰平涼、曰寧夏。至受欵諸縣，其具報成立者曰西寧、曰大通、曰西固、曰靖遠、曰平番；其不惟成立，而且增籌他欵、恢張擴大者曰狄道；其久未成立者曰秦安、曰伏羌、曰臨潭、曰會寧、曰固原、曰榆中、曰武山、曰武威。其欵已撥而收欵人迄無片紙報籌辦情形者曰張掖、曰武都。其欵已領而官紳分管含糊延宕、查究不清者曰碾伯。

余於是而知，禮教之範圍於無形、爲萬事之本者不可一日而隳也。禮教放失，綱紀遂掃地無餘，納世人於任情自恣之途，如野馬之失銜勒，而惟芻豆之求。於是强者劫奪，弱者竊攘，黠者且假公以利己。號稱"賢智"者流，非委化任天、超然世外，即默移趨向，藉便身圖血氣之倫，罔不犯義犯刑，略無顧忌，誰復能操之、縱之、磬控之，以施其駕馭之方也歟？

嗚呼！失銜勒則天下無能用之馬，失禮教則天下無能用之人。既無能用之人，焉有可成之事？又何怪吾區區志業，如蜂蟻之經營於一枝之上、一隙之中者，亦荆榛滿目、舉足難行也哉？

已矣乎！規矩亡則公輸不能爲巧，六律亡則師曠不能爲音。禮教者經綸天下之規、律也。世有求治之公輸，想望太平之師曠乎？當知所先務矣！

丙寅夏五月，蘭垣告警，戎馬蒼黃。慨風雲之多變，念舊事之易忘，因敘其顛末，俾後之君子有所考焉！

主編專輯

甘肅人物事略

序

　己未、庚申間,在五泉山修了一座太昊宮,擇我們甘肅自伏羲到清朝的大人物供奉在裏面。地方上的人,能把地方上的人物常常記在心裏,便是個榜樣。所以又請李君九如、王君國香、王君文煥、水君梓、李君鳳鳴、李君蔚起,把所供奉的人物擇出事跡來,用俗話寫在宮牆,教人看看。劉爾炘謹識。

上　古

太昊伏羲氏　姓風，是成紀人。今隴南各縣，屬古成紀的甚多。相傳生在天水，是我們中國文明鼻祖。因上古人民知識淺陋，他畫八卦、作書契，我們中國才有了文化可言；教人打獵捕魚，並講畜牧，人民的生活才有了進步；又見人民男女無別，歲時無準，更沒有百官之制，始創了個婚姻禮節，做了個周天甲曆。釐定了個官制，人民才有了正當的夫婦，一定的年月，政治的規模。在位凡一百一十五年，是中國第一位大聖人。現在天水縣有伏羲城，東郊有畫卦臺遺址。

匏媧女皇氏　是伏羲的同母弟。生而神靈。伏羲創婚姻制度時，女皇輔佐，定出媒妁的辦法，所以後世稱他爲神媒，并創嫁娶儀節，教人民以鳥獸的皮革爲定婚的禮物，就是後世納幣禮的起源。伏羲氏殁，共工氏作亂，女皇誅滅了共工。又作笙簧，改弦瑟，音樂大有進步。現在秦安隴城鎮有媧皇故里坊。

岐　伯　是北地人。今寧夏慶陽一帶，皆屬古北地。岐伯生於何縣，無從查考。我們中國的醫學，創於黃帝，岐伯是黃帝的臣，黃帝教他作《內經》，發揮醫道。他作了《素問》八卷，《靈樞》八卷，並行於世，是爲後世講醫學之祖。

春　　秋

壤駟子　孔子弟子，名赤，字子徒，清水人。唐贈"北徵伯"，宋時封爲"上邽侯"。從祀孔子廟廷，稱先賢。

石作子　孔子弟子，名蜀，字子明，伏羌人。唐贈"石邑伯"，宋時封爲"成紀侯"。從祀孔子廟廷，稱先賢。

秦　子　孔子弟子，名祖，字子南，秦人，唐贈"少梁伯"，宋時封爲"城鄆侯"。從祀孔子廟廷，稱先賢。

漢

趙充國　隴西上邽人，上邽即今之清水。自幼愛學兵法，善騎射。武帝時，隨着貳師將軍李廣利去伐匈奴，被匈奴圍住，他帶着百十個壯士，從萬馬軍中冲突出來，受傷二十多處。武帝甚喜，驗明傷痕，給了個中郎官職。隨後便成漢家名將。神爵元年，西羌作亂，宣帝想用兵，因他年老，教他舉出人來，他卻情願自己去察看情形，酌定辦法。他到金城想出一個屯田法子，教兵丁們無事時耕田，有事時打仗，説這個法子，有十二樣好處，就在西寧一帶辦起。果然不煩一兵不折一箭，竟把西羌平服了。我們中國屯田的良法，從此開端，所以後世都稱充國爲漢家名將。

金日磾　匈奴休屠王的太子，即今張掖人。爲人忠實小心，事武帝數十年無一點過錯。莽何羅謀逆，日磾早窺破他的意思，常隨着他左右，十分防閑。一日武帝遊林廣宫，日磾隨駕，因有病，暫在別室休息。何羅乘這個機會，帶兵到林廣宫，天猶未明，就闖進宮,這時日磾正在廁中,忽然心動,急來户前站着。何羅身藏利刃,從東廂房上來,猛見日磾,就發了惶。心想走進武帝臥房行刺,走得急了,碰到寶瑟上,跌了一交,日磾忙進前,兩手抱住,大叫:"莽何羅反了!"武帝聞聲警覺,日磾已將何羅摔在殿下,大衆登時拿住,審了一番,招出口供,殺了。日磾因此封爲秺侯。

辛慶忌 狄道人。幼年隨長羅侯常惠在西域屯田,很立戰功,官升到執金吾。又在張掖、酒泉、雲中各地方作太守,威名大震,敵人不敢侵犯邊疆。成帝時,槐里令朱雲一日面奏:願借上方斬馬劍,斬佞臣張禹頭,以警戒那些一味奉承不忠的人。成帝大怒,説張禹是朕的師傅,這小臣竟敢輕侮,立命把朱雲綁了。滿朝文武不敢發言,慶忌跪到階前,叩頭求恩,碰的頭破血流,成帝才大悟,知道朱雲是個直臣,當下釋放。人都誇慶忌能在皇帝發怒的時候,不避禍福抵死的救護正人,真是難得。

東　　漢

王　符　安定臨涇人,即今鎮原。自幼愛讀書,性情高尚,有志氣,有節操,與馬融、竇章、張衡、崔瑗一班有學問的人交,所著書名《潛夫論》。漢家自和帝、安帝以後,人都以作官爲重,互相標榜,一個舉薦一個,一個提拔一個。他既不肯隨俗,也就不得一官,因此把做官的念頭打消,作了幾篇書,想把當時風氣改變,又不願人知道他的姓名,所以叫作《潛夫論》。這《潛夫論》,共計三十多篇,内中最著名的,就是《後漢書》上列出來的《貴忠》《浮侈》《實貢》《愛日》《述赦》,共五篇。

傅 燮 北地靈州人，即今靈武。爲人最重義氣。靈帝時內監專權，燮甚嫉惡。一日奉命同左中郎將皇甫嵩伐妖賊張角，臨行上一奏摺，説内監的壞處，被趙忠看見，恨極。後來他破了張角，很有功勞，被趙忠讒害，不但未封侯，反貶爲漢陽太守。到任以後，辦事有名。不料有個刺史耿鄙，平日作事不得人心，忽然領兵往金城地方，伐反賊王國韓去。燮知一定壞事，極力攔當，不聽。到了狄道，所領的兵果然反了，把耿鄙殺死，就來圍了漢陽，漢陽城中兵少，又没有糧，燮極力把守。圍城的賊，內有胡人數千，是燮的同鄉，平日沾過燮恩，都跪在城外，説情願送燮回鄉。燮的兒子傅幹，年才十三，也哭哭啼啼勸燮。燮説："古來有個伯夷，遇着殷紂王那樣昏主，還要盡節。現在的皇帝很好，我們平日吃俸禄，到這個時節，還想躲避嗎？"遂決意不去，賊又派黃衍來説，燮復提劍大罵，催左右進兵，遂戰殁了。後來諡爲"壯節侯"。

蓋 勳 敦煌廣至人，即今敦煌。爲人有志節，靈帝時，羌人把護羌校尉夏育圍困在畜官地方。蓋勳那時作漢陽長史，領兵在阿陽屯紮，得了消息，急帶兵去救，到了狐槃，被羌人打敗，身帶三傷，仍然不退，決意要戰死。有羌人名叫滇吾的，平日受過勳的好處，忙喝住衆兵，説蓋長史是好人，殺了有罪，勳大罵："你這反賊，懂得甚麼？快來殺我！"衆賊面面相覷，滇吾下馬讓與勳騎，勳不肯，遂爲衆賊所執。羌人見勳這樣有志節，不敢加害，仍然送到漢陽。後來升了京兆尹。參辦中常侍的兒子楊黨贓罪，皇太子託勳把小黃門高望的兒子舉孝廉，勳不聽。董卓在朝專權，大衆都恭維，勳不肯屈下。像這樣有氣骨，能不令人佩服？

皇甫規 安定朝那人。相傳今華亭縣爲其故里。生有氣節，舉賢良方正時，正值梁太后臨朝，他所對的策，偏有得罪梁冀的話，因此列在下等。他遂託病回家，講學度日。延熹四年，朝內三公舉他爲中郎將，領兵平了各種羌人，又把涼州各屬貪官污吏，參的參了，辦的辦了，羌人很佩服，就是從前動輒反叛的也都投降了。論功應該封侯，不料有個內監徐璜向他要錢，他執意不肯，徐璜於是誣他受過羌人的賄，不但未封侯，且有罪了。一時太學的學生張鳳約了三百多人，替他叩閽鳴冤，朝廷因此復放他作度遼將軍。後來黨錮禍起，凡平日有些聲名的，人人擔憂，深恐牽連在內。規却心裏想道，這黨錮裏面，都是些有名人物，我平日也算西州的一個豪傑，如今反不在內，甚是可恥。乃自行檢舉，說："我也是黨人，情願同這些人受罪。"朝廷雖然不理，但他的聲名因此越大了。當時的人，越稱道他的賢德了。

皇甫嵩 是皇甫規的姪子，有勇有謀。靈帝時，有個張角，用邪術愚弄百姓，以黃巾包頭，人都叫黃巾賊，把個天下鬧的亂亂混混。嵩因召見，議論中肯，派他帶了人馬，同朱雋向潁川討賊。朱雋出兵被黃巾賊打敗，嵩就打定主意，保守城池。黃巾賊把城圍的水隙不通，軍中各各恐怕。嵩登城見賊依草安寨，乃趁夜間大風，派人出圍外，就草放火，城上的人也放火應之。嵩帶人領人馬，出城衝殺，賊大亂，斬首數萬級。朝廷嘉其功，封爲都鄉侯。嵩乘勢又平了汝南的黃巾，進攻東郡賊於倉亭，活捉頭目，斬首七千餘級。遂與張角弟張梁戰於廣宗，張梁的兵很利害，當下不能制服，嵩就不與交戰，閉城休養，探得賊有懈意，夜間傳起人馬，向賊營進發，戰到次日上午，大勝，誅了張梁，斬首三萬級。這時張角已病死了，乃開棺戮屍，將首級送到京師。又攻張角弟張寶於下曲，誅之，斬首十餘萬級。靈帝大喜，拜左車騎將軍，領冀州牧，封槐里侯。嵩奏請留冀州一年田租，振救飢民，百姓乃歌曰："天下大亂兮市爲墟，母不保子兮妻失夫，賴得皇甫兮復安居。"

晉

傅　玄　是傅燮的孫子。自幼喪父，家貧好讀書，能文章，又曉音樂。生性太直，人有短處，絲毫容不過。泰始四年，作御史中丞，升太僕，每要奏參人，於先一夜捧着奏摺，整理衣冠，恭恭敬敬，坐待天明，把摺子上了，才肯安歇。一時做官的都駭怕他，連他的衙門也覺得很有威風。一生所著的書並《文集》共百餘卷，內有一種名叫《傅子》的，很有聲價。當時司空王沈見了，大爲誇獎。歿後封清泉侯。

索　靖　敦煌人。生性聰明，諸子百家，無不熟習。寫的草字，人人說好。甘肅善書的人，後漢張芝以後，便數他了。他於事有先見，一日入朝，見宮門外銅駝，嘆息說："這個駝今日雖然如此，恐不多日子，就把你要落在荆棘業中哩！"當時是晉惠帝在位，雖然懦弱，尚不見得有大不好的氣象，索靖說出這話，旁人聽着都覺過慮了。那想不到幾年，八個王爺帶兵到洛陽，鬧的煙塵蔽天。跟着五胡也鬧起來，劉淵、劉聰那夥人，把洛陽宮殿燒個片瓦不留，索靖所歎的銅駝竟然倒在蓬蒿中了，人才佩服他的話是有先見的了。

皇甫謐　是皇甫嵩的曾孫，年二十才讀書，因家寒，常常帶書到田野間去，一面耕，一面讀，漸漸通曉，居然成了大儒，世稱

"玄晏先生"。有人勸他多交朋友,圖個進身之階,他遂作了個《玄守論》,把勸他的人婉言謝絶,絶意不作官,專心研究書理。有時把吃飯睡覺都忘了。武帝屢次想用他,他辭官不作,只向武帝借書,武帝便與他送書一車。他雖有病,終日看書,仍不懈怠。武帝咸寧初年,又用他爲太子中庶子併議郎著作郎,他都不應命。老年因爲世人厚葬的風氣流弊甚大,他作了個《篤終論》,諷勸世人。所著的書,種類很多,都見重於世。

晉·前涼

張　軌　安定烏氏人。烏氏是今[平涼]所屬地方。軌的遠祖即漢朝常山景王張耳。自張耳之後,輩輩以儒學得官。軌初爲太子舍人,後升散騎常侍,出爲涼州刺史。事事振作,有反叛的,立時剿辦,設學校,修城池。那時正值晉家八王此爭彼奪,互相殺戮,胡人劉聰、劉曜乘機來取中原,弄得洛陽宮殿俱成灰燼。豺狼當道,盜賊橫行,百姓都向河西逃難,都把張軌看成一個國王了。軌心存忠義,聽着京城有難,就發義兵保護。又行文關中,推戴秦王;又連番納貢餽獻。只顧國家,不惜煩費。朝廷愛他敬他,屢次封他官職,他都不受。臨終時遺言將他薄葬,命文武將佐,好好輔佐他的兒子安遜,聽候朝廷意旨。所以後來朱夫子作《通鑑綱目》,遇着他的事,每每大書特書,誇獎不置。

晉·西涼

李　暠　隴西成紀人,相傳今之秦安是其故里。幼習讀書,好武藝。呂光末，涼州牧段業用他爲效穀的縣官。效穀是敦煌的地方。後來推爲寧朔將軍、敦煌太守。隆安四年，推爲大將軍、秦涼二州牧、護羌校尉。他遂據西涼，在酒泉地方建了都，防寇安民。西方百姓也算享了些太平。這個時候，各處英雄，有稱帝的，有稱王的，天下四分五裂，誰還管晉室皇帝哩！李暠雖然割據了西涼稱了王，他卻不忘晉家，派黃始、梁興去向江左上表。那時西涼到江左，隔著幾個國，路上很不好走，表文竟未達到，他又派僧人法泉復到江左進表。自晉家渡江後，北方效忠王室的，前有張軌，後有李暠而已。歿諡"武昭"，傳其子歆，至孫恂而亡，凡三世，共二十四年。

唐

辛雲京 蘭州金城人，金城即今皋蘭。先代多爲大將，有功於唐。到了雲京，又頗不凡。在滏陽地方，把叛臣史思明的兵打敗，史思明從此不敢藐視唐兵。雲京爲人深沉不露，一日太原軍人作亂，唐代宗以領兵的鄧景山毫無智識，不能約束兵丁，教雲京爲太原尹，封金城郡王。雲京到太原，賞罰分明，犯法的分毫不饒，有功的登時就賞。因此人人信服，不敢作亂。不到幾年，把個太原治的風平浪靜。這個時候，唐室大患，就是河北一帶的強藩，太原一治，算是去了一半的禍害。各處藩鎮，也被他暗中牽掣，不敢生事，關係真是不小。雲京死後，郭子儀、元載二人在代宗前說起雲京，代宗猶痛哭不已。

李抱玉 世居河西，相傳爲武威人。本是安興貴的曾孫，因安祿山反了，他羞與同姓，遂賜姓李，加官至右羽林大將軍。史思明攻破東都時，他奉李光弼號令，把守南城，趁賊來攻時，出奇兵殺傷很衆。廣德年間，吐蕃兵入寇，代宗出奔陝州，那時終南山的五谷，都被賊佔據，東至虢州，西至岐山，搶劫的事層出不窮。代宗派薛景仙勸辦，多日不能平服，因使抱玉去討。抱玉發人偵探，盡得賊的路道窩巢，派牙將李崇客領精兵四百多人，由潼關左右小路截抄，賊帥高玉遂逃向城固去了。抱玉復找出賊的友讜，盡行殺了，五谷悉平。前曾封他武威郡王，論功授司徒兼兵部尚書，後又授左僕射。他辭了司徒、僕射專爲兵部尚書。

李抱真 是李抱玉的從弟。能謀能斷，先爲澤州刺史，兼統昭義軍。他練兵練的很精，德宗登極，授爲昭義節度使。興元年間，叛臣朱泚、李希烈互爭帝號，氣燄不小。一日派朱滔帶着人馬，把貝州城圍的水隙不通，這時王武俊在南宮駐紮，暗與朱滔相通，抱真要救貝州，怕武俊與朱滔聯爲一氣，貝州就不能保了。貝州若不能保，朱滔勢力越大，朱泚、李希烈不居然就是皇帝了麼？籌畫了一番，就派賈林前去說王武俊，武俊外面答應，心裏總是遊移。抱真見事機甚迫，帶了幾個親兵，親自去說武俊，臨行分付行軍司馬盧元卿道："若有不好的消息，管領軍事，聽候朝廷處分，全仗着你；帶領兵馬，以報大仇，也仗着你。"說罷便去，見了武俊，反覆開導。武俊心中有些感動，他在武俊營中宿了一夜，武俊越發心服，結爲生死兄弟。次日兩家合營，大破朱滔，貝州得以保全。朱泚、李希烈二人氣燄也就漸漸平息了。

李　晟 洮州臨潭人。幼喪父，事母極孝。年十八，就有"萬人敵"的名目。後因功封爲合川郡王。當德宗時，天下四分五裂，京城地方被朱泚佔據了，李懷光又在咸陽反叛，晟帶兵紮在東渭橋，距賊甚近，德宗很不放心。渾瑊保他是忠義人，旁人萬不能搖惑。德宗才教他平章大事。晟哭泣謝恩，把收復京城當作自家的事，一面修理城池，一面整頓甲兵，又令他親信的張彧，署理京兆尹。多用人役，督收渭河以北各縣錢糧。未及十天，糧石草料，都已齊全。他對大衆流涕宣言說：「國家有難，天子在外，正是我們臣子效忠的時候，凡當軍士的如不趁此時會，殺賊圖功，也就不算豪傑。」大家感動，聽他指揮，德宗又加他爲諸道兵馬副元帥。這時晟的家口，衆軍士的妻子，都困在賊中。晟念天子尚且東奔西竄，無家可歸，我們帶兵的，豈可顧念家屬？一日有朱泚親信人與他送來家信，晟即指爲奸細，立時殺了。到了五月三日，引兵進攻，賊不敢出，乘勝入光泰門，聞賊的精兵俱在苑中駐紮，派王佖、李演領了馬隊，史萬頃領了步兵，於夜間挖開苑牆二百多步，賊於挖開處立起柵子防守。晟罵史萬頃暗裏通賊，萬頃駭怕，立刻拔倒柵子，自家先上，士卒從之，將賊殺戮淨盡。朱泚領了殘兵向西逃了。晟住在含光殿下，令軍士們於五天以內不得私通家信，又派長安地方官安慰百姓。一時街道做買賣的，照舊往來，百姓們坐的僻遠的，還不知道官兵是那一天到的，真所謂秋毫無犯了。京城自朱泚盤踞後，皇城內宮殿都糟蹋了，祖先陵廟無人祭掃，李晟重新整理，一概照舊。德宗得信後，大哭一場，誇天生李晟爲唐家社稷，遂命晟爲中書令，就是後世的宰相，後來封西平王。

李　　愬　是李晟的兒子，有勇有謀。自玄宗以後，朝綱不振，各處節度使私相授受，不遵朝命。有個吳元濟，自立爲淮蔡節度使，憲宗大怒，決意征討，以肅朝綱。把李愬升了唐鄧節度使，教討吳元濟。愬想元濟爪牙很多，兵馬强壯，非用計難以取勝。遂帶了人馬，先破了青陵城，收了賊將丁士良。教士良到文城柵説降吴秀琳、李憲。用秀琳計，把守興橋柵的李祐生拿了。愬將這夥人都用爲將佐，各帶人馬，趁天大雪，於夜間傳令出兵，行七十里到懸弧城。方半夜，雪下的越大。城旁有鵝鴨池，愬令打起鵝鴨，亂鳴亂叫，以亂軍行的聲音。到了蔡州城邊，毫無動静。李祐那夥人先上了城，把城開了，衆軍遂得了外城。元濟在内城，聽着號令不同，才知外城已失，打算在内城拒守。愬派兵焚燒内城的南門，元濟抵擋不住，下城投降。解送長安，未損一兵，不殺一人，把蔡州收回，真算是個名將了。

宋

劉　愿　天水人。性情耿直，又有節操。神宗時，王安石的新書出來，全是拿他自己的意思解説聖人的"六經"，穿鑿附會，一時的士子，爲求科名起見，如草從風的趨時去了。愿不讀這種書，專心研究河南二程子的學問，以八行舉於朝。後來陝西馮從吾作《關學編》，爲愿立傳。我們甘肅第一個講理學的，要數愿了。

南　　宋

劉　錡　德順軍人，相傳其故里在如今的静寧。爲人儀表不凡，聲音洪亮。其初作隴右都護，把夏國的兵屢次打敗，威震夏國。夏國的小孩子啼哭時，人嚇之曰"劉都護來了！"以止其哭聲，想見夏國人的畏服他了。後來金人歸還三京議和，朝廷調他爲東京副留守。行至順昌，忽聽金人又違背和議，帶兵收了東京。錡與順昌知府陳規商議，知道城中有粮，就打了守城主意，把自家坐來的船隻鑿沉了，將家眷搬住寺裏，預備柴草，城若破時，就放火自盡。城上城下，預備了六日。金人的遊騎已過了潁河，到了城下，次日將城圍了，錡的埋伏出來，將千户阿黑拏住。過了幾天，金人的三路都統，領兵三萬，同着龍虎大王到了，錡令閻充帶壯士五百，於夜間劫營。那夜適逢下雨，雷光亂閃，看見不是自家號衣的，就亂砍亂殺，金兵遂退十五里。錡追去，令百人各執一竹筒，在金營左右，趁更深夜黑，亂吹了一陣，金兵驚起，出來迎敵，卻又連個人影兒也不見了。忽雷光一閃，伏兵趁着雷光，刀斧齊發，金兵大亂，自相踐踏，死的真是不少。兀朮在汴梁聽着，急帶兵來救，未及七日，到了順昌，聲勢很是不小。諸將有勸錡逃走的，錡暗派曹成作奸細。兀朮拏住曹成，曹成説錡乃太平時節將門的公子，貪財好色，並無大志，今來留守東京，原爲希圖安樂。兀朮信了這話，就把順昌的兵看輕了。錡又用計策替他在潁河上搭了浮橋五座，誘金兵過了河，預先在河的上流，併路旁草上灑了毒藥，金兵吃了水草，都有病了。錡故意按兵不動，等他人困馬乏，放出幾千人，各執長斧大刀，將兀朮的拐子馬，砍的砍了，殺的殺了。這一場大戰，金人的敗是兀朮用兵以來所未有的，所以後來一見順昌的旗幟，就走了。

吴　玠　德順軍隴干人，相傳如今的静寧是其故里。少投涇原軍爲兵，累功升到四川宣撫使，陝西階成等州皆歸他管。卒贈少師，謚武安，淳熙中追封潼王。爲人沉毅有志，長於用兵，駐紫和尚原的時節，金將没立與烏魯折合帶兵前來，烏魯折合先到，在北山一帶擺了陣，被玠打敗逃走。這時没立正攻打箭筈關，玠去救援，又把没立打敗了。金人自從海角起兵，累次得勝，這次被玠打敗，很是不平。到十月間，兀术調幾路兵馬十餘萬，來打和尚原，玠挑選勁弓強弩，輪流發射，名曰"駐隊箭"，如下雨一般，敵人不敢上前，又出奇兵，或劫他的粮路，或劫他的歸路，金兵大敗，兀术帶傷逃走。此後金人屢次想入四川，皆被玠打退，四川安然無事。不但朝廷賴他保障，西方百姓也感激他。仙人關地方，曾爲他修廟。

吴璘 是吴玠之弟。自幼好騎馬射箭，紹興初年，隨着吴玠在箭筈關截斷金人兵馬，使不得合併，因功升了副都總管。一日金兀术領大隊來攻和尚原，璘隨機應變，把金人打敗，兀术中流矢逃走。紹興三年，移營仙人關，以防金人。不久兀术果領兵十萬，同撒離喝來到關下，把關團團圍定。璘從武都前來救援，直闖進去，隨戰隨走，與兄相會。那時金人攻關很急，衆將的意思都想避開。璘整頓旗鼓，血戰七晝夜，金人大敗，從此不敢窺視四川。後來朝廷因與金人講和，金人退還河南、陝西，欲將駐防仙人關的兵馬撤退。璘想這種和議萬靠不住，若果撤了防兵，金人乘間由河中府渡河，輕騎快馬，不過五天，就可到進川的口子，那時想調陝省以西的兵隊，遠不濟事，豈不是自取滅亡麼？遂同署四川宣撫使的胡世將商議，教世將駐守河池，璘自己領兵赴秦州去了。嗣後金人來擾，屢次被璘驅出。最後他又想出了一個疊戰的法子，把金家的胡盞、習不祝兩個慣於用兵的老將，都戰敗了。追至臘家城，又圍住攻打，將要破城，秦檜將璘調回。一時有知識的人，都爲璘歎息，説自古至今，朝内有了奸臣，外邊的大將，就斷斷不能立功了。璘弟兄二人，一個守和尚原，一個守仙人關，金人謀四川幾十年，未得進去一步，這個功勞，至今人人想念。

元

余　闕　武威人。文學很深沉,修過宋遼金的史記。至正十三年,各處盜賊紛起,朝廷教他帶兵去守安慶,他到安慶教兵丁在灊山八社地方設法屯田,過了兩三年,積存的粮食很多,他又趁着閒暇的時候,把城池修的非常堅固,這時安慶四面都是盜賊,闕居中應敵,算是江淮的一個保障,朝廷因他有這等功勞,拜爲江淮行省參知政事,仍教他守安慶。十七年趙普勝來攻城,被闕打敗。陳友諒把義兵元帥胡伯顏在小孤山戰敗,一擁而至城下,闕派兵在觀音橋堵住,忽然祝寇又攻東西二門,闕復設計打敗,一連幾晝夜,戰個不休。一日普勝的軍圍着東門,友諒的軍圍著西門,祝寇的軍圍着南門,四面盜賊,越來越多,救兵卻無一個。西門的陳友諒又很是利害,闕手提大刀,親身到西門堵禦,身上帶了十幾處傷,還是抵死的戰鬪。到了上午時候,城上火起,闕知大事已去,拔刀自盡,妻子都投井而死。朝廷聞之,追封爲豳國公,予謚"忠宣"。

明

景　清　真寧人,真寧即今正寧。性剛果,有氣節,念書過目不忘。洪武二十七年成進士,授編修,後改御史。建文初年,作北平參議,升御史大夫。燕王篡位時,諸臣死難的很多,清原與方孝孺約定,同死國難。到了這時,卻忍氣吞聲,獨自歸服,成祖復了他舊日官職,他隨班行事。有一天欽天監奏,有紅色的星,侵犯帝座,成祖心裏就疑惑是清。是日衆官上朝,清獨穿紅袍,遂令搜檢,果暗藏利劍在身,他就直認爲建文報仇,大罵不已。成祖大怒,令拔其舌,他含血向前直噴,遂凌遲處死,連殺了他的九族。當時名爲瓜蔓抄。到了宣德年間,才復了他的官職。

王　竑　河州人,河州今改導河。負氣敢言。當英宗時,内監王振專權,他的黨羽無惡不作,鬧得英宗北走河套,郕王監國。一日在午門視事,群臣參奏王振,郕王教群臣暫退,等候旨意。群臣伏地痛哭,不肯退出。有王振的黨羽錦衣指揮官馬順,大聲叱令群臣退出。竑大怒,撕住馬順的頭髮,大呼:"這些奸黨,罪該萬死,今天還敢如此行兇嗎?"一面罵,一面痛嚙其面。群臣跟着亂打,就把馬順打死,一時朝班亂了,郕王退走内宫,竑帶着群臣隨着郕王,王令金英問有什麼話說?群臣都說:"毛貴、王長隨二人,也是王振的黨,應請懲辦。"郕王就將此二人送出,復被群臣打死。因此竑的聲名,就傳開天下,郕王也從此敬重他。後來官作到巡撫,在淮陽一帶,德政甚多,民間爲立祠堂,升兵部尚書,告病回家。殁後贈太保,謚曰"莊毅"。

段　堅　蘭州人,今之皋蘭是其故里。初號柏軒,後改容思,人都叫容思先生。當秀才時,就有志學聖賢。景泰五年成進士,銓了山東福山縣知縣。福山是個偏僻小縣,風俗鄙陋,先生刻了朱子《小學》,教百姓們講讀,不上兩年工夫,連那鄉莊上,都有了讀書的聲音,風俗居然大變了。最後作河南南陽知府。南陽的風氣,向來念書的人只知道作幾句文章,圖個功名,說起聖賢的學問,都不講究。先生知道這個原因,由于學官不好,遂傳集各屬學官,以告古人爲學的法程,又創設志學書院,聚集府縣學的秀才,親自講解"四書""五經"及程朱各先生的理學書。又怕不用地方有名的人作個榜樣，人便不能感奮，遂創建節義祠，祭祀地方的烈女。一日有個已經許人、尚未出嫁的女子，聽着丈夫死了，自縊而死。先生領了僚友，親去祭奠，又請了旌表。地方風化，因之大變，這種辦法，真不愧學道愛人了！南陽的百姓，愛先生如父母，像家家屋裏有一位先生，管教他們，不敢爲非作惡。先生在任八年，臨去的時節，百姓送的，過了自家的地界，仍然絡繹不絕。後聽先生歿了，在南陽府城立了祠堂，春秋祭祀。現在皋蘭縣城內，尚有理學名臣的牌坊。說起先生，人都肅然起敬。

彭　澤　蘭州人。今之皋蘭是其故里。是段容思先生的外孫，自幼從容思先生讀書，學問甚好。中弘治三年進士，官作到遼東巡撫、右副都御史。武宗時，有劉惠、趙鐩一夥人，在河南地方作亂，朝廷令澤征討。澤到河南，大小幾十戰，四個月工夫把河南平定，因此升爲右都御史，加太子少保。又有鄢本恕、藍廷瑞、廖惠、曹甫、廖麻子、喻思俸一夥人，在四川地方作亂，比那河南更利害，朝廷以澤辦河南軍務很好，就教他征四川。澤到四川，先把鄢本恕、藍廷瑞、廖惠、曹甫打平了，還有廖麻子、喻思俸，氣焰洶洶，鬧個不休，澤進兵活捉廖麻子於劍州，活捉喻思俸於巴通，全省亂事，一律了結，前後也不過四個月。武宗大喜，升爲左都御史，加太子太保。澤體格高大，聲音洪亮，威風凜凜，令人可畏。帶兵的時節，紀律嚴整，兵將臨陣，各各奮勇，所以能成大功。

張萬紀　狄道人。嘉靖二十六年進士，爲吏部給事中，升禮科右給事中。嚴嵩專權時，楊椒山先生攻揭了他的罪惡，他就設了許多法子，把先生定個死罪。當時在朝的人，明知冤枉，都怕得罪嚴嵩，無人出頭抗論。萬紀想，這樣的忠臣，到了這個地步，我們若還探頭縮腦，不能救助，平常還講究甚麼氣節哩！遂獨自一人上了奏摺，極力救護，果然觸怒了嚴嵩，就把他貶到廬州作知府去了。

周蕙 山丹人。二十歲的時候，聽人講《大學》的頭一章，心甚感動，才知道念書的好處。他便逢人問字，後來當了臨洮衛的軍卒，派到蘭州守墩。那時段容思先生在家講學，他去聽講。容思先生與他辨論道理，很爲佩服，遂把聖賢的正經學問給他傳授了，他更着力研究，學問大長，人都把他比作宋家的程朱兩先生了。陝西鎮台恭順侯吳瑾聽着他的學問，想請去教訓兒子，他竟辭了不去。人問不去的原故，他說鎮台教我當差，我是當兵的，不敢不去，若教我去教他的兒子，我是師傅了，師傅斷不能往教。這幾句話，聽的人都歡服。吳瑾遂親送兩個兒子到他家裏念書。後來隱居秦州的小泉地方，故人稱之曰"小泉先生"。

鄒應龍 皋蘭人，史誤爲長安人。嘉靖三十五年進士，升御史。時嚴嵩專權，兒子嚴世蕃仗着權勢，無惡不作；孫子嚴鵠、嚴鴻，家人嚴年，幕客羅龍文，同惡相濟，隨便害人。先前多少人參他父子，有遭殺身之禍的，有貶到遠方的，因此人人懼怕，誰敢再說嚴嵩父子的不是哩！應龍從未作御史的時節，就把嚴嵩父子的事查的清清楚楚。作了御史，連性命不顧，就上摺子，說嚴世蕃如何賣官得錢，嚴年那夥人如何騷擾百姓，嚴嵩如何溺愛庇護，說的件件是實、句句中肯。世宗大悟，立刻把嚴世蕃下獄，問了死罪，嚴嵩免了官，遣回原籍。這件事大快人心，鄒御史的名也就傳聞天下，婦人孺子，沒有不知道的。

清

趙良棟 寧夏人。順治初年，很立過些戰功。康熙元年，升雲南廣羅鎮總兵。吳三桂見他有才略，想收爲私人，就奏調爲貴州平遠鎮總兵。良棟見三桂有反謀，辭不去。十三年，三桂果然造反，陝西、甘肅一齊響應，朝廷把良棟放了寧夏提督，彈壓匪人。在寧夏四年，陝甘漸漸平定。這時四川、雲、貴仍未克復，良棟告奮勇，情願去征四川，朝廷准了，遂帶兵收了徽縣階州、洛陽沔縣，授爲勇略將軍。十八年十二月三十日，兵行到白水江，俗名叫"鐵門坎"，很是險要，賊在江的對面紮營，衆兵見了，有些難色。次日元旦，良棟騎了馬，手提大刀，領兵渡江。江水被兵馬衝激，波浪翻天，賊又連連放礮，傷人很多，他不顧死活，仍是向前，衆兵不敢退後。天忽大風，吹的馬如船駛，一霎時飛抵南岸，把賊將郭景儀斬了，其餘的賊四散奔逃。從此連戰連勝，無人敢當，遂平了四川，授爲兵部尚書，兼右都御史，總督雲貴，遂把雲南平了，歿後謚曰"襄忠"。

王進寶 靖遠人。身體魁偉。順治初年，隨着川陝總督孟喬芳討平回亂，保了守備，後隨提督張勇出兵有功，升了洪水營參將。那時西番投誠，請求把大草灘給他們放牲畜。進寶知道這個事將來定有害，就請在那裏築了個城，名爲永固營，設了個副將，在那裏鎮守。朝廷就升進寶作那裏副將，以後番子們不敢再來騷擾。至今鄉下人還都相傳說王進寶鞭掃大草灘的話，正是這個事實。後又升了西寧鎮。忽一日接了公文，甘州提督王輔臣跟着雲南吳三桂反了，蘭州也被賊人佔據。他便帶兵來取蘭州，離城尚有二三十里，聽着浮橋已經拆毀，不能過河，遂連夜找了些牛羊皮袋，聯成小筏，冒險渡河。賊兵前來堵禦，進寶迎戰，連獲勝仗，克復了安定金縣。又乘夜裏下雪的時候，攻破狄道，克復蘭州，鞏昌、天水的賊，聽見風聲，都來投降。隨即陸續克復了通渭、靜寧、平涼，隴右地方一概平定，升為陝西提督，封奮威將軍。殁後謚曰"忠勇"。

李南暉 通渭人。由拔貢中了舉人。自幼喜讀《易經》，住隴南書院時，把太極圖畫在牆上，天天玩味，專心讀《易》三十餘年，著了《讀易觀象》一部書。乾隆三十年，任四川威遠縣知縣。在威遠十餘年，很有聲名，凡難辦的案件，都從《易經》上推求，莫不應機奏效。後來辭了官，百姓苦留不住，都商量要立個生祠，南暉急忙止住道："我還要來的！等那西南城角上有個紅燈籠，就是我來的時節。"回家後，仍是玩味《易經》。到乾隆四十九年春間，他忽然説："通渭將有大難！"不多日子，果然回匪作亂，攻入縣城，南暉帶了次子並姪兒，坐在家祠，罵賊而死。這是正月十二日的事，到了十六日夜間，威遠縣西南城角上有火光一道，百姓都説是李公的紅燈籠到了。

牛樹梅 通渭人。家極貧，刻苦力行，專以程朱之説為為學之宗。道光辛丑進士，以即用知縣分發四川。既清廉，又精幹，在彰明縣任內時，匪徒何遠富在江油縣所管的中壩場鬧事。這個地方，與彰明縣所屬的太平場連界，衆匪徒説牛青天是我們的父母，不敢侵犯彰明縣一草一木。樹梅帶兵把匪徒打散，何遠富躲藏在白鶴洞中，自言"如我母與牛青天來，情願自綁出洞"。樹梅一到，何遠富逃了，匪徒一律平靜。在資州任內時，辦過的好事不少，總督琦善出外閲巡，走到資州，見那沿路崖上寫着二十四個字,説是"牛公到任,實心愛民,化行三月,俗美風醇,若得實授,萬民沾恩"。琦善大喜,調署寧遠府知府,這時牛青天之名,傳聞遠近。胡文忠公林翼,駱文忠公秉章,都以人才保薦。後來官升到四川按察使,署理布政使。

傅培峰 鎮番人。道光丁未進士,分發江西,補了宜黃縣。那時江西各州縣被長毛賊鬧的鷄犬不寧。培峰初到宜黃,宜黃已被賊圍,不得進城,培峰赴省求救。咸豐八年賊退,培峰到任,賊忽又來。培峰率領團練,不分晝夜,竭力堵禦,鏖戰了數月,城中糧也完了,又無救兵,小小縣城,遂被賊攻破,培峰穿了朝服,北面叩頭,懸梁自縊。氣還未絶,賊將他解下,令其投降。培峰大罵不已,眼珠都掙破了,賊大怒,把培峰四肢剁開,復放火燒了。像這樣有志節的人,真是難得。

吳可讀 皋蘭人。由進士選了吏部郎中,升了河南道監察御史。提督成禄在甘肅高台縣縱兵殃民,擅派軍餉,他就參了一本,説的話太激烈了,朝廷疑他受人指使,革職。光緒元年,起用廢員,授吏部主事。五年,安葬同治皇帝,他求了個送靈的差事,到薊州後,大典已畢,他一人住在馬伸橋的三義廟中,終日關門不出。忽一日門尚未開,有人送來棺材一付,説是廟裏的客人交做的,住持忙將他的門推開,見他衣冠整齊,仰卧地上,懷裏抱着一個木榔,已經死了,大吃一驚,又見榔上留下一個單兒,就照單上寫的,報明薊州知州,知州相驗已畢,才知道榔内裝的是奏摺。摺子上説的是同治皇帝既未曾生下太子,應該於晏駕以後,從子姪内擇立承嗣的人,今反立了同輩光緒皇帝,將來光緒皇帝晏駕,必然立他的太子爲帝,同治皇帝就無後了。這件事關係甚大,又是皇上的家事,論理不是作小官的人應該説的,但不説又心不能安，所以仿照古人尸諫的法子，自家先服毒死了，望兩位皇太后，早下諭旨，説定將來光緒皇帝生下太子，就出嗣同治皇帝，光緒皇帝身後，就以這個嗣子立爲皇帝，這樣辦理，才無流弊。這些話應該是在朝的大臣和那親王們説的，他們都不敢説，獨有先生把忠孝看的重，把性命看的輕，才能幹出這驚人的事來。

皋蘭鄉賢事略

序

余修太昊宮後，復於五泉山立皋蘭鄉賢祠，奉祀吾皋蘭前代人物之尤著者。因請王君烜、李君九如、王君國香分纂事實，用白話體標而出之，書於祠壁，以期遊人一目了然。乙丑夏五月，劉爾炘識。

晉

麴　允　爲晉愍帝的宰相，那時正是五胡亂華的時節，有劉曜領兵馬幾萬，來逼長安。允就帶兵迎擊，將劉曜的大將殷凱拿住。劉曜又去攻北地，允又率兵去救，曜聽得他來，又轉去攻上郡，允遂駐兵靈武。因兵少，不敢前進，劉曜乘這空間，又去攻北地，允又帶兵救北地。到了北地城外數十里，群賊情急，繞城放火，使煙塵蔽天，詐向允說郡城業已破了，允信以爲實，衆兵個個怕死，於是潰散，不料北地望救兵甚切，過了幾日，支持不住，才被劉曜佔去。允的爲人，仁厚有餘，總想拿爵祿固結人心，不料那些帶兵的將官，越姑息越不能用了，羌胡因此也就越跋扈了。後來劉曜攻打長安，長安百姓大半餓死，城中萬分危急，愍帝出降時，不免怨允誤事，允仍是一片忠心，從帝而去。帝到平陽，受了劉聰百般的羞辱，允伏在地下號哭，幾乎不能起來。劉聰大怒，把他下在獄裏。允心中憤鬱，覺得忠君愛國的事，是作不到了，於是乎自殺而死。劉聰雖是胡人，見他盡了忠，也很佩服他，贈他爲車騎將軍，諡爲"節愍侯"。

唐

辛雲京　祖上以來，爲唐朝的將官。雲京膽大、力大，積了多少軍功，官至太常卿，又率兵暗襲滏陽，追破史思明的賊兵。朝廷升他代州都督、鎮北兵馬使。後來太原軍亂，代宗用他爲太原尹。他的法度甚嚴，有過就罰，有功就賞，毫無偏私。所以軍中都怕他，都服他。唐時的回紇，是爲唐朝立過勤王功勞的，恃功驕傲，每次入朝，到處鈔掠民間財物，習以爲常，誰也不怕。雲京作了太原尹，把他們照外夷管束，不准亂來，他們也就不敢放肆，不幾年太原大治，雲京官到了檢校左僕射而卒。代宗聽得他死，流下淚來，隨後郭子儀、元載在代宗前說起雲京來，代宗還是流淚不止，思念他的功勞哩！

辛京杲 是雲京的從弟，隨着李光弼在嘉山地方與賊打仗。唐肅宗聽得他很勇敢，就教他爲英武軍使。到代宗時，封了肅國公。他因年老，辭官不作，後來朱泚反了，佔據京城，他因老病不能從帝，竟然哭死了。他的至性，真算是少有的。

辛　讜 是雲京的孫子，性廉勁，濟人之急，一諾千金。年至五十歲，尚不肯出仕，卻嘗有慨然濟時的意思。龐勛造反，攻打泗州，讜即時到泗口從賊柵中穿進去，見守泗州的杜慆。慆素日聽得他的大名，就握他的手說道："我的僚佐李延樞，嘗說你的爲人，不料今天這個危急的時侯，竟然能來，真可佩服，我這城池，可以不用憂慮了。"讜就慷慨答應，共濟艱難，當即仍回家中，訣別妻子，復來泗州，與慆共生死。這時賊的氣燄很盛，把城圍的飛鳥也不能過，讜竟設奇計，冒白刃獨往獨來，真是人所不能的。不多日賊將李圓將淮口都燒了，讜見事已緊急，非向別處求援不可，乃乘夜出城過淮，奔馳三十里到洪澤，見了守將郭厚本告急。厚本許他出兵，大將袁公異說："賊衆我寡，不可前往。"讜拔劍睜目說道："泗州陷在旦夕，你們逗留不進，辜負國恩，就是活在人世上,也是可羞,且失了泗州,淮南也不能守,你能獨存麽?"説時就提劍向前,要殺公異,厚本急掣其肘,公異才避免了。讜仍望着泗州慟哭,帳下的人,都感動流涕。厚本於是分兵五百,即交與讜,讜徧問軍士能去否,都答應能去,讜乃涕泣謝衆。刻日到淮上,有人説賊已破城,讜知是謡言,仍催大家上船渡淮,慆望見救兵已到,出兵裏應外合,將賊擊退。讜進了城,人心大定,這時浙西杜審權也派兵來援,慆要派人犒勞,軍吏都不敢去,讜又單身獨往。過了幾天,賊又圍城,救兵也多打了敗仗,一日比一日危險,讜又連合壯士徐珍等十人向淮南求救,乘黑夜裏持斧斫開賊栅,出見節度使令狐綯,又往浙西請兵五千,與賊打了一仗,殺賊六百人,才得入城。前後十個月,才解了圍。慆表奏他的功,朝廷授他監察御史,他還説"我的功非杜慆不能成的"。讜少年時,在野外耕田,有二牛鬭,人都驚怕,讜向前,兩手把牛角捉住,牛就不能動了,停一會,牛一引觸,竟然把角折下來,看的人都駭歎他有神力。

明

石執中 字惟一,身材長,美鬚髯。永樂三年的舉人,由刑部主事升到郎中。他在部斷過的獄,都是平允,後升到山東右布政使,轉浙江左布政使。平生性行廉介,不肯阿諛人。尤勤於政事,謹慎小心。宣宗器重他的爲人,嘗把他姓名記在御屏上,並且賜誥褒美,説他是個賢臣。

聊讓 字公遜,肅王府儀衛司餘丁。好學問,並且明習當時的世務。景帝嗣位以後,因爲從前奸臣王振在朝,蒙蔽皇上,爲害甚大，就大開言路，教當時的吏民都上書言事。景泰元年六月，讓就赴京上了一本，大略說：人君要延訪有智術、有才能的士人，布滿朝廷，宦寺不可教他干預政事，小人不可教他居在高位；能多把賢士大夫接洽，少同那宦官宮妾親近，自然就能革除奢靡的氣習，戒去遊俠的快樂，心一正而天下就治了。又說人君能容直言敢諫的臣子，那麼國家的利弊，百姓的休戚，臣下都可以盡情上達了。他這本奏書上去，景帝很是嘉獎。後四年，中了進士，官江西南昌知縣。他是有志操的，不會攀附那些權要。上司不喜歡他，被參劾了，他也不在意，就罷官而歸。

段　　堅　初號柏軒，後改容思，人都叫容思先生。當秀才時，就有志學聖賢。景泰五年成進士，銓了山東福山縣知縣。福山是個偏僻小縣，風俗鄙陋，先生刻了朱子《小學》，教百姓們講讀，不上兩年工夫，連那鄉莊上，都有了讀書的聲音，風俗居然大變了。最後作河南南陽知府，南陽的風氣，向來念書的人，只知道作幾句文章，圖個功名，說起聖賢的學問，都不講究。先生知道這個原因，由于學官不好，遂傳集各屬學官，告以古人爲學的法程，又創設志學書院，聚集府縣學的秀才，親自講解"四書"、"五經"及程朱各先生的理學書。又怕不表揚地方的人作個榜樣，人便不能感奮，遂創建節義祠，祭祀地方的烈女。一日有個已經許人、尚未出嫁的女子，聽着丈夫死了，自縊而死。先生領了僚友，親去祭奠，又請了旌表，地方風化因之大變，這種辦法真不愧學道愛人了。南陽的百姓，愛先生如父母，像家家屋裏有一位先生，管教他們，不敢爲非作惡。先生在任八年，臨去的時節，百姓送的，過了自家的地界，仍然絡繹不絕。後聽先生殁了，在南陽府成立了祠堂，春秋祭祀。現在皋蘭縣城內，尚有理學名臣的牌坊。説起先生，人都肅然起敬。

文志貞 字正夫，天順元年進士，在部裏當行人官。朝廷派出各省巡查人員，流弊甚多，志貞請將出茶、銷茶地方，一概改用御史巡查，一時百姓稱便。升户部廣東司郎中。志貞性明敏，作官後又能處處留心，練習通達，因此在郎中任内有能辦事的聲名。我們皋蘭，自古無人修過志書，志貞每以爲憾，創修了一部志書，名《蘭縣志》，真算是有功於地方了。

趙　英 字儲秀。十四五歲時，每日能讀幾千字的書，背誦不差。二十歲，中成化八年進士，補河南宜陽縣知縣，升湖廣道監察御史，巡按山東地方，旋又放了保定府知府。因丁父憂，回家守制，保定的紳民，待他三年服滿，到京懇請仍放保定知府，朝廷也就准了，將他升爲山西參政，卻留在保定知府任内辦事。有一年京城附近一帶遭了年荒，太僕寺衙門，還照舊例教百姓供給草束養馬，他就上了一本，全行免了，一時的百姓真是感激不盡。英少時即通曉"五經"，又有才情謀略，做官以來，民間都歌頌他的好處，聲名是有一無二，生平著作有叫《斐然藁》的，有叫《防邊策》的，有叫《修河類橐》的，有叫《較菴集》的，可惜都失遺，如今找不出來了。

陳　祥 字吉夫。生性不凡，有節操，愛讀書，中成化七年的解元，十年的進士，補刑部主事，升員外郎。朝廷因他勤慎，放山西按察司檢事，升四川按察使。前後作官三十餘年，遵守法度，不敢胡來，自始至終，一致不變，所到地方，貪官污吏無不怕他。後因年老，辭官回家，還是閉門讀書，不肯出來應酬。有時吟詩作文，自樂其樂，所著書名《考菴集》。

彭　錠 字世資，幼年喪父，養母至孝，待亡兄遺孤盡心盡力。其初好拜佛念經，後來見了胡致堂的《崇正辨》，知道走差了路，立刻改了。遇喪祭事，一概遵照古禮，不用僧道。嘗在外作客，有朋友歿在客店中，他就背負骸骨，歸里葬埋。長子名澤，就是彭辛菴先生。當辛菴先生作徽州知府的時節，因要嫁女，置漆器數十件，使人送到家中，他見了大怒，以爲澤在官枉取民財，就步行到徽州，當面教訓。澤聞父親到了，大驚出迎，教當差的人背上行裝，錠發怒說道："我背着走了幾千里，你連這幾步也不能背嗎？"進了衙門，就將澤痛打，教訓了一番，仍然背起行裝，走回來家。澤又愧又悔，又悲痛，越發憤刻苦爲人，所以後來遂成了我們皋蘭有明一代的名臣。

彭　澤　是段容思先生的外孫，自幼從容思先生讀書，學問甚好，中弘治三年進士，官作到遼東巡撫，右副都御史。武宗時有劉惠、趙鐩一夥人，在河南地方作亂，朝廷令澤征討。澤到河南，大小幾十戰，四個月工夫把河南平定，因此升爲右都御史，加太子少保。又有鄢本恕、藍廷瑞、廖惠、曹甫、廖麻子、喻思俸一夥人，在四川地方作亂，比那河南更利害。朝廷以澤辦河南軍務很好，就教他征四川。澤到四川，先把鄢本恕、藍廷瑞、廖惠、曹甫打平了，還有廖麻子、喻思俸，氣燄洶洶，鬧個不休。澤進兵活捉廖麻子於劍州，活捉喻思俸於巴通，全省亂事，一律了結，前後也不過四個月。武宗大喜，升爲左都御史，加太子太保。澤體格高大，聲音洪亮，威風凜凜，令人可畏，帶兵的時節，紀律嚴整，兵將臨陣，各各奮勇，所以能成大功。

田　荊　字西泉。祖父名中，從北直隷蠡縣遷到蘭州，遂爲蘭州人。荊中正德六年進士，點了翰林，升兵科給事中。京城地方遇着飢荒，他上摺子發太倉粟米五千石，賑濟窮民。放四川按察司僉事，百姓有犯法贖罪的，就用贖罪錢，造了木桶幾萬個，旁觀的人，不知他的用意，不免笑他，到了後來，地方遭了水災，凡把着木桶的人，都免漂流，因此救了幾萬人的性命。他生性不愛諂媚人，終被大官有勢利的造言揭參，罷官而歸。他的詩最好，有一種温恭剛正的氣味，後來的人，都説是學不到。

劉漳 字永濟，正德十二年進士，補户部主事，改兵部主事，升車駕司員外郎。正統初年，武宗晏駕無子，大臣迎立興獻王之子，是爲世宗。世宗登極，想尊崇他的父母，一般勢利之徒，迎合上意，起初議稱興獻王爲"興獻帝"，王妃蔣氏爲"興獻皇后"，後來又要稱爲"興獻皇考"、"興獻聖母"，越議越不合禮。漳率他同衙門名叫陶滋的共二十有五人，哭諫於左順門外，世宗發怒，加以廷杖之刑。漳幸免於死，遷郎中，放河南開封府知府。到任後，把不正當的廟宇，立刻拆毁，有可疑的案件，細心審問，惟恐冤人。朝廷考查治行，定爲第一，升四川按察司，調山東左布政使，所到之處，貪官污吏聞風逃避，提升副都御史，旋命巡撫遼東。這時遼東正遇荒年，他放糧施賑，全活的不下幾萬人。其先遼東兵丁，因閙餉把巡撫逼着跑了。漳到任後，那些兵丁因爲心虛，仍然造反，漳不慌不忙，辦了四十多人，就平定了，朝廷大加褒獎。後因年老辭官，遼東人替他修起祠堂，不忘他的功德。

殷承敘 字民化。少年時節，就有不凡的氣概，中正德九年進士，補河南南陽府推官，能辦事，能斷官司，嚴正明瞭，不失體統，升刑部主事。正在明世宗登極，尊崇他本生父母爲"皇考聖母"的時節，日日會聚百官，商議典禮。嘉靖三年七月，世宗親自到左順門，召見百官，商議這事，百官明明知道這事是不合禮的，因約了各衙門的同志，跪在左順門外，痛哭諫諍，聲震殿陛。世宗大怒，將他們下在監裏，分別懲辦。承敘與翰林院編修名叫陶滋的共十有八人，受廷杖而死。隆慶初年，贈承敘光祿寺少卿，並廕一子。

陳　錫　字本誠。當嘉靖八年，蘭州遭了年荒，餓死的人，無人掩埋。錫捐錢提倡，勸有錢的幫助，在城外空曠地方，將無主屍骸盡數掩埋，忙了幾個月，掩埋過的屍骸，有一萬多。那時彭辛菴先生正在家裏，見錫有這般義氣，請於地方官，爲他掛匾旌表。到了十八年，又遭飢荒，錫又倡率衆人，照前次的辦法，又辦了一回，此次的功德，較之八年，似乎更大。

段　續　字紹先，嘉靖二年進士，官雲南道御史。那時世宗尊崇他本生父母的典禮，已有新進士張璁，同南京刑部主事桂萼、侍郎席書諸人，迎合上意，說如何稱皇考，如何稱聖母。續於復議的時節，約他同衙門的陳相上疏，揭明張璁、桂萼等的不是，人皆服其有忠肝義膽。疏既上，世宗大怒，收監問罪，幸而從輕發落，僅貶到鄖城地方做縣丞。後來升了杞縣知縣，均平田賦，革除積弊，聲名很好，又升了湖廣參議。恰值朝廷有修顯陵的工程，派他督工。顯陵是世宗皇帝爲他生母蔣氏修的，甚爲鄭重，續辦理得法，不但工堅料實，還省了十餘萬兩，升密雲兵備副使，辭官回家。續在家爲民間創造水車，把河水倒轉上來，澆灌田地，至今沿河一帶莊稼人，還仿照他的樣兒，造車灌田，以食其利，眞所謂百世之澤了。

顏　銳　字進之。生來有一種堅強心性，遇事能容忍。讀的書很多，又能寫字。以歲貢生作河南新鄭縣知縣，幹事雷厲風行，百姓告狀，隨到隨斷，毫不積壓。到任以後，有個沈生，幼小時節，他的父親，因與某家相好，將其女兒定爲兒媳，不料沈生長大，父親去世，家道一天不及一天，某家後悔，把女兒另許別人，這時沈生業已入學，成秀才了，將這事告在縣裏，縣裏受了賄，擱置不理。銳適以新官到任，沈生遂又來告狀，某家仍拿銀到衙門運動，銳不論皂白，將他的銀子收了，分付某家趕快把女兒嫁了。到嫁的那一天，鼓樂喧譁，粧奩塞道，路旁看的、走的，正在擁擠不開的時節，忽有一群衙役，從人夥裏出來，把花轎等等，一概擁進縣衙門去，銳立刻升堂，替沈生換了新衣、新帽，同花轎等等，仍從衙門放出，銳親自同他的夫人，送到一所預備好的宅子內，看着行了禮，成爲夫婦，然後回衙，將某家傳來，當面說道："你家不情願沈生的意思，不過是嫌他窮，今拿你家送我的那筆款，替他買了房子，置了器具，下餘若干，留作以後念書的費用，他就永遠不窮了。"某家叩頭謝罪而罷。後來沈生中了進士，在甘肅作官到了蘭州，到銳的墳上哭祭了一場，立碑報德，也是一時的佳話。

陸　坤　字子厚。十九歲中嘉靖十四年進士，補授刑部主事，升員外郎，升郎中，清潔謹慎，幹事公平。當時有個隆平侯，縱容他的愛妾，鬧出殺人的事，問案官不免徇情，坤獨能照着他犯的法定出罪來，人心大快。朝廷派他到四川辦理恤刑案件，細心審問，救出情節冤枉的，有一百多人，升了霸州兵備。其時河道淤塞，河水淹了臨河各村莊田地，坤查出有田地的富家，教他們修河，不累無業貧民。因這件事，惹了宦官高忠，調唆少監宋宗，將坤參了，收監問罪，貶雲南浪穹縣典史。升岳州府推官，升山東青州府知府。到了青州，正值年荒，坤開倉放賑，救活百姓一萬多人，升蘇州兵備副使，竟以勞心過度，卒於任內。卒後貧無一錢，不能殯殮，全靠吳巡撫幫助，才將靈柩搬回安葬。坤生平著作,有叫《如桴子集》的,有叫《雲思漫稿》的,如今全找不出來了。

葛廷章 字朝憲。嘉靖十七年進士,爲行人官,升户部給事中,放南直隸鳳陽府知府。鳳陽地方,舊有宦官駐紮辦事,常以屬員禮節,看待知府。廷章到任,以爲不合儀注,反抗起來。宦官借別的事,將廷章參了一本,朝廷查明緣由,不給廷章加罪,將他們兩家定爲平等禮節。不久因年歲大荒,賊盜四起,文武各官都想發兵勦辦,廷章以爲百姓都是好的,只爲飢寒交迫,不免聚衆妄爲,遂出了一道告示,切實開導,那些造反的人,立刻解散了,又發倉粮,檢極窮的散了賑濟,有能歸還的,借給口粮,一時全活甚衆,民間有賣了的子女,替他贖還。廷章在鳳陽的政跡,論者稱爲天下第一。鳳陽庫裏,向於正額而外,有長收的銀兩,廷章一概歸公。升了江西按察副使,這副使衙門,舊日積壓公文很多,廷章到任,應斷的斷了,應駁的駁了,詳詳細細,一毫不苟,有情節可疑的,雖前任已經斷定,他立刻翻案,必爲百姓申寃,所以百姓愛戴他的仁慈,佩服他的精敏。後來他有了病,還是日日辦事,忽一日衣冠整齊,端坐而卒。就此臨死不亂看來,不是有根柢的人,誰能夠哩?

鄒應龍 嘉靖三十五年進士,升御史。時嚴嵩專權,兒子嚴世蕃,仗着權勢,無惡不作;孫子嚴鵠、嚴鴻,家人嚴年,幕客羅文龍,同惡相濟,隨便害人。先前多少人參他父子,有遭殺身之禍的,有貶到遠方的。因此人人懼怕,誰敢再說嚴嵩父子的不是哩?應龍從未作御史的時節,就把嚴嵩父子的事,查的清清楚楚,作了御史,連性命不顧,就上摺子,說嚴世蕃如何賣官得錢,嚴年那夥人如何騷擾百姓,嚴嵩如何溺愛庇護,說的件件是實,句句中肯，世宗大悟，立刻把嚴世蕃下獄，問了死罪；嚴嵩免了官，遣回原籍。這件事大快人心，鄒御史的名，也就傳閒天下，婦人、孺子，没有不知道的。

胡執禮 字汝立。嘉靖三年進士，補四川保寧府推官。每問案件，能夠當堂看出兩造的隱情，且能使那奸謀詭計，不知不覺，各自發覺出來，以此爲上官誇獎。升刑部主事，改吏部主事，升文選司郎中。文選司舊弊很多，執禮用心訪查，該超拔的超拔了，該起用的起用了。後來升了應天巡撫，先把沿江各防卡整頓了一番，多儲粮餉，以備不虞。府縣官有不稱職的，都撤換了；百姓有積欠粮草的，都蠲免了。此外又注意於債帥、營伍兩事。何以謂之債帥？唐朝節度使，往往借債，運動得缺，到任後刻削百姓，弄錢還債，當時帶兵人員，頗有學那個樣兒的。執禮所以認真約束，不許害民。至於營伍，關係一省的治亂，必須操練齊整，有事才靠得住，所以整頓營伍，絲毫不苟。這時正是張居正當宰相，御史余懋學、江文輝兩人，參過居正，居正常想報復，應天百姓，適有因絲捐聚衆鬧事一案，居正黨人給執禮信，要將余、江兩人姓名，夾在絲捐案内，執禮終未答應，單查出案子内爲頭的一個人正法。後來生員吳仕期又鬧亂子，問案官捏造証據，又將余、江兩御史羅織案内，執禮决不會銜，説："我不能拿無罪的好人，去順承人。"後來居正父死，不回家守制，執禮特表奏王錫爵孝行，以愧居正。像這等事，真可謂義氣過人了。調户部郎中，兼管倉場事務，因與居正不合，辭歸。後起用爲户部左侍郎，卒贈户部尚書。

段　補 字希仲，前密雲兵備副使續之子。九歲能作詩文，中隆慶五年進士，作曲周縣知縣，凡百姓的事，都能實心去辦，不辭勞怨，人都稱爲循吏。調河間縣知縣，內用爲南京户部主事，監督南京倉糧。凡一出一入，明明白白，毫不含糊，一概革除。丁母憂回家，三年之内，不喝酒，不吃葷，哀痛哭泣，瘦骨如柴，未幾而卒。像這樣能愛民、能盡孝的人，真不愧爲容思先生的族孫了。

王道成 字能宏。父名化，萬曆四年舉人，作山西蒲縣知縣，生前續修《蘭州志》書，未曾修完。道成生而有才，讀的書又多，中萬曆二十九年進士，分發四川，補華陽縣知縣，爲百姓減差徭，均田賦，開通水利，不多幾年，聲名大起。升吏部郎中。在郎中任内，除了本管上司以外，不奔走權要之門，又常以"不愛錢"三字自勉。所以巡撫張應宸保奏他，説他是"忠貞潔簡，勁骨清標"。丁憂回家後，搜輯他父親的志書稿子，作《蘭州志》十二卷行世。

韓　謙 天啓二年進士。未中進士以前，他父親死在揚州，他奔走數千里，將靈柩搬回安葬。他母親天性嚴正，他和顏悦色的孝奉，能得歡心。孝奉兩位叔父，不異自家的父親。初任作官，在南直隸宿松縣，縣中舊有陋規是魚税，是蘆葦税，謙到任一概蠲免。調溧陽縣知縣，又蠲免漕軍折乾陋規。漕軍是征收漕糧的壯丁，他一經乾，便把那交本色糧的人，多方勒掯，盤剥取利。謙剔除此弊，百姓便之。又慎重命案，凡因情節可原翻案救活的數十人之多。調户科主事派往寧遠地方，管理軍餉。舊日管軍餉的習慣，一出一入，都有尅扣，又不肯按時支發，謙接事立將積弊革除。旋任四川重慶府知府，凡民間完納錢糧雜税，必親自查訪，倘有不遵定章格外需索等弊，必剔除凈盡。所到之處，無人不感激德政，頌念不衰。

曹守忠 生性慷慨，作善事不惜錢財，遇着災荒，親自捨飯，出粟平糶。逃難出外的，送錢幫助，貧窮有病的，捨藥療治。生平遇了兩次兇年，都是這樣辦法。他的祖父名珍，因文廟倒塌，曾捐款修理，到了他的時節，文廟又有工程，他仰體先人的意思，仍然助款，故一時稱爲"義民"，地方官大爲表揚。

張　略 爲人樸實儉素，自幼好講究學問，喜談報國愛民事。以天啓七年舉人，作直隸獻縣知縣。廉俸以外，不妄取一錢，應辦的事，無不盡心竭力，廉惠之名，傳遍朝野。後來辭官回里，關門讀書。崇禎十六年，李自成之變，流寇陷蘭州，威逼投降，略不肯，抗節而死。

段字辛 字西宇，是容思先生之後，爲諸生，講究氣節。居家時，對家中人講古人嘉言善行，家中人無不感動。崇禎十六年，流寇破蘭州，一般人都是隨波逐流，希圖保全性命，字辛想："我是理學名臣的後人，豈能玷辱先人？"整了衣冠，不慌不忙，到容思先生祠堂裏，懸梁自盡。子婦王氏是平日聽過道理的，跟着亦自盡了。

清

岳鎭邦 字定寰，是岳大將軍的祖父。先是爲湯陰人，是宋朝岳武穆十九世的孫子。萬曆年間，鎭邦的祖父作官到甘肅，遂爲蘭州人。順治初年，鎭邦移居河西，相傳在永泰堡居住。那個地方，本來番漢相連，流寇甚多，鎭邦就謀保衛地方招募士卒，大破叛賊米喇印。三多爾吉部入寇，又被他打敗了，並拿獲番部的頭目。官府見他有功，就薦他作武官，他因母老，辭不就。康熙二年，始爲南川守備，升都司。靖逆候張勇薦他材武，授甘肅撫標中軍遊擊。吳三桂反，逆黨一萬餘人，來犯臨鞏，鎮邦帶着護送糧運的兵五百人，以少擊衆，把賊將李虎牙打敗，殺賊一千多人，升臨洮協副將，後來升到大同鎮總兵左都督。鎮邦雖是武夫，他在鄉里上，很謙讓，能和睦宗族，愛周濟窮人。其弟鎮鰲，官至遊擊，早死，遺孤幼小，鎮邦撫養成人，待之如自己的兒子。他的兒子，名昇龍，官作到四川提督，卒謚"敏肅"。他的孫子，名鍾琪，官至川陝總督，寧遠大將軍，封威信公，卒謚"襄勤"，就是人叫岳大將軍的。昇龍在四川時，奏請入四川籍了。故岳大將軍也不算是皋蘭人。

岳昇龍 字見之，鎮邦長子。自幼好讀書，喜武藝，由諸生從軍，補永泰營千總。吳三桂造反，遊擊許進忠暗裏相通。昇龍探知，密告靖逆將軍張勇，乘他醉臥時，綁而斬之。康熙十四年，西寧總兵王進寶征蘭州叛賊。賊斫斷黃河浮橋，官軍用皮筏渡河。昇龍奮勇先渡，把賊打退，趕到城下，左腿中傷，仍然不退，遂把蘭州完全收回。自此累立大功，官至四川提督，就奏請在家養親，並入四川籍，歿後謚爲"敏肅"。昇龍居永泰堡的時節，永泰堡內素無水，取水甚遠，往返爲難。昇龍想法子引水入堡，從此人人稱便，至今利賴。

蕭光漢 字功一，歲貢生。爲人嚴正，不妄發一言，不錯行一步。在里中教授時，雖夏天極熱，不釋衣冠。他看了馮從吾先生的《關學編》，說："先聖無二傳，後賢無二學，學而分之曰'關'，不怕啓門戶爭端麼？"李二曲先生集中有《觀感錄》《富平答問》《學規》《學程》各種，比較聖賢道理，未免有些不純。光漢就爲文辨之。光漢的學問，宗同里段堅。段堅之學，專尊程朱。蘭州講學的，首推段堅。光漢就算是第二段堅了。所著的書，名《松軒筆記》。

李　炳　拔貢生。作江蘇金匱縣知縣，日騎一驢，巡行田野。見田禾好的，把田主傳來，大爲嘉獎，或賜以酒食；見荒蕪不治的，就大加申斥。忽一日發出小麥數百石，交與百姓們教磨麵，並要將麩子一并交來。不多日子，又把所收的麩子發出，教百姓們都造醋。百姓們那裏知道他的用意，原來金匱縣裏多是旱田，炳一心要興水利，把全縣山川就查看遍了，惟有湖水澆灌田地最好，無奈被大山阻隔，炳想把山打個洞引水出來，百姓們都以爲難，炳不管說長論短，只發出號令，教他們分別阡陌，修理溝渠。用磨成的麵，養了多少石匠，日日鑿山，鑿不動處，用火燒之，用造成的醋澆之，澆了又鑿，鑿了又燒。分付百姓，聽着水聲，快來報告。一日聞水聲淙淙，即令抬出大礮，安置洞口，對着轟擊，猛然間洞開水湧，各處溝澮皆盈。向來薄田，一旦變爲肥壤，金匱水利於是大興。百姓們給他修了一座祠堂，名叫李龍王廟。

梁濟灃　字靜峰。少時聞段容思先生之風，立志爲學，要作個正人，從此所言所行，都本着道理，不敢苟且。他天姿（姿，疑爲"資"之誤。點校者注）甚高，所作文章，另有一種氣象。乾隆六年，中第一名舉人，十年中進士，點了翰林，散館授刑部主事，升雲南司郎中。刑部所辦的事，都是各省人命案件，關係很重，稍不小心，就要寃枉人。濟灃在部二十年，處處不苟，翻過的寃枉案不少，後因年老，辭官回家，當蘭山書院山長，教人專在品學上注意。錄朱子白鹿洞的《學規》，刻成卧碑，安置在文仁堂中，教士子們都照着做學問。一時的士子，受了這個教育，品學便都不錯。

秦維嶽　字曉峰,乾隆五十五年進士,授翰林院編修,遷御史,升兵科給事中,充辛酉科順天鄉試同考官,外放湖北鹽法道,署按察司,署布政司。在翰林時,所獻賦頌,選入《皇清文穎》。當御史時,奏漕粮積弊,大有關於實政。任鹽法道最久,弊絕風清,監務極有起色。滑縣軍興,籌款二百多萬,以為兵餉,軍事賴以平定。後來因親老辭官回家孝養。父母死了,在墳上守着不去。家居二十年,置義田,卹宗族,倡建五泉書院,續修《皋蘭縣志》,都是些要緊事,人人佩服。

段傲仁　號愚山,道光元年舉人。在平涼作教官十餘年,學校的人,服其品行,無不敬重。後因年老,辭官不作,正在預備回家的時節,忽然有了軍務,路上不能走,只得暫且居住。同治二年,回匪穆三把平涼城圍了六個月,用地雷打開。傲仁本是個交卸人員,就是逃走,也何嘗不可。他見闔城的人,都無生路,自己平日講究的甚麼,一旦有事,只知道保全身家性命,何以為士子的表率。遂對其妻吳氏說:"事已到此,我們應該早些找個死路。"就穿了朝服,到文廟大成殿上,向北叩頭畢。同在任的教諭王汝揆,對縊於鐘簴下。吳氏亦就自盡了。

陸　陞　就是祿江,改名當兵時,營冊誤其姓為陸,後遂未改。是個有智謀的人,在營伍中多年,經驗很好。其初從征撒拉有功,升平羅營千總,漸升守備。同治九年十月,河州東鄉變亂,總督派提督某、道員某前去安撫,賊假意聽從,約到狄道城定議。提督某信以為實,帶了賊頭目數人,馬隊數百,到狄道城下,叫守備開門。是時陞署臨洮營都司,專守城,決意不肯放進。提督某對陞說:"君若不信,教他們殺幾個賊作憑證。"話猶未了,忽然有群賊蜂湧而來，那頭目等就教手下的人馬快去打仗，不多時斬了十幾個首級，其餘一概逃走。於是人人歡喜，信以爲實。陞仍不開城，説是詐術，卻礙着提督某的面子，無法拒絶，於是在城裏埋伏了兵，才把城門開了。賊果放出殺聲，一湧而進，幸有埋伏起來，迎頭痛擊，殺的殺了，跑的跑了，拿住幾個，問明口供，才知全是假降。同治二年，賊又把城圍了，城内的奸細，暗裏放進了三十多人，都是大頭目，打算裏應外合。陞不露聲色，乘他們未起事，一概搜拿誅滅。事前陞曾與舊任縣官房廷華，連名禀請總督派兵，久無音信。到了緊急時，又與署理知縣屠旭初刺血書求救，連去十二次，不見救兵到來，被圍了一百五十多天，糧都完了。八月二十七日五更時候，賊偷開南門，陞在西城聞信，帶兵去堵。賊越來越多，陞右臂忽中槍彈，不能支持，乃回衙坐在火藥籠上，教人點起火來，轟的一聲，肢體飛入空中去了。

  曹　煜　字曉霞。幼喪父，事母十分孝敬。弟俱幼，一名熙，一名炯，聘請名師，在家教訓。後來熙由廩貢生，歷官陝西府廳州縣，有曹青天之名。炯成了翰林，做過淮陽道。煜一生作的好事不少，修皋蘭書院，創龍泉里塾，補修三公橋，展寬上溝一帶的道路，是其大者，皆於地方有益。更有一件事，人人傳爲美談。煜當舖裏的小學徒出外收賬，收了五十兩銀子，半路裏遺失了，當舖裏不依，那小學徒就要尋死。煜聞之説道："吾昨日上街，拾銀伍十兩，正要找尋失主，既然如此，銀子原是我家的，就爲我家出一筆使賬罷了。"於是那小學徒才得安然無事。

  邵繩祖　字績侯。天性誠篤，九歲喪父，哭泣不止，就像成人的樣子。中道光二十六年第三名舉人，他祖父中舉，亦是第三名，人都以爲奇。咸豐年間，在肅州作學官。同治三年，新疆回匪作亂，肅州是走新疆的口子，自然要戒嚴。上官委他辦理保甲，他不憚勤勞，細心盤查，探着奸細，暗裏禀知道台恒齡即時拿辦。四年二月二十四日，賊攻破嘉峪關，殺守關巡檢，直撲肅州城下，城内的回匪接應，肅州城就失守了。當時繩祖把守西門，聽着道台恒齡並總兵德祥都戰死，乃歎曰："事不可爲矣！"急歸衙叫他的妻巫氏一同盡節。那巫氏聽了這話，就同妾楊氏、女桂蔭並幼子，在一座房子内放火自行燒死。繩祖服了朝衣、朝帽，到文廟自縊於大成殿上。

吴可讀 由進士選了吏部郎中，升了河南道監察御史。提督成禄在甘肅高台縣縱兵殃民，擅派軍餉，他就參了一本。説的話太激烈了，朝廷疑他受人指使，把他革職。光緒元年，起用廢員，授吏部主事。五年，安葬同治皇帝，他求了個送靈差使，到薊州後，大典已畢，他一人住在馬伸橋的三義廟中，終日關門不出。忽一日門尚未開，有人送來棺材一付，説是廟裏的客人交做的，住持忙將他的門推開，見他衣冠整齊，仰卧地上，懷裏抱着一個木椑，已經死了，大吃一驚，又見椑上留下一個單兒，就照單上寫的，報明薊州知州。知州相驗已畢，才知道椑内裝的是奏摺。摺子上説的是同治皇帝既未曾生下太子，應該於晏駕以後，從子姪内擇立承嗣的人，今反立了同輩光緒皇帝，將來光緒皇帝晏駕，必然立他的太子爲帝，同治皇帝就無後了。這件事關係甚大，又是皇上的家事，論理不是作小官的人應該説的，但不説又心不能安，所以仿照古人尸諫的法子，自家先服毒死了，望兩位皇太后，早下諭旨，説定將來光緒皇帝生下太子，就出嗣同治皇帝，光緒皇帝身後，就以這個嗣子立爲皇帝，這樣辦理，才無流弊。這些話應該是在朝的大臣和那親王們説的，他們都不敢説，獨有先生把忠孝看的重，把性命看的輕，才能幹出這驚人的事來。

盧　政　字敏齋。咸豐二年舉人。性至孝，父親死了，在墳上整整的守了三年。同治二年，選通渭訓導。這個當兒，正是甘肅有軍務的時候，上官知道政的爲人，教他催辦軍糧，他拿着"公、勤、清、慎"的四個字，竭力辦理，不傷着百姓，能顧住公家的事，辦的很是得法。因此加了五品銜，升了涼州府學教授。在涼州幾年，辭官回家，爲五泉書院山長。他一生講學，宗的是陳白沙、王陽明、李二曲，不但在書本子上講究，並能夠腳踏實地，身體力行，所著的書有《學話辨惑瑣言》《半讀軒私警錄》《形仁堂雜草》《皋蘭縣續志稿》各種。

張國常　字敦五。光緒三年進士，授刑部主事。年才四十左近，因親老，告養回家，當蘭山書院山長。書院肄業的人，受他的指教，不管聰明的、遲鈍的都能長進。前後三十餘年，甘肅發科成名的，大概是他的門生。國常又以《皋蘭縣志》久未重修，因與總督楊昌濬、學政胡景桂商定體例，仿照宋家的周應合《景定建康志》，圖、表、志、傳分爲四大綱，以四大綱統各種條目，所敍的事，多方採訪，引用各種書籍，源源本本，考證詳明，修成名曰《重修皋蘭縣志》。論者都説是皋蘭從來未有的書了。國常爲人，外面似乎隨俗，其實立身行事，絲毫不苟，不愧爲有品、有學。